EDIÇÕES BESTBOLSO

# Carne e pedra

Richard Sennett, nascido em Chicago em 1943, professor da London School of Economics e da Universidade de Nova York, é autor de Carne e pedra, A corrosão do caráter, Autoridade e O declínio do homem público. Em Carne e pedra, Sennett engendra uma viagem pela história com olhos de arquiteto e constrói um fascinante ensaio capaz de despertar interesse tanto em moradores de vilas européias quanto em freqüentadores das grandes cidades.

RICHARD SENNETT

# CARNE E PEDRA

Tradução de
MARCOS AARÃO REIS

6ª edição

EDIÇÕES
BestBolso

RIO DE JANEIRO – 2021

CIP-Brasil. Catalogação-na-fonte
Sindicato Nacional dos Editores de Livros, RJ.

Sennett, Richard, 1943-
S481c Carne e pedra / Richard Sennett; tradução de Marcos Aarão Reis. –
6ª ed. 6ª edição – Rio de Janeiro: BestBolso, 2021.

Tradução de: Flesh and Stone
ISBN 978-85-7799-060-3

1. Cidades e vilas – História. 2. Corpo humano – Aspectos sociais.
3. Civilização ocidental. I. Título.

08-0545 CDD – 307.76
CDU – 316.334

*Carne e pedra*, de autoria de Richard Sennett.
Título número 057 das Edições BestBolso.

Título original inglês:
FLESH AND STONE



Agradecimento especial a Random House pela permissão do uso de alguns versos do poema "Musée des Beaux Arts", de W. H. Auden © Random House, 1976.

www.edicoesbestbolso.com.br

Ilustração e design de capa: Luciana Gobbo



Impresso no Brasil

ISBN 978-85-7799-060-3

Para HILARY

# Sumário

# Agradecimentos

A primeira versão de Carne e pedra foi apresentada na Universidade de Goethe, em Frankfurt, em 1992. Gostaria de agradecer ao meu anfitrião, professor Jurgen Habermas, por sua contribuição no desenvolvimento de várias questões. O trabalho sobre cidades antigas avançou durante minha estada na Academia Americana, em Roma, ao longo de 1992 e 1993, período em que recebi inúmeras gentilezas por parte de seu presidente, Adele Chatfield-Taylor, e do professor titular, Malcolm Bell. Graças a uma passagem pelo Woodrow Wilson International Center for Scholars, em 1993, tive acesso a manuscritos, na Biblioteca do Congresso, pelo que agradeço ao seu diretor, Dr. Charles Blitzer.

Este livro foi lido por diversos professores, meus amigos. Glen Bowersock, do Institute for Advanced Study, forneceu a chave que me permitiu escrever o capítulo inicial. Norman Cantor, da Universidade de Nova York, ajudou-me a definir o contexto dos capítulos sobre a Paris medieval. Joseph Rykwert, da Universidade da Pensilvânia, conduziu-me por entre as minúcias da história da arquitetura. Carl Schorske, da Universidade de Princeton, contribuiu no capítulo que abrange o Iluminismo. Joan Scott, também do Institute for Advanced Study, leu todo o original, com um compassivo olho crítico, assim como Charles Tilly, da New School for Social Research.

Na editora W. W. Norton, Edwin Barber fez uma leitura cuidadosa e compreensiva com Ann Adelman, que revisou detalhadamente o texto, sem deixar de levar em conta a vaidade do autor. O livro foi planejado por Jacques Chazaud e produzido por Andrew Marasia.

Amigos, como Peter Brooks e Jerrold Seigel, com sua simpatia e comentários, tornaram menos solitário o processo de escrever; assim como minha esposa, Saskia Sassen, uma ávida companheira na aventura de nossas vidas. Esta obra é dedicada ao nosso filho, cujo crescimento nos deu grande prazer enquanto o livro também crescia.

Devo um agradecimento especial aos alunos que trabalharam comigo nos últimos anos. Molly McGarry pesquisou edifícios, mapas e imagens do corpo; Joseph Femia ajudou-me a entender o funcionamento da guilhotina, e foi nas anotações dele que me baseei para escrever sobre isso; Anne-Sophie Cerisola auxiliou com traduções do francês e com as notas. Não poderia ter completado esta obra sem meu assistente da pós-graduação, David Slocum, incansável na busca de fontes e sempre pronto a ler cuidadosamente as intermináveis alterações que se sucediam no texto.

Finalmente, minha maior dívida é para com meu amigo Michel Foucault; juntos, 15 anos atrás, começamos a investigar a história do corpo. Depois de sua morte, coloquei de lado minhas primeiras anotações, que só retomei muito mais tarde, com outro espírito. Imagino que o jovem Foucault não teria gostado de Carne e pedra; por motivos que explico na introdução deste livro, foram exatamente os últimos anos de sua vida que sugeriram outra maneira para escrever esta história.

Uma cidade é construída por diferentes tipos de homens;
pessoas iguais não podem fazê-la existir.

Aristóteles, Política

# Introdução
## Corpo e cidade

Carne e pedra é uma história da cidade contada por meio da experiência corporal do povo: como mulheres e homens se moviam, o que viam e ouviam, os odores que penetravam em suas narinas, onde comiam, seus hábitos de vestir, de banhar-se e de que forma faziam amor, desde a Atenas antiga à Nova York atual. Embora este livro tome o corpo das pessoas como referência para entender o passado, ele é mais do que um catálogo histórico das sensações físicas no espaço urbano. A civilização ocidental não tem respeitado a dignidade dos corpos humanos e a sua diversidade; procurei compreender como as questões do corpo foram expressas na arquitetura, no urbanismo e na vida cotidiana.

Fui tentado a escrever esta história sem levar em conta um problema contemporâneo: a privação sensorial a que aparentemente estamos condenados pelos projetos arquitetônicos dos mais modernos edifícios; a passividade, a monotonia e o cerceamento táctil que aflige o ambiente urbano. Essa carência dos sentidos tornou-se ainda mais nítida nos tempos modernos, em que tanto se privilegiam as sensações do corpo e a liberdade de movimentos. Minhas investigações sobre como o espaço pode tolhê-las sinalizaram um problema que de início parecia uma falha profissional – em seus projetos, urbanistas e arquitetos modernos tinham de alguma forma perdido a conexão com o corpo humano. Logo percebi que o problema tinha causas mais abrangentes e raízes históricas mais profundas.

## O CORPO PASSIVO

Anos atrás, na companhia de um amigo, fui assistir a um filme no cinema de um shopping suburbano, em Nova York. Na Guerra do Vietnã, meu amigo fora atingido por um tiro e sua mão esquerda sofreu amputação; os cirurgiões militares cortaram-na logo acima do pulso. Ele passou a usar uma prótese mecânica, com dedos de metal, o que lhe permitia segurar talheres e datilografar. O filme era um sangrento épico de guerra e durante a sessão ele permaneceu impassível, fazendo ocasionais comentários técnicos. À saída, fumando, aguardávamos outra pessoa que viria ao nosso encontro. Ele acendeu seu cigarro sem pressa, segurando-o com sua garra e levando-o aos lábios de modo firme, quase com orgulho. O público acabara de enfrentar duas horas vendo corpos dilacerados, aplaudindo com o maior entusiasmo os lances mais violentos e a carnificina. Passando por nós, as pessoas observavam inquietas a prótese de metal e se afastavam rapidamente. Logo, éramos uma ilha no meio delas.

Quando o psicólogo Hugo Munsterberg viu pela primeira vez um filme mudo, em 1911, imaginou que os modernos meios de comunicação poderiam entorpecer os sentidos. "O mundo exterior perdeu sua importância", escreveu ele, "o filme ficou fora do espaço, do tempo e da causalidade." Seu temor era que "o cinema (...) provocasse a completa alienação da vida real".[1] Não são muitos os soldados que se divertem com filmes de corpos dilacerados; da mesma forma, cenas de luxúria têm muito pouco a ver com a experiência dos amantes de verdade. Poucos filmes mostram duas pessoas idosas ou obesas, nuas, fazendo amor. Todos os filmes de sexo dão a impressão de que os atores estão indo para a cama pela primeira vez. Os meios de comunicação colocam uma barreira entre o real e a "sua" representação.

Psicólogos, seguidores de Munsterberg, estudaram essa divisão a partir dos efeitos produzidos sobre os espectadores e das próprias técnicas utilizadas. Assistir apassiva. Embora, talvez, alguns poucos entre milhões, com tendência a assistir cenas de tortura ou de violência sexual na tela, tornem-se torturadores ou estupradores, a reação à mão metálica do meu amigo, com certeza, aponta para outra questão mais ampla: falsas experiências de violência insensibilizam o público ante a verdadeira dor. Um estudo a respeito de telespectadores, elaborado pelos psicólogos Robert Kubey e Mihaly Csikszentmihalyi, concluiu que as pessoas "consideram a televisão passiva e relaxante, algo que exige relativamente pouca concentração".[2] Grande consumo de dor ou de sexo simulados serve para anestesiar a consciência do corpo.

Se nos fixamos e discorremos sobre experiências corporais mais explicitamente do que fizeram nossos bisavós, talvez a liberdade física de que desfrutamos não seja tão grande quanto parece; pelo menos pelos meios de comunicação experimentamos nossos corpos de uma maneira mais passiva do que o faziam as pessoas que temiam suas próprias sensações. Então, o que devolverá o corpo aos sentidos? O que poderá tornar as pessoas mais conscientes umas das outras, mais capacitadas a expressar fisicamente seus afetos?

Obviamente, as relações entre os corpos humanos no espaço é que determinam suas reações mútuas, como se vêem e se ouvem, como se tocam ou se distanciam. Por exemplo, o lugar onde assistimos ao filme de guerra influenciou a reação passiva das pessoas à mão mecânica do meu amigo. Estávamos em um shopping da periferia, na parte norte de Nova York. Não há nada de especial naquele conjunto de mais ou menos trinta lojas, alguns cinemas, cercado por grandes áreas de estacionamento, construído há uma geração, no recente processo de transformação urbana que vem atraindo a população de centros densamente povoados para outros, menores, mais amorfos: conjuntos habitacionais, shoppings, edifícios comerciais e instalações industriais. Se um cinema suburbano é um lugar propício ao desfrute da violência no conforto do ar condicionado, a transferência geográfica das pessoas para espaços fragmentados produz efeito muito mais devastador, enfraquecendo os sentidos e tornando o corpo ainda mais passivo.

Tudo isso acontece porque essa transferência só é viável graças a uma outra experiência física – a experiência da velocidade. Hoje em dia, viaja-se com uma rapidez que nossos ancestrais sequer poderiam conceber. A tecnologia da locomoção – dos automóveis às grandes rodovias – permitiu que as pessoas se deslocassem para áreas além da periferia. O espaço tornou-se um lugar de passagem, medido pela facilidade com que dirigimos por ele ou nos afastamos dele. A imagem do espaço urbano arraigada a esses poderes de movimento é necessariamente neutra: o motorista pode dirigir com segurança apenas com o mínimo de distrações idiossincráticas; dirigir bem requer: sinais padronizados, linhas que demarquem as pistas, tubulações de esgoto, além de ruas sem pedestres, ocupadas apenas por outros motoristas. Transformado em um simples corredor, o espaço urbano perde qualquer atrativo para o motorista, que só deseja atravessá-lo e não ser excitado por ele.

A condição física do corpo em deslocamento reforça essa sensação de desconexão com o espaço. Em alta velocidade, é difícil prestar atenção na paisagem. Além disso, as ações exigidas na direção – leves toques no acelerador ou no freio, olhares de relance para o retrovisor – são atos incomparavelmente menos árduos que os necessários ao cocheiro de uma carruagem. Navegar pela geografia da sociedade moderna requer muito pouco esforço físico e, por isso, quase nenhuma vinculação com o que está ao redor. De fato, à medida que as vias são cada vez mais expressas e bem sinalizadas, o motorista precisa cada vez menos se dar conta das pessoas e das construções para prosseguir no seu movimento. Os deslocamentos são mais rápidos num meio ambiente cujas referências tornaram-se secundárias. Assim, a nova geografia reforça a mídia de massa. O viajante, bem como o telespectador, vivencia o mundo como uma experiência narcótica; o corpo se move de maneira passiva, anestesiado no espaço, para destinos estabelecidos em uma geografia urbana fragmentada e descontínua.

Ambos, o engenheiro civil e o diretor de televisão, criam o que se pode chamar de "liberdade da resistência". Enquanto um projeta caminhos por onde o movimento se realize sem obstruções ou maiores esforços, e com a menor atenção possível aos lugares de passagem, o outro explora meios que permitem às pessoas olhar para o que quer que seja sem desconforto. Observando os que se afastavam do meu amigo, à saída do cinema, percebi que ele os ameaçava não tanto por ser um corpo ferido, mas um corpo ativo, marcado pela força das circunstâncias.

Esse objetivo de libertar o corpo da resistência associa-se ao medo do contato, evidente no desenho urbano moderno. Ao planejar uma via pública, por exemplo, os urbanistas freqüentemente direcionam o fluxo de tráfego de forma a isolar uma comunidade residencial de uma área comercial, ou dirigi-lo através de bairros de moradia, separando zonas pobres e ricas, ou etnicamente diversas. À medida que a população cresce, os prédios escolares e as casas situam-se de preferência na região central, mais do que na periferia, onde se pode ter contato com estranhos. As comunidades fechadas, com portões que as protegem, são vendidas como ideais de qualidade de vida. Portanto, não surpreende que no estudo sobre um bairro próximo ao shopping onde eu e meu amigo assistimos ao filme de guerra, o sociológo M. P. Baumgartner tenha constatado "um cotidiano em que a vida se consome em esforços tendentes a negar, minimizar, conter e evitar conflitos. As pessoas fogem dos confrontos e demonstram forte desagrado ao serem alvo de reivindicações e censuras por erros cometidos".[3] Pelo tato, arriscamo-nos a perceber algo ou alguém como estranho. A tecnologia nos permite evitar esse risco.

Duas gravuras de William Hogarth – Beer Street e Gin Lane –, datadas de 1751, parecem estranhas aos nossos olhos. Nelas, o autor pretendeu representar imagens de ordem e desordem da Londres do seu tempo. Em Beer Street, em um grupo de pessoas sentadas, tomando cerveja, os homens abraçam as mulheres. Para Hogarth, corpos se tocando são um indício de conexão social e harmonia. Algo semelhante ocorre atualmente nos povoados ao sul da Itália, onde as pessoas conversam segurando as mãos e os antebraços de seus interlocutores. Por outro lado, as principais figuras de Gin Lane estão voltadas para si, bêbadas de gim, sem perceberem umas às outras nem os degraus, bancos e construções ao redor. A falta de contato físico expressa a visão de Hogarth da desordem no espaço urbano. Uma concepção artística muito distante daquela que os arquitetos das comunidades fechadas estimulam em seus clientes que têm medo da multidão. Hoje em dia, ordem significa justamente falta de contato.

Essa carência evidenciada pela dispersão geográfica das cidades contemporâneas, aliada às modernas tecnologias para entorpecer o corpo humano, levou alguns críticos da nossa cultura a consignarem uma divisão profunda entre o presente e o passado. A plenitude dos sentidos e a atividade do corpo foram de tal forma erodidas que a sociedade atual aparece como um fenômeno histórico sem precedentes. Os primeiros indícios dessa transformação são perceptíveis, segundo esses críticos, a partir das mudanças de caráter da população das cidades. A massa de corpos que antes aglomerava-se nos centros urbanos hoje está dispersa, reunindo-se em pólos comerciais, mais preocupada em consumir do que com qualquer outro propósito mais complexo, político ou comunitário. Atualmente, em meio à multidão a presença de outros seres humanos é ameaçadora. Na teoria social, a tese foi desenvolvida pelos críticos da sociedade de massa, em especial Theodor Adorno e Herbert Marcuse.[4]

O que pretendo explorar é essa sensação de abismo entre o passado e o presente. A geografia da cidade moderna, assim como a tecnologia mais avançada, põe em relevo problemas já estratificados na sociedade ocidental, ao imaginar espaços alternativos em que um corpo humano poderia estar atento a outros. A tela do computador e os bairros isolados da periferia são conseqüências espaciais de problemas até então insolúveis em ruas, quarteirões, igrejas, auditórios, casas e pátios, locais de aglomeração – velhas construções de pedra que ainda forçavam as pessoas a se tocarem, mas que se demonstraram inúteis quando se tratou de despertar a consciência da carne, como prometido pela gravura de Hogarth.

## O PROJETO DO LIVRO

Quando Lewis Mumford escreveu The City in History, ele recontou quatro mil anos de história urbana, traçando a evolução dos muros, casas, ruas e praças – equipamentos sociais indispensáveis. Meu objetivo não é tão amplo e tem um enfoque diferente. Estudei algumas cidades em momentos específicos, marcados pela eclosão de guerras ou revoluções, a inauguração de um monumento, o anúncio de uma descoberta médica ou a publicação de uma obra, que tenham assinalado significativamente as relações entre as experiências corporais e os espaços em que as pessoas viviam.

Carne e pedra mostra, de início, o que a nudez representava para os antigos habitantes de Atenas, no tempo da Guerra do Peloponeso, quando a cidade vivia seu apogeu. Os corpos nus e expostos simbolizaram, com freqüência, um povo autoconfiante e totalmente à vontade. Em contrapartida, procurei entender como esse ideal físico constituiu-se em fonte de distúrbios nas relações entre homens e mulheres, na forma do espaço urbano e na prática da democracia ateniense.

Em seguida, focalizei Roma, na época em que o imperador Adriano concluiu a construção do Panteão, e procurei explorar a credulidade de seus habitantes nas imagens, particularmente a crença que tinham na geometria do corpo, e como essa fé se traduzia na sua concepção urbanística e na prática imperial. Submissos somente àquilo que podiam ver, os romanos pagãos tinham seus demais sentidos embotados; uma escravidão que os cristãos começaram a desafiar. Abordei os primeiros espaços erguidos por corpos cristãos a partir do retorno do convertido imperador Constantino à Roma e da construção da Basílica de Latrão.

A partir de então, meu estudo volta-se para o modo como as crenças cristãs sobre o corpo deram forma ao desenho urbano, na Alta Idade Média e no início do Renascimento. Em 1250, quando do aparecimento da notável Bíblia de São Luís, o sofrimento físico de Cristo na cruz conduziu os parisienses medievais a uma determinada concepção dos santuários e dos lugares onde se praticava a caridade na cidade. Desconfortáveis e espremidos entre as ruas, esses locais serviam ao alívio da agressão física no contexto da nova economia de mercado. No Renascimento, os cristãos sentiram seus ideais de comunidade ameaçados à medida que povos não-europeus de outras crenças eram atraídos para a órbita da economia urbana do continente. Nesse ponto, procurei averiguar como essas diferenças ameaçadoras se articularam na criação do Gueto de Veneza, a partir de 1516.

Na sua última parte, Carne e pedra demonstra a influência que exerceram sobre o espaço urbano os novos conhecimentos científico-anatômicos, que romperam a compreensão que os antigos tinham do corpo. Foi uma revolução que teve início com o trabalho de Harvey, De motu cordis, no começo do século XVII, obra que alterou de modo radical o entendimento sobre o sistema circulatório e passou a ser o primeiro estímulo, já no século XVIII, para as experiências de livre locomoção na cidade. Na Paris revolucionária, esse mais recente imaginário de liberdade corporal entrou em conflito com a necessidade do espaço comum e dos rituais comunitários, acarretando sintomas até então desconhecidos de passividade dos sentidos. O triunfo da liberdade individual de movimento, de maneira simultânea ao surgimento das metrópoles do século XIX, levou a um dilema específico e que ainda persiste: cada corpo move-se à vontade, sem perceber a presença dos demais. Os custos psicológicos de tal dilema eram óbvios para o novelista E. M. Forster, na Londres imperial; os custos cívicos são evidentes, hoje, na Nova York multicultural.

Modestamente, escrevi como amador obstinado e espero que o leitor me acompanhe com o mesmo espírito. Neste pequeno resumo, determino a priori a quem pertence o corpo estudado. "O corpo humano" encobre um caleidoscópio de eras, uma divisão de sexos e raças, ocupando um espaço característico nas cidades do passado e nas atuais. Em vez de elaborar um catálogo, procurei entender como as suas imagens coletivas foram usadas no passado. Imagens ideais do corpo humano levam à repressão mútua e à insensibilidade, em especial entre os que possuem corpos diferentes e fora do padrão. Em uma sociedade ou ordem política que enaltece genericamente "o corpo", corre-se o risco de negar as necessidades dos corpos que não se adequam ao paradigma.

Porém, a conveniência da imagem idealizada está bem evidente na expressão "corpo político", como condição da ordem social. O filósofo João de Salisbury talvez tenha formulado a definição mais simples e literal desse conceito, ao declarar, em 1159, que "o Estado (res publica) é um corpo". Ele quis dizer que um governante funciona como um cérebro humano; seus conselheiros, como o coração; os comerciantes são o estômago da sociedade; os soldados, suas mãos; camponeses e trabalhadores manuais, seus pés.[5] Trata-se de uma imagem hierarquizada, segundo a qual a ordem social parte do cérebro, órgão do governante. João de Salisbury vinculou a forma do corpo humano à forma da cidade, cuja cabeça situava-se no palácio ou na catedral; o estômago, no mercado central; e pés e mãos, nas casas. Por conseguinte, as pessoas deveriam mover-se vagarosamente na catedral – uma vez que o cérebro é um órgão reflexivo – e mais depressa no mercado – já que a digestão se processa como uma fagulha no estômago.

João de Salisbury escreveu como cientista e, desvendando o funcionamento do cérebro, acreditava poder ensinar aos reis a arte de legislar. Os objetivos da sociobiologia moderna e da ciência medieval não se distanciaram muito na medida em que ainda se pesquisa como a sociedade deveria funcionar sob as determinações da natureza. O conceito de corpo político, tanto na concepção medieval como na moderna, organiza a nação impondo regras à imagem do corpo humano.

Em que pese a originalidade do pensamento de João de Salisbury ao imaginar uma analogia tão literal entre as formas corporais e urbanas, desde então as imagens idealizadas "do corpo" têm sido apenas adaptadas, ou em projetos de construção de um prédio ou de uma cidade inteira. Os antigos atenienses, celebrando a nudez, procuravam dar a ela um significado físico, nos ginásios, e outro metafórico, nos espaços políticos, muito embora a forma humana que eles perseguiam fosse limitada ao corpo masculino e jovem. Quando os venezianos renascentistas referiam-se à dignidade do "corpo" na cidade, eles tinham em vista apenas os corpos cristãos, operando uma exclusão que tornava lógico o enclausuramento dos corpos judeus, meio humanos e meio animais. Dessa forma, o corpo político exerce o poder e cria formas urbanas que se expressam na linguagem genérica do corpo, que reprime pelo afastamento.

Poderia existir algo de paranóico em se cogitar que essa linguagem e esse conceito nada mais fossem que mecanismos de poder. Pessoalmente, acredito que uma sociedade pode muito bem tentar descobrir o que a mantém coesa. Além disso, não se pode esquecer que a linguagem a que nos referimos sofreu uma destruição peculiar quando traduzida para o espaço urbano.

Ao longo da história do Ocidente, imagens dominantes do corpo estilhaçaram-se no processo de sua transferência para a cidade. A imagem idealizada encerra um convite à multiplicação de valores, dadas as idiossincrasias físicas de cada um, que além disso possui desejos opostos. As contradições e ambivalências despertadas por ela expressaram-se, nas cidades ocidentais, por meio de alterações que macularam e subverteram a forma e o espaço urbanos onde, todavia, foi a própria natureza do corpo humano – necessariamente incoerente e fragmentada – que contribuiu para gerar direitos e dignificar as diferenças.

Em vez de seguir na esteira das garras de ferro do poder, Carne e pedra aborda um dos grandes temas da civilização ocidental, com base no Velho Testamento e na tragédia grega. Isso porque, em geral, são experiências tensas e infelizes que nos tornam mais atentos ao mundo em que vivemos. A transgressão de Adão e Eva, sua vergonha da nudez e seu exílio do Paraíso contam a história da transformação sofrida pelos primeiros seres humanos, assim como do que perderam. No Éden, eram inocentes, ignorantes e obedientes. Cá fora, no mundo, despertaram, sabendo-se criaturas desvalorizadas, condição a partir da qual vão em busca do entendimento daquilo que lhes parece estranho e peculiar. Deixaram de ser os filhos de Deus, a quem tudo era dado. Édipo Rei, de Sófocles, é uma história semelhante. O herói vaga, depois de ter arrancado os próprios olhos, recém-consciente de um mundo que não pode mais enxergar; humilde, ele se aproxima dos deuses.

Desde as suas origens, nossa civilização tem sido desafiada pelo corpo sofrido. Embora clara no seu significado, recusamo-nos a aceitar a experiência da dor como inevitável e insuperável. Essa perplexidade marca as tragédias gregas e os primeiros esforços cristãos para compreender o Filho de Deus. O tema da passividade corporal e da indiferença também tem raízes profundas. Os estóicos cultivavam a aceitação tanto do prazer quanto da dor, enquanto seus herdeiros cristãos combinavam a indiferença às suas próprias sensações e um ativo engajamento com as angústias de seus semelhantes. Temos nos negado a "naturalizar" o sofrimento, considerando a dor passível de controle social, ou situando-a em um nível de consciência superior. Não pretendo persuadir o leitor de que os antigos são nossos contemporâneos, mas esses temas permanecem na história ocidental, recolocados e reconstruídos, inquietantes e persistentes.

As imagens idealizadas do corpo que regem nossa sociedade nos impedem de concebê-lo fora do Paraíso, à medida que tentam expressar, ao mesmo tempo, sua integridade, como um sistema, e a integração que ele estabelece com o meio ambiente sob sua influência. Totalidade, unicidade e consistência são palavras-chave no vocabulário do poder. Temos combatido essa linguagem de dominação por meio de uma imagem sacralizada do corpo em luta consigo mesmo, fonte de seu próprio sofrimento e infelicidade. As pessoas capazes de reconhecer tal dissonância e incoerência em si mesmas entendem, melhor do que dominam, o mundo em que vivem. Tal é a promessa sagrada da nossa cultura.

Carne e pedra procura entender como essa promessa é feita, e quebrada, especificamente na cidade. A cidade tem sido um locus de poder, cujos espaços tornaram-se coerentes e completos à imagem do próprio homem. Mas também foi nelas que essas imagens se estilhaçaram, no contexto de agrupamentos de pessoas diferentes – fator de intensificação da complexidade social – e que se apresentam umas às outras como estranhas. Todos esses aspectos da experiência urbana – diferença, complexidade, estranheza – sustentam a resistência à dominação. Essa geografia urbana, difícil e surpreendente, é que nos acena com uma promessa específica, baseada em valores morais, e pode abrigar os que se sentem como exilados do Paraíso.

## UMA NOTA PESSOAL

Comecei estudando a história do corpo com o falecido Michel Foucault, uma parceria que iniciamos nos últimos anos da década de 1970.[6] A influência do meu amigo é sensível em todas as páginas de Carne e pedra, muito embora ao retomar meus apontamentos, poucos anos após sua morte, não tenha dado continuidade ao trabalho que havíamos realizado.

Em uma de suas obras mais conhecidas – Vigiar e punir –, Foucault imaginou o corpo humano asfixiado pelo nó do poder. À medida que seu próprio corpo enfraquecia, ele procurava desfazer esse nó; no terceiro volume da sua História da sexualidade, e também em notas elaboradas para os tomos que não viveu para completar, Michel Foucault explorou os prazeres corporais que não se deixam aprisionar pela sociedade. Sua paranóia sobre controles, tão marcante em toda a sua vida, abandonou-o quando começou a morrer. As muitas revisões que a morte impõe à mente dos que sobrevivem, e particularmente a forma de sua morte, me fizeram pensar sobre a observação de Wittgenstein, contestadora da importância que os espaços construídos têm para os corpos em sofrimento. Wittgenstein pergunta: "Por conhecermos o lugar da dor, podemos situá-la no espaço, definir a que distância das paredes e do chão da sala ela se manifesta? (...) Quando sinto dor na ponta do dedo, e toco meu dente, a dor estar a milímetros da ponta do meu dedo?"[7]

Com Carne e pedra pretendi homenagear a dignidade do meu amigo diante da morte, pois ele aceitou o corpo sofrido – o seu próprio, e os corpos pagãos a respeito dos quais escreveu nos meses derradeiros – como se estivesse vivendo além de tal risco. Por essa razão, mudei o foco inicial dos nossos estudos, que exploravam o corpo na sociedade pelo prisma da sexualidade. A liberação do corpo dos constrangimentos sexuais impostos durante a era vitoriana, que constituiu um marco relevante na cultura moderna, moldou o estreitamento da sensibilidade física ao desejo da carne. Em Carne e pedra, embora incluindo questões relativas à sexualidade no tema geral da insensibilidade corporal, enfatizei a passividade diante da dor tanto quanto as promessas de prazer. Assim, procurei honrar uma crença judaico-cristã no conhecimento espiritual a ser adquirido pelo corpo, pois é como um crente que escrevi este livro. Busquei mostrar como aqueles que foram banidos do Éden poderiam encontrar um abrigo na cidade.

# Parte I

# Os poderes da voz e dos olhos

# 1
# Nudez
## O corpo do cidadão na Atenas de Péricles

Em 431 a.C. uma guerra varreu o mundo antigo, em virtude dos antagonismos entre as cidades de Atenas e Esparta. Atenas entrou no conflito com uma enorme autoconfiança, e dele saiu, 27 anos depois, fragorosamente derrotada. Para Tucídides, general de Atenas que escreveu História da Guerra do Peloponeso, aquele foi um confronto social e militar, em que se contrapunham a vida militarizada de Esparta e a sociedade aberta de Atenas. O autor considera que seus valores estavam bem expressos na Oração Fúnebre, feita no inverno de 431-430 a.C., por seu líder Péricles, em homenagem aos mortos nas primeiras batalhas. Ainda que não possamos comprovar a proximidade entre as palavras escritas pelo general – único registro do evento – e as proferidas por Péricles, o discurso atravessou o tempo como um espelho de sua época.

A Oração Fúnebre procurou "transformar o luto dos pais em orgulho", nas palavras do historiador moderno Nicole Loraux.[1] Os ossos embranquecidos dos jovens combatentes eram colocados em caixões de cipreste e conduzidos por uma multidão em cortejo fúnebre até o cemitério, além dos muros da cidade; eles seriam enterrados à sombra de pinheiros, cujas agulhas cobriam os túmulos como um denso tapete. Ali, Péricles prestou homenagem aos que tombaram, enaltecendo as glórias da cidade. "O poder está nas mãos não da minoria, mas de todo o povo, e todos são iguais perante a lei", declarou.[2] No idioma grego, a palavra demokratia (democracia) significa que o povo (demos) é o poder (kratos) no Estado. Os atenienses são tolerantes e cosmopolitas, assegura o orador: "Nossa cidade está aberta ao mundo."[3] Diferentemente dos espartanos, que cega e estupidamente limitam-se a cumprir ordens, os atenienses debatem e argumentam; "não cogitamos que exista alguma incompatibilidade entre palavras e atos", diz Péricles.[4]

Péricles tinha como certo o que poderia formar uma pessoa moderna. Nas artes, os líderes dos jovens guerreiros eram retratados e descritos quase nus, empunhando lanças e protegidos apenas por peças de metal que lhes cobriam as mãos. Os mais jovens costumavam envolver-se em lutas esportivas, sempre despidos e sem tentar ferir o oponente; nas ruas e em lugares públicos, os homens trajavam roupas largas que expunham seus corpos livremente. Como o historiador de arte Kenneth Clark observa, entre os antigos gregos o corpo desnudado mostrava quem era civilizado, permitindo também que se distinguisse os fortes dos vulneráveis.[5] No início do seu relato, Tucídides informa que os espartanos "foram os primeiros a participar de jogos nus, a se despirem acintosamente", o que ele identifica como indicativo do progresso alcançado pelos gregos quando da eclosão da guerra. Entre os barbaroi – como eram chamados os bárbaros ou os estrangeiros[6] – ainda permanecia o costume de cobrir a genitália nos jogos públicos. A Grécia civilizada fez do seu corpo exposto um objeto de admiração.

Para o antigo habitante de Atenas, o ato de exibir-se confirmava sua dignidade de cidadão. A democracia ateniense dava à liberdade de pensamento a mesma ênfase atribuída à nudez. O desnudamento coletivo a que se impunham – algo que hoje poderíamos chamar de "interação masculina" – reforçava os laços de cidadania. Os atenienses tomavam essa convenção tão ao pé da letra que na Grécia antiga a paixão erótica e o apego à cidade eram designados pelas mesmas palavras. Um político ansiava por se destacar como amante ou como guerreiro.

Essa insistência em mostrar, exibir e revelar marcou as pedras de Atenas. Situado no alto de um promontório, o maior prédio construído na era de Péricles, o templo do Partenon, podia ser facilmente avistado de qualquer parte da cidade. Assim como na propriedade privada moderna, na ágora – grande praça central da cidade – havia poucos lugares proibidos. Nos espaços reservados à prática política da Atenas construída, notadamente no teatro erguido na colina de Pnix, onde se realizavam as assembléias dos cidadãos, a multidão se organizava e seguia regras de votação, que buscava expor como indivíduos ou pequenos grupos votavam aos olhos de todos. A nudez poderia indicar um povo inteiramente à vontade na sua cidade, exposto e feliz, ao contrário dos bárbaros, que vagavam sem objetivo e sem a proteção da pedra. Péricles celebrava uma Atenas em que reinava a harmonia entre carne e pedra.

O valor que os gregos atribuíam à nudez decorria, em parte, de como eles imaginavam o interior do corpo humano. Na época de Péricles, o calor do corpo era a chave da fisiologia humana. Os seres capazes de absorver o calor e manter o seu próprio equilíbrio térmico não precisavam de roupas. Segundo os gregos, o corpo quente era mais forte, reativo e ágil do que um corpo frio e inerte. Esses preceitos fisiológicos estendiam-se ao uso da linguagem. Quando as pessoas ouviam, falavam ou liam, a temperatura de seus corpos supostamente se elevava, junto com seu desejo de agir – uma crença sobre o corpo que confirma a convicção de Péricles sobre a unicidade das palavras e ações.

Tal entendimento fisiológico tornou a idealização da nudez ainda mais complexa do que sugeria Tucídides ao assinalar o antagonismo entre um grego, orgulhoso do seu corpo e de sua cidade, e o bárbaro, que se vestia com peles remendadas e habitava florestas ou pântanos. A fisiologia grega justificava direitos desiguais e espaços urbanos distintos para corpos que contivessem graus de calor diferentes, o que se acentuava na fronteira entre os sexos, pois as mulheres eram tidas como versões mais frias dos homens. Elas não se mostravam nuas na cidade. Além disso, elas permaneciam confinadas na penumbra do interior das moradias, como se isso fosse mais adequado a seus corpos do que os espaços à luz do sol. Em casa, elas vestiam túnicas leves que as cobriam até os joelhos, ou, quando saíam à rua, linhos rústicos e opacos até os tornozelos. Similarmente, o tratamento dado aos escravos vinculava-se ao "fato incontestável" de que as duras condições da servidão reduziam-lhes a temperatura, mesmo que se tratasse de um cativo do sexo masculino e de origem nobre; escravo, ele se tornava cada vez mais lento de raciocínio, incapaz de se expressar, apto apenas e tão-somente para as tarefas impostas por seus amos. Só os cidadãos homens tinham uma "natureza" adequada ao debate e à argumentação. Os gregos usavam a ciência do calor corporal para ditar regras de dominação e subordinação.

Não era só Atenas que adotava essa imagem padronizada do corpo e, com base nela, tratava as pessoas de forma radicalmente desigual, moldando a organização do espaço. Porém, é a Atenas de Péricles que suscita nossa atenção crítica – mais do que Esparta –, em parte pela forma como essa imagem idealizada do corpo levou a crises na democracia ateniense. Em sua história, Tucídides retomou sucessivamente o tema da Oração Fúnebre; temendo a confiança que

Péricles depositava nas formas e processos de governo, ele relata como, em momentos cruciais, a fé dos homens em seus próprios poderes mostrou-se autodestrutiva. E também como os corpos atenienses em sofrimento não poderiam encontrar alívio nas pedras da cidade. A nudez não era um conforto para a dor.

Ao escrever sobre um grande esforço de auto-exibição nos primórdios da nossa civilização, Tucídides nos faz uma advertência. Neste capítulo, persegui as pistas que ele fornece sobre a destruição dessa auto-exposição pelo calor das palavras, pelas chamas da retórica. A seguir, pretendo explorar o outro lado da moeda: como os corpos frios recusaram-se a sofrer em silêncio e, ao contrário, imprimiram na cidade o traço da sua frieza.

## O CORPO DO CIDADÃO

### A Atenas de Péricles

Para entender a cidade que Péricles admirava com tanto entusiasmo imaginemo-nos em Atenas durante o primeiro ano da guerra, passeando pelo cemitério onde ele deve ter proferido a Oração Fúnebre. O lugar situava-se além do muro que delimitava a cidade, a noroeste de Atenas – distante assim porque os gregos temiam os corpos dos mortos, a poluição causada pelos que haviam morrido violentamente e que poderia espalhar-se quando vagassem à noite. Caminhando em direção à cidade, alcançaríamos o Portão Triasiano (mais tarde denominado Portão de Dipylon), sua entrada principal. O portão consistia em quatro torres monumentais em torno de uma área central. Para o viajante que viesse em paz, observa um historiador moderno, esse acesso "simboliza a força e o poder de uma cidade inexpugnável".[7]

Os muros de Atenas contam a história do poderio que a cidade alcançou, desenvolvendo-se originalmente em torno da Acrópole, uma colina de onde se divisava todo o espaço circundante, e em condições de ser defendida mesmo com armas primitivas. A muralha de proteção foi erguida talvez mil anos antes de Péricles. As construções estendiam-se principalmente para o norte, e vagas evidências sugerem que os atenienses limitaram-se a esse crescimento ao longo dos anos 600 a.C., permanecendo ainda bastante vulneráveis. A geografia dificultava sua defesa, tanto como a de outras cidades antigas, porque Atenas estava próxima mas não à beira-mar; o porto do Pireu ficava a quilômetros de distância.

A cidade ligava-se precariamente ao litoral. Em 480 a.C., os persas atacaram Atenas e os muros existentes garantiram pouca proteção; para sobreviver, foi preciso enclausurar a cidade. Por volta do ano 470, as fortificações de Atenas desdobraram-se em duas etapas: a primeira, com o cerco da própria cidade, e a segunda, conectando-a ao mar, descendo em direção ao Pireu até um porto menor, Faleron, a leste.

As fortificações exigiram um trabalho árduo e movimentos difíceis, a respeito dos quais a Oração Fúnebre não se referia. O território que elas abrangiam era muito maior que o perímetro protegido pelas muralhas. A área rural de Atenas – khora –, com pouco mais de 2 mil quilômetros quadrados, onde a cevada crescia mais do que o trigo, era imprestável para o gado bovino, e servia apenas à criação de ovelhas e cabras. A terra havia sido devastada ao longo da década de 600, acarretando problemas ecológicos; de tanto podar suas oliveiras e vinhedos, prática comum em todo o Mediterrâneo, o agricultor grego expunha ainda mais o solo quente e seco aos raios do sol. Em conseqüência, dois terços dos grãos consumidos pelos atenienses vinham de fora. A khora continha veios de prata, e tão logo as fortificações foram concluídas, teve início a extração intensiva também do mármore. Ainda assim, a economia rural baseava-se na pequena propriedade, onde trabalhavam o arrendatário e um ou dois escravos. No mundo antigo, as técnicas de agricultura eram tão rudimentares que, segundo o historiador Lynn White, "mesmo nas regiões mais prósperas, eram necessárias dez pessoas vivendo no cultivo para que uma pudesse viver longe da terra".[8]

Aristóteles, bem como os demais helênicos e as elites das sociedades ocidentais até a era moderna, consideravam degradante a luta pela sobrevivência material; de fato, na Grécia antiga não existia nenhuma "palavra para expressar a noção do trabalho como função social".[9] Talvez porque a grande massa da população não tivesse outra alternativa senão trabalhar arduamente para garantir o próprio sustento. Em Os trabalhos e os dias, o antigo cronista Hesíodo escreveu que "homens nunca descansam do trabalho árduo e da tristeza, durante o dia, e de perecer, à noite".[10]

Uma economia tão estressante foi o que viabilizou a civilização urbana, ao preço de um amargo antagonismo que marca os significados dos termos "urbano" e "rural". No idioma grego, tais expressões, asteios e agroikos, também podem ser traduzidas como "refinado" e "embrutecido".[11]

INTERNAMENTE, A CIDADE apresenta-se menos ameaçadora. Atravessando o Portão Triasiano, chegava-se ao coração do bairro dos Oleiros – Kerameikos –, que era bem próximo dos túmulos mais recentes do lado de fora dos muros da cidade; o antigo cemitério ficava mais distante. Uma localização conveniente, por serem eles os fabricantes das urnas funerárias, um marco essencial de qualquer sepultamento. Na direção do centro da cidade, havia uma avenida construída cerca de quinhentos anos antes de Péricles; originalmente margeada por vasos gigantescos, quatro séculos depois ela passou a ser ornamentada com marcos de pedra bem menores – stelai –, que marcaram um sinal de sofisticação crescente na escultura ateniense. Na mesma época, outros tipos de comércio se desenvolveram ao longo da avenida.

Essa rua principal era conhecida como Dromos, ou Via Panatenaica, e conduzia a um declive, na margem do Eridanos, riacho que atravessava a parte norte da cidade. Seguindo adiante, ela bordejava a colina Kolonos Agoraios, atingindo a praça central de Atenas, a ágora. Antes do ataque dos persas, a maior parte das construções situava-se na encosta dessa colina; foram as primeiras a serem reconstruídas após o desastre. Em frente, abria-se um espaço em forma de losango, medindo cerca de 4 quilômetros quadrados, onde os atenienses praticavam suas atividades financeiras e comerciais, faziam política e homenageavam os deuses.

Fora desses limites, outra cidade surgiria aos olhos do caminhante. As muralhas atenienses, estendendo-se por aproximadamente 6 quilômetros, com 15 portões principais, envolviam em um círculo imperfeito uma grande cidade de habitações baixas e ruas estreitas. No tempo de Péricles, esse casario havia proliferado, concentrando-se em uma região conhecida por Koile, a sudoeste. Em geral, feitas de pedra e tijolos fabricados em fogo alto, as casas tinham um único pavimento; famílias mais abastadas dispunham de cômodos voltados para um pátio interno ou de um segundo andar. Mas, na sua maioria, as residências também eram locais de trabalho, abrigando pequenos bazares ou oficinas. Também se exerciam atividades econômicas em outros distritos, onde se encontravam fabricantes e comerciantes de potes, grãos, óleo, prata e estátuas de mármore, além do já mencionado mercado principal em torno da ágora. A "grandeza da Grécia" não estava visível nessas áreas que cheiravam a urina e óleo de frituras nem nos sólidos muros dessas ruas com aparência de sujeira.

Saindo da ágora pela Via Panatenaica, em terreno mais alto, o caminho ascendia pouco abaixo das muralhas, a noroeste, por uma rua que culminava na grande construção que dava acesso à Acrópole – a Propilaia. O que antes era uma fortaleza, no início da era clássica essa colina da Acrópole tornou-se território exclusivamente religioso, um campo sagrado situado acima da vida diversificada da ágora. Aristóteles acreditava que essa transformação guardava alguma coerência com as mudanças políticas da cidade. Em Política, escreveu que "uma cidadela (uma acrópole), tão útil à defesa da oligarquia quanto dos valores do homem comum, é uma condição básica da democracia".[12] Ele pressupunha que todos os cidadãos ocupavam um único plano horizontal. Ainda assim, a construção de maior destaque da Acrópole, o Partenon, proclamava a glória da cidade.

Erguido entre 447 e 431 a.C. no lugar de um antigo templo, o Partenon foi edificado com a participação ativa de Péricles, para quem o esforço cívico-coletivo comprovava a supremacia ateniense. Referindo-se aos inimigos do Peloponeso, em um discurso anterior à guerra, ele chamou a atenção para o fato de que "cultivavam a terra com suas próprias mãos", atividade que considerava totalmente desprezível; "na batalha, quem trabalha a terra está mais preocupado com o seu soldo do que com a própria vida". Ao contrário dos atenienses, "eles só pensam em cuidar de interesses particulares, devotando apenas uma fração do seu tempo aos interesses comunitários". Atenas era mais forte porque "jamais ocorre [aos seus inimigos] que a apatia de um será prejudicial aos interesses de todos".[13] Cidade, em grego – polis –, significava, para alguém como Péricles, o espaço onde as pessoas alcançavam a mais alta expressão da unidade. Era muito mais, portanto, que um simples ponto no mapa.

A localização do Partenon dramatizava os valores cívico-coletivos dominantes na cidade. Avistado dos distritos novos ou em expansão, assim como dos bairros mais antigos, o ícone da unidade brilhava ao sol. M. I. Finley chamou sagazmente essa característica de exibicionismo – estar ali para ser admirado. Ele diz que "a esse respeito nada poderia soar mais falso do que nossas impressões costumeiras: vemos ruínas, olhamos através delas, percorremos o interior do Partenon (...) aquilo que os gregos viam era fisicamente muito diferente (...)".[14] O exterior do prédio possuía importância intrínseca, auto-suficiente, pois se destacava como uma pele nua. Em um objeto arquitetônico, superfície e fachada constituem aspectos diversos. Na catedral de Notre-Dame, em Paris, por exemplo, há uma sintonia perfeita entre a nave e a fachada; em contrapartida, a "pele" do Partenon, as colunas e o teto, nada têm a ver com a forma que emana do seu interior. O templo ateniense aponta genericamente para a forma urbana da cidade; o espaço urbano provém do jogo de superfícies.

Em um rápido passeio, do cemitério onde Péricles pronunciou a Oração Fúnebre até o Partenon, deparamo-nos com sinais de uma era de esplendor arquitetônico, particularmente evidente nos prédios destinados aos debates ou, em última análise, à palavra. Além das muralhas da cidade, os atenienses criaram as academias, onde os jovens aprendiam mais por meio da troca de argumentos do que por exercícios de memória. Na ágora, eles instalaram um tribunal com capacidade para 1.500 pessoas e uma assembléia legislativa, formada por quinhentos líderes que discutiam questões políticas. Em outro edifício, denominado tholos, um grupo menor, de cinqüenta dignitários, tratava dos problemas cotidianos. Não muito longe, aproveitaram uma área da colina de Pnix em forma de anfiteatro, destinando-a aos cidadãos interessados em expor suas idéias.

O progresso material deu margem a grandes esperanças quanto ao que poderia ocorrer na guerra recém-iniciada. Alguns historiadores modernos acreditam que a idolatria da pólis, praticada pelos atenienses, estava indissoluvelmente vinculada ao destino imperial da cidade; outros imaginam que esse conceito de coletivo indivisível tinha função abstrata e meramente retórica, e invocado apenas para punir traidores ou controlar facções rebeldes. Péricles estava convicto disso. "Tal esperança é compreensível em homens que testemunharam a rápida prosperidade material que se seguiu às guerras persas", diz o historiador contemporâneo E. R. Dodds; "para aquela geração, a idade de ouro não era um paraíso perdido no passado obscuro, como acreditava Hesíodo, mas sim num futuro próximo – embora nem tanto."[15]

## O calor do corpo

As figuras escavadas em pedra nos "Mármores de Elgin", que circundam a parte externa do Partenon, revelam as concepções sobre o corpo humano nu que estavam na sua origem, ao mesmo tempo que encorajavam as esperanças dos atenienses. Batizadas em homenagem ao nobre inglês que as levou para Roma, no século XIX, essas frisas podem ser apreciadas hoje pelos turistas no Museu Britânico. Nelas estão esculpidas cenas da procissão Panatenaica que percorria a Via Panatenaicas até a Acrópole, em homenagem à fundação de Atenas e aos seus deuses. Celebrava-se o triunfo da civilização sobre o barbarismo; "os atenienses (...) atribuíam à sua cidade o papel de protagonista nessa batalha", assinala a historiadora Evelyn Harrison.[16] Inscrições alusivas ao nascimento de Atena foram inscritas no frontispício do Partenon; no frontão triangular oposto, as deusas disputavam com Posêidon quem seria o patrono da cidade; nas métopas, os centauros – meio cavalos, meio homens – lutavam contra os gregos, e os olímpicos contra gigantes.

Os Mármores de Elgin caracterizam-se por reunir a vasta multidão da procissão panatenaica, e as imagens dos deuses. Fídias modelava os corpos humanos com muito mais ênfase que outros escultores, com a originalidade de realçar sua presença junto às divindades. De fato, nas frisas do Partenon, eles parecem estar mais à vontade que em Delfos, onde sobressaem as diferenças. Fídias, na frase de Philipp Fehls, "estabelecia uma relação sutil, natural e necessária entre o reino dos homens e o dos deuses".[17]

As figuras humanas nas frisas do Partenon – generalizando uma imagem ideal – são todas jovens, exibindo corpos perfeitos e nus. Suas expressões mantêm-se serenas, seja pastoreando um touro ou domando cavalos. Elas contrastam, por exemplo, com o Zeus de Olímpia, esculpido poucos anos antes – este era mais individualizado e mostrava sinais da idade e de medo. Segundo o crítico John Boardman, no Partenon a imagem do corpo humano é "mística e idealizada, mais do que individualizada (...); (nunca) o divino foi tão humano, nem o humano tão divino".[18] Jovens e ideais, os corpos despidos representavam um poder humano que desafiava o limite entre deuses e homens, o que, sabiam os gregos, podia conduzir a terríveis conseqüências. Por amor a seus corpos, os atenienses arriscavam-se à desvalorização trágica da húbris, do orgulho fatal.[19]

A origem dessa altivez estava no calor corporal que, segundo eles, antecedia ao próprio nascimento, determinando que fetos bem aquecidos no útero, desde o início da gravidez, deveriam tornar-se machos. Já os fetos carentes do aquecimento inicial nasceriam fêmeas. A falta de calor uterino produzia uma criatura "mais frágil, líquida, fria ao toque, ou seja, menos encorpada que os homens".[20] Diógenes de Apolônia foi o primeiro grego a pesquisar essas diferenciações de calor, tema aprofundado por Aristóteles em Das partes dos animais, obra na qual comparou o sangue menstrual – sangue frio – e o esperma – sangue fervente. Para Aristóteles, o esperma era superior por gerar vida, em contraposição à menstruação, que era inerte. Ele distingue "o macho, dotado do princípio do movimento e da geração; e a fêmea, possuidora do princípio da matéria", estabelecendo um contraste entre forças ativas e passivas no corpo.[21] Hipócrates, estudioso da física na Antiguidade, chegou à mesma conclusão, embora por outro raciocínio. Ele imaginou dois tipos de esperma, forte e fraco, contidos em ambos os fluidos, seminal e vaginal. Resumindo o ponto de vista de Hipócrates, Thomas Laqueur escreveu que "se os dois parceiros produzem esperma forte, nascerá um macho; se os espermas forem fracos, uma fêmea; e no caso de se misturarem espermas distintos, o sexo do nascituro será determinado pela qualidade do esperma predominante".[22] Nessa ordem de idéias, como resultado da batalha de espermas, poderá vir à luz um macho mais quente ou uma fêmea mais fria.

Os gregos não inventaram esse conceito de calor corporal nem foram os primeiros a associá-lo a sexo. Os egípcios e, antes deles, talvez os sumerianos possuíam o mesmo entendimento a respeito do corpo. O papiro de Jumilhac [egípcio] atribuía "os ossos ao princípio masculino e a carne ao feminino"; o tutano ao sêmen, a gordura ao sangue frio da mulher.[23] Os gregos refinaram essa medicina. Aristóteles pensava que a energia calorífera do sêmen penetrava na carne pelo sangue; a carne do macho, portanto, era mais quente e menos suscetível ao esfriamento, assim como seus músculos mais firmes, uma vez que os tecidos masculinos eram mais quentes.[24] Em conseqüência, só o macho podia se expor em sua nudez.

Na Grécia, acreditava-se que "macho" e "fêmea" constituíam dois pólos de um continuum corporal, enquanto os vitorianos consideravam menstruação e menopausa forças femininas tão misteriosas que homens e mulheres pareciam quase pertencer a espécies diversas. Detendo-se sobre a visão helênica, Laqueur afirma que "pelo menos dois gêneros correspondem a apenas um sexo, no qual as fronteiras entre macho e fêmea são de grau, e não de uma espécie de corpo com um único sexo".[25] Precariamente aquecidos, fetos masculinos tornam-se homens afeminados; fetos femininos excessivamente aquecidos dão origem a mulheres masculinizadas. Realmente, a partir dessa fisiologia da reprodução, os gregos construíram a base do seu entendimento sobre a anatomia dos homens e das mulheres, supondo que os mesmos órgãos fossem reversíveis em genitália masculina e feminina. "Vire a vagina para o lado de fora", sugeriu Galeno de Pérgamo a um estudante de medicina, ou "vire para dentro (...) e dobre o pênis; você encontrará a mesma [estrutura] em ambos, sob todos os aspectos".[26] Tais idéias foram aceitas como verdade científica por cerca de dois mil anos, passando da Antiguidade ocidental, por intermédio dos doutores árabes, à medicina cristã da Idade Média, sobrevivendo ao Renascimento, até ser superada apenas no século XVII.

Durante a maior parte da história do Ocidente, a medicina discorreu sobre "o corpo" – um corpo cuja fisiologia alternava-se de muito frio a muito quente, de muito feminino a muito masculino. Derivava do calor no corpo a capacidade humana de ver, ouvir, agir, reagir e, até mesmo, falar. As pessoas permaneciam na crença de que "enxergavam porque a luz emana do olho".[27] Duas gerações posteriores, no tempo de Péricles, esse discurso sofreu uma transformação radical, tornando-se uma linguagem de estimulação corporal; ensinava-se, então, que o olho recebia raios quentes do objeto. Mais tarde, em On Sense and Sensible Objects [Da sensação e dos objetos sensíveis, tradução livre], Aristóteles sustentou que era igualmente física a experiência da transparência e do espaço vazio; desde que a luz – substância – se imprime no olho, as imagens geram calor no observador.[28] Os seres humanos tinham sensibilidades diferentes a esses raios tépidos: quanto mais calor o corpo recebe, mais intensa é sua resposta ao estímulo – assim como uma grande acha de lenha é mais avidamente consumida por uma fogueira do que por uma pequena chama. O corpo frio absorve menos calor e não é tão rápido nas suas respostas.

Aparentemente, as palavras causavam nos sentidos a mesma impressão física provocada pelas imagens, e a habilidade de resposta aos estímulos verbais dependia da quantidade de calor contida no corpo receptor. Para Platão, expressões como "palavras quentes" e "o calor do debate" eram literais, mais do que metafóricas. Argumentos lógicos e debate aqueciam os corpos dos interlocutores, enquanto corpos que pensavam na solidão tornavam-se frios.[29] Para alcançar algum nível de convicção, na época de Péricles os gregos desenvolveram o hábito da leitura silenciosa, dramatizado em Hipólito, peça de Eurípides. Evidentemente, para uma boa leitura e uma platéia atenta são necessários diferentes hábitos mentais.[30] Ainda assim, sem a experiência moderna e abstrata do "texto", os gregos imaginavam estar ouvindo vozes de pessoas reais, vindas da própria página, e revisar um texto escrito seria como interromper a fala de alguém. Só quando um corpo estava sozinho, sem falar ou sem ler, seus poderes esfriavam e se enfraqueciam.

A compreensão antiga sobre o calor do corpo levou a crenças a respeito da vergonha e da honra. O registro médico, passando de fêmea, fria, passiva e frágil, para macho, quente, forte e participante, formava uma escala ascendente de valores; tratava os machos como superiores às fêmeas, embora fossem da mesma matéria. A historiadora moderna Giulia Sissa observa que "quando o feminino foi incluído na mesma esfera do masculino (...) o resultado não foi o reconhecimento liberal de igualdade, mas o abandono da idéia do feminino como 'obviamente' inferior ao masculino".[31] O registro médico referido contribuiu, ainda, para contrastar o corpo do escravo, que crescera embotado e frio, devido à ausência da fala, do corpo do cidadão, aquecido nos debates das assembléias. A integridade, serenidade e honra daqueles nus, esculpidos nas frisas do Partenon, eram inseparáveis da vergonha dos corpos inferiores. Honra e vergonha, na cidade, derivavam do conceito grego de fisiologia.

PARA EQUILIBRAR OS PODERES em seus corpos despidos, os rapazes eram conduzidos ao ginásio por seus irmãos mais velhos. "Ginásio" vem do grego gumnoi, que significa "totalmente desnudo".[32] O corpo nu e belo é uma dádiva da Natureza, mas Tucídides descreveu a nudez como uma conquista da civilização. Nos três ginásios de Atenas os jovens aprendiam a se comportar desnudos; o mais importante deles era a Academia, que poucas gerações depois de Péricles abrigou a escola de Platão. Em nosso passeio imaginário, chegaríamos lá retornando ao Portão Triasiano, e depois de atravessá-lo seguiríamos pelas calçadas de uma avenida arborizada, cerca de 2 quilômetros a noroeste do portão.

Localizada no antigo sítio sagrado, que na era democrática foi transformado em "uma espécie de parque, distante da cidade",[33] os estudantes tinham de fazer essa caminhada diariamente. Nessa área situava-se a palestra, construção retangular sustentada por colunatas, com espaços para disputas esportivas, salas de exercícios e locais para beber e conversar. Alguns ginásios dispunham de prédios especialmente destinados à escola de lutas. Aristófanes descreveu, em As nuvens, uma imagem idílica dos dias passados nos ginásios: em uma paráfrase moderna, "toda essa atividade saudável de rapazes em boa forma contrasta com a inteligente eloqüência dos pálidos, fracos e sofisticados habitués da ágora".[34]

O ginásio modelava o corpo dos rapazes na última etapa da adolescência, quando a musculatura começa a pressionar a superfície da pele, mas as características sexuais secundárias, especialmente a barba, ainda eram pouco evidentes. Esse momento do ciclo da vida parecia ideal para estabilizar o aquecimento corporal nos músculos. Erguendo-se uns aos outros, durante as lutas, os jovens alargavam as costas e os ombros; curvando-se e girando, eles fortaleciam o abdome; e os braços ganharam força ao lançar o dardo ou o disco; e, correndo, as pernas e as nádegas desenvolviam sua resistência. Untados com óleo de oliva, quando atracados, eles tentavam não escorregar, o que tornava suas mãos mais firmes. Os jogos tinham ainda outros objetivos fisiológicos, inclusive o de aumentar a temperatura por meio da fricção entre os corpos.

Os moços também se adestravam no uso das palavras, essencial à sua participação democrática na cidade. No tempo de Péricles, o ensino da oratória contava com a contribuição de cidadãos comuns, que acorriam aos ginásios. O primeiro passo, contudo, era mostrar como projetar a voz e articular as palavras de maneira firme. Depois, aprendia-se a usá-las e a esgrimir argumentos com a mesma economia de movimentos praticada nos jogos. As escolas dessa época proibiam o ensino baseado na memória, antes predominante; mas a competição impunha que os jovens fossem obrigados a conhecer longas estrofes poéticas de Homero, que usavam como referência durante os debates.

Os espartanos – em ginásios cercados por fossos – só treinavam o corpo, já que o seu conceito de civismo excluía a eloqüência. Eles não tinham outro objetivo senão o de maximizar a capacidade dos rapazes, infligindo-lhes sofrimento: "Os jovens de Esparta lutavam ferozmente, uns com os outros, lançando-se com violência na água."[35] É verdade que as meninas também eram encorajadas ao exercício da mesma maneira, embora por uma questão meramente utilitária – fortalecer o corpo para o parto. Em Atenas, o adestramento dos corpos juvenis tinha múltiplas finalidades, que transcendiam a força bruta.

O ginásio ateniense ensinava que o corpo era parte de uma coletividade maior, a polis, e que pertencia à cidade.[36] Um rapaz forte, obviamente, tornava-se um bom guerreiro; uma voz educada garantia sua participação nos negócios públicos. Além disso, a escola treinava os rapazes como seres sexualmente nus. Ao contrário dos modernos moralistas, os atenienses pensavam que a sexualidade era um aspecto básico positivo da cidadania. Isso extrapolava a simples observância de proibições sexuais – como a crença de que só escravos se masturbavam ou de que com eles o amor não seria prazeroso – e imposições legais, que proibiam os escravos de ir aos ginásios, "apaixonar-se por um rapaz livre ou andar em sua companhia".[37] No ginásio, ensinava-se como usar o corpo de forma que ele pudesse desejar e ser desejado de forma honrosa.

Ao longo da vida e à medida que ganhasse maturidade, o macho grego seria sucessivamente amado por homens mais velhos e rapazes, apaixonando-se também por mulheres. Baseados na fisiologia do corpo, os gregos distinguiam claramente "afeminação" do que chamamos "homossexualidade". Corpos masculinos "frágeis" (em grego, malthakoi) agiam como mulheres e "desejavam intensamente ser submetidos por outros homens a um papel 'feminino' (isto é, receptivo), na relação sexual".[38] Eles pertenciam às zonas de calor intermediário, entre os muito masculinos e as muito femininas. No ginásio, a instrução era mais voltada para os modos de fazer amor ativamente.

A relação erótica uniria dois jovens, um deles pouco mais velho que o outro, ou um rapaz e um adulto, que tivessem se conhecido nos torneios e jogos. Era o macho mais velho – erastes – que conquistava o mais jovem – eromenos. Em geral, a diferença de idade entre eles evidenciava-se por características sexuais secundárias particulares, como os pêlos do corpo e da face, embora fosse indispensável que o mais moço tivesse pelo menos uma altura adulta para ser cortejado. Na casa dos 60 anos, embora mais idoso, Sócrates ainda mantinha jovens amantes, em relações ainda mais peculiares, pelo fato de ter sido conquistado por rapazes solteiros ou recém-casados. O erastes tinha uma postura de deferência diante do eromenos, cumulando-o de presentes e acariciando-o. O espaço público do ginásio não comportava cenas de sexo. Após os primeiros contatos, despertado o interesse entre os parceiros, os dois machos retiravam-se para os jardins, ou marcavam encontros noturnos na cidade.

A essa altura do relacionamento, o código sexual proibia qualquer penetração – felação ou cópula anal –, sendo admissíveis, apenas, massagens mútuas do pênis com as coxas. Tal fricção elevava a temperatura dos corpos dos amantes e, mais do que a ejaculação, justificava a experiência sexual de ambos os machos. O coito acontecia com os parceiros frente a frente, a mesma posição que servia para elevar a temperatura do corpo feminino, a fim de que as mulheres pudessem acumular força e gerar os fluidos necessários à concepção.

Nas relações heterossexuais, a mulher freqüentemente inclinava-se, oferecendo suas nádegas a um homem de pé, ou ajoelhado, atrás dela. A pintura cerâmica indica, segundo o classicista Kenneth Dover, que nessa posição "não há dúvida de que é o ânus da mulher, e não sua vagina, que está [quase sempre] sendo penetrado".[39] A cultura dos gregos, assim como muitas outras, encontrava no intercurso anal tanto um prazer diferente como um método simples e seguro de contracepção. A posição expressava, ainda, status social: abaixada ou curvada, a mulher subordinava-se. Os machos efeminados abaixavam-se na mesma posição, para serem penetrados. No julgamento do réu Timarco, acusado de prostituição – e que poderia ser privado dos seus direitos de cidadão –, o acusador Ésquines relacionou uma série de contrastes entre o sexo que desmerece e aquele que jamais macularia a dignidade do ateniense:

> Adotar uma postura curvada ou mais baixa, receber o pênis de outro homem no ânus ou na boca; (versus) recusar pagamento, adiar obstinadamente qualquer contato corporal até que o parceiro potencial prove o seu valor, abster-se de qualquer desfrute sensual, insistir em uma posição ereta, evitar a troca de olhares com o parceiro no momento do orgasmo (...).[40]

Sexo entre homens habitualmente ocorria com ambos os parceiros de pé. Assim, abstendo-se mutuamente da penetração, os amantes masculinos eram iguais, a despeito de sua diferença de idade. Nessa posição, diz Ésquines, fazem amor como concidadãos – na superfície do corpo, cujo valor equivale às superfícies do espaço urbano.

A cultura grega fez do andar e da postura ereta expressões de caráter. Caminhar com firmeza denotava masculinidade. Em um admirável trecho da Ilíada, Homero escreveu que "os troianos avançavam em massa, seguindo Heitor, que os conduzia em largas passadas".[41] Por outro lado, "quando as deusas Hera e Atena surgiram diante de Tróia para socorrer os gregos [segundo Homero], seus passos pareciam 'os de tímidas pombas' – exatamente o oposto dos heróis de grandes passadas".[42] Alguns desses atributos arcaicos persistiram na cidade. O andar calmo e firme também indicava nobreza; "percorrer descuidado as ruas é um traço que reputo desmerecedor de um cavalheiro, quando se pode fazer isso de forma elegante", disse o escritor Alexis.[43] Supostamente, as mulheres deviam caminhar lentamente, hesitantes, e o homem que fizesse o mesmo pareceria afeminado. Ereto, hábil, ciente de onde quer chegar; a palavra orthos – "ereto" – carregava todas as implicações da retitude do macho e contrastava com a passividade desonrosa, marca dos homens que se submetiam à penetração anal.

A coreografia dos corpos apaixonados sugeria o comportamento apropriado aos cidadãos de Atenas. De fato, segundo Tucídides, na Oração Fúnebre, Péricles conclamou-os a "enamorar-se" da cidade, empregando o termo erótico que designava "amantes", erastai[44] – consagrado nas peças de Aristófanes[45] e de uso corrente entre os atenienses, quando se referiam a esse tipo de afeto. Antes de tudo, o ginásio ensinava aos rapazes que o compromisso erótico de quase servidão com a cidade era idêntico ao que poderia existir entre eles – um amor ativo e perfeito.

OS ATENIENSES FAZIAM uma analogia direta entre corpo e construção; não que eles erguessem prédios no formato humano, com cabeças ou dedos. Mais do que isso, valiam-se do seu entendimento fisiológico para criar formas urbanas. Voltando ao nosso passeio imaginário, poderíamos alcançar uma estrutura, o pórtico – stoa, em grego –, verdadeiro signo desse entendimento. Abrigando espaços cobertos e expostos, contendo calor e frio, nada mais era que um edifício comprido; murado ao fundo, sua frente consistia em uma série de colunas dispostas simetricamente, abrindo-se para a ágora. Na época de Péricles, embora situados em uma perspectiva ampla, os pórticos não eram projetados como espaços independentes, mas como prolongamentos da praça central. Em sua parte murada, formavam-se pequenos grupos de comerciantes para conversar e fazer refeições. Nos edifícios públicos, as salas de jantar eram como numa casa, cercadas por sólidas paredes, pois os homens não se recostariam "de costas para uma colunata aberta".[46] Ninguém entrava sem ser convidado, embora fosse possível descortinar todo o interior. Quem se movesse em direção ao lado sem paredes, de frente para a praça, seria notado, pois estaria no "lado masculino, o lado da exposição".[47]

É evidente que o projeto arquitetônico baseava-se na lição aprendida no ginásio, segundo a qual o corpo de um rapaz poderia ser modelado de modo artístico, a fisiologia equipando sua matéria-prima. As frisas do Partenon representavam uma cena de corpos esculpidos tão dramaticamente que a atenção de todos se voltou para a sensibilidade do escultor; nas palavras de um moderno comentarista, isso "capacitou-o a rivalizar com a poesia".[48] Todavia, o que as grandiosas dimensões e a forma do Partenon revelavam, mais ampla e politicamente, eram as implicações da planta no trato do corpo como uma obra de arte.

O Partenon, com cerca de 70 metros de lado por quase 30 metros de frente – um desequilíbrio harmonioso de nove para quatro – não tinha nenhuma semelhança com outros templos gregos, construídos antes da época de Péricles. Seu interior obedecia às mesmas proporções, até então inéditas. Igualmente incomum era o número de colunas externas. Os templos gregos, na sua forma regular, possuíam 6 colunas na frente e 13 ao longo das laterais; o Partenon tinha 8 e 17. Medidas assim, tão irregulares, possibilitaram que seu interior abrigasse uma figura feminina gigantesca, a estátua de Atena. Fídias a esculpiu como uma divindade guerreira, Atena Partenos – daí o nome da construção –, em vez da deusa Atena Polios, protetora da cidade, dos antepassados, do útero e do solo, que era pequena, feita de madeira e mantida em algum lugar na Acrópole. Ao se tornar um império marítimo, Atenas ultrapassara aquela pequena cidade que lutava para viver da terra cercada por suas muralhas; o Partenon celebrava a deusa padroeira da cidade à luz do seu próprio poder emergente, em um templo cujas dimensões quebravam a simetria do passado.

O Partenon era dividido em dois ambientes: nos fundos, o Erário; na frente, a estátua de Atena. Medindo mais de 12 metros de altura, ela parecia elevar-se ainda mais devido ao seu reflexo em um espelho d'água, dando a impressão de que a estátua penetrava terra adentro. Um homem de pé dificilmente atingiria seu pedestal. Seu corpo de bronze estava coberto por uma túnica de ouro e criselefantina, com 11 metros; os braços e a face expunham uma pele de marfim sobre a carne metálica. Péricles justificou o custo dessa nova e gigantesca Atena argumentando que o vestido dourado poderia ser removido e derretido, se necessário, para custear despesas de guerra; o ícone sagrado poderia ser fisicamente violado caso o Estado precisasse de recursos. O corpo padroeiro da cidade punha sua marca nas dimensões do mais proeminente edifício.

O ginásio, o pórtico e o Partenon tornaram evidente a influência do corpo na forma urbana, mas não apontaram com bastante clareza as conseqüências que resultariam do brado de Péricles incitando os atenienses a se tornarem erastai da cidade. Os cidadãos careciam de um desenho arquitetônico que gratificasse aquele amor. Além disso, a Oração Fúnebre era um hino à democracia em Atenas fundamentado nos poderes da voz humana. Os atenienses procuravam desenhar espaços para a emissão da voz, acreditando que assim fortaleceriam sua força corporal, em especial ao conferir a essa única, clara, audível voz as qualidades honoráveis da nudez corporal. Não raro, incapazes de servir à voz do modo como se esperava, esses desenhos urbanos se frustraram; a voz nua converteu-se em instrumento de desordem e discórdia.

## A VOZ DO CIDADÃO

Atenas agrupava os corpos em dois tipos de espaços, cada qual conferindo à multidão uma experiência distinta da linguagem falada. Na ágora, múltiplas atividades transcorriam simultaneamente, enquanto as pessoas se movimentavam, conversando em pequenos grupos sobre diferentes assuntos ao mesmo tempo. Não havia nenhuma voz dominante. Nos teatros da velha cidade, as pessoas ainda ocupavam seus lugares para ouvir uma única e clara voz. Os sítios urbanos mais amplos apresentavam perigo para a linguagem, pois neles, em meio às atividades concomitantes e ininterruptas, as palavras se dispersavam entre os murmúrios das vozes; a massa de corpos em movimento nada percebia além de fragmentos do sentido que elas expressavam. No teatro, a voz singular assumia forma artística, por meio das técnicas de retórica. Os locais reservados aos espectadores eram tão organizados que amiúde a eloqüência os vitimava, paralisando-os e humilhando-os com seu fluxo.

## Espaços para falar

Embora todos os cidadãos, ricos ou pobres, pudessem freqüentar a ágora, a maioria dos eventos cerimoniais e políticos que ali ocorria era inacessível à imensa população de escravos e estrangeiros – metecos –, que sustentavam a economia da cidade antiga. Estima-se que o número de cidadãos da Ática, no século IV a.C., oscilasse entre 20 a 30 mil, para uma população total de 150 a 250 mil. Ao longo da era clássica, eles nunca foram mais do que 15% a 20%, ou quase metade da população de homens adultos. Devemos considerar ainda que apenas uns poucos tinham riqueza suficiente para viver sem maiores preocupações, passando horas e dias em conversas e debates; a classe ociosa compunha-se de 5% a 10% de todos os cidadãos. Para integrá-la, era preciso possuir uma fortuna de pelo menos um talento, equivalente a 6 mil dracmas. O trabalhador especializado ganhava uma dracma por dia.

Mergulhar diariamente nessa vida intensa e oscilante exigia que se morasse perto. Entretanto, grande parcela dos membros dessa cidade-Estado vivia longe, além dos muros, na khora; ao fim do século V a.C., cerca de 40% dos cidadãos residiam a mais de 20 quilômetros do centro, o que significava uma caminhada de, no mínimo, quatro horas pelas estradas da menosprezada região rural, desniveladas e cheias de buracos.

Na ágora, aqueles em condições de participar encontravam inúmeras e diversificadas atividades ocorrendo ao mesmo tempo, em vez de um caos completo. Havia danças religiosas no terreno descoberto e regular chamado de orkhestra; atividades financeiras transcorriam em mesas postas ao sol, onde os banqueiros sentavam-se de frente para seus clientes. Os ritos religiosos eram celebrados ao ar livre e em uma espécie de santuário, ou recinto sagrado, chamado "Doze Deuses", ao norte do local das danças. Os pórticos eram palco para comer e negociar, tecer mexericos e cumprir obrigações religiosas. No tempo de Péricles eles se alinhavam ao norte e a oeste da ágora. Os pórticos ao norte se faziam úteis no inverno, com as costas para o vento e suas colunatas, à frente, abertas ao sol.

Poikile, o pórtico "pintado", tornou-se famoso; construído por volta de 460 a.C., ao norte da ágora, voltava-se, através da Via Panatenaica, para a Acrópole. John Camp assinalou que, "ao contrário da maioria dos outros, ele não foi erguido para algum propósito ou atividade específica ou para uso de um único grupo de profissionais. Em vez disso, parece ter servido às necessidades da massa da população, garantindo abrigo e um local de encontro próximo à praça". Lá, as multidões deparavam com "engolidores de espada, saltimbancos, pedintes, parasitas e peixeiros (...) e filósofos".[49] Mais tarde, nesse mesmo lugar, Zeno fundaria o estoicismo; estranhamente, a suspensão do engajamento mundano advogado por esse movimento filosófico teve origem em um espaço de futilidades e diversão.

A evolução da democracia ateniense deu forma às superfícies e às proporções da ágora, pois o movimento possível em espaços simultâneos favorecia uma participação mais intensa. Transitando entre diversos grupos, era possível saber o que estava acontecendo na cidade e trocar idéias sobre os mais variados assuntos. O espaço aberto era um convite, inclusive, para que se tomasse parte, mesmo eventualmente, em questões jurídicas. Os atenienses tornaram-se célebres por seu amor às batalhas legais. Um personagem em As nuvens, apontando para um mapa, diz: "Aqui é Atenas." O questionamento é imediato: "Não acredito em você, não vejo jurados."[50] Embora o indício arqueológico seja impreciso, é provável que o tribunal mais popular da cidade – Heliaia – se situasse a sudoeste da ágora. Embora tenha sido erguida em uma época anterior, de tirania, a construção permitiu que os corpos fluíssem em sincronia. Situada sob um imenso espaço destelhado, tinha capacidade para 1.500 pessoas. (Um "júri" precisava ter pelo menos 201 integrantes, mas freqüentemente reunia 501.) As paredes eram baixas, com menos de um metro, talvez, de forma que qualquer um poderia olhar de fora para dentro; jurados e passantes debatiam os argumentos formais.

O tema político crucial do ostracismo – banimento da cidade – era discutido no espaço da ágora, onde todos os cidadãos se reuniam uma vez por ano para avaliar se alguém havia se tornado tão poderoso a ponto de converter-se em um possível tirano. Elaborava-se uma lista de nomes com base nos discursos proferidos livremente e os dois meses seguintes eram reservados à reflexão. Esse período abria excelentes possibilidades para o comércio de cavalos, refeições em que se discutiam questões de trabalho, mexericos de todo tipo, campanhas difamatórias – os destroços das marés políticas tomando a praça repetidas vezes. Quando os cidadãos se reencontravam, se algum homem recebesse mais de seis mil votos, ele teria de passar dez anos no exílio.

Orthos regia o comportamento dos corpos humanos na ágora. O cidadão procurava andar de forma determinada e o mais rápido possível, através do torvelinho, encarando calmamente os estranhos. Tais movimentos, postura e linguagem corporal irradiavam seriedade e boas maneiras. Johann Winckelmann, especialista em história da arte, comentou que uma atitude assim compunha algo parecido a um quadro de ordem corporal em meio à diversidade.[51]

O que acontece quando seis mil pessoas se aglomeram? Pelos padrões das multidões atuais, no espaço de 40 quilômetros quadrados, tal densidade pode ser considerada de média a média alta; seria inferior às torcidas de futebol, superior à freqüência de um shopping comum e mais ou menos equivalente à concentração um quarteirão de Siena, ao meio-dia. Hoje, massas desse porte tendem a fracionar-se em grupos de trinta a cinqüenta pessoas, ignorando e afastando-se de seus vizinhos próximos. O resultado é que a visibilidade do corpo individual fica enclausurada no interior de cada subgrupo. Os atenienses antigos não imaginavam que um grupo de seis mil pessoas pudesse agir com presteza, e foi para contornar essa dificuldade que projetaram alguns prédios com fins específicos. O Tholos, por exemplo, abrigava o comitê executivo rotativo da cidade, grupo de cinqüenta conselheiros que mantinham plantão de 24 horas, ao longo do ano; 17 deles estavam permanentemente prontos a enfrentar qualquer emergência.

Observadores da época consideraram, mais tarde, que a diversidade da ágora perturbava o senso grego de decoro e sisudez. Aristóteles recomendava que "a praça do mercado deveria ser separada da praça pública, situando-se a alguma distância".[52] Que ele não era um inimigo da diversidade fica claro quando afirma que "uma cidade é construída por diferentes tipos de homens; pessoas iguais não podem fazê-la existir".[53] Ao contrário do conservador moderno, que se opõe à intervenção do governo no mercado, ele se preocupava apenas com a diminuição da política, particularmente no tocante à administração da justiça, caso ela se misturasse à economia. De maneira semelhante, comentaristas reafirmaram depois "a majestade da lei" em seu próprio espaço, pelo uso da linguagem de orthos; os magistrados devem ter toda a sua autoridade moral respeitada, comportando-se em público com austeridade, sem se confundir na multidão.[54]

É evidente que o comportamento corporal que impõe a ordem na cena da ágora não bastaria para conter os efeitos de atividades simultâneas sobre a voz. Na corrente humana, as conversas eram fragmentadas com o movimento dos corpos, de um grupo para outro, gerando uma tensão individual quebrada e dispersa. Conforme um princípio arquitetônico contrário ao da simultaneidade, os atenienses criaram um lugar destinado aos ensaios de uma linguagem mais clara, na Casa do Conselho – Bouleuterion –, a oeste da sua praça principal.

A construção abrigava os quinhentos homens responsáveis pela pauta de assuntos que os cidadãos debatiam diariamente, à exceção do sexto feriado público do calendário ateniense e de um pequeno número de dias, considerados malditos e, por isso, dedicados à purificação. Embora o Bouleuterion também datasse da época de tirania, sua forma foi aproveitada para fins democráticos. Indícios remanescentes do prédio mostram que seus assentos estavam dispostos em um plano inclinado, como em um teatro. O orador permanecia de pé, no ponto mais baixo, o que lhe assegurava ser visto por todos os participantes. Não havendo circulação de corpos, nada perturbava seu confronto com a platéia, onde todos se viam mutuamente. Situada em completo isolamento dos murmúrios da ágora, a Casa do Conselho era tão discreta que "não ocupava o lugar proeminente que se poderia prever na arquitetura da praça, nem era de fácil acesso", observa o arqueólogo R. E. Wycherley.[55] Alta, com teto fechado, estava fora do alcance de bisbilhoteiros e curiosos. Seu espaço propagava uma única voz, revelando as palavras à total atenção dos conselheiros; a distribuição dos assentos não só permitia essa concentração como facilitava um regime de precisa vigilância visual: o voto tornava-se perfeitamente identificável, o que não poderia ocorrer tão facilmente em meio à massa de pessoas aglomeradas no mesmo nível, onde se distinguiria, no máximo, a reação das pessoas mais próximas.

Em 510 a.C., no fim do reinado da tirania, quase todos os diálogos poderiam ser travados na ágora. Por volta de 400 a.C., quando a democracia já tinha se estabelecido solidamente em Atenas, mas as tentações da ilegalidade resistiam, os espaços para falar se dispersaram pela cidade. Em meados do século V, a praça deixou de ser o centro das ações dramáticas. As arquibancadas de madeira, montadas para apresentação de peças na orquestra a céu aberto, acabaram ruindo durante um dos festivais anuais e foram substituídas por um anfiteatro talhado na encosta sul da Acrópole – em cuja base os dançarinos e atores se apresentavam. No mesmo período, a maior parte dos espetáculos musicais foi transferida para o Odeion – um ambiente coberto, para competições musicais. Tudo isso não significou a decadência da ágora, que permaneceu movimentada, com pórticos e templos. A assembléia de todos os cidadãos ainda se realizava no mesmo lugar, para debater e votar as penas de ostracismo; os tribunais transbordavam de pessoas; as ruas em torno expandiam-se com o comércio. Ela deixou de ser apenas o espaço dominante da voz; sua diversidade fez com que ela não mais encerrasse a voz do poder.

Os primeiros teatros gregos eram simplesmente construídos nas encostas de colinas, niveladas para acomodar o público de interpretações de dança e poesia, ou exibições de atletismo. Sentada, a platéia presta muito mais atenção ao que ocorre à frente, fazendo pouco caso do que acontece ao lado ou atrás. Originalmente, nesses patamares, as pessoas ocupavam seus lugares em bancos de madeira; o teatro evoluiu para um sistema de largas passagens, separando assentos de pedra mais estreitos, o que evitava que elas incomodassem umas às outras com suas idas e vindas. A atenção do espectador permanecia focada no plano central. A palavra "teatro" deriva do grego theatron, que pode ser traduzida literalmente como "um lugar para ver". Um theoros – artista de teatro – era considerado como uma espécie de embaixador, uma vez que o teatro, realmente, corresponde a um tipo de atividade diplomática, ao trazer aos olhos e ouvidos dos espectadores uma história de outro tempo ou lugar.

No teatro ao ar livre, a orkhestra – espaço de danças – consistia em um círculo de terra batida, ao pé dos bancos; por trás dele, integrado ao próprio projeto da construção, o hiposcênio – em grego, skene – nada mais era que uma parede – de pano, madeira ou pedra, conforme a época – que separava o palco dos bastidores, onde os atores preparavam-se para entrar em cena. Esse anteparo ajudava a projetar suas vozes, cujo poder físico decorria mais da própria disposição dos assentos. Acusticamente, uma voz emitida ao nível do solo tem um volume duas ou três vezes menor do que quando pronunciada em espaços verticais e inclinados, que evitam sua dispersão. Essa forma também facilitava a visão, mesmo por cima das cabeças dos vizinhos, graças à claridade que, todavia, não tinha influência alguma sobre o tamanho da imagem (efeito que só a câmera cinematográfica obteve). O teatro antigo amarrava uma percepção visual nítida de uma figura distante a uma voz que soava mais próxima.

No teatro antigo, a magnificência vocal do ator somava-se à visão que o espectador tinha dele, para separar o primeiro do segundo. Existe uma razão puramente acústica para isso: a céu aberto, a voz de quem quer que se sentasse nos lugares mais elevados repercutia menos à medida que se propagava para baixo, diminuindo de intensidade e enfraquecendo, mais do que se fosse emitida desde os assentos inferiores. Além disso, no tempo de Péricles, as técnicas de representação tornaram-se muito mais especializadas e os atores, mais refinados.

Essa divisão assumiu uma importância maior quando os teatros foram utilizados para fins políticos. Em Atenas, durante o século V a.C., isso ocorria na colina de Pnix, dez minutos a sudoeste da ágora, pedaço de terra sob a forma de anfiteatro, onde foram realizados grandes comícios, reunindo cerca de quinhentas pessoas, poucos anos depois da derrota do tirano Hípias. Sentada na montanha, a platéia ficava de frente para o vento norte, enquanto o orador, de pé, voltava-se para o sul e permanecia fora da sombra, com o rosto ao sol, sem qualquer anteparo por trás. Sua voz era a única mediação entre a massa de cidadãos e o panorama de colinas e o céu.

As construções da praça de Atenas não obedeciam a qualquer plano geral urbanístico, e à exceção de "uma área aberta e despavimentada, medindo cerca de 40 quilômetros quadrados, não existe nenhuma idéia apreciável sobre a sua arquitetura".[56] O teatro ventilado, em contraste, tem um desenho restrito que organizava a multidão em fileiras verticais e amplificava a voz emitida de um plano inferior, expondo o orador e todos os seus gestos aos olhares dos presentes. Essa divisão do espaço, favorecendo a exposição individual, também afetou a imagem que os espectadores faziam de si mesmos. Como o historiador Jan Bremmer assinala, os gregos consideravam muito importante permanecer de pé, andar ou sentar; entretanto, quando sentado, o indivíduo assumia uma posição ambivalente, que em alguns casos denotava submissão. Por exemplo, no tempo de Péricles, os deuses em geral eram esculpidos sentados em banquetes. Mas ao entrar pela primeira vez na casa do marido uma jovem esposa demonstrava seu acatamento às normas que ali imperavam sentando-se ritualisticamente ao lado do fogo da lareira. E muitas pinturas em cerâmica mostravam escravos urbanos trabalhando sentados ou agachados.[57] No teatro, essa ambivalência serviu à tragédia: a platéia sentada sentia-se como se estivesse na mesma situação e nas circunstâncias vivenciadas pelo protagonista vulnerável, já que seus corpos – o do ator, inclusive – assumiam "uma posição humilde e submissa em relação à lei superior". Segundo a classicista Froma Zeitlin, o teatro trágico grego mostrava o corpo humano "em um estado não natural de pathos (sofrimento), quando se afastava de seu ideal de força e integridade (...). A tragédia insiste (...) na exibição desse corpo".[58] Nesse sentido, pathos era o oposto de orthos.

Enquanto a vida ao ar livre da ágora transcorria entre corpos que andavam eretos, a Pnix aproveitava-se politicamente de espectadores sentados, obrigados a estar atentos a partir da postura passiva e mais frágil em que ouviam a voz nua vinda de baixo.

## O calor das palavras

As conseqüências tornaram-se evidentes nas reuniões da Ekklesia – assembléia de todos os cidadãos –, que se reunia quarenta vezes por ano na Pnix. Nos portões que controlavam o acesso à construção, todos os cidadãos recebiam uma espécie de estipêndio, como forma de estimular a freqüência e neutralizar o predomínio da classe ociosa. Iniciadas pela manhã, bem cedo, só depois de uma oração é que se tratava da agenda estabelecida pelo Bouleuterion; havia discursos e as votações se faziam por meio de cédulas ou pelo simples levantar das mãos. Os encontros terminavam na metade do dia, para que os cidadãos mais pobres não perdessem toda a jornada de trabalho.

Suponhamos que estivéssemos presentes a uma dessas assembléias, em um dia de 406 a.C., penúltima fase da Guerra do Peloponeso, quando discussões políticas acaloradas tomavam conta da cidade.[59] Na batalha marítima de Arginusa, alguns marinheiros atenienses, deixados à deriva por seus comandantes, acabaram afogados. Na Pnix, seguindo o costume, o arauto do dia pergunta: "Quem deseja falar?" O cidadão Terâmenes já havia proposto, em reunião anterior, que a cidade condenasse os oficiais. Segundo o relato de Xenofonte, eles haviam feito uma hábil defesa, alegando que uma violenta tempestade no mar os impedira de prestar socorro aos marujos. "Com tais argumentos, estavam a ponto de convencer a assembléia; muitos cidadãos levantaram-se, oferecendo-se para pagar uma fiança por eles." Mas o tempo da discussão se esgotou sem que se chegasse a uma decisão. Hoje, Calixeno, aliado de Terâmenes, torna a levantar a proposta de condenação, invocando uma questão de ordem que habitualmente destinava-se a identificar os votantes, em casos de decisões mais sérias.

"Os atenienses devem votar por tribos", conclama ele, "em duas urnas que haverá para cada uma delas, para coletar os votos de condenação e absolvição." Assim, ficarão bem definidas as parcelas de responsabilidade, na decisão que resultasse do debate.

Os defensores do perdão tentam uma manobra diversionista, afirmando que o procedimento é anticonstitucional, uma vez que a matéria está sujeita às cortes. Em resposta, "a grande massa gritava que seria monstruoso o povo ser impedido de fazer o que bem entendesse". Intimidados pela violência da reação popular, os partidários dos militares recuam, "à exceção de Sócrates (...) que se recusa a agir contra a lei".

Abrindo-se o espaço para a defesa, um cidadão mais importante, Euriptolemos, retoma os argumentos bem-sucedidos na sessão anterior e diz que os réus devem ser julgados separadamente, opondo-se, portanto, à recomendação dos conselheiros, que haviam aconselhado um juízo coletivo. Embora as mãos se levantem aceitando esta proposta, Mênecles, outro proeminente cidadão, objeta e consegue influenciar a massa em sentido contrário. O debate se amplia em torno dos oradores e os cidadãos acabam votando pela condenação. Assim, por um sopro de paixão popular, os oficiais são executados. Mas a história não termina aqui. Xenofonte testemunha que, "não muito tempo depois, os atenienses se arrependeram e decidiram que as denúncias contra aqueles que enganaram o povo seriam entregues à apreciação das autoridades competentes".

O que revela essa corrente oscilante e contraditória de eventos, que culminou com a execução dos réus, seguida de mútuas recriminações? O fato em si ocorreu em lugar distante da cidade. Xenofonte nos conta que os comandantes, mesmo dispondo de pouco tempo para defender-se, fizeram-no apaixonadamente, dramatizando o poder da tempestade e despertando empatia ao se referirem ao risco que corriam os navios. Mas isso foi apenas o início. Na segunda sessão da Eclésia, seus defensores cometeram um erro estratégico ao desafiarem a soberania do povo, o que quebrou o encantamento da sua oratória. Foi então que Mênecles e outros recriaram o acontecimento de tal forma que a multidão foi levada a dar mais peso à covardia nas mentes dos comandantes do que ao desastre natural. Depois que os oficiais foram mortos, as pessoas voltaram-se contra aqueles que os haviam persuadido – cujas vozes foram consideradas enganadoras –, procurando revogar o irrevogável.

Além do cronista citado, outros antigos observadores da democracia reconheciam que era o poder da retórica que embalava a Eclésia, sua capacidade de persuasão – peitho –, que em grego significava ganhar a aquiescência de outros pela força das palavras, mais do que pela força bruta. Como isso era desejável, o lado destrutivo da retórica aparecia nas lendas contadas sobre a deusa Pandora; Hesíodo refere-se ao peitho sedutor de Pandora, capaz de engendrar "mentiras, sofismas e vias ardilosas (...) para causar a ruína dos homens e de seus empreendimentos".[60]

As palavras pareciam aumentar a temperatura do corpo; os gregos tomavam ao pé da letra expressões como "o calor da paixão" ou "discursos inflamados". Para eles, a retórica consistia na técnica de produzir o calor verbal. "Mentiras e sofismas" da retórica, temidos por Hesíodo, mostravam o poder que essa arte possuía de afetar o organismo humano, por exemplo, lançando "tropos" (expressões em sentido figurado) para despertar a platéia. A linguagem política simbólica dos gregos abastecia-se no rico manancial da poesia e da lenda de Homero, e quem pretendia influenciar a multidão era praticamente obrigado a conhecer esse autor com propriedade. Alguns cidadãos gregos, Platão em especial, temiam tais invocações como perversas, pois nos discursos em público costumava-se simular o calor da paixão para estimulá-la nos ouvintes.

O orador, assim como o ator dramático, lida com a ilusão, logicamente atribuindo a ela um valor muito diferente. No início de Édipo Rei, de Sófocles, qualquer um na platéia poderia dizer a quem estivesse ao seu lado que "ele vai se cegar porque matou o pai e dormiu com a mãe"; ciente disso, o vizinho não se levantava nem ia embora. Apesar da informação, tal sinopse não representava qualquer vivência prática. Os espectadores de um drama submetem-se à experiência verbal que se desenvolve por meio de confrontos, retrocessos e reviravoltas. A cada passo, o sentido se acumula e só gradualmente é possível entender – entendimento que transcende a informação resumida – que Édipo terá de pagar um preço terrível; não existindo caminho de volta, ele nada pode fazer para escapar do seu destino.

Na assembléia em que foi decidido o caso dos comandantes, os oradores precisavam criar uma ilusão usando as palavras, já que o fato ocorrera em outro lugar e todas as testemunhas, à exceção dos acusados, estavam mortas. Além disso, na passagem de uma voz retórica para outra, o significado não se acumulava, provocando uma lacuna que explica por que a Eclésia oscilava em vários sentidos, durante o julgamento. Afinal, só depois que os condenados foram levados à morte é que as pessoas recuaram, acusando aqueles que as tinham influenciado. Operava-se um corte a cada narrativa e não havia fluxo lógico. Em vez disso, os discursos sucessivos faziam a audiência rever o afogamento dos marinheiros e impediam que a imagem dos homens abandonados se desvanecesse. Os bons oradores esmeravam-se em réplicas aos argumentos de seus oponentes, e a cada momento mudavam o ponto de vista da massa a seu favor. Na retórica política, a voz solitária domina a audiência, ao passo que no teatro a ação se acumula, precisamente porque os personagens se tornam interdependentes, mesmo quando em conflito.

Os cidadãos de Atenas conheciam e temiam os perigosos poderes de uma única e exposta voz que possuísse habilidade retórica. "As cortes, assim como a assembléia, ardiam no fogo da eloqüência sofisticada, cujo poder de corrosão, segundo os atenienses, constituía uma ameaça à máquina do Estado."[61] O homem comum sentia medo de ser manipulado pelos discursos dos políticos mais convincentes; os mais refinados, como assinala Josiah Ober (em geral, homens instruídos, que liam discursos encomendados aos escribas), logo se apercebiam disso e aprendiam a administrar a inquietação dos ouvintes, dando a impressão de serem homens simples, desacostumados a falar em público, por isso que gaguejavam e volta e meia se perdiam na leitura.

Os guerreiros nus talhados nas frisas do Partenon expressavam uma serenidade ideal. A voz exposta do orador conduzia em outra direção: freqüentemente, e por mais poderoso que fosse, ele só era capaz de instigar sua audiência à desordem, aquecendo-a com suas palavras, e semear a discórdia. Talvez o incidente mais impressionante no julgamento dos comandantes tenha sido a raiva expressa no voto condenatório dos cidadãos. As execuções ocorreram em lugar secreto, como de costume, em se tratando de crimes de Estado, mas esse desfecho privou as pessoas de vivenciar algo mais. A ira coletiva teve dois momentos: primeiro, quando ficou claro que não havia mais argumentos a ouvir; e, no dia seguinte, quando a aplicação da sentença tornou todos os argumentos inúteis. Então, as pessoas procuraram desfazer o que fora decidido, questionando-se sobre quem as teria enganado, supostamente com alguma intenção malévola. Não raro, na democracia ateniense, votava-se e tornava-se a votar, o que demonstrava irresolução e instabilidade.

O processo político na Pnix, portanto, distanciava-se da crença de Péricles na unicidade entre palavras e ações na pólis. O forte calor do corpo e o orgulho da nudez exposta constituíam uma imagem ideal que não resultava no autocontrole coletivo, no espaço do corpo político. De fato, os atenienses sofriam de húbris, um ardente desejo físico que os situava além do controle social. Segundo os termos usados genericamente por Tucídides, o "conflito armado tornou-se inevitável em virtude do crescimento do poder ateniense e do medo que isso provocou em Esparta"; na verdade, o progresso de Atenas superou os limites compatíveis de população, economia ou direito.[62] Sem dúvida, ele percebeu como os poderes da retórica poderiam constituir tal orgulho. O fim do sonho de Péricles ficou claro por volta de 427 a.C., quando o mundo antigo inteiro parecia agitado pelo poder das palavras.

Escrevendo sobre as piores condições da guerra, Tucídides diz que, "para adequar-se à mudança dos fatos, palavras também têm de mudar seus sentidos corriqueiros (...) qualquer idéia de moderação nada mais foi do que uma tentativa de disfarçar um caráter impróprio a um homem; habilidade para entender uma questão sob todos os ângulos possíveis significa completa incapacidade para a ação". O fluxo da retórica apaixonada tinha crescido tanto que "qualquer um que sustentasse com firmeza suas opiniões poderia ser digno de crédito, e quem quer que se opusesse a elas seria suspeito".[63] O calor das palavras tornou os combatentes incapazes de agir racionalmente.

A FORMA DAS PEDRAS PODERIA garantir aos homens algum domínio sobre o calor da sua carne? O poder racional poderia ser construído na cidade? Os cidadãos de Atenas lidavam muito bem com esta questão na criação do lugar onde a torrente de palavras fluía livremente.

Agir segundo o raciocínio requer responsabilidade. Sentados no pequeno Bouleuterion, os conselheiros votavam de maneira individual e aberta; as reputações estavam permanentemente em jogo. Os organizadores da Pnix procuravam fazer o mesmo no teatro político maior. Seu desenho claro, suas fileiras de assentos em círculo e os corredores, regularmente situados, permitiam a todos os espectadores conhecer as reações de cada um, identificando os votos, em um franco contraste com a imprecisão visual da ágora, onde uma pessoa só enxergava quem estivesse bem próximo.

Além disso, na Pnix, o povo tinha cadeiras de certa forma cativas. Os detalhes de como se distribuíam os lugares são pouco precisos; alguns historiadores argumentam de forma persuasiva que as pessoas ocupavam espaços diferentes, conforme a tribo. Havia originalmente dez tribos na cidade, depois 12 ou 13, e tanto na configuração inicial quanto na posterior a Pnix era dividida em cunhas para elas.[64] Quer dizer: cada uma ocupava um espaço determinado.[65] Nas ocasiões em que os votos eram feitos por meio de cédulas de pedra, moldadas pela própria tribo, ou na demos (unidade local de governo), o escrutínio era anunciado separadamente, conforme o conteúdo de cada urna – também feita de pedra.

Em uma democracia, responsabilidade e autocontrole são atos coletivos – pertencem ao povo. Quando Clístenes apresentou reformas democráticas em Atenas, no ano de 508 a.C., declarou que a isegoria, o que pode ser traduzido por "igualdade na ágora",[66] era um poder popular, do qual decorria a liberdade de palavra, que os atenienses chamavam de parrhesia. Todavia, essa liberdade ainda era insuficiente para satisfazer a democracia; ela atraía os riscos da fluência retórica. Prevendo esse perigo, o reformador determinou que os cidadãos seriam responsáveis pelas decisões votadas, por isso a apuração seria feita por local de residência. As opiniões, por certo, flutuariam ao sabor das palavras, mas ninguém escaparia às conseqüências da decisão por fim assumida. Ainda que uma tribo discordasse, sua co-responsabilidade decorria da participação no processo. Na prática, após uma votação, o conhecimento da escolha de cada grupo poderia voltar-se contra uma tribo ou uma seção da cidade; elas seriam discriminadas na repartição das verbas, ou na atribuição de serviços, ou, ainda, admoestadas no tribunal. A reforma clistênica não objetivava integrar indivíduos, mas todo o povo, no processo verbal democrático.

No desenho claro da Pnix, que enfatizava a seriedade da audiência, as pessoas se mantinham em uma posição vulnerável, responsáveis por seus atos, sim, mas imóveis, prisioneiras de uma única voz. A imagem ideal do poder corporal não criou unidade cívica; o código de sexualidade, afirmando igualdade, harmonia e integração mútuas era inaplicável à política, onde o corpo do cidadão permanecia nu e exposto aos poderes da voz, exatamente como nos referimos hoje a alguém que esteja nu como se estivesse indefeso. O "sofrimento" que tem origem nessa dualidade foi descrito por Froma Zeitlin como "o pathos de vivenciar o calor da paixão em um corpo passivo".

Minha intenção não foi narrar a frustração do ideal ateniense, mas uma história de contradições e estresses vivenciados em uma democracia que celebrava o corpo humano de uma forma particular. A imagem idealizada do corpo nu fragmentou-se na pedra; a voz exposta tornou-se fator de desagregação no espaço urbano.

Alguns autores dividem longitudinalmente a história de Atenas entre corpo e mente. Na era moderna, é comum imaginarmos que essa divisão distingue construções mentais áridas que reprimem a vida sensível do corpo. Mas no início da nossa civilização o problema era oposto: o corpo regia a palavra e impedia os homens de viverem racionalmente por meio da unidade entre palavra e ação defendida por Péricles na Oração Fúnebre. O calor do corpo, expresso na retórica democrática, conduziu à perda do controle racional nos debates; na política, ao contrário do teatro, faltava calor às palavras e à lógica narrativa. Os atenienses não conseguiram criar um desenho alternativo na pedra; na Pnix, as pessoas se tornaram responsáveis por atos que não controlavam.

Os termos da divisão, aos quais nos referimos, alteraram o curso da história e ainda persistem até hoje. "Humano" significa forças em desarmonia e irreconciliadas. O advento do cristianismo fará com que o conflito pareça necessário e inevitável; o pecado e o exílio do Paraíso obrigam o animal homem a viver em guerra consigo mesmo. No mundo antigo, em suas experiências rituais urbanas, os gregos confrontavam a verdade por outros caminhos.

# 2
# O manto da escuridão
## A proteção do ritual em Atenas

O Partenon é um hino à divindade feminina que reina sobre a cidade. Péricles concluiu sua Oração Fúnebre declarando: "Dirigindo-me às viúvas, talvez eu devesse dizer uma ou duas palavras sobre as obrigações das mulheres. Posso resumir tudo com uma única palavra de conselho." Recomendando que silenciassem, ele prosseguiu afirmando: "(...) a maior glória de uma mulher está em evitar comentários por parte dos homens, seja de crítica ou de elogio."[1] Ao retornar às suas casas, as mulheres deviam mergulhar nas sombras. Escravos e estrangeiros residentes tampouco tinham autorização para falar na cidade, por serem todos corpos frios.

Embora Péricles falasse aos que o rodeavam, ele imaginava – como outros gregos – ser ouvido também pelos fantasmas dos mortos, que tinham perdido todo o seu calor corporal, mas permaneciam forças poderosas, de boa ou má fortuna, assombrando os vivos. A frieza era aliada da escuridão, o mundo subterrâneo, a casa das sombras. Ainda assim, falta de calor e luz não constituíam circunstâncias sem esperança. Os malditos e desgraçados corpos vivos e sem calor tinham ao seu alcance rituais que lançavam sobre eles um manto de escuridão. Essa antiga liturgia revela um aspecto eterno da nossa civilização, ou seja, a recusa do sofrimento passivo por parte dos oprimidos, como se a dor fosse um fato inalterável da natureza. Negar-se a sofrer, porém, tem suas limitações.

## OS PODERES DOS CORPOS FRIOS

Na Oração Fúnebre, fazendo uso de palavras curiosas, Péricles falou de improviso sobre os rituais da cidade. Ele disse que, "quando nosso trabalho termina, podemos desfrutar de todo o tipo de alegria espiritual. Ao longo do ano as contendas e os sacrifícios se sucedem".[2] Um historiador moderno observou que essa é "uma visão muito pragmática de religião comunitária"; a partir dela, seus concidadãos atenienses bem que poderiam considerar o calendário de festivais mais importante que "o descanso do trabalho".[3]

Os ritos podem parecer uma força estática que preserva a memória por meio de palavras e gestos repetidos de maneira periódica. No mundo antigo, em vez disso, eles provam como velhas fórmulas podem ser úteis às novas exigências. Adaptados, os cultos que honravam o lugar feminino na sociedade agrícola anterior permitiram às mulheres da cidade livrar-se do estigma corporal. Vestir um mito agrário com regras e cerimônias urbanas não violava a memória; e as mulheres não as praticavam para rebelar-se contra os homens. Embora indivíduos de ambos os sexos participassem da maior de todas as manifestações simbólicas de Atenas, a Panathenaia, os rituais observados só por mulheres revelavam ajustamentos muito mais adequados do passado ao presente. A Tesmoforia, por exemplo, dignificava o corpo feminino frio; a Adonia restaurava nas mulheres o poder da fala e do desejo, que lhes fora negado por Péricles na Oração Fúnebre.

## A Tesmoforia

A Tesmoforia, na sua origem pré-homérica, nada mais é do que um rito de fertilidade presidido por Deméter – deusa da terra – e conduzido pelas mulheres no fim do outono, às vésperas do plantio das sementes. A história desse festival começa no enterro de Perséfone, filha da deusa enlutada; o nome decorre do gesto cerimonial de colocar objetos no solo (thesmoi, em grego, significa submeter-se às normas). Ao fim da primavera, as mulheres abatiam porcos, seres que a mitologia grega considerava sagrados, enterrando-os para que apodrecessem em buracos chamados megara. Esse momento de preparação era chamado de Scirophoria, simbolizando a fertilização da terra. O santuário de Deméter, em Elêusis, situava-se fora de Atenas. A Tesmoforia, realizada durante três dias no outono, dentro dos muros da cidade, transformava o ato de adubar o chão em uma experiência urbana.

No primeiro dia, as mulheres retiravam os restos úmidos dos porcos das cavidades em que estavam sepultados, cobrindo suas carcaças com sementes. Deixando-as nas covas, elas se dirigiam a abrigos de madeira, em cujo pavimento sentavam e dormiam, simbolizando a morte – kathodos – e o renascimento – anodos. No dia seguinte jejuavam, para celebrar a morte de Perséfone; expunham seu pesar lamentando-se e praguejando. A terceira jornada destinava-se à recuperação da massa fétida depositada na terra, misturada aos grãos, para que fosse plantada como uma substância sagrada.[4]

Aparentemente, a Tesmoforia representava a história de Deméter tal como a conheciam os cidadãos da Atenas de Péricles – uma história de morte e renascimento, da deusa que entregou sua própria filha ao solo, uma rendição semelhante àquela que o enterro dos guerreiros mortos em combate expressava. Ainda assim, o ritual alterava o mito agrícola original ao contrapor fertilidade não à esterilidade, mas à abstinência sexual. Desde os três dias anteriores e durante todo o festival as mulheres nem sequer dormiam com os maridos. O luto mitológico por uma filha, cujo corpo morto nutre a terra, transformava-se no drama construído em torno do tema do autocontrole.

Em uma passagem recorrente, o classicista Jean-Pierre Vernant evocou o rito ateniense:

> O tempo do plantio marca o início do período propício ao matrimônio; mulheres casadas e mães de família, acompanhadas de suas filhas legítimas, celebrando como cidadãs uma cerimônia oficial durante a qual permanecem separadas de seus maridos; silêncio, jejum e abstinência sexual; elas assumem uma posição imóvel, agachadas; descem ao subterrâneo megara para recolher talismãs de fertilidade que serão misturados às sementes; predomina um leve e nauseabundo aroma e, em vez de plantas aromáticas, há ramos de salgueiro, planta com propriedades antiafrodisíacas.[5]

Tudo tinha alguma importância no rito, desde o perfume inibidor dos desejos, o odor poluente das matérias em putrefação, até a escuridão dos abrigos onde as mulheres se esfregavam no chão. Seus corpos se tornavam inertes e frios, quase sem vida. Dessa condição passiva e gelada o ritual as transformava em corpos dignificados, representando o luto de Deméter.

Enquanto o mito da deusa relaciona as mulheres à terra, a Tesmoforia, em Atenas, ligava umas às outras. Esse novo compromisso aparecia na organização formal do festival, que elas próprias celebravam. "Homens só se envolviam à medida que, se fossem ricos, tinham de suportar as despesas, como parte do rito, ou uma taxa, no interesse de suas esposas", escreve Sarah Pomeroy.[6] A mulher oficiava a liturgia como cidadã, diz Vernant, muito embora precisasse afastar-se do mundo dos homens para fazê-lo. Como um fardo nascido da carne morta e dos grãos, somente no último dia elas retornavam aos seus cônjuges, que as esperavam do lado de fora das cabanas. O manto da escuridão na terra, o frio das covas, a proximidade com a morte transformara o status de seus corpos. Durante a Tesmoforia, as mulheres faziam uma jornada pelas trevas, emergindo à luz com sua dignidade afirmada.

A metamorfose sofrida pelos costumes agrários no espaço urbano deixou marcas em muitos outros rituais, já que o calendário de festivais na cidade tivera origem na vida rural, vinculando-se ao ciclo das estações e ao uso da terra. Mas a transformação do mito de Deméter possuía um significado particular para as mulheres devido ao lugar que fora destinado à sua celebração, em Atenas. Evidências escassas sugerem que as covas dos porcos, de início, ocupavam cavernas naturais. O arqueólogo Homer Thompson identificou onde esse rito neolítico era reconstruído. Aproveitando buracos naturais e erguendo abrigos atrás dos assentos que os homens ocupavam na Eclésia, as mulheres estabeleceram um espaço cívico para elas, na própria Pnix, perto do espaço do poder ocupado pelos homens.

O termo técnico para as mudanças que ocorreram na Tesmoforia e metonymia, palavra grega que designa um dos instrumentos da retórica; simplificando, digamos que é a substituição de um termo por outro. Marinheiros podem ser chamados de tubarões ou gaivotas, dependendo do efeito pretendido pelo orador, ou escritor, e cada uma dessas substituições tem sua explicação: se nos referimos ao marujo como tubarão, aludimos à sua maldade; tratando-o como gaivota, reportamo-nos às habilidades que o mantêm acima das ondas.[7] A metonímia é como um manto jogado sobre o significado primeiro, transformando-o por meio da associação. De todas as armas do arsenal do poeta, é a que mais varia a linguagem, transmutando o sentido de uma palavra para muito além de suas origens.

Ao longo dos três dias da Tesmoforia, as mulheres – exalando o mau cheiro dos porcos misturado ao perfume de salgueiros – vivenciavam uma transformação litúrgica graças aos poderes da metonímia. "Frio" e "passivo" passaram a significar, no segundo dia, autodisciplina e fortaleza, e não mais fraqueza e inferioridade. Essas mudanças culminavam no terceiro dia, quando elas emergiam. Não tinham se transformado em homem, mas uma luz brilhava em seus corpos "cobertos de mantos", ritualmente alterados – de forma misteriosa e insondável para os homens – e dignificados.

Metonímias ritualísticas, ao contrário das construções poéticas, fazem uso do espaço e modificam a condição dos corpos que atravessam o círculo mágico da liturgia. Uma alteração assim ocorria na Tesmoforia, rito subterrâneo, frio e escuro, que outorgava aos corpos frios, aconselhados por Péricles à vida anônima, um novo valor cívico. A forma dos abrigos concentrava a forte fumaça do salgueiro, contribuindo para a transformação das mulheres privadas do seu desejo; a localização dos abrigos no espaço urbano enfatizava quão próxima essa dignidade se situava em relação ao lugar onde os homens agiam como cidadãos.

## A Adonia

Os festivais de Adonia também se constituíam de rituais agrícolas ligados à morte, transformados no espaço doméstico das cidades. Em virtude de suas supostas imperfeições psicológicas, as mulheres gregas viviam confinadas em casa. Heródoto referiu-se ao contraste entre a racionalidade da civilização grega e a estranheza que, segundo ele, marcava os povos do Nilo. O historiador observou que, "em suas maneiras e costumes, os egípcios parecem ter invertido as práticas comuns da humanidade: mulheres vão ao mercado e fazem negócios, enquanto os homens permanecem em casa fiando".[8] Na peça Oikonomikos, de Xenofonte, um marido, para agradar sua esposa, resolve que "seu negócio será permanecer em casa".[9]

Na Grécia antiga, a residência possuía paredes altas e poucas janelas; nas mais ricas, os cômodos eram dispostos em torno de um pátio interno. Algo parecido com o clássico sistema muçulmano de purdah permitia que as mulheres circulassem pelo interior sem serem vistas por estranhos. As casadas nunca circulavam pelo andron – dependência reservada aos convidados. Das festas em que se serviam bebidas, só participavam escravas, prostitutas e estrangeiras. Esposas e filhas permaneciam nos aposentos conhecidos como gunaikeion; nas casas mais prósperas, elas ocupavam o segundo andar, ainda mais longe das intrusões cotidianas da rua que chegavam até o pátio.

Valendo-se do olfato, a Adonia alterou essa regra de recolhimento doméstico. Os gregos consideravam o aroma de algumas plantas e ervas altamente carregado de sensações, capaz de criar atmosferas de liberdade ou inibição sexual. O termo biológico moderno para cheiro animal deriva de pheromones – do grego pherein, "carregar", e ormon, "excitar".[10] "A diferença entre a Tesmoforia e a Adonia equivale à que se verifica entre a Quaresma e a terça-feira de carnaval", escreve o antropólogo Marcel Detienne. Realmente, enquanto no primeiro dos rituais gregos mencionados o perfume antiafrodisíaco do salgueiro, supostamente inibidor do desejo, impregnava os abrigos, no outro fazia-se uso de ervas odoríficas que pareciam despertá-lo. A Adonia celebrava o apetite sexual das mulheres; docemente aromatizado, embriagante e vulgar, o festival libertava os poderes femininos de expressar esses anseios num espaço da casa peculiar e incomum, o telhado.

O festival de Adonia tinha raízes nas histórias mitológicas sobre o deus Adônis, que ocupava um dos extremos da imagem grega de masculinidade, em contraposição a Héracles, guerreiro exemplar cuja fama foi exaltada na Odisséia, de Homero, "por sua glutoneria: bebia e comia sem parar". Com voracidade sexual equiparável, ele gerou 72 filhos e uma filha.[11] Na Lisistrata, um marido excitado exclama: "Meu 'membro' é Héracles convidado a jantar." Ao contrário, o atraente Adônis não era nada insaciável. Morrera antes de ser pai, no fim da adolescência, ferido por um urso selvagem. Em um contraste ainda maior, Adônis dava prazer às mulheres, em vez de despejar sua luxúria sobre elas. Imagem de hedone – termo que em grego indica prazer sensual –, Adônis foi pranteado por Afrodite como um excelente amante.

A liturgia da Adonia resgatava esse mito, pois no seu curso as mulheres lamentavam a morte de um jovem capaz de amar. Na semana anterior ao festival em sua honra, a cada julho, elas plantavam sementes de alface que germinavam rapidamente em pequenos potes nos telhados de suas casas. Elas regavam e fertilizavam os vasos com cuidado, somente até que os brotos verdes surgissem; depois, deixavam-nos secar e, quando morriam, consideravam ter chegado o tempo de começar a celebração. Nos jarros – "jardins de Adônis" – as plantas ressecadas espelhavam a morte do deus.

Seria presumível que o ritual seguisse à risca a história da narrativa mitológica; de fato, a época do ano parecia reforçar o simbolismo do jardim estiolado, pois julho é um mês de sol muito forte. Ainda assim, as mulheres de Atenas realizavam um funeral sui generis. Em vez de vestir luto, permaneciam acordadas a noite inteira, dançando, bebendo e cantando. Para estimular a própria lascívia, atiravam bolas de mirra e outras ervas em queimadores de incenso (Adônis era o filho da ninfa Mirra). O festival adquiriu reputação de pilhéria indecente, voltado para o sexo ilícito. Um texto romano de ficção, datado de vários séculos depois, reproduz a correspondência entre duas cortesãs: "Estamos preparando um banquete para celebrar [Adonia] na casa do amante de Tessala (...) lembre-se de trazer um pequeno jardim e uma estatueta. E não esqueça o seu Adônis [evidentemente, um consolo], para sufocá-lo de beijos. Vamos nos embriagar com todos os nossos amantes."[12]

As sementes plantadas pelas mulheres nos pequenos "jardins de Adônis" eram a prova do caráter sexual da celebração. Safo, a poetisa de Lesbos, escreveu que Afrodite deitou Adônis ferido em um campo de alface; se a imagem nos causa estranheza, ainda assim faz perfeito sentido para os gregos, que consideravam o vegetal como um poderoso antiafrodisíaco: "Seu suco é de grande valor para aqueles que têm sonhos molhados e distrai o homem da idéia de fazer amor", escreveu Dioscórides.[13] Na literatura antiga, a alface era tida como uma planta que crescia nas sombras e servia de alimento às mães mortas; simbolizava a impotência, ou, de maneira mais genérica, a "falta de força vital" que podia levar à morte.[14] Só depois que ela perdia o frescor, escurecia e secava nos potes de barro é que a celebração tinha início – quando supostamente seus sucos esgotavam o desejo sexual latente.

Aparentemente, a Adonia era uma celebração de desejos femininos insatisfeitos. A privação sexual não podia ser atribuída à paixão dos homens pelos jovens que se tornariam cidadãos, à "homossexualidade", segundo o modo de pensar vigente, como se um tipo de erotismo excluísse o outro. A jurista Eva Cantarella observou que "as verdadeiras rivais das esposas eram (...) outras mulheres 'respeitáveis' que poderiam induzir seus maridos ao divórcio".[15] As plantas e ervas usadas no cerimonial ajudavam as mulheres a enfrentar a questão fundamental: o vínculo indissolúvel entre seus desejos e sua submissão à vontade dos homens. Seus aromas arejavam essa submissão.

A Adonia – tanto quanto a Tesmoforia – transformou um rito agrícola em experiências urbanas. O antigo mito associava a morte do prazer à fertilidade do solo, assim como o sangue de Adônis moribundo regara o chão, significando que a terra se nutre do sofrimento humano. No ritual da cidade, o enxugamento da terra e o ressecamento das plantas trazem o corpo sensual de volta à vida. Para que o antigo cerimonial servisse a esse fim, as mulheres modificavam o espaço da casa.

O culto da Adonia diferia bastante das celebrações masculinas (symposia) que ocorriam ao longo do ano, no interior da casa (andron). Nas residências de famílias mais ou menos prósperas, esse aposento, em geral quadrado, poderia ter três divãs encostados às paredes e mais outro no fundo do cômodo; ali, 14 convivas poderiam reclinar-se, comendo e bebendo, acariciando prostitutas ou prostitutos. Nesses banquetes, os homens relaxavam, absorvidos em diversões joviais, "fundamentalmente opostas às (convenções decorosas) que se realizavam na pólis".[16] Conforme escreveu L. E. Rossi, os simpósios eram "um espetáculo em si mesmo": os homens embriagavam-se, flertavam, conversavam contando vantagens, respeitando, todavia, uma convenção de comportamento corporal predominante no exterior.[17] Tal como nos ginásios, a competição fazia parte do compromisso masculino do festim. Os homens recitavam poemas, contavam anedotas e fanfarronadas, de um repertório adrede preparado, para exibir suas habilidades durante o banquete. Embora as reuniões transcorressem em um clima de camaradagem, às vezes as disputas degeneravam em violentas discussões.

Em cima dos telhados, durante a Adonia, também havia luxúria, mas as mulheres não rivalizavam entre si nem faziam pilhérias. Sem a privacidade e a exclusividade que marcavam o simpósio, elas vagavam pela vizinhança, ouvindo vozes que as chamavam da escuridão, subiam escadas para chegar aos telhados e ir ao encontro de estranhos. Na cidade antiga, os tetos das casas estavam sempre vazios. Além disso, o festival ocorria à noite, em áreas residenciais, sem iluminação. Nos espaços predominantes – ágora, Acrópole, ginásio e Pnix –, as pessoas se expunham à luz do dia. As poucas velas acesas em cima dos prédios, durante a Adonia, limitavam a visibilidade de quem estivesse próximo, sentado ou andando pelas ruas; assim, lançava-se um manto de escuridão que encobria as alterações realizadas no interior das casas, sobre as quais criava-se um território anônimo e amistoso, cheio de risos.

Em um espaço assim, as mulheres recuperavam seus poderes de falar e expunham seus desejos. Enquanto a

Tesmoforia transformava as imagens da frieza, a Adonia transmutava imagens do calor; raios de sol podiam ser mortais para os pés de alface, mas a escuridão os libertava.

Partindo do pressuposto simplista de que em um grupo de mulheres que saem em busca de prazer os estímulos mútuos seriam inevitáveis, até bem pouco tempo, alguns estudiosos imaginavam que a Adonia fosse um rito lésbico. Para fundamentar essa idéia, costumava-se citar um famoso poema de amor, que diz:

> Olho-te por um instante e, então, não posso mais falar; minha língua serpenteia e, logo, um fogo percorre minha carne. Nada vejo com meus olhos, meus ouvidos zumbem, o suor poreja, um temor me assalta, fico mais verde que a grama e parece que estou morrendo um pouco.[18]

Hoje em dia, entendemos melhor as diversas nuances da celebração. Por maior que fosse a diversidade de preferências sexuais das pessoas envolvidas, o ritual carecia da intensidade da lírica de Safo, constituindo-se em ocasião de prazer temporário entre estranhos na escuridão, não podendo propiciar, portanto, compromissos amorosos mais profundos.

Atenas não conferia reconhecimento formal à Adonia; ao contrário da maioria dos demais – agendados, supervisionados e financiados pela cidade –, o festival não fazia parte do calendário oficial. Tratava-se de um rito informal na sua organização, fruto de sentimentos espontâneos. Embora não surpreendidos, os homens sentiam-se incomodados com a celebração. Aristófanes, na sua já citada Lisistrata, ironizava a algazarra, os gritos, durante as atividades sociais nem sempre dignas e a embriaguez que o evento favorecia, tratando com desprezo as mulheres que abandonam seu silêncio habitual. Todavia, a crítica mais candente lançada contra a Adonia foi feita por Platão, dirigindo-se a Sócrates, em Phaedrus:

> Diga-me, agora. Um agricultor, dotado de sensibilidade, pegaria as melhores sementes, as que escolhesse para produzir uma boa safra, e as plantaria em bem adubados jardins de Adônis, no auge do verão, satisfazendo-se ao vê-las alcançar a plenitude, oito dias depois? Por acaso, isso é algo que ele poderia fazer por diversão, ainda que se desse a esse desfrute? Certamente, tratando-se de um homem sério, seguirá os verdadeiros princípios da agricultura e jogará sua semente em solo adequado, alegrando-se com a plantação madura, ao fim de oito meses.[19]

Na interpretação de Platão, a Adonia revelava a esterilidade do prazer momentâneo, em flagrante contraste com o antigo mito agrícola, que honrava a fertilidade da terra. O desejo por si só é infrutífero.

Contra o filósofo grego poderíamos dizer que a Adonia devolvia às mulheres a linguagem do desejo, ainda que de um modo especial. Tal como na Tesmoforia, esse ritual usava um instrumento da poesia – a metáfora – mais na forma espacial do que na verbal. Substituindo a significação de um termo por outro, a metáfora os interliga, como na expressão "os rosados dedos da aurora". Nesse caso, o sentido do todo é maior do que suas partes. A metáfora opera diferentemente da metonímia, por meio da qual é possível dizer "marinheiro" com outras palavras – tubarão, gaivota, golfinho, albatroz. Porém, uma vez que "dedos rosados" e "aurora" aparecem unidos, eles adquirem um significado maior que a analogia das partes – aurora e dedos. Além disso, metáforas fortes resistem à literalização. Quem traduz "os

 dedos rosados da aurora" por nuvens cilíndricas de coloração rósea que aparecem no céu ao nascer do dia perde a evocação da imagem poética, que morre ao ser explicada.

No ritual da Adonia, o espaço desempenhava o papel da metáfora. Normalmente, fertilidade e gestação autenticavam a sexualidade feminina. É estranho que uma pessoa pudesse sentir-se livre no telhado em uma noite de julho cercada por plantas mortas falando a respeito de seus anseios mais íntimos; o poder espacial da metáfora está em combinar e reunir tais elementos tão diferenciados. Na liturgia, o "espaço da metáfora" refere-se ao lugar em que as pessoas realizam essa junção, fazendo-o pelo uso peculiar de seus próprios corpos, mais do que como se justificam nas práticas do cerimonial. Em vez de queixar-se ou elaborar uma análise sobre sua condição, em Atenas, as mulheres dançavam e bebiam. Eis a relativa dificuldade de Aristófanes e Platão em perceber o sentido do evento; o rito no topo dos telhados desafia a razão analítica.

O classicista John Winkler, em uma frase memorável, chama a Adonia de "o riso dos oprimidos".[20] Porque nem de longe as mulheres cogitavam dizer "não" aos homens; durante o ritual elas não se preparavam para sitiar por uma noite a ágora, a Pnix, ou qualquer dos outros bastiões masculinos. O teto das casas não as alavancava para a rebelião. Ao contrário, era um espaço que permitia a fuga momentânea de seus corpos para além da ordem dominante em Atenas. Os maridos, ou os guardiães da pólis, bem que poderiam ter suprimido esse rito sem maiores dificuldades; apesar disso, nenhum poder cívico tentou proibir as mulheres de observá-lo. Talvez porque, no contexto de um festival de resistência tão peculiar, a metáfora tivesse o condão de criar obstáculos à retaliação. Se a Tesmoforia legitimava corpos frios nas pedras da cidade, a Adonia aliviava essa carga por algumas noites.

Esses dois antigos festivais ilustram uma verdade simples e amplamente aceita: rituais cicatrizam. O ritual é o modo de os oprimidos – de ambos os sexos – responderem à pouca importância que lhes é atribuída e ao desprezo de que são alvo. Em geral, ele torna mais suportável as dores de viver e morrer, constituindo-se na forma social que permite aos seres humanos comportarem-se como agentes ativos, mais do que como vítimas passivas, diante da exclusão.

A civilização ocidental tem mantido, porém, uma relação ambivalente com os poderes da liturgia. Aparentemente, razão e ciência têm obtido mais vitórias sobre o sofrimento humano do que engajamento ritualístico. Nossa racionalidade suspeita dos fundamentos do rito, de suas metonímias e metáforas espaciais e de suas práticas corporais; uma dúvida que justifica ou explica, de forma lógica, a negação.

Tal ambigüidade entre razão e ritual tem origem no mundo antigo, sendo já aparente na distinção que os gregos faziam entre logos e mythos. O teólogo Walter Burkert resumiu esse contraste da seguinte maneira:

> Mythos, como oposto de logos, que deriva de legein, quer dizer "reunir", ou associar fragmentos de indícios de fatos verificáveis; logon didonai significa prestar contas diante de uma platéia crítica e desconfiada; mythos é contar uma história sobre a qual não se tem responsabilidade: ouk emos ho mythos, não inventei isso, apenas ouvi falar por aí.[21]

A linguagem de logos liga os elementos. Logon didonai permite conexões: existe uma platéia suspicaz, julgando os argumentos do orador. Logos pode tornar-se impuro, por exemplo, quando o orador, durante o júri dos comandantes atenienses, desperta simpatia e identificação com suas imagens de fatos, pessoas ou eventos particulares. Tais imagens fluem, uma após outra, e o desenho das palavras se une, embora sem poder resistir ao exame detalhado da análise puramente dedutiva.

Todavia, em todas as formas de logos, o orador é identificado por suas palavras; elas lhe pertencem e impõem uma responsabilidade inalienável. O pensamento político grego moldava idéias de democracia em torno de aspectos de logos. Conforme assinalou Clístenes, liberdade de expressão e debate só fazem sentido se as pessoas estão cientes de sua imputabilidade; caso contrário, os argumentos não têm valor, as palavras carecem de importância. A Pnix fez logos trabalhar espacialmente assim; podia-se ver e ouvir quem aplaudia ou debochava de um discurso, e saber como votava.

O orador não é responsável pelo que diz no mito, cuja linguagem está vinculada à crença incorporada no aforismo helênico: "Não inventei isso, apenas ouvi falar por aí." A maioria dos mitos, inclusive gregos, narra feitos de entes mágicos ou deuses, o que leva a crer que tenham sido eles próprios seus autores; homens e mulheres apenas os passam adiante. Portanto, a platéia não pode suspeitar do simples relator, como do orador que, na assembléia política, reivindicasse crédito para o que diz. Meyer Fortas, antropólogo, ao comentar o mito, declarou que ele era a "ratificação do compromisso social".[22] Segundo a famosa definição de Aristóteles, trata-se de "uma suspensão voluntária da descrença". A mitologia que deu origem aos primeiros dramas estabelece o verdadeiro contexto para tal afirmação. Mito diz respeito à crença nas palavras em si mesmas.

Da distinção entre logos e mito decorre um cruel ensinamento. Reclamando responsabilidade, os oradores semeavam com suas palavras mútuas desconfianças e suspeitas, que deviam ser afastadas ou manipuladas. Essa realidade cruel lançou uma luz aterradora sobre a crença de Clístenes, de que o povo precisa ser livre para falar e ser responsável pelo que diz. A democracia se concretiza na política de dúvidas permutadas. Mesmo as palavras pelas quais os oradores aparentemente não se responsabilizam criam um compromisso de fidelidade, forjado pela platéia que está sob influência litúrgica de uma linguagem externa aos próprios oradores, tal como nos hinos em homenagem a Deméter, cantados nas cabanas da Pnix, e a Adônis, nos telhados atenienses. O manto de trevas jogado por cima desses lugares reforça o caráter impessoal e confiável do discurso do orador, que não podia ser visto com facilidade, pois suas palavras provinham da escuridão. Os espaços rituais davam existência a zonas mágicas de afirmação recíproca. Todos os poderes do mito afetavam o corpo celebrado, atribuindo-lhe um novo valor. Nos rituais, a fala se consumava por gestos corporais: dançar, agachar-se e beber em grupo eram símbolos de confiança, atos de um compromisso consolidado entre os participantes. Na cidade antiga, o rito encobre as incertezas que os indivíduos poderiam alimentar uns em relação aos outros, bastante diferente do misto de admiração e cuidado demonstrado pela exposição nua.

A cultura ateniense era formada por contrastes paralelos: homens nus versus mulheres vestidas; nus e espaços abertos versus os espaços escuros das covas e dos telhados noturnos; as exposições desafiadoras do logon didonai e o manto cicatrizante do mythos; o poder do corpo e sua freqüente perda de autocontrole, devido à força das palavras versus corpos oprimidos, unidos no compromisso ritual, eventualmente inarticulados, injustificados ou inexplicados.

Entretanto, Tucídides não permitirá uma celebração assim, ao menos no que diz respeito à Atenas do seu tempo. As suposições lançadas pela razão contra o rito fundamentaram-se no seu defeito próprio e fatal de manter as pessoas unidas. O general ateniense mostrou como o ritual não permitia que os cidadãos entendessem ao certo por que sofriam naquele momento de grande desastre cívico; sem tal compreensão, suas vidas compartilhadas poderiam ter fim.

## O CORPO SOFRIDO

A referência à Oração Fúnebre encerra um trecho da História da Guerra do Peloponeso, de Tucídides. Nele, o autor relata as conseqüências de uma grande praga que assolou Atenas durante o inverno e a primavera de 430 a.C., provocando alterações no comportamento das pessoas, que passaram a agir em contradição com a radiosa confiança expressa naquela conclamação. As instituições democráticas entraram em colapso, corpos doentes romperam os compromissos rituais urbanos e todos os sonhos de Péricles ruíram.

Com os conhecimentos de que dispunham, os médicos da antiga Atenas estavam despreparados para erradicar a epidemia de cólera. Tucídides descreve os sintomas da doença, demonstrando um misto de medo e irreverência:

> Seus olhos ficavam vermelhos e inflamados; o sangue brotava em suas bocas, da garganta e da língua; a respiração tornava-se ofegante e dolorosa (...) com ânsias de vômito que produziam violentos espasmos (...); conquanto houvesse muitos corpos aguardando sepultamento, os pássaros e animais carnívoros não ousavam aproximar-se, morrendo tão logo provavam a carne de um morto.[23]

A enfermidade atingiu primeiro e de maneira mais fatal a estrutura social da cidade, destruindo aqueles cultos que celebravam a santidade da morte. Violaram-se os cadáveres: 

"(...) Chegavam mais cedo à pira funerária erguida para outros, punham o corpo que haviam trazido sobre ela, acendendo-a; ou, encontrando-a já ardendo, lançavam o defunto que carregavam sobre o que queimava, e iam embora." Não obstante algumas pessoas mantivessem uma atitude honrada, assistindo os doentes e arriscando-se à contaminação, "(...) a catástrofe era tão avassaladora que os homens, ignorando seu destino, desinteressavam-se de qualquer regra religiosa (...)".[24]

Contagiado o rito, a calamidade alcançou a política. "Ninguém esperava viver o bastante para ser julgado e punido." Os atenienses perderam seus poderes de autodisciplina e autodomínio; em vez disso, diante da moléstia, entregaram-se a prazeres fugazes e proibidos. "O povo permitiu-se abertamente atos de auto-indulgência, aventurando-se naquilo que antes mantinham escondido (...). Eles resolveram gastar seu dinheiro o mais rápido possível, despendendo-o com prazeres (...) efêmeros."[25] O mal rompeu o nexo das hierarquias do Estado, pois a cólera não distinguia cidadão de não-cidadão, ateniense de escravo, homens de mulheres. Por fim, quando a população de Atenas entregou-se ao completo desregramento, os inimigos aproveitaram-se dessa vantagem para atacar a cidade, pelo campo, na primavera de 430 a.C.

Poucos meses depois de ter sido pronunciada a Oração Fúnebre, o sonho de uma cidade que se autogovernasse caiu por terra e Péricles, arquiteto desse ideal, viu-se ameaçado. Antes da guerra, por sugestão sua, a muralha do Pireu fora duplicada, de forma que o tráfego protegido passava por um corredor entre duas paredes separadas por cerca de 150 metros. Ali, sobrava espaço para servir de refúgio às pessoas que abandonavam o campo e buscavam abrigo durante o conflito. Nessa época, sob o comando de Arquidamo, os espartanos invadiram as planícies da Ática, perto de Atenas, forçando o êxodo das massas camponesas para trás das muralhas, em especial as que ligavam o porto do Pireu à cidade. O corredor tornou-se uma armadilha para os refugiados e o povo voltou-se contra seu líder. "O homem responsável por tudo isso foi Péricles", disse Plutarco, mais tarde; "por causa da guerra, ele havia compelido a população rural a agrupar-se nas muralhas, ociosa, abandonada, encurralada como gado e exposta à contaminação (...)."[26]

Os atenienses, nem um pouco covardes quando se tratava de dor ou morte, também eram fisicamente corajosos no campo de batalha e no mar. Tucídides, narrando a batalha terrestre de Cinossema, que encerrou uma das fases da peleja no ano de 411 a.C., descreve como os soldados, fracos e exaustos, combatiam de modo valente, cheios de esperança: "Ainda acreditavam que a vitória final seria possível, caso fizessem sua parte resolutamente."[27]

As celebrações rituais deveriam ter mantido a cidade unida. Os ritos têm origem em "outro lugar", em geral, o lugar do morto. A Tesmoforia e a Adonia assemelhavam-se a outras liturgias urbanas ao buscar seus temas míticos na morte, no sepultamento e no luto, ligando vivos e mortos. Na Oração Fúnebre, conforme observa Nicole Loraux, Péricles pretendeu convencer seus ouvintes de que os soldados sofreram "mortes distintas", pois haviam sucumbido de acordo com as regras e em benefício de toda a cidade; ele diz que, "cada um de nós que sobreviveu, naturalmente se exauriria a serviço [de Atenas]".[28] Prestando-se às necessidades femininas, a Tesmoforia e a Adonia, da mesma forma, asseguravam às mulheres que a filha de Deméter e Adônis tiveram "mortes distintas". O Édipo Rei, de Sófocles, também menciona uma praga, que só desaparece quando o rei se cega, para aliviar o mal e restaurar sua cidade; para a platéia contemporânea, a história de auto-sacrifício tinha um significado cívico, desvinculado das interpretações freudianas do interdito sexual e da culpa.

Nenhuma oportunidade cívica paralela foi gerada pela epidemia. Tucídides nos conta que a calamidade levou atenienses e não atenienses a "consultar antigos oráculos", obtendo deles apenas respostas pouco claras, que nenhum conforto traziam aos cidadãos, pois na melhor das hipóteses previam que os espartanos, "lutando com tudo o que dispunham, seriam vitoriosos, e o próprio deus estaria do seu lado".[29] Os atenienses, como os demais povos da Antiguidade, estavam imbuídos de um profundo senso da pequenez, das restrições e da obscuridade da ação humana na ordem cósmica maior. Muitos dos seus rituais atestavam tais limites, ainda que expressassem o desespero humano, mais do que a redenção patriótica e a coesão em face do desastre.

Uma liturgia tem poderes auto-suficientes que, como já foi dito, vêm de "outro lugar". Não se trata de uma ferramenta útil a investigações ou reflexões sobre o desconhecido e o imprevisível, pois, ao contrário dos ensaios científicos, não se pode manipulá-la para explorar diferentes possibilidades e conseqüências. Por outro lado, uma celebração ritualística também não constitui um trabalho de arte, cujos materiais são explorados de forma consciente com vistas a se obter maior impacto. Na sua essência, a prática de qualquer ritual, no momento de sua celebração, está em permitir que as pessoas penetrem em um espaço existente e, ao mesmo tempo, aparentemente fora da realidade. A magia decorre dessa transposição e, sobretudo, do fato de a adesão a ela ser voluntária. Como todos os ritos urbanos de Atenas, a Tesmoforia e a Adonia foram se adaptando de maneira muito lenta ao longo dos séculos, desfazendo aos poucos velhos significados que se transformavam em novos. Neles, possuídas por um espírito de reencenação, as mulheres nem imaginavam as mudanças que se haviam operado de forma sutil desde o rito de origem.

Durante o flagelo, ao constatar que o repertório das práticas mágicas do passado não fornecia a eles explicações suficientes que fizessem sentido com as crises que viviam, os cidadãos de Atenas sofreram o mesmo destino de outras culturas bastante ritualizadas. Partindo da premissa de que Plutarco estava certo ao interpretar os grandes esforços de Péricles na construção da cidade como algo parecido com o hubris de Édipo, pode-se dizer que os atenienses se aproximaram de uma compreensão mítica da praga, ainda que isso não lhes tenha apontado qualquer saída. Tucídides enfatiza esse desajustamento ao referir-se ao manto de escuridão dos rituais sobre a ação humana como um manto de confusão.

A cultura ateniense distinguia-se pela crença de que o povo poderia criar e entender sua própria condição. Em grego, arte criativa – poiesis – deriva de poiein, que significa "fazer". Mais do que em Esparta, a cultura dos cidadãos de Atenas era um hino tonitruante ao ideal de poiesis, concebendo a cidade como uma obra de arte, resultante de um ato criativo racional, ao mesmo tempo científico e político. Alguns escritores antigos chamavam a política democrática de uma auto-poiesis – uma autocriação política em constante mutação.

Intérpretes modernos consideram que a associação feita por Tucídides entre a Oração Fúnebre e a epidemia de cólera que assolou Atenas revela sua descrença nas palavras de Péricles. Todavia, longe de demonstrar simpatia pelo inimigo espartano, o general apenas tentou entender as complexas e, não raro, instáveis forças que originaram a cultura da pólis. A cidade estava em perigo diante tanto dos poderes da auto-poiesis, dramatizados nas frisas do Partenon, quanto das energias do ritual, que não contavam com a ajuda da ciência, do questionamento e do debate.

Tais forças convergiam para o corpo humano, a maior obra de arte da cidade. "Na Antiguidade, o corpo grego não aparecia como um conjunto de órgãos, tal como é visto em desenhos anatômicos atuais", escreve Jean-Pierre Vernant, "nem sob a forma de características pessoais peculiares, tal como em um retrato, mas como se fosse um brasão."[30] Mais do que todas as cidades daquela época, Atenas exibia esse corpo heráldico, expondo a nudez corporal como uma criação civilizada; treinando o corpo masculino no ginásio como uma obra de arte; fazendo do amor entre corpos masculinos signos cívicos; exibindo a voz, ao transformar um espaço antes devotado ao drama em lugar que servisse aos propósitos políticos de auto-poiesis. Os complexos ritos atenienses, baseados nos poderes poéticos da metáfora e da metonímia, consumavam-se no corpo e no espaço urbano.

"Nossa cidade é um exemplo para toda a Grécia", vangloriou-se Péricles.[31] O legado de Atenas consiste, em parte, de lições obscuras, reveladas pelas dores desse corpo cívico. Da arte corporal ateniense nasceu a divisão entre compreensão mental e liberdade do corpo, que tem obcecado a civilização ocidental, e o reconhecimento de que os rituais não bastam para unir e cicatrizar uma sociedade em crise.

# 3
# A imagem obsessiva
## Lugar e tempo na Roma de Adriano

Em 118, o imperador Adriano deu início à construção de um novo Panteão, no Campus Martius, o mesmo lugar de Roma onde se situava o antigo. O edifício original fora desenhado por Agripa, no ano 25 a. C., e destinava-se à devoção de todos os deuses romanos. O Panteão de Adriano agrupava as divindades em uma notável construção, cujo teto era constituído por uma base cilíndrica e um enorme domo. Desde aqueles dias até hoje, sua característica mais admirável talvez seja o efeito da luz entrando pelo teto. Em dias ensolarados de verão, os raios de sol penetram do alto em direção ao chão, subindo novamente, como se a estrela que é o centro do sistema planetário se movesse em sua órbita; nos dias nublados, a luz se converte em névoa cinzenta, com nuances provocadas pela concha sólida. À noite, o prédio parece desmaterializar-se; através da abertura no topo do domo, um círculo de estrelas preenche a escuridão.

Naquele tempo, a luz do Panteão iluminava o espaço interior saturado de símbolos políticos; o pavimento fora projetado como um imenso tabuleiro de pedras, de acordo com o padrão que os romanos aplicavam às plantas de suas novas cidades. As estátuas dos deuses tinham sido colocadas em nichos na parede circular de forma que eles pudessem tutelar em harmonia a corrida de Roma pela dominação do mundo. De fato, os romanos estavam perto de reverenciá-los como ídolos cheios de vida. Nas palavras do historiador moderno Frank Brown, o Panteão celebrava "a idéia de que todos os deuses do Império estavam a favor desse domínio".[1]

Quinhentos anos depois, o prédio tornou-se uma igreja cristã – Sancta Maria ad Martires – consagrada pelo papa Bonifácio IV, em 609. Por ser um dos primeiros templos pagãos de Roma convertidos ao cristianismo, sua sobrevivência está ligada a esse fato. Enquanto outros antigos monumentos ruíam e suas pedras eram utilizadas para outras edificações durante a Idade Média, a igreja não podia ser pilhada. Como se tivesse passado por um martirium, Sancta Maria ad Martires ganhou nova vida e passou a ser devotada em particular aos que sofriam por sua fé. Templo dedicado a uma multidão de deuses simpáticos ao Império, Sancta Maria ad Martires servia agora ao único deus dos fracos e oprimidos, marcando a passagem do politeísmo ao monoteísmo na civilização ocidental.

O Panteão também marcou o drama de sua época. A ordem visual e o poder imperialista de Roma estavam ligados de maneira indissolúvel. O imperador precisava que seu poder fosse evidenciado em monumentos e obras públicas. O governo não existia sem a pedra. Segundo um historiador, o Panteão surgiu "quando ritos e regras, oriundos de um passado distante, ainda não tinham sido abandonados, e o advento de um período novo e completamente diferente era apenas pressentido".[2] Quando Adriano ainda vivia, o mitraísmo e o cristianismo, entre outros cultos, já estavam em voga e demonstravam "mais afetos a um mundo invisível do que a este".[3] Os romanos não acreditavam que pudessem ver os deuses pagãos que dirigiam seus passos; imaginavam que eles vinham à Terra e caminhavam entre os homens e as mulheres, disfarçados, para permanecerem incógnitos. O povo pensava que as antigas divindades deixavam sinais visíveis de sua presença em toda parte, sinais que os governantes usavam para controlar e justificar seu próprio reinado; para isso, construíam monumentos imperiais pelo mundo ocidental. O Panteão correspondeu a um esforço, exercido na própria Roma, para que todos olhassem, acreditassem e obedecessem.

As complexas relações entre o visível e o invisível decorrem de um mal-estar mais geral e profundo do corpo. Embora os atenienses não ignorassem a escuridão e a fragilidade da vida humana, eles celebravam a força máxima dos músculos e dos ossos. Quando Adriano construiu o Panteão, um romano forte não se expunha à luz. "Que diferença fará se eu ganhar mais uns poucos dias, ou anos? Nascemos em um mundo sem piedade", concluíam os gladiadores no seu juramento. Sêneca, escritor romano, proclamou que esse, "o mais chocante dos seus compromissos" (teurpissimum auctoramentum), também exprimia a promessa mais honrada entre soldados e cidadãos.[4] Gravitas, "dignidade" em latim, também tem o significado de total e severa determinação. O pacto dos gladiadores, feito por homens que prometiam matar-se, afirma essa vontade inabalável de modo terrivelmente contraditório: "Deve-se morrer ereto e invencível." A força física tingia-se de escuridão e desespero.

O despertar do desejo assustava os romanos pagãos e convertidos; segundo o historiador Carlin Barton, "eles o temiam tanto quanto a esperança paralisante", ainda que por diferentes razões. Para os cristãos, o apetite sexual desvalorizava a alma; para o pagão, significava "desrespeito às convenções sociais, desmantelamento da hierarquia, confusão de categorias (...), caos incontrolável e conflagração do universus interitus".[5] A ordem visual era igualmente necessária aos governantes e aos seus súditos. Nesse mundo implacável de forças obscuras e anseios incontroláveis, o pagão procurava segurança, querendo acreditar no que via nas ruas da cidade, nas termas, no anfiteatro e nos fóruns. Uma vez que tudo isso não lhe bastava, ele precisava ir mais longe, dando crédito a ídolos de pedra, imagens pintadas e gestos teatrais. Vendo-os, ele acreditaria, como se fossem reais.

A obsessão romana por representações plásticas de pessoas ou objetos valia-se de um arranjo geométrico fundamentado em princípios tranqüilizadores que o próprio corpo podia perceber. Mais de um século antes de Adriano, o arquiteto Vitrúvio demonstrara que a estrutura corporal obedece a relações equivalentes de forma e dimensão, sobretudo no que diz respeito às simetrias bilaterais dos ossos e dos músculos, dos ouvidos e dos olhos. Estudando essa harmonia, Vitrúvio concluiu que poderia traduzi-la na arquitetura de um templo. A partir desse mesmo imaginário, outros romanos planejaram cidades com base nas regras da correspondência bilateral e privilegiando a percepção visual linear. Da fórmula do geômetra nasceu a Regra; as linhas dos corpos, templos e cidades revelavam os princípios de uma sociedade bem organizada.

Ao contrário da pintura de uma cena histórica, figuras geométricas abstratas são atemporais, característica que permitiu aos romanos certa tranqüilidade em relação à sua própria época. As plantas das novas cidades do Império, por exemplo, transplantavam sua arquitetura urbana para os territórios conquistados, pouco importando que isso exigisse, muitas vezes, a destruição de templos, ruas ou prédios públicos ligados ao passado dos povos dessas regiões.

Como observou o historiador de arte E. H. Gombrich, os gregos e os romanos exploraram a arquitetura e a escultura para comunicarem algo, diferentemente dos egípcios.[6] Os romanos, sobretudo, gostavam de olhar para imagens que enfatizassem a continuidade da cidade, a durabilidade e a imutabilidade de sua essência. Suas narrativas visuais repetiam sempre o mesmo enredo, expressando desastres cívicos ou eventos ameaçadores, resolvidos pelo surgimento de um notável senador, general ou imperador.

O romano acreditaria no que visse; olharia e obedeceria a um regime duradouro. A persistência da cidade corria em sentido contrário ao tempo durante o qual o corpo humano ultrapassava fases de crescimento e decadência, planos derrotados e esquecidos, lembranças de faces obscurecidas pelo envelhecimento ou desespero. Em um de seus poemas, Adriano reconheceu que a experiência que o homem tem de seu corpo conflitava com a ficção do lugar chamado "Roma".

Em contrapartida, com base na sua fé, os cristãos romanos tentavam vivenciar o tempo em seus corpos, transformados ao longo da idade adulta, na expectativa de que por meio da conversão religiosa o caos dos desejos deixaria de afligi-los; o peso da carne tornar-se-ia mais leve à medida que se aproximasse da união com um Poder superior e imaterial. Para que tal mudança ocorresse, crentes como Santo Agostinho enfatizavam o horror de São João à "luxúria que entra pelos olhos". Imagens irresistíveis criavam apego ao mundo.[7] Por isso, o cristão só enxergava a partir da Luz de Deus, que cega quem a vê e apaga a capacidade de olhar o mundo ou para um espelho.

Os primeiros cristãos acreditavam que quanto maior fosse sua fé, menos eles se sentiriam presos aos lugares onde viviam. Seguiam, assim, a velha herança judaica, afirmando indiferença, como errantes espirituais no mundo. Apesar disso, eventualmente, os devotos deixavam de vagar, indo orar no templo de Adriano. A ficção cívica de Roma reapareceu; "o velho tornou-se novo, o passado, presente", escreveu o historiador de arte Richard Brilliant.[8] Com o ressurgente senso de lugar, os cristãos sentiram menos necessidade de transformar seus corpos.

Portanto, a passagem do panteísmo para o monoteísmo desvendou o grande drama do corpo, do lugar e do tempo. O intenso amor dos gregos pela pólis cedeu espaço à era de Adriano, em que pessoas perturbadas com seus deuses tradicionais e seus lugares no mundo alimentavam um desejo de segurança mais ansioso e uma desconfortável idolatria. A crença em um único deus enfatizava mudanças internas à custa da continuidade urbana, além de, ao mesmo tempo, valorizar ainda mais a história pessoal do que as entidades cívicas. Se, por um lado, o pagão não se entregaria ao reino da pedra sem incertezas, o cristão não poderia mais doar o seu corpo por completo a Deus.

Os temores de um imperador

A inscrição (em latim) M. Agrippa L. f. cos. III fecit, sobre a entrada do Panteão, significa "Marco Agripa, filho de Lúcio, cônsul para o terceiro tempo, mandou erguer este prédio". Seria natural que o visitante moderno se confundisse, pois trata-se do nome do construtor do prédio antigo, erigido 150 anos antes. Se Adriano mandou esculpi-la foi por entender a importância da ficção cívica em Roma.

Não havendo certeza de que Trajano o tivesse adotado como filho e herdeiro, conforme a prática imperial, Adriano subira ao trono em circunstâncias ambíguas. Jovem ainda, sentia-se diminuído pela grande popularidade de seu antecessor, que recebera do povo o título de optimus princeps (melhor imperador). De fato, tão logo assumiu o poder, em 118, Adriano mandou matar quatro senadores que considerava rivais, por gozarem da estima de todos. Depois, procurando afastar-se dessas sobras, fez uma espécie de apologia aos mortos; distribuiu esmolas ao povo e perdoou seus débitos com o Estado, ordenando que as faturas fossem queimadas em uma grande fogueira. Realizando o desejo do velho imperador, sepultou-o na base da coluna batizada com seu nome e que contém, esculpidos em baixo-relevo, seus ensinamentos. Assim, em vez de lutar contra a memória de Trajano, procurou apropriar-se dela. Além disso, procurou ligar-se ao primeiro imperador, cunhando moedas que mostravam uma fênix nascendo das cinzas, emblema da restauração da ordem e da unidade em Roma sob o Divino Augusto. Todos os atos de Adriano assinalavam seu desejo de enfatizar a inexistência de riscos entre o passado e o futuro, minimizando a idéia de mudança. Foi exatamente com esse espírito que ele deu início à construção do Panteão.

O Panteão destaca a continuidade de várias formas. À entrada, Adriano colocou estátuas do primeiro imperador e de Agripa, arquiteto da República. Também solicitou ao Senado romano, tal como Augusto, que avalizasse seus esforços, atitude puramente formal – verdadeira ficção diante dos valores republicanos duradouros –, já que o jugo dos imperadores ao longo de 130 anos havia asfixiado as instituições. Mas, a essa altura dos acontecimentos, tais ficções ainda eram úteis. Durante seu reinado, Adriano buscou a via da menor resistência; como construtor, tentou não destruir o trabalho de outros; construía em terrenos vazios sempre que possível.

A concepção artística do imperador pode ter sido um passo em falso para um governante que pretendia tranqüilizar seus súditos, pois o Panteão é um objeto sólido e magnífico, com seu domo extraordinário – em tamanho e perfeição de engenharia. Um crítico observa que "parece ter havido intenção de disfarçar, desde o espaço em frente, a fuga às convenções que caracterizam o novo prédio de Adriano".[9] Na frente, um simples pátio servia de entrada, complementado por uma parte da fachada (pronaos) também comum, e era impelido contra o corpo cilíndrico da construção. Do lado oposto, a leste, espremia-se a forma quadrada da Septa Julia. Longe de ser visível em toda a sua circularidade, o Panteão estava como que preso a um guindaste, dando a impressão de que seu domo permanecia suspenso no ar. Além disso, erguido em uma área densa, cujo acesso era feito caminhando rua abaixo, e cercado por outros edifícios, ele ocupava um lugar muito diferente do Partenon de Atenas, que ficava totalmente exposto na colina da Acrópole.

Romanos mais idosos traziam na memória lembranças dolorosas de como os imperadores podiam violar a cidade com novas edificações. Eles se recordavam, por exemplo, do palácio em que Nero habitava, o Domus Aurea – cujas grandes abóbadas prenunciavam o domus de Adriano. A construção da "Casa Dourada" exigiu a demolição parcial do centro de Roma; seus jardins cercados de muros recobertos com mais de uma tonelada de folhas de ouro, ao longo de mais de um quilômetro, tornaram difícil o trânsito dos cidadãos comuns, que odiavam tanto esses sinais da megalomania do imperador quanto sua estátua, que media quase três metros e meio de altura. "Quando a exagerada decoração do palácio foi concluída, Nero anuiu: 'Bom, agora posso finalmente começar a viver como um ser humano!'", escreveu Suetônio, uma geração depois.[10] Expulso de sua Casa Dourada, em 68, ele terminou seu reinado ainda jovem, brandindo a espada contra si próprio, em uma habitação modesta situada nos arredores de Roma.

Como herança histórica, Nero deixou para Adriano uma advertência a respeito de governantes que exibem de forma despudorada o poder, ainda que "o imperador fosse o que fazia", nas palavras do historiador Fergus Millar.[11] Para seu prestígio pessoal e do Império, eles erguiam construções intimidatórias e impressionantes, sendo essas suas realizações mais importantes e o que os legitimava aos olhos de seus súditos. O arquiteto Vitrúvio, dirigindo-se a Augusto, declarou que "a majestade do Império [é] expressa pela eminente dignidade de seus prédios públicos".[12]

Adriano precisava tanto construir quanto ser discreto. Como outros imperadores bem-sucedidos, ele neutralizou essa tensão por meio da ficção cívica, identificando o monumental crescimento da cidade com o caráter essencial e imutável "de Roma" desde a sua fundação. A glória das edificações sobrepujava as rebeliões dos súditos, as guerras civis desencadeadas pelos senadores e a ruína causada pelos atos dos próprios governantes. De fato, a invenção desse caráter essencial residia na concepção mitológica de que Roma nascera dotada de virtudes únicas. "Com toda razão, os deuses e o homem escolheram esse local para fundar uma cidade", disse Lívio, ressaltando: "(...) colinas saudáveis, um rio navegável (...), uma posição bastante próxima do mar, de forma que se pode aproveitá-lo sem se estar exposto aos ataques de esquadras estrangeiras."[13] O autor não estava longe da verdade; o rio Tibre, que passava pela cidade, "além de possuir um delta estável que permitiu a construção de um porto, era bastante largo (...), garantindo aos romanos fácil acesso ao mar", observa o urbanista moderno Spiro Kostof.[14]

A crença em algo obsessivamente romano mostrou-se ainda mais necessária à medida que o poder do Império estendeu-se pelo mundo. Ovídio escreveu que "uma porção determinada da terra foi alocada aos outros povos; para os romanos, Romanae spatium est urbis et orbis idem – o espaço da cidade é o espaço do mundo".[15] Na paráfrase da historiadora Lidia Mazzolani, na Eneida, Virgílio quis mostrar "o direito de Roma à supremacia, que vinha sendo preparada pelo paraíso durante centenas de anos".[16] Essa vanglória tinha implicações diferentes do orgulho que Péricles alimentava, quinhentos anos antes, ao dizer que "Atenas é um exemplo para a Grécia". Os gregos não cogitavam transformar os povos conquistados em atenienses. Roma, sim, queria exatamente uma metamorfose desse tipo.

Como um ímã, a cidade atraía imigrantes vindos de territórios dominados e que queriam estar perto do centro de riqueza e poder. Com exceção dos judeus, a quem perseguia impiedosamente, Adriano era tolerante com a imensa diversidade de seitas, povos e tribos que em seu reinado foram incluídos na definição de "Roma", formando uma espécie de "comunidade, em que cada província ou nação mantinha, com altivez, sua própria identidade".[17] Nessa época, viviam em Roma quase um milhão de pessoas, a maioria residindo em quadras comparáveis às áreas mais densamente povoadas da moderna Bombaim. O crescimento dessa massa humana deformava as ruas da cidade, à medida que as construções avançavam de modo vertical, forçando os mais pobres à insulae – estrutura irregular dos primeiros prédios de apartamentos, construídos andar por andar, que atingiam às vezes cerca de 30 metros de altura.

Assim como na Atenas de Péricles, a maioria dos habitantes da Roma de Adriano era pobre, com a diferença de que os escravos romanos podiam ganhar sua liberdade com relativa facilidade, sendo esta concedida pelo amo ou comprada por eles próprios. Esses costumes, sem dúvida, constituíam-se em mais uma fonte de diversidade. Os soldados do Império também se situavam dentro dos limites da pobreza e sem condições de sobrevivência, a não ser quando estavam lutando na fronteira. As práticas imperialistas e a violência que tomava conta das ruas sem iluminação à noite tornavam a população inquieta e instável.

O historiador Michael Grant estima que "os rendimentos de todo o comércio e a indústria (...) provavelmente nunca representaram mais do que dez por cento do orçamento romano".[18] As manufaturas e a comercialização de grãos e gêneros alimentícios só existiam em escala local. O combustível era escasso. A riqueza provinha da conquista. A maioria das pessoas dependia de uma intrincada teia de relações de clientelismo com indivíduos mais bem situados, por meio da qual o espólio era distribuído, mas que com freqüência se rompia durante os tremores do Império. Um alto funcionário público mantinha uma "corte" de funcionários menos graduados, que formavam com outros do mesmo nível a freguesia de um lojista, ao mesmo tempo em que um oficial, mesmo de patente inferior, desfrutava das benesses desses comerciantes e assim por diante. O dia-a-dia da cidade estava repleto de visitas, deferências, agrados pessoais misturados a favores, gorjetas e pequenos negócios entre todos aqueles que permaneciam ligados por esses laços de mútua dependência.

Todas essas razões faziam com que o ideal da Roma contínua e essencial fosse uma ficção necessária para os romanos. Obviamente, valores estáveis encobrem a insegurança, a miséria e a humilhação cotidianas. Contudo, não bastaria estabelecer apenas que a cidade era "eterna". A vasta aglomeração urbana não tinha nada a ver com a pequena vila fundada às margens do Tibre, nem sua história política caracterizava-se pela conservação e continuidade. Assim, para tornar crível a ficção da "Cidade Eterna", o imperador precisava dramatizar seus poderes enquanto o povo mais ou menos teatralizava a vida na cidade.

## Adriano assassina Apolodoro

Um governante poderia superar derrotas militares, crises de escassez ou mesmo suas limitações pessoais, mas deveria agir com determinação férrea e sagacidade diante das responsabilidades que assumia ao armar o palco para a glória e a distração de "Roma". Uma história provavelmente falsa, mas bastante difundida, sobre o assassinato por ordem de Adriano de um arquiteto a seu serviço, dramatizava o quanto era indispensável a infalibilidade imperial.

Em meados do seu reinado, quando ele deu início às construções que marcaram sua época, o Forum Romanum estava abarrotado de monumentos que testemunhavam a glória dos primeiros imperadores. Para neutralizar tais relíquias dinásticas, Adriano mandou erguer o Templo de Vênus, sobre os escombros da malfadada Casa Dourada de Nero. Situado a leste do fórum, o edifício confrontava-o, de maneira indistinta e ameaçadora. Adriano dedicou-o aos cidadãos da cidade. "O novo templo (e culto) de Vênus (...) exalta[va] a força e as origens de Roma e do povo romano, devendo prevalecer sobre os ritos familiares."[19] Quando subiu ao poder, Adriano afirmara que o Estado "pertence ao povo, não a mim" – populi rem esse, non propriam. O Templo de Vênus, em Roma, simbolizava a manutenção dessa promessa.[20]

Afirma-se que o imperador enviou os planos do templo ao arquiteto Apolodoro, que já tinha trabalhado para Trajano e o conhecia havia cerca de vinte anos. O historiador moderno William MacDonald descreve o renomado arquiteto como "um homem de considerável importância, escritor e cidadão cosmopolita".[21] Apolodoro fez críticas à técnica da construção e às proporções do prédio e das estátuas. Segundo comentários posteriores, o imperador reagiu, mandando matá-lo.

O crime teria sido motivado pelos ciúmes que Adriano sentia do arquiteto, como um eco da relação que este tinha com Trajano. Díon Cássio, que relatou o fato cem anos mais tarde em Roman History [História romana tradução livre], adotou essa versão. Todavia, ele também se refere a uma interpretação popular que explicava o delito de forma diferente. Quando Adriano recebeu a crítica de Apolodoro, "ficou vexado e excessivamente pesaroso, pois reconheceu ter incorrido em um erro impossível de ser corrigido", escreveu Díon Cássio, "e não podendo conter sua raiva, ou seu pesar, matou-o".[22] O nexo é perfeito, considerando que o imperador era o que ele fazia, isto é, com seus trabalhos reivindicava legitimidade. O que Apolodoro disse a Adriano foi que o Templo de Vênus, que deveria vincular sua unidade com o povo romano, não tinha valor. No poder, quem construísse de forma errada quebraria o elo mais importante com os súditos, algo muito mais sério que um mero erro de arquitetura. Portanto, ninguém se espantaria se, para proteger esse vínculo, o governante assassinasse um crítico do seu projeto.

Acreditar que os trabalhos de construção de seu imperador levavam a marca da autoridade absoluta também era útil ao povo. Devemos aos romanos a expressão teatrum mundi, ou, "o mundo é um palco", na tradução de Shakespeare. Um romano poderia entregar-se com tranqüilidade à suspensão voluntária da descrença, essência do teatro, pois o poder dava total garantia aos lugares em que o espetáculo da vida transcorria. Rigorosamente falando, o reinado da pedra na cidade montou a cena para que os romanos só dessem crédito ao que os seus olhos viam.

## Teatrum mundi

A base da crença romana de que o mundo é um palco está no que hoje nos parece uma absurda propensão a crer nas aparências. A famosa anedota de Plínio sobre o artista Zêuxis diz:

> Zêuxis [pintou] uvas tão perfeitas, que os pássaros pousaram no vinhedo para comê-las. Então, Parrásio desenhou uma cortina, igualmente tão real, que Zêuxis, orgulhoso do veredicto dos pássaros, solicitou que ela fosse afastada, de forma que [sua própria] pintura pudesse ser exibida.[23]

O leitor atual interpretaria essa história como uma alusão aos poderes artísticos de enganar os sentidos, mas para o romano ela demonstrava a relação da arte com a realidade;

o acréscimo de Parrásio tornou a pintura de Zêuxis ainda mais real aos olhos de seu próprio autor. Os romanos institucionalizaram esse seu modo de tomar as aparências de modo literal, embora isso possa nos parecer distanciado da casa que Adriano construiu para os deuses e da casa do gladiador no anfiteatro.

Os anfiteatros romanos tinham um formato fechado, circular ou oval. A esses vastos espaços, durante séculos, os romanos acorreram para assistir às lutas mortais entre os gladiadores e deleitar-se com leões, ursos e elefantes, que se estraçalhavam, ou devoravam homens e mulheres lançados indefesos à arena; o espetáculo também incluía criminosos, desertores e hereges, torturados, crucificados ou queimados vivos. Carlin Barton estima em 10% a chance de um lutador treinado sobreviver a cada peleja, já escravos, réus condenados ou cristãos não tinham praticamente chance alguma de saírem vivos do primeiro embate. Essa margem diminuía quando os imperadores promoviam batalhas simuladas entre exércitos de gladiadores; Trajano chegou a reunir dez mil homens em combates sem misericórdia, em um período de apenas quatro meses.[24]

Esse teatro da crueldade era mais do que entretenimento sádico. Como assinalou o historiador Keith Hopkins, os espetáculos acostumavam o povo à carnificina exigida pela conquista imperial.[25] Além disso, nos anfiteatros, os romanos evocavam os deuses na figura de seres humanos, forçados a personificá-los. O escritor Marcial descreve uma dessas epifanias na qual "'Orfeu' surge de pé, sozinho, vestido com uma pele de animal, amarrada entre as pernas e na cintura, carregando uma lira (...); de repente, é atacado e morto por um urso, que se materializa 'espontaneamente' através de uma jaula subterrânea (...)".[26] Um pouco recuados e armados com espetos aquecidos e chicotes, os soldados aguardavam que o infeliz condenado desempenhasse seu papel. Segundo o testemunho do cristão Tertuliano, "uma vez vimos Átis [figura da mitologia grega] castrado (...) e um homem que estava sendo queimado vivo desempenhando o papel de Hércules".[27] Assim como Zêuxis, os gladiadores e mártires acreditavam na realidade literal das aparências. "O que quer que a voz pública cante, a arena torna real para você", declarou Marcial; os romanos, observa Katherine Welch, '"aprimoravam' o mito, fazendo com que ele realmente acontecesse".[28]

Esse apetite pelo que parece realidade sem o ser, no teatro, assumia as formas particulares da mímica e da pantomima, nas quais a imagem gestual tinha importância maior. A pantomima era muito popular entre os romanos, em virtude das constantes alusões literais à vida real. Na sua obra sobre a vida de Nero, Suetônio descreve uma pantomima executada por Dato, em que o ator

> ilustrava o primeiro verso da canção – "Adeus pai, adeus mãe" – com gestos de beber e nadar, em uma referência óbvia a Cláudio, que tinha sido envenenado, e Agripina, que quase perecera afogada; o último – "Inferno guie seus passos" – (...) [era cantado] com um acenar de mãos em direção aos senadores, que Nero pretendia massacrar.[29]

A encenação mostrava o que ocorrera aos ancestrais de Nero, bem como o que seus inimigos deviam esperar. Pelo que se supõe, depois de assisti-la é que o imperador decidiu que já era tempo de mandar matar os senadores. Expressando-se por meio de gestos, ele acreditava que o poder não passa de uma espécie de mímica. O próprio

Suetônio afirma que antes de morrer Nero ensaiou vários movimentos teatrais, até cair sobre sua espada, "[murmurando] entre lágrimas: 'Assim morre um grande artista!'".[30] As pantomimas sobre líderes políticos vivos produziam um impacto tão forte que Domiciano as baniu. Trajano, porém, "permitiu que voltassem ao palco, por volta do ano 100, e seu sucessor, Adriano, admirador do teatro e dos artistas, colocou sob a égide do Estado todas as que mencionavam a corte".[31]

A pantomima passou a integrar o comportamento político por meio de uma linguagem precisa do corpo, em cuja base estavam a mão levantada, o dedo apontado e as costas voltadas. O orador romano Quintiliano instruía outros a expressar admiratio – surpresa e, ao mesmo tempo, admiração: "Vira-se a mão direita vagarosamente para cima, fechando os dedos, um após o outro, começando pelo menor; em seguida, reabre-se a mão, virada do lado contrário." A mão fechada de encontro ao peito era o gesto mais simples para expressar pena.[32] Tanto o orador quanto o mártir que representava o castrado Átis precisavam usar uma seqüência de expressões corporais ou fisionômicas para dar força às suas palavras.

A gesticulação política tornou-se mais simples e concisa na época de Adriano, o que se pode comprovar, inclusive, pelo dinheiro em circulação. As artes da pantomima eram aplicadas na fabricação de moedas eloqüentes, e de tal forma que no vastíssimo Império elas cumpriam uma função relevante, mostrando em suas faces muitas informações. O historiador Richard Brilliant observa que, durante o reinado de Trajano, os moedeiros cunhavam imagens que "separavam a estampa do soberano de situações em que se revelava seu caráter dominador"; já na época de Adriano, eles "simplificavam (...) e abreviavam" os gestos do imperador; na pequena placa metálica, comemorativa de um decreto real, há um nítido contraste entre "a total clareza da sua imagem e o campo neutro" da moeda.[33] Mais do que a unidade celebrada por Péricles, entre palavras e ações democráticas, essa pantomima criava um vínculo indissolúvel entre a representação e os atos do império.

O TEATRUM MUNDI COMPUNHA-SE de vários elementos: cenas que reproduziam os gestos da autoridade, atores que atuavam no limiar entre a ilusão e a realidade e ações baseadas na linguagem silenciosa do corpo que caracteriza a pantomima. O significado de tudo isso era imediato e direto. No anfiteatro, diante do miserável que se vestia de forma adequada, o romano logo identificava Orfeu, percebendo também que ele estava prestes a ser comido vivo por um urso. Da mesma forma, manuseando uma das moedas da época de Adriano, era possível compreender com rapidez a mensagem dos gestos gravados em suas duas faces. Tanto na política como no metal, as expressões corporais poderiam ser simplificadas, permanecendo todavia indubitáveis, pois sua essência estava fixada.

Fica patente, portanto, como o teatrum mundi funcionava de forma diferente dos rituais gregos, como a Tesmoforia, por exemplo, que transformava a história no espaço e por meio da gesticulação, fazendo emergir pela metonímia um novo significado do velho. Os romanos preferiam referências literais e significados já conhecidos, saciando sua sede de novidades no anfiteatro com o massacre de uma centena de Orfeus por uma centena de ursos; eles multiplicavam a cena, em vez de inventar uma morte inédita e fora do comum. Esse gosto pela repetição gravava a imagem com muito mais força na mente do espectador.

Santo Agostinho manifesta um horror particular ao poder visual desses espetáculos que, segundo ele, punham em risco a própria fé em Deus. Para mostrar a força desse mal, ele narra a experiência de um amigo que foi ao Coliseu justamente para testar sua crença. A princípio, misturado aos demais espectadores, ele rezou, procurando manter os olhos desviados da violência que acontecia na arena; aos poucos, porém, como se algo o obrigasse a girar a cabeça, sucumbiu, empolgado pelos lances sangrentos, a ponto de gritar e vibrar junto com o público. No cárcere visual construído pelo paganismo, nem mesmo o cristão podia resistir às imagens.

Modernos comentaristas atribuem a escassez de imagens visuais sofrida pelos romanos à sua visão extremamente literal do mundo.[34] Entretanto, mais do que falta de imaginação, o romano pode ter padecido diante do excesso de símbolos visuais. Perturbados por pressentimentos funestos, expressos no juramento do gladiador, vivendo em uma sociedade em que o poder era autor da desordem, e em uma cidade cujo crescimento estava limitado, os romanos da época de Adriano mergulhavam, através dos olhos, em "uma voluntária suspensão da descrença".

## OLHE E OBEDEÇA

O senso comum não imagina que atores e geômetras estejam empenhados na mesma linha de trabalho. No entanto, os movimentos humanos tiveram origem na rede sistemática de imagens, no sistema de simetrias e equilíbrios visuais que os romanos pensaram ter descoberto no corpo. Essa geometria corporal foi usada por eles para ordenar o mundo que governavam, como conquistadores imperiais e construtores de cidades. O que os romanos fizeram, portanto, foi fundir seu anseio de ver e acreditar com a regra de olhar e obedecer.

## A geometria do corpo

Regido pela simetria, o Panteão nos propicia alguns indícios sobre o processo dessa fusão. Em seu interior, há um pavimento circular, uma parede cilíndrica e o domo. O diâmetro horizontal é quase exatamente igual à altura. De fora para dentro, existem três zonas: a da frente do templo e, interligando-a ao espaço interno, uma passagem, com linhas retas desenhadas no chão, indicando a direção do caminho que se deve seguir, até um largo nicho na parede oposta à entrada, onde se localiza o ponto mais importante do prédio, que era destinado ao culto das divindades. Embora o desenho seja abstrato, alguns estudiosos de arquitetura têm se referido às linhas do pavimento central como a "espinha" da construção, e o largo nicho, como a sua "cabeça"; outros escritores, olhando de baixo para o teto, imaginam que o Panteão era como uma espécie de busto romano: a base cilíndrica simbolizando os ombros de um general; as estátuas como ornamentos no peito da armadura do guerreiro e o domo, sua cabeça – uma imagem um tanto estranha, já que a abertura no alto, o oculus, pode ser considerada, literalmente, como o olho da construção.

Há, ainda, boas razões para que as suas formas e tamanho inspirem tais referências orgânicas. Grande como é, o Panteão, misteriosamente, aparenta ser uma extensão do corpo humano. O jogo simétrico de quadrados e curvas lembra alguns famosos desenhos de Leonardo da Vinci e Serlio, durante o Renascimento, que mostravam um corpo masculino nu, com braços e pernas estendidos. Em um deles, talvez o mais conhecido, Leonardo da Vinci (circa 1490) riscou um círculo perfeito em torno de membros esticados de uma figura humana, o centro no umbigo do homem e as pontas dos seus dedos no lugar dos vértices de um quadrado perfeito.

Na terceira parte do seu Tratado de arquitetura, intitulada "Da simetria: nos templos e no corpo humano", Vitrúvio relaciona as disposições regulares do corpo às que a arquitetura do templo deve obedecer. "A natureza desenhou o homem de modo que os membros são apropriadamente proporcionais à estrutura como um todo", escreveu ele,[35] sendo essa a meta que o construtor deve perseguir a partir da relação do círculo e do quadrado:

> Se (...) existe uma correlação simétrica entre cada um dos membros e a forma inteira do corpo (...) devemos respeitar os construtores de templos de deuses imortais, que em seus projetos arrumaram tanto as partes separadas como o todo, harmonizando o tamanho e as justas proporções.[36]

Um templo deveria ter frações iguais e opostas, exatamente como os lados do corpo. Em um prédio quadrado isso é óbvio, mas os romanos construíam arcos e domos. Com relação ao Panteão, o mais interessante é o modo como se aplica a correspondência bilateral a um espaço esférico. Por exemplo, são bilateralmente simétricos os dois vãos situados perto do nicho principal, oposto à entrada. Vitrúvio imaginava que os braços eram ligados às pernas pelo umbigo, isto é, pelo cordão umbilical – a fonte da vida –, ponto de encontro das linhas que partiam dos braços estendidos e cuja interseção se situava na ponta dos dedos, formando um quadrado. Essa era a imagem idealizada do corpo, segundo o seu código, elaborado a partir de diversas fontes e práticas havia muito estabelecidas, conforme veremos. Baseados nela, seus princípios moldaram o interior do Panteão, onde o quadrado estava inscrito no círculo, e inspiraram, séculos depois, os desenhos de Leonardo e Serlio.

Sua crença fundamentava-se na escala do corpo humano, com base na qual o arquiteto devia modelar o prédio a ser construído. E mais, a geometria humana seria um indício de como uma cidade deveria ser.

## A criação de uma cidade romana

Estudando os textos de Vitrúvio, artistas do Renascimento, como Albrecht Dürer, ficaram perplexos diante das possibilidades de multiplicar estruturas reticuladas no quadrado inscrito em um círculo, de forma que as partes do corpo poderiam ser desenhadas a partir desse método geométrico. O chão do Panteão segue o mesmo modelo: trata-se de um tabuleiro de quadrados de mármore, pórfiro e granito alinhados na direção norte-sul, conforme todo o prédio. Círculos de pedra estão inseridos em quadrados alternados. Projetistas imperiais do tempo de Vitrúvio planejaram cidades inteiras fazendo uso do mesmo sistema, criando tabuleiros de ruas em torno de áreas ilhadas no seu interior.

Embora não tenha sido inventado por eles, esse desenho urbano tornou-se conhecido como rede romana. Seguindo essa técnica, foram erguidas as mais antigas cidades sumerianas, egípcias e chinesas, centenas de anos antes do domínio de Roma. Na Grécia, Hipodamo desenhou cidades-tabuleiro, e os etruscos fizeram o mesmo na Itália continental. O que importa, entretanto, é o modo como cada cultura em particular usou esse e outros elementos da imagem.

Para fundar uma cidade, ou reconstruí-la após a conquista, os romanos estabeleciam o ponto que chamavam umbilicus – um centro urbano equivalente ao umbigo humano –; a partir dele, os projetistas mediam as distâncias e as dimensões de cada espaço a ser construído. No chão do Panteão, como em um jogo de damas ou xadrez, esse centro tinha um valor estratégico, localizando-se diretamente sob o oculus, do qual se descortina o espaço celeste através do domo.

O estudo do céu também permitia aos arquitetos demarcar o umbilicus. Aparentemente, a passagem do sol dividia o firmamento em dois, e outras medidas das estrelas, à noite, o subdividiam em ângulos retos, de modo que ele se compunha de quatro partes. Os "topógrafos" primitivos procuravam, no chão, um ponto que correspondesse exatamente ao lugar em que as quatro partes da abóbada celeste se encontravam, como se o seu mapa pudesse espelhar-se na Terra. As fronteiras urbanas eram definidas a partir da demarcação desse ponto. Então, como um marco sagrado, cavava-se um sulco no solo – pomerium –; violá-lo, segundo Tito Lívio, seria como esticar demais o corpo humano. Sempre em ângulo de 90 graus, as duas ruas principais – decumanus maximus e cardo maximus – cruzavam-se no meio da cidade, formando quatro quadrantes simétricos, mais tarde repartidos em outros quatro, e assim sucessivamente, até que as regiões da cidade tomassem a forma do pavimento do Panteão.

Esse centro urbano tinha um imenso valor religioso. Abaixo e acima dele, os romanos imaginavam que a cidade conectava-se com os deuses entranhados na Terra e com os deuses da luz no céu – divindades que controlavam os negócios humanos. Bem próximo de onde havia sido fixado, fazia-se um buraco – mundus –, "uma (...) ou duas câmaras, consagradas aos deuses do inferno", que habitavam as profundezas.[37] Logo no início da construção da cidade, frutas e outras oferendas eram trazidas pelos engenheiros de seus lugares de origem. Elas eram colocadas na cova e cumpriam, assim, o ritual que tinha em vista agradar aos "deuses infernais". Por fim, por cima da pedra quadrada que encerrava o mundus, acendia-se um fogo. Só então o "nascimento" da cidade era tido como um fato. Escrevendo trezentos anos antes de Adriano, o romano Políbio declarou que os campos militares deveriam consistir em "um quadrado com ruas e outras edificações regularmente planejadas, como uma cidade"; a conquista pretendia induzir essa obra.[38]

Conforme assinalamos, Vitrúvio imaginava as pernas e os braços do corpo humano conectados entre si pelo umbigo. Em seu pensamento arquitetônico, dado que o cordão umbilical tinha uma importância simbólica maior do que a genitália, o umbilicus da cidade servia como ponto de partida para o cálculo da geometria urbana, um marco altamente emocional da sua fundação. Os ritos que assinalavam o nascimento de uma cidade romana levavam em conta os terríveis poderes dos deuses invisíveis, os quais se procurava aplacar. Esse terror, associado à construção, marcou a história de Roma desde os seus primórdios.

De acordo com a lenda, Rômulo fundou Roma em 21 de abril de 753 a.C., cavando um mundus na colina Palatina. Já existia um culto do fogo nesse local, anterior ao templo de Vesta, uma construção redonda também consagrada a oferendas aos deuses dos mortos. Mais tarde, o culto foi transferido para o fórum romano, onde virgens vestais se encarregavam de manter o fogo aceso, à exceção de um dia no ano; tão poderosos e letais eram os deuses do fundo da Terra que se ele se apagasse por mais tempo Roma pereceria. Perceba como era bastante arraigado na cultura romana esse pavor que atormentava os habitantes das cidades e como ele persistiu até a época de Adriano.

Portanto, não surpreende que a geometria, aparentemente racional, que unia o corpo e a cidade, operasse de forma inversa. Em seus textos, quando se referiam às terras conquistadas, os romanos eram bastante práticos; eles se preocupavam em situar as novas cidades onde existissem portos acessíveis, mercados em expansão, defesas naturais etc. Todavia, com freqüência, a localização escolhida não obedecia a essas regras. Por exemplo, a cerca de 16 quilômetros ao norte de Nimes, quando os romanos se estabeleceram na Gália romana (a França atual), existia um lugar que poderia ter sido um excelente bastião, cercado de colinas e com um comércio próspero. Mas os conquistadores optaram pela área mais exposta e economicamente menos ativa, ao sul, porque lá poderia ser cavado um profundo mundus, capaz de conter grande quantidade de oferendas e garantir que os deuses subterrâneos fossem mantidos a distância.

O mapa dos homens encarregados de planejar a cidade, assim como o juramento dos gladiadores, exprime ao mesmo tempo medo e resolução. As câmaras destinadas aos presentes que deveriam agradar às divindades, essenciais à fundação das cidades na fronteira do Império, atestavam o renascimento da civilização romana naquele local. E só a violência disciplinada das legiões contrabalançava a inquietação representada pela cova que os vitoriosos abriam no chão para apaziguar os deuses infernais. Joyce Reynolds, urbanista, critica a teimosia dos romanos que nunca alteravam a geometria das cidades. Censura-os por sua "notória insistência em padrões de pensamento apropriados [a Roma], apesar da crescente irrelevância dessa ideologia cívica, em face das novas circunstâncias imperiais".[39] Mas esses assentamentos sempre iguais tinham sua origem em um aspecto essencial da cultura romana que refletiam: o teatrum mundi.

Em Roma, as pessoas saíam de suas casas para assistir aos massacres que envolviam gladiadores e mártires, em pantomimas obsessivamente reproduzidas. Na fronteira, as tropas se agrupavam para observar as elaboradas cerimônias por meio das quais urbanistas e arquitetos encenavam os atos necessários à localização do umbilicus, à escavação do mundus e à determinação do pomerium. As formalidades repetiam-se quando e onde as legiões avançavam; na Gália, no Danúbio, na Bretanha, repisavam-se palavras e gestos que invocavam a mesma imagem.

Como um diretor teatral, o projetista romano trabalhava com metáforas fixas. O objetivo do plano imperial era criar cidades com a máxima rapidez, impondo-se à geografia no instante em que o exército conquistador se apossava dos territórios. Devido ao seu caráter atemporal, a rede urbana por eles concebida tinha grande utilidade; o planejamento pressupunha que, antes da conquista, as terras ocupadas fossem desérticas. De fato, as legiões romanas marchavam por uma paisagem "vazia", desconsiderando as populações locais. No exílio, o poeta Ovídio escreveu: "Se lanço meus olhos sobre a região desprovida de atrativos, nada no mundo inteiro parece mais empolgante. Se olho para os homens, poucos merecem ser considerados assim; eles têm mais selvageria e crueldade que lobos (...), resguardando-se do frio com peles e mantos; seus rostos barbados são protegidos por longos cachos."[40] Ainda que os romanos em marcha mantivessem sua condição de cidadãos, a repetição compulsiva que os garroteava exprimia a grande divisão entre Roma e a fronteira mais distante; nos confins do mundo, as pantomimas com que se pretendia recriar a capital do Império constituíam uma ameaça à vida dos conquistados.

É óbvio que esses povos raramente se encaixavam no estereótipo primitivo, como se fossem desprovidos de história e características próprias. Na Gália e na Bretanha, as tribos nativas também construíam cidades que coexistiam com os novos projetos de urbanismo – enquanto o centro se romanizava, as áreas residenciais e os mercados periféricos mantinham suas tradições. Nas cidades-estado da Grécia, fonte da alta cultura romana, os preconceitos se mostraram totalmente descabidos. A imposição de "Roma" apenas resguardava a memória de "casa", legitimando a regra triunfante.

Na expectativa dos vencedores, a forma urbana facilitaria a assimilação dos bárbaros, fazendo-os adotar rapidamente os hábitos romanos. Tácito, historiador antigo, nos legou uma visão de como isso aconteceu na época em que o general Agrícola governou a Bretanha:

> Ele exortava indivíduos e ajudava comunidades a erguer templos, mercados e casas. Premiava os mais vigorosos, repreendendo os indolentes, de tal maneira que a disputa por sua admiração substituiu a coerção. Além disso, ele instruiu os filhos dos chefes de clãs e tribos com uma educação liberal [romana]. (...) Como resultado, a nação que costumava rejeitar a linguagem latina passou a aspirar à retórica. O uso de nossas indumentárias tornou-se uma distinção e a toga virou moda.[41]

A geometria da nova cidade acarretava conseqüências econômicas para os próprios agentes da dominação. Os quadrantes que a dividiam multiplicavam-se até as áreas dos terrenos tornarem-se pequenas o bastante para serem atribuídas às pessoas. No exército, o militar recebia uma certa cota de terreno, dependendo da sua patente. Obedecendo à mesma orientação, toda a região era distribuída, cabendo a cada soldado uma fração do solo correspondente ao seu posto. Assim, não só por terem se tornado proprietários, mas porque a posse fora racionalizada por esse tipo de subdivisão, os romanos passaram a se interessar muito pelas questões matemáticas. Derivada dessa lógica, a propriedade podia ser defendida, mesmo contra indivíduos mais poderosos. Ninguém abandonava suas formae – pequenas tabuletas de bronze que descreviam a localização do terreno, sua forma e tamanho. Joseph Rykwert escreve que "nenhuma outra civilização praticou, como os romanos, durante a última República e o Império, a imposição de um padrão urbanístico constante e uniforme nas cidades, na região rural e nos acantonamentos militares com tanta persistência e quase obsessividade".[42]

Era esse, por conseguinte, o desenho de "Roma" – um desenho geométrico orgânico, gravado mundo afora. Que significado ainda poderia ter na cidade de Adriano, que havia muito já apagara qualquer sinal do planejamento que pudesse ter existido à época da sua fundação?

## O fórum romano

O velho Forum Romanum correspondia ao centro da cidade, assemelhando-se à ágora do tempo de Péricles, em virtude da mistura que ali havia entre política, economia, religião e vida social. No meio da multidão em movimento, grupos específicos ocupavam cada qual o seu reduto.

Um dramaturgo de nome Plauto descreveu de maneira irônica esses territórios durante o início do século II, referindo-se aos variados prazeres sexuais existentes:

> (...) Homens ricos, casados, vagueavam em torno do Edifício Público, ao lado de numerosas prostitutas, que não ostentavam sua condição, e outros mancebos, que se vendiam ou alugavam. (...) No Baixo Fórum, os cidadãos respeitáveis passeavam. Tipos vulgares circulavam na parte central. Os cambistas negociavam empréstimos na área do comércio mais antigo. (...) No Vicus Tuscus, homossexuais muito versáteis iam e vinham.[43]

A diferença mais marcante em relação à ágora estava no agrupamento dessa multidão, diversificada em um espaço retangular enquadrado por outros prédios. Particularmente importante era uma construção religiosa, o Pórtico dos Doze Deuses, limitando o velho fórum junto à base da colina do Capitólio. Enquanto os deuses gregos estavam sempre envolvidos em lutas, as divindades romanas conviviam de forma pacífica, como no primeiro Panteão. Os Doze Deuses eram conhecidos como Di Consentes et Complices – cordatos e harmoniosos. Os primitivos habitantes da região imaginavam que "existiam alas sensatas de poderes sobrenaturais" no céu e nos subterrâneos.[44] Essa mesma imagem dos deuses alinhados em ordem sugeria a forma que os romanos imprimiam às construções terrenas, inclusive à edificação do fórum.

Eles pretendiam fazer com que sua arquitetura fosse consensual, harmoniosa e linear por meio do desenvolvimento do peristilo e da basílica. Segundo o nosso entendimento atual, o peristilo consiste em uma extensa série de colunas ao longo, por exemplo, de um pátio, ou defronte a blocos de prédios. A basílica é uma construção retangular à qual as pessoas têm acesso por um lado e saem pelo lado oposto. Em suas origens, ambas as formas arquitetônicas não diferiam muito. Os romanos procuravam criar espaços em que uma pessoa se deslocasse sempre para a frente, sem nada que chamasse a atenção na parte lateral, sendo essa a espinha dorsal desses lugares. Foi assim que se organizou o primeiro museu moderno. Em 318 a. C., sobre um aglomerado de lojas perto do fórum, foi construído um segundo pavimento mais comprido (Maeniana), onde se expunham em ordem cronológica os suvenires das conquistas do Império. Andando por essa "espinha", o visitante poderia acompanhar a história do poder que Roma acumulara nas guerras.

"Uma basílica nada mais era que um salão de encontros."[45] Sua forma, oriunda da Grécia, assemelhava-se à de um tribunal, com o juiz sentado em um dos extremos. No mundo romano, elas tinham maior extensão longitudinal e altura, sendo muitas das vezes ladeadas por fileiras de construções mais baixas, às quais se interligavam, comportando centenas, às vezes milhares, de pessoas, que se moviam de um lado ao outro. Nos cantos da grande sala central estavam fixados os pontos de iluminação, aos quais se somava a luz que entrava pelas janelas situadas pouco acima dos telhados das construções laterais ao corpo principal do edifício. No Forum Romanum, a primeira basílica de que se tem notícia apareceu em 184 a.C.; posteriormente, outras estruturas maiores foram sendo anexadas segundo os mesmos princípios.

Uma narrativa moderna descreve a impressão que poderiam causar tais construções em uma pessoa que se postasse de pé a céu aberto do lado de fora: "Ela veria, em cada lado, as colunatas e os pórticos dos templos e basílicas, e ao fundo, como um cenário, a fachada do Templo da Concórdia."[46] É claro que o lugar não se destinava a um passeio despreocupado. Das grandes edificações parecia provir um comando para que o transeunte se colocasse diretamente em frente a elas.

Conforme lembramos, as superfícies do Partenon em Atenas foram erguidas de tal modo que podiam ser avistadas de diferentes pontos da cidade; o observador descortinava toda a perspectiva exterior. Em contraste, o primeiro templo romano pretendia chamar a atenção para a sua fachada, onde se concentravam os elementos decorativos. Os telhados estendiam-se em pontas para os lados; o calçamento e os prédios em torno compeliam as pessoas a olhar para a frente.[47] Da mesma maneira, internamente, a construção orientava no sentido de olhar e mover-se adiante. Essa "sinalização" deu origem aos direcionamentos visuais nas paredes e no chão do Panteão de Adriano.

A geometria do espaço romano disciplinava o movimento corporal e, nesse sentido, conduzia à regra de olhar e obedecer, que estava vinculada de forma intrínseca ao diktat olhar e acreditar. Podemos constatar isso em um famoso episódio, essencial à compreensão da história de Roma. Enquanto lutava na Gália, Júlio César quis perpetuar-se na memória dos romanos imaginando fazê-lo por meio de um novo fórum – na colina do Capitólio, a oeste do Forum Romanum. Embora seu propósito declarado tenha sido garantir mais espaço para os negócios legais da República, o que ele pretendia de fato era colocar os romanos diante do poder de César. Assim, ele ergueu um templo a Vênus Genetrix, supostamente a deusa que dera origem à sua família. Com efeito, tratava-se de "um templo à família Juliana".[48] Esse monumento ocupava uma posição dominante, como a cabeça de um complexo de edificações, incluindo outras construções subsidiárias e muros que criavam simetria bilateral. Compelindo o espectador a posicionar-se de frente para o templo principal, Júlio César tratou de sublinhar as presumíveis origens divinas dos seus parentes, ressaltando sua própria presença intimidatória.

Como nas cidades provincianas, a geometria do poder, no centro de Roma, inibiu a exposição das diversidades. À medida que regras foram se impondo no Forum Romanum, ao fim do período republicano, os mercadores, açougueiros, verdureiros e peixeiros mudaram-se para bairros distantes, deixando a zona livre para os advogados e burocratas; depois, quando os imperadores construíram outros fóruns, seus séquitos os acompanharam aos novos espaços. No jargão do planejamento moderno, as construções tornaram-se "monofuncionais", e, já na época de Adriano, muitas estavam desocupadas. "Nesse mundo bem planificado (...) os valores ambíguos do pórtico grego eram quase desnecessários, e numerosas atividades políticas e comerciais que exigiam áreas livres na ágora tinham tomado o rumo da periferia", escreve o arqueólogo Malcolm Bell.[49]

Com a diversidade reduzida, o antigo centro de Roma passou a ser um lugar dedicado ao cerimonial, onde o poder vestia a indumentária e desempenhava os papéis pacificadores da pantomima. Até cerca de 150 a.C., por exemplo, julgamentos submetidos a júri e determinadas votações ocorriam no Comitium. Afastadas as pessoas interessadas na compra de legumes importados – uma abóbora de Esmirna – ou em um bom negócio com testículos de boi, a discussão e os escrutínios políticos passaram a ser realizados no seu exterior. Antes, os discursos eram pronunciados do alto de uma espécie de plataforma, a Rostra, que permitia a amplificação das vozes graças à parede que se erguia por trás. Quando Júlio César a transferiu para fora, ele pretendeu criar no extremo noroeste do Forum Romanum um local destinado a declarações formais, afastando qualquer idéia de democracia participativa. O orador não falava mais a um público que o cercava pelos três lados; ao contrário, permanecia como os juízes, no interior das primeiras basílicas. Sua voz era ouvida fracamente, mas isso não importava, pois o fundamental era que ele fosse visto, apontasse um dedo, batesse no peito, abrisse os braços, aparecendo como um homem público aos olhos da multidão, que não podia ouvi-lo e que tinha perdido o poder de acompanhar suas palavras em qualquer circunstância.

A ordem visual também apunha sua marca nos prédios ocupados pelo Senado romano, que de suprema instituição republicana caíra no formalismo com a ascensão dos imperadores. Até quase o fim desse período, ele mantivera um papel de destaque no Forum Romanum, acomodando seus trezentos membros em um anfiteatro, a Curia Hostilia. Júlio César empurrou-a para fora, a fim de que ficasse escondida atrás da basílica Emília. Na Cúria Juliana (Curia Iulia), um corredor conduzia da entrada a um pódio ocupado por quem presidia as sessões. Nas cadeiras em fila sentavam-se os mais antigos na frente e os mais jovens atrás. Porém, a votação não era como na Pnix. Os senadores movimentavam-se pelo corredor principal sem nunca afastar-se da respectiva fileira, e o presidente apurava as decisões, verificando de que lado se situava o grupo maior. A rígida ordenação dos deuses reproduzia-se em uma assembléia ainda mais impotente para controlar os negócios de Estado.

O doutor em política Veleio Patérculo evocou as conseqüências de tais mudanças com palavras que pretendiam ser um elogio ao primeiro imperador, Augusto:

> Restaurou-se o crédito no fórum; o conflito foi banido e a cabala de votos nas questões políticas deixou de existir no Campus Martius; não há mais discórdia na casa do Senado; justiça, eqüidade e diligência, por muito tempo enterradas na obscuridade, foram devolvidas ao Estado. (...) Suprimiu-se a balbúrdia. Todos estão imbuídos do desejo de acertar, ou são obrigados a isso.[50]

Com a expulsão dos negócios, do sexo clandestino e de outras atividades sem maiores compromissos, o velho centro urbano assumiu um aspecto formal, dignificado, porém sem vida. Na época de Adriano, e segundo as palavras de Veleio, nele só tinham lugar os que "estavam imbuídos do desejo de acertar ou eram obrigados a isso".

Todo o desenrolar da história do Forum Romanum foi como um presságio dos grandes fóruns imperiais – a começar da Curia Iulia –, que seriam construídos durante o período que se seguiu e que se constituíram em imensos espaços, nos quais os romanos se moviam submissos, diante das representações da majestade dos deuses vivos que governavam suas vidas. Nenhum esquema matemático superior foi capaz de controlar esse destino, o que contribuiu para desencorajar qualquer reação, mais ainda à medida que a voz dos cidadãos se tornava mais fraca. Embora os habitantes da metrópole abominassem a província, o controle visual exercido nas cidades da fronteira veio bater às suas portas: no tempo de Adriano, suas vidas passaram a ser regidas pelas mesmas determinações que constrangiam os povos conquistados. As geometrias do poder regulavam tanto a intimidade de cada um como o domínio público.

## A casa romana

As famílias, em Roma, tinham pelo menos uma notável diferença em relação às gregas – existia muito mais igualdade entre os sexos. Não era negado às esposas o direito de ter propriedades, desde que estivessem casadas sob o sistema sine manu, isto é, não submetidas à autoridade – manu – total do marido. Além disso, as filhas poderiam dividir com os filhos alguns tipos de herança. Homens e mulheres comiam juntos; nos tempos mais antigos, eles se reclinavam nos divãs, enquanto elas permaneciam de pé, mas na época de Adriano os casais já se recostavam juntos – algo inconcebível no tempo de Péricles. O grupo familiar, entretanto, era fortemente hierárquico e patriarcal, dominado pelo homem mais idoso. A casa romana, o domus, espelhava a vida urbana exterior nas relações mais complexas entre os sexos. Sua geometria evidenciava as classes, a clientela, as idades e a propriedade dos moradores.

Os muros brancos davam ao exterior das casas romanas um aspecto bastante semelhante ao das residências gregas que descrevemos. Por dentro, regidas pela linearidade, elas não se distinguiam muito umas das outras, com as peças distribuídas em torno de um pátio aberto. Entrava-se em um velho domus por um primeiro saguão, chegando-se a um átrio, a céu aberto; os dormitórios e os cômodos reservados ao armazenamento situavam-se lateralmente; e, à frente, próximo a um espelho d'água, havia um nicho que abrigava os deuses padroeiros da casa. Era esse o lugar reservado ao chefe da família, que costumava sentar-se em uma cadeira alta como um trono, cercado de estátuas e máscaras de ancestrais. O visitante se defrontava com um quadro de autoridade composto por esses "ícones" e um homem vivo.

Nas residências mais ricas, todos os aposentos mantinham a mesma simetria linear: o deslocamento ao longo deles dependia de quem habitasse cada um. Existia uma "determinação espacial clara de precedência, respeitando-se rigorosamente o antes, o atrás e ao lado, bem como o grande e o pequeno". Assim, os espaços da casa eram ordenados de forma que todos sabiam quem deveria entrar primeiro em uma acomodação e em que ordem os demais o seguiriam, ou, ainda, que cômodos deveriam ser usados, de acordo com a importância dos convidados.[51] Isso supõe, é óbvio, que uma família poderia manter uma casa grande, algo absolutamente fora do alcance da maioria dos romanos. Mesmo assim, a ordem doméstica, no topo da pirâmide social, servia como um padrão de vida.

Imaginemos uma visita a um domus de classe média alta, no tempo de Adriano, com status comparável ao de um doutor ou de um juiz, no século XIX, servido por oito a dez criados. Pode ser útil ter em mente que o preço de um escravo saudável, em Roma, equivalia a um terço ou um quarto do valor de um cavalo. Chegaríamos à entrada, cujo portão (ou portões, porque freqüentemente havia uma série de três) conduzia a um saguão coberto, onde nós e outros visitantes seríamos avaliados. Essa dependência era arrumada de modo a ostentar a riqueza da família; Vitrúvio recomendava que fosse tão luxuosa quanto possível. Então, seríamos conduzidos a um pátio cercado de colunatas, já que as residências romanas não tinham portas internas, e o recuo dos cômodos era maior do que o previsto nos projetos modernos baseados nesse modelo. Um serviçal mais graduado levantaria as cortinas, mostrando até onde poderíamos entrar.

Ao chegarmos ao pátio, esperaríamos à beira do espelho d'água. Esse recinto tinha múltiplas finalidades. Como uma ágora, "abrigava atividades individuais, ou grandes recepções adequadas à alta posição social do chefe da família – sem falar no trabalho dos escravos, para quem o peristilo servia de passagem, local de trabalho e suprimento de água."[52] À semelhança de um fórum, nele permaneciam grupos de pessoas que, em ordem de importância, aguardavam serem recebidas pelo dono da casa. Só seria conduzido aos aposentos mais distantes quem possuísse laços familiares com os moradores. Seqüência e progressão marcavam toda a etiqueta. Nas grandes mansões, as galerias de colunas em torno do pátio principal eram menores e davam acesso a diversos compartimentos; o lugar onde seríamos recebidos dependeria da nossa importância e de quem viria nos recepcionar. A hierarquia abrangia os criados, que dispunham de acomodações privadas. Como nas residências inglesas do século XIX, o mordomo e o administrador doméstico tinham suas próprias salas de jantar.[53]

O que se passava na sala de jantar – triclinium – não fugia à regra. Caso fôssemos convidados para uma refeição, poderíamos observar que as pessoas ocupariam seus lugares conforme uma série hierárquica, ao longo das paredes, até o ponto em que se situava o divã do dono da casa, à direita. As mulheres reclinavam-se juntamente com seus maridos, embora ninguém conseguisse ficar realmente relaxado. Muito embora fosse um romano na acepção da palavra, e reconhecesse o direito de cada pessoa ocupar o lugar que lhe era devido, Juvenal protestou contra a pompa desses jantares, nos quais o pater familias dirigia-se aos convidados com arrogância, sendo por eles tanto mais adulado quanto mais distantes estivessem do anfitrião.

As relações de poder culminavam no quarto do dono da casa, onde não seríamos bem-vindos. "No momento do intercurso carnal", observa o historiador Peter Brown, "os corpos da elite [romana] não deviam permitir-se um único movimento circular a esmo que transgredisse a corrente solene que ia de geração a geração, no leito conjugal."[54] Atualmente, uma "linha de consangüinidade" não passa de uma figura de linguagem; os antigos romanos, todavia, tomavam-na ao pé da letra. Plutarco declarou que a alcova deveria ser "uma escola de disciplina",[55] pois uma vez constituído o núcleo da família, pela via do casamento, os cônjuges deviam preservar a linhagem: uma criança ilegítima tornar-se-ia um problema legal nas questões sucessórias, consideradas irrelevantes na Atenas de Péricles.

CORPO, CASA, FÓRUM, cidade, Império, baseavam-se em imagens lineares. Os críticos da arquitetura mencionam a obsessão romana de organizar o espaço de forma clara e precisa – espaços ortogonais bem definidos, como a rede romana; estruturas rígidas, como o arco romano; prédios rigorosamente desenhados, encimados por domus – simples transferência do semicírculo para o plano tridimensional. Essa linguagem visual, ou desejo de orientação exata, demonstrava a mesma ânsia que se expressava no gosto pela repetição interminável de imagens, até que se convertessem em verdades inquestionáveis. Era o reflexo das carências de um povo que não desfrutava de conforto e vivia em meio a desigualdades, sem nenhum controle, em busca de um espaço tranqüilizador. A geometria procurava dar idéia de uma Roma eterna e essencial, que permanecesse de algum modo a salvo das rupturas históricas. Embora dominasse essa linguagem, Adriano sabia que ela não passava de ficção.

Certa vez, durante seu reinado, suspeito que já na velhice, Adriano compôs o seguinte poema, intitulado "À sua alma":

> Animula uagula blandula,
> hospes comesque corporis,
> quae nunc abibis in loca
> pallidula rigida nudula,
> nec ut soles dabis iocos! (*)

O jovem Byron traduziu-o assim:

> Ah! gentle, fleeting, wav'ring sprite,
> Friend and associate of this clay!
> To what unknown region borne
> Will thou now wing thy distant flight?
> No more with wonted humour gay,
>     But pallid, cheerless, and forlorn.[56] (**)

Incansável construtor, Adriano testemunha o fim do tempo. O historiador G. W. Bowersock considera o poema como exemplar de uma lírica mais do que desesperançada, posto que o tom é informal e a dicção, afetuosa.[57] A escritora Marguerite Yourcenar faz uma leitura diferente, baseada em uma frase pinçada das cartas de Flaubert, sobre a era de Adriano: "Tão logo os deuses deixaram de existir e antes de Cristo chegar,

---

(*) Pequena alma terna, flutuante, / Hóspede e companheira do meu corpo, / Vais descer aos lugares / pálidos, duros, nus, / Onde deverás renunciar aos jogos de outrora!

(**) Ah, gentil, fugaz espírito flutuante, / Amigo e cúmplice dessa argila! / A que desconhecida região, agora, / Conduzirá o teu vôo distante? / Despido do teu temperamento alegre, / Pálido, desanimado e infeliz.

houve um momento único na história, entre Cícero e Marco Aurélio, em que o homem ficou só."[58] Por certo, os versos de Adriano estão longe de ser uma manifestação de vaidade.

A "argila", na tradução de Byron, é "o corpo", no original em latim, de Adriano; além disso, o poeta moderno acolheu solis como solidão no mundo, talvez sem muita exatidão, mas quem sabe imbuído do espírito do imperador que estendeu os limites do seu reino a todo o Ocidente e semeou construções, inspirado pelo medo de que o homem permanecesse sozinho, de fato. Para críticos contemporâneos, como William MacDonald, tomar essa liberdade com as palavras de Adriano não seria estranho ao ato de construir. Saturada dos símbolos arquitetônicos, religiosos e imperiais, como o Panteão – controlada, quase imposta, como é sua forma visual –, a construção inspira um profundo e misterioso sentimento de solidão.

Uma composição de Alexander Pope sobre tema semelhante ao de Adriano revela uma compreensão cristã bastante diferente a respeito da força do tempo.[59] Intitulado Dying Christian to his Soul, termina com a seguinte estrofe:

The world recedes; it disappears!
  Heaven opens on my eyes! my ears
  With sounds seraphic ring:
  Lend, lend your wings! I mount! I fly!
O Grave, where is thy victory?
O Death, where is thy sting?(*)

(*)O mundo recua; desaparece! / Abrem-se os céus para os meus olhos! Meus ouvidos / Vibram com o cântico dos serafins: / Emprestem-me suas asas! Vôo! / Ó Túmulo, onde está tua vitória? / Ó Morte, onde está o teu ferrão?

Começando com a pequena cela destinada aos cristãos, na Roma antiga, nossos ancestrais consideraram esse ponto de vista sobre o tempo mais forte que a solidão pagã de Adriano.

# 4
# Tempo no corpo
## Os primeiros cristãos em Roma

No mundo pagão, o sofrimento físico quase nunca foi considerado como uma circunstância humana. Homens e mulheres podem tê-lo suportado, aprendido com ele, mas não o buscavam. O advento do cristianismo conferiu à dor do corpo um novo valor espiritual. Lidar bem com ela talvez tenha se tornado mais importante do que sentir prazer; segundo a lição ensinada por Cristo por meio de seus próprios infortúnios, mais difícil era ultrapassá-la. Na vida terrena, o dever do cristão revelava-se pela transcendência de toda estimulação física; indiferentemente ao corpo, crescia sua expectativa de chegar mais perto de Deus.

Bem-sucedido – distanciado do corpo e próximo de Deus –, o crente perderia seu apego aos lugares que habitava. As regras pagãs de "olhe e creia", e "olhe e obedeça" não contribuiriam para despertar a devoção; nenhuma diretriz espacial revelaria onde Deus está – em toda parte e em lugar algum. Assim como os profetas judeus que o antecederam, Jesus era um peregrino. Seguindo pelo mesmo caminho, o homem de fé deixaria a cidade – pelo menos espiritualmente. Cortando suas raízes, ele estaria reencenando o Exílio do Paraíso e assumindo nova consciência e um sentimento de piedade em relação aos pesares dos demais seres humanos.

A missão cristã impunha exigências heróicas. Direcionada ao pobre e ao fraco, essa religião pedia-lhes que encontrassem, dentro de si, uma força sobre-humana. A história dos primeiros cristãos em Roma foi a de um povo apegado a sua crença e, ainda assim, em virtude de sua condição humana, ciente da necessidade de terra sob seus pés. Eles precisavam de uma cidade.

## O CORPO ALHEIO DE CRISTO

### Antínoo e Cristo

Uma das passagens mais dramáticas da história da Igreja, logo em seus primórdios, teve origem na crítica feita por um cristão contra o mais personalista dos projetos arquitetônicos de Adriano – uma cidade erguida pelo imperador em homenagem de Antínoo. Pouco se sabe acerca das relações pessoais que havia entre eles. É possível que tenham se conhecido durante uma visita de Adriano a Atenas, ou a outro lugar qualquer da Grécia no início da década de 120, quando o rapaz tinha entre 12 e 14 anos. Não demorou muito para que as moedas romanas mostrassem sua efígie em cenas de caça da corte, como integrante da comitiva real. Antínoo morreu subitamente, com 19 ou 20 anos, e seu corpo foi encontrado no Nilo. Nesse local e em sua homenagem, Adriano mandou edificar uma cidade – Antinópolis –, além de espalhar estátuas do jovem no seu próprio retiro, em Tívoli. Embora o registro seja fragmentado, é cabível presumir que fossem amantes, o que explicaria não apenas o desejo imperial de construir uma cidade inteira para homenageá-lo, mas também o decreto que deificou o rapaz logo após sua morte.

A escritora francesa Marguerite Yourcenar escreveu um romance – Memórias de Adriano – que faz referência ao mistério do afogamento do moço. A escritora confronta várias explicações vitorianas a respeito do fato, não aludindo de forma clara ao amor homossexual – interpretando a morte como acidental – ou concebendo-o como a própria causa da morte – nesse caso, um crime passional motivado pelos ciúmes do imperador. Yourcenar escreveu sua história a partir de uma hipótese sexualmente mais aberta e, ao mesmo tempo, historicamente mais provável. Ela fez Adriano considerar a possibilidade de que Antínoo se suicidara. Naquela época, no leste do Mediterrâneo, acreditava-se que uma pessoa poderia, por meio do suicídio cometido segundo os rituais adequados, salvar a vida de um ente querido ao transferir para ele sua força vital. Adriano estivera gravemente enfermo pouco antes da morte de Antínoo, e Yourcenar conjecturou se este não se matara para salvar o imperador. Na década de 130, Antínoo tornou-se alvo do culto popular, como um novo Osíris, o deus egípcio da cura.

A menção de Osíris no rito de Antínoo levou alguns romanos a compará-lo a outros deuses que também se sacrificaram pelos homens. Escrevendo uma geração depois de Adriano, no terço final do século II, Celso, em texto provavelmente datado de 177-180, afirma que "o tributo prestado [pelos cristãos] a Jesus não é diferente daquele feito ao favorito de Adriano".[1] Ele equiparou o suicídio do amante do imperador ao martírio de Cristo.

Esse paralelo provocou, alguns anos depois, a contestação de Orígenes, um dos primeiros grandes intelectuais cristãos, que procurou amesquinhar o compromisso amoroso entre homens, atribuindo fraqueza e instabilidade a esse sentimento: "O que existe em comum entre a vida nobre de nosso Jesus e a do favorito de Adriano, que não conseguiu sequer afastá-lo da total libertinagem?"[2] Ao responder a Celso, desafiando o cotejo entre Antínoo e Cristo, seu objetivo era mais elevado: queria mostrar que o corpo de Deus é diferente do corpo humano.

Ao contrário de Antínoo, sustentava Orígenes, Jesus não pode ser acusado "de ter tido o menor contato com a mínima licenciosidade", pois Cristo não foi como uma deidade pagã, repleta de desejos e ânsias corporais.[3] Dotados de poderes sobrenaturais e vida eterna, os deuses do tempo de Adriano possuíam formas humanas agigantadas, conheciam prazer e medo, ciúme e fúria; muitos eram monstros de egoísmo. Jesus, escreveu Orígenes, era diferente. Ele sofreu na cruz por compaixão aos seus semelhantes. O fato de não ter sensações corporais pode parecer estranho aos pagãos, mas isso decorre de sua própria condição divina – Ele é Deus; Seu corpo é um corpo alheio, situado além da compreensão humana.

Orígenes demoliu os poderes mágicos de Antínoo, que considerou meras "maldições e mágica egípcia", e ridicularizou a construção de Antinópolis, afirmando que "Jesus está muito distante disso". Ao declarar que a fé em Deus não pode ser decretada pelo Estado, ele deu um segundo passo imensamente desafiador. Os cristãos "não reverenciavam nenhum rei que comandasse seus passos ou a quem devessem qualquer tipo de obediência terrena".[4] Em seus nichos, no Panteão, as divindades testemunhavam as fortunas do Império, do mesmo modo que, quatrocentos anos antes, no Pórtico dos Doze Deuses, sorriam, "cordatas e harmoniosas", para a felicidade de Roma; política e religião eram inseparáveis. Quebrado esse elo, monumentos e templos tornavam-se invólucros vazios.

Os cristãos primitivos não desafiavam tão abertamente as formas de reverência controladas pelo Estado, limitavam-se a evitá-las. A nova religião traçou uma linha que nem mesmo o crente mais cosmopolita e adaptado poderia transpor.

Conforme escreve o historiador Arthur Darby Nock, obrigados às regras da fé, "eles renunciavam ao culto público do imperador". Em conseqüência, "não poderiam jurar em nome dos governantes, nem por sua família; não tomariam parte nas comemorações de seu nascimento e ascensão ao poder; como soldados ou magistrados municipais, teriam de excluir-se".[5] Tal divisão entre política e fé manifestou-se a partir de uma concepção temporal que marcou a crença cristã inicial.

As pessoas não nasciam, mas tornavam-se, cristãs – uma metamorfose que não decorre de ordens. Assumia-se a fé ao longo da vida, isto é, a conversão não acontece de uma vez só; uma vez avocada, nunca deixa de se revelar. Esse tempo espiritual expressava-se na linguagem teológica pela afirmativa de que acreditar corresponde a uma experiência transformadora. O convertido se distancia da dependência dos comandos de um poder dominante até chegar à ruptura.

Ao discorrer sobre essa experiência psicológica em The Varieties of Religious Experience, William James observou que a adoção de uma crença poderia ocorrer de duas maneiras. A primeira, mental, é "fria" e assemelha-se à troca de legendas partidárias. É possível conservar uma parcela daquilo em que se acreditava antes, o que permite manter certo distanciamento em relação à nova doutrina adotada. Não se perde um lugar no mundo. Trata-se de um processo discreto e rápido. James tinha em mente as pessoas da Nova Inglaterra que adotaram o unitarismo; o exemplo dos judeus também se encaixa nessa situação.

PARA JAMES, a outra experiência de conversão é muito mais fervorosa; provém da consciência de que o estilo de vida está completamente errado, sendo necessária uma mudança radical. Nesse caso, "o sentido de nossos erros atuais constitui parte distinta da nossa consciência, muito mais do que qualquer ideal concebido". Para Arthur Darby Nock, ela é "um afastamento (...) bem como um avanço".[6] Diferentemente da permuta de um partido por outro, há uma evolução que se prolonga por toda a vida. Foi assim que os primeiros cristãos agiram. No mundo pagão, o corpo pertencia à cidade; livre dessa servidão, para onde se poderia ir?[7] Não havia rotas bem definidas; os mapas do mundo material eram inúteis. No início do cristianismo, a confusão era ainda maior e mais difícil de superar, uma vez que desde as origens judaicas do credo os devotos vagavam, desenraizados e sem descanso.[8]

O povo do Velho Testamento imaginava-se nômade e o seu Jeová também era um deus errante, encerrado na sua grande caixa portátil. Nas palavras do teólogo Harvey Cox, "os filisteus por fim capturaram a Arca da Aliança, somente então os hebreus se deram conta de que o seu deus não estava nela (...), mas viajava com os seus, sendo onipresente",[9] um deus do tempo, não de um lugar, que prometia aos que o seguiam um sentido divino nas jornadas que não levavam a lugar algum.

Esses valores do Velho Testamento persistiram. O autor da "Epístola a Diogneto", no auge da glória do Império Romano, declarou:

> Os cristãos não se distinguem do resto da humanidade por sua localização, seu modo de falar ou seus costumes. Não têm cidades próprias (...), nem praticam uma forma de vida peculiar (...). Vivem nos países em que nasceram, mas de passagem. (...) Todo país estrangeiro é uma pátria e toda pátria é um país estrangeiro para eles.[10]

Mesmo sem sair mundo afora, deve-se deixar inteiramente de lado o apego ao lugar onde se vive. Santo Agostinho falou sobre tal obrigação cristã referindo-se a uma "peregrinação pelo tempo". Na sua obra A cidade de Deus, ele escreveu:

> Sabemos que está registrado sobre Caim que ele edificou uma cidade, enquanto Abel, como se fosse um simples andarilho, nada construiu. Pois a verdadeira Cidade dos Santos está no paraíso, embora aqui, na Terra, haja cidadãos que erram como numa peregrinação pelo tempo, procurando pelo Reino da Eternidade.[11]

Essa "romaria", em contraposição à lealdade aos espaços físicos, funciona como um dogma a partir da atitude de Jesus, que negou aos seus discípulos licença para que construíssem monumentos em sua homenagem, além de prometer arrasar o templo de Jerusalém. Um cidadão ardente, engajado na vida social, estava em conflito com os valores da fé em outro mundo. Em benefício do bem-estar espiritual, seria preciso romper os laços emocionais com o lugar.

O corpo era o primeiro alvo do sacrifício necessário. O ataque de Orígenes contra Celso, Antínoo e Adriano pretendia mostrar que o cristianismo tinha revolucionado a experiência corporal pagã. A vida do autor é um exemplo dessa revolução. Ele escreveu que a conversão pode começar por uma contestação intelectual, considerando que o corpo de Cristo é bem diferente do nosso. As primeiras lições do convertido se resumem a não identificar seus sofrimentos pessoais com os de Jesus e a não imaginar que o amor divino se assemelha ao desejo humano. Por isso, o pecado de Adriano em deificar Antínoo, e o deste em morrer por aquele, reside no nexo estabelecido entre a paixão física e a divinização. Romanos pagãos, como Celso, para os quais essas assertivas eram totalmente incompreensíveis, supunham que os cristãos praticavam orgias em segredo, comportamento perfeitamente aceitável diante das eventuais festanças protagonizadas pelos deuses.

O próximo passo da aceitação cristã seria mais radical, e Orígenes não vacilou em dá-lo. Em um surto de êxtase religioso, ele se castrou com uma faca. Com freqüência, embora essa prática fosse rara, os cristãos eram acusados de ritos secretos em que se mutilavam. Orígenes quis acompanhar a paixão de Cristo de forma mais significativa; em uma decisão mais firme que se abster do prazer, ele empreendeu um esforço para enfrentar e superar a dor. As raízes do seu gesto remontam ao antigo paganismo – por exemplo, à autocegueira de Édipo, que o levou a novo entendimento moral. Ou ainda a outros cultos monoteístas, como o zoroastrismo, cujos seguidores olhavam o sol até ficarem cegos; por meio desse padecimento, eles imaginavam poder aumentar sua percepção de Deus.

Hoje em dia, poderíamos considerar tais fatos como verdadeiramente ascéticos, explicando-os como uma espécie de pudor que, no caso dos cristãos, estaria vinculado a Adão e Eva. Para Orígenes, esse acanhamento não bastaria, pois, em virtude da sua crença, seu corpo deveria ir além dos limites do prazer e da dor, até não sentir nada, perdendo as sensações, transcendendo o desejo. Por essa razão, ele reagiu de forma tão resoluta contra Celso – que também se ferira com um estilete durante as práticas orgiásticas orientais dedicadas a Osíris –, quando este acusou a disciplina a que os cristãos se impunham de nada mais ser que uma forma de masoquismo. Celso escreveu que eles "trilhavam os caminhos do mal e vagavam em escuridão ainda mais iníqua e impura que os celebrantes de Antínoo, no Egito".[12]

As renúncias corporais árduas e não naturais relacionadas por Orígenes confirmavam os dois fundamentos sociais do cristianismo. Primeiro, a doutrina de igualdade entre os seres humanos. À vista desse Deus, os corpos não eram bonitos nem feios, superiores nem inferiores. Imagens e formas visuais deixavam de ser importantes.

O preceito desafiava a celebração grega da nudez e as fórmulas "olhe e acredite" e "olhe e obedeça", dos romanos. Além disso, embora por um longo tempo o cristianismo sustentasse antigas idéias sobre o calor do corpo e sua fisiologia, o início da cristandade abalou os pilares em que se apoiava essa teoria de desigualdade entre homens e mulheres. Os corpos dos crentes de ambos os sexos são iguais, sem distinção entre "macho e fêmea". São Paulo, em Coríntios I, reivindicou vestimentas que distinguissem rigorosamente homens e mulheres, mas sustentou que os(as) profetas são dotados(as) de "um Espírito" e, nesse sentido, não têm sexo.[13] Foi graças ao corpo alheio e revolucionário de Cristo que seus seguidores libertaram-se da prisão das aparências materiais baseadas no sexo, na riqueza ou em qualquer outro parâmetro. Os valores essenciais dessa religião do Próximo eram outros.

O segundo alicerce do cristianismo repousava sobre sua aliança ética com os corpos vulneráveis – os pobres, os desamparados e os oprimidos. João Crisóstomo disse: "Aquela que está despida é uma prostituta, mas sua natureza é a mesma, são corpos idênticos, tanto o dela quanto o da mulher digna."[14] A ênfase cristã na igualdade do humilde e no poder dos despossuídos derivava da concepção religiosa do corpo de Cristo, de origem singela e que se fez frágil pelos outros. O que seu martírio deveria restaurar era a honra dos que se pareciam com Ele no mundo. O historiador Peter Brown resume a relação entre a vulnerabilidade do corpo de Deus e a dos aflitos dizendo que "os dois grandes temas da sexualidade e da pobreza caminhavam juntos na retórica de João e de muitos cristãos. Ambos dizem respeito à fraqueza universal do corpo a que todos os homens e mulheres estão sujeitos, independentemente de classe e status social".[15]

"Então, de que maneira posso conhecer Deus? (...) E como você irá revelá-lo a mim?", perguntou o pagão Celso. Em resposta, o cristão Orígenes afirmou: "O Criador de tudo (...) é Luz."[16] Para explicar a metamorfose ele invocava a experiência da luz, isto é, a conversão nada mais era que um processo de Iluminação; o logos, que na expressão judaico-cristã correspondia à divina conexão entre as palavras, remetia à alocução na qual a luz foi impressa. Orígenes declarou que a luz mostrava o Cristo "como ele era antes de se tornar carne" e depois que Ele deixou a carne.[17]

Luz, luz pura, luz divina não descobre imagem alguma. Daí a razão de Santo Agostinho, que "condenou os astrônomos por seus esforços em dominar os céus [e] estabeleceu a analogia de uma aranha que enreda suas vítimas em uma teia, chamando [tal] curiosidade de 'luxúria do olho'".[18] Não se pode enxergar o infinito no céu.

A luz está em toda parte. Do ponto de vista teológico, isso significa que o Deus impalpável e invisível é onipresente. Para Orígenes, assim como para São Mateus e Santo Agostinho, a transformação operava-se no nível dos desejos corporais, a fim de que se pudesse desfrutar da força que não se vê, mas que preenche o mundo. Sair do corpo dava acesso à luz.

Exatamente nesse ponto, quando a nova teologia aparentemente atingia seu termo imaterial, o mundo físico forçava a entrada. Vivenciar a unicidade da luz requer algum tipo de edificação, um lugar especial. Conhecendo os templos que mais tarde seriam devotados ao seu credo, os cristãos da época de Adriano sabiam bem disso. No Panteão, o domo dá forma à luz, cujos raios, nos dias de sol, penetram pelo oculus aberto no topo; quando o tempo está nublado, a claridade difusa parece impregnar o ambiente.

O pagão Díon Cássio pensou que "por causa de seu teto em forma de arco (o Panteão) assemelha-se ao céu". No século XIX, ao adentrar o prédio pela primeira vez, o poeta Shelley, apesar de ateu, teve uma reação mais cristã; olhando para cima, pareceu-lhe que, "assim como quando se olha para o desmedido domo do Céu, a idéia de magnitude é consumida e perdida".[19] Ele poderia experimentar idêntica sensação caminhando pelo lado de fora do edifício, onde o céu infinito se descortinava da mesma forma. Mas isso não estava ao seu alcance.

Tal era o dilema que os primeiros cristãos enfrentaram. Eles precisavam criar lugares em que pudessem fazer sua "peregrinação pelo tempo". A conversão era uma questão premente, pois para eles não bastava uma relação respeitosa e ao mesmo tempo irônica, semelhante à que Suetônio mantinha com os deuses. Todas as estimulações sensoriais teriam que deixar de existir para que o corpo não sentisse mais desejo; o tato, o paladar e o olfato ficariam indiferentes à fisiologia do corpo. Uma necessidade assim tão imensa chegava a ser quase paralisante. Os exemplos dramáticos de assunção da fé por meio da rejeição do corpo, como a automutilação de Orígenes ao se castrar, exigiam extraordinária coragem física. Pessoas comuns precisavam de um lugar onde pudessem permanecer fora de seus corpos, como romeiros no tempo. E o que era mais importante: tais lugares teriam de ser bem construídos, com arte, de forma a ajudar inclusive os fracos e vulneráveis a verem a luz.

## ESPAÇOS CRISTÃOS

Na prática, o cristianismo primitivo estava circunscrito ao Mediterrâneo oriental. Sua mensagem começou a se expandir graças a viajantes que levavam epístolas de cidade em cidade, trazendo notícias dos crentes mais distantes. O culto estabeleceu-se nos pequenos centros de comércio do Império. As cartas de Plínio, o Moço, a Trajano foram os primeiros indícios de que os círculos oficiais já identificavam os cristãos como um grupo distinto dos judeus; os romanos só se deram conta plenamente dessa diferença no ano de 64, quando Nero fez deles os bodes expiatórios do grande incêndio que destruiu a maior parte da cidade. Em Roma, durante o reinado de Adriano, sua visibilidade ainda era reduzida.

Nesse período, os cristãos urbanos guardavam certa semelhança com os adeptos do comunismo revolucionário no início do século XX. Organizados em pequenas células, encontravam-se em recintos fechados, divulgando suas notícias oralmente ou por meio de leitura de documentos secretos em voz alta. À falta de uma estrutura unificada de comando, cisma e conflito eram comuns. Contrariamente, os maximalistas desprezavam a casa como cenário de ações importantes, dedicando-se a infiltrações na esfera pública local, em instituições governamentais, jornais e fábricas. Para o cristão primigênio, a casa era o lugar onde sua "peregrinação pelo tempo" começava.

## A casa cristã

Assim, desde uma geração após a morte de Jesus e até meados do século II, a casa serviu à comunidade cristã; depois, os fiéis transferiram o culto para outros tipos de edificações. Sob Adriano, o cristianismo manteve-se confinado ao espaço doméstico; entre quatro paredes, os crentes sentiam-se protegidos contra as agressões do Estado, que proibia a prática pública da religião. Essas restrições contribuíram para que muitos historiadores da Igreja imaginassem que os primeiros cristãos eram pobres e totalmente destituídos de influência social. Hoje, sabemos que eles provinham de todas as camadas da população, inclusive das classes média e alta, parecendo ausentes apenas em virtude de sua preocupação em manter-se recolhidos, enquanto outros estavam en fête; quando não tinham força para o martírio, renunciavam à vida pública e, sobretudo, professavam em segredo.

Ao abrigo do teto, sua jornada de fé começava na sala de jantar. Na pequena célula cristã dividia-se a refeição, durante a qual os crentes conversavam, rezavam e liam cartas de correligionários residentes em diferentes locais do Império. Esse ambiente garantia apoio emocional peculiar às experiências intensamente individuais que abrigava. Conforme a explicação de São Paulo, ao redor da mesa evocava-se a Última Ceia.[20] Além disso, segundo as palavras de um moderno historiador da Igreja, "essas refeições domésticas eram fundamentais, (porque) o próprio ato de comer sinalizava as relações sociais. A extensão da hospitalidade fazia transparecer o apreço à comunidade".[21] O antigo centurião referia-se ao conjunto dos cristãos usando o termo Ekklesia, aquele mesmo que designava o corpo político na Grécia. O encontro nas refeições era chamado de ágape, palavra que pode ser traduzida por "celebração de companheiros" – koionia, segundo a Bíblia. Para os pagãos, o vocábulo encerrava uma conotação de amor apaixonado, razão pela qual ao ouvirem falar a respeito imaginavam tratar-se de orgias.

Essas reuniões apontavam para a quebra do modelo pagão de sociabilidade, tal como foi descrita por Petrônio no Satyricon; com exagero quase caricato, o autor descreve uma festa oferecida por Trimálquio, um ex-escravo bastante rico, que quase enterrou seus convidados sob montanhas de finas iguarias e os afogou com vinhos caros. Após vários pratos terem sido servidos, todos entravam em uma espécie de transe de estupefação, enquanto a energia de Trimálquio parecia interminável e ele não parava de falar. A refeição se tornava uma espécie de teatro da crueldade: calados, os participantes só emitiam os ruídos de seus gases e vômitos até o encerramento do banquete. Diferentemente do simpósio grego, a festa de Trimálquio dramatizava o domínio de um único indivíduo sobre os demais. Passivos e aduladores diante do anfitrião, único personagem ativo, os convivas não competiam entre si. Ainda assim, não podemos considerá-los como vítimas, pois em suas goelas sempre havia um pequeno espaço reservado para mais uma porção de ostras ao creme; suas energias eram mobilizadas de maneira constante ao erguerem as canecas para nova rodada de vinho. Não resta dúvida de que tudo isso destacava a riqueza e o poder de Trimálquio, a ostentação mediante a qual ele se apossava, literalmente, dos corpos dos comensais, que por sua vez se entregavam para serem saciados e alimentados em submissão.

O ágape procurou reter a força do clientelismo. A celebração compartilhada demonstrava que "não há judeu nem grego, não há servo [escravo] nem homem livre, não existe masculino ou feminino".[22] Enquanto, na maioria das vezes, o convite era uma condição para que se pudesse comparecer a banquetes pagãos, qualquer estranho que trouxesse notícias era recebido à mesa cristã sem maiores formalidades. Escrita por São Paulo, a Epístola aos Romanos, que estabelecia os princípios que mais tarde definiriam a estrutura da Igreja, foi lida pela primeira vez durante um ágape. Por volta do ano 60, época em que São Pedro também pregava em Roma, Febo levou-a a cada uma das células existentes na capital do Império, dando conhecimento de suas proposições para serem debatidas e discutidas. Em uma flagrante oposição à festa de Trimálquio, em nenhuma dessas discussões o anfitrião se sentia no direito de falar com voz dominante.

O código de valores cristãos também alterou a disposição dos lugares à mesa. Pelo costume romano, a pessoa mais importante sentava-se no extremo do aposento, enquanto os demais se alinhavam, a partir desse ponto, em escala descendente. O ágape cristão rompeu essa ordem, distribuindo as pessoas pela sala de acordo com a intensidade de sua fé. Postulantes – indivíduos interessados nos ensinamentos da nova religião, mas ainda não convertidos – e catecúmenos – convertidos que aguardavam o batismo – postavam-se à entrada, ou ao longo das laterais da sala de jantar; somente cristãos plenos sentavam-se juntos em torno da mesa. Entretanto, embora as evidências nesse sentido sejam incompletas, todos podiam sentar-se no momento da refeição, pelo menos até por volta do ano 200 d.C., quando os ritos formais foram instituídos.

"Os impulsos da natureza estão em guerra contra os impulsos do espírito", escreveu Santo Agostinho em suas Confissões, discorrendo sobre o que sentiu durante uma festividade em que o cheiro da comida e as emanações do álcool o excitaram.[23] "Forço meu corpo à obediência de maneira constante, mas isso provoca uma impressão tão penosa que só pode ser compensada pelo prazer de comer e beber."[24] Agostinho procurou conforto nas palavras de Lucas 21:34: "(...) fiquem atentos para que seus corações não sejam tomados pela gula, pelo excesso de bebida e por demasiado zelo com a vida." O teste conduzia à compreensão do "corpo alheio de Cristo".

Tanto o companheirismo como as privações culminavam na Eucaristia, em que se bebia o vinho e comia-se o pão, que simbolizavam o sangue e a carne de Cristo. A forma atual dessa celebração foi estabelecida na Primeira Epístola aos Coríntios, em que São Paulo escreveu: "Então ele deu graças, tomou o pão e disse: Comam; este é meu corpo, que vos ofereço: façam isto em minha memória. Depois, ele tomou o cálice em que havia bebido, dizendo: Este é o novo Testamento do meu sangue, e sempre que o sorverem, também se lembrarão de mim."[25] O canibalismo implícito na Eucaristia encontrava paralelo em muitos outros cultos que simbolizavam a ingestão do corpo dos seus deuses. O cristão que "compartilhava" do sangue e da carne de Jesus não se imbuía do poder de Deus bebendo o sangue das vítimas imoladas, como supunham, por exemplo, os sacerdotes astecas. A prova consistia em resistir às ondas de energia que fluíam do pão e do vinho. Orígenes pregava que o triunfo da alma só seria completo quando os sentidos nada sentissem. Desse modo, escreve o historiador sacro Wayne Meeks, a Eucaristia conferia um significado ritualístico ao adágio bíblico que recomenda "despir o velho humano" e colocar "o novo humano, Cristo".[26]

O RITO DO BATISMO era o outro modo pelo qual os cristãos procuravam atender a esse provérbio. Mais uma vez, eles iam de encontro às regulamentações sociais vigentes, colocando em xeque o banho coletivo, uma das mais importantes experiências cívicas pagãs.

Roma era, na época, repleta de termas públicas e privadas, grandes estruturas com domos, piscinas cobertas e salas de exercícios. Instituições nas quais todos os romanos se encontravam, em geral em grupos, as termas, ao contrário dos ginásios gregos, acolhiam homens e mulheres, velhos e moços. Até a era de Adriano, pessoas de ambos os sexos costumavam banhar-se ao mesmo tempo; o imperador foi o primeiro que promoveu a segregação e determinou um horário para as mulheres, anterior ao dos homens. Os banhos aconteciam à tarde, depois das visitas do dia e ao fim do expediente de trabalho. As pessoas muito ricas, dispondo de suas próprias termas, só freqüentavam os locais públicos quando precisavam conquistar favores ou agradar a população em geral. O próprio Adriano, muitas vezes, se banhava em público, expondo-se à imensa admiração com que seus súditos o recompensavam. Os pobres circulavam por esses estabelecimentos até que se fechassem, ao pôr-do-sol, buscando um refúgio contra a precariedade de suas habitações.

O banho pagão obedecia a uma seqüência regular: após pagar taxa irrisória e tirar a roupa em uma sala comum chamada apodyterium, o banhista dirigia-se ao caldarium, grande piscina de água quente, onde esfregava a pele suada com escovas de osso. Depois ele passava à piscina de água morna, tepidarium; o último mergulho era no frigidarium, de água fria. Descansava-se como em um moderno parque aquático, conversando, flertando ou apenas se expondo.

Sêneca desprezava a terma como um cenário de autoexibição barulhenta, reclamando que "os depiladores mantinham conversações constantes, chamando ainda mais atenção por sua voz fina e estridente, não silenciando nunca, exceto quando faziam seus clientes gritar, em vez deles próprios"; também o incomodavam os "gritos dos vendedores de salsichas e doceiros, além dos ambulantes, que espalhavam comida e toda sorte de mercadorias".[27] Aliciadores de rapazes e garotas prostitutas trabalhavam no mesmo local, o que contribuía para criar um clima que libertava as pessoas da severidade da vida exterior. Como dizia um ditado romano: "Banhos, vinho e mulheres corrompem nossos corpos, mas dão inspiração à vida."[28]

Segundo o senso comum, o banho dignificava os corpos; os romanos descreviam os bárbaros, de forma obsessiva e estereotipada, como sujos. A tal ponto a limpeza era considerada como uma experiência cívica que um governante não poderia erigir nenhuma outra construção mais popular. Na nudez que nelas se compartilhava, fundia-se a enorme diversidade urbana.

Os cristãos também visitavam as termas públicas, misturando-se aos outros romanos. Mas, para eles, isso nada
 tinha a ver com a imersão religiosa, muito mais pessoal do

que cívica. O batismo significava que o indivíduo sentia-se distanciado o suficiente do desejo corporal e em condições de assumir o compromisso da fé, válido para toda a vida. Quem se reputava pronto para o ritual despia-se por inteiro e mergulhava na banheira colocada em um cômodo separado daquele em que se davam os encontros habituais. Saindo d'água, o neófito vestia roupas novas, indicativas de que se tornara outra pessoa. "O banho [tornou-se] um marco permanente entre o grupo 'limpo' e o mundo 'sujo'."[29]

O cerimonial da água ajudava os cristãos a se distinguirem de seus ancestrais judeus. Até hoje as mulheres hebréias se banham em piscinas (mikveh) para se purificarem de forma simbólica, e, em especial, para limparem o sangue menstrual. Como observa Jacob Neusner, isso não significa o perdão dos pecados, trata-se de purificação e não de autotransformação.[30] Dessa maneira, as mulheres não se tornam seres humanos diferentes; elas apenas preparam seus corpos para as celebrações. Em vez disso, o batismo consiste em uma marca indelével, uma fronteira que o crente atravessa quando aceita entregar-se a um compromisso eterno. O corpo imaculado e transformado do cristão refletia, assim, a história da morte e da ressurreição de Cristo. Na sua Epístola aos Romanos, Paulo escreve que "somos batizados em sua morte".[31]

Não se batizavam crianças nos primeiros tempos da Igreja, uma vez que a decisão exigida pelo culto e tida como a mais séria que se podia tomar em vida só estava ao alcance do discernimento de pessoas adultas; não teria o menor significado atribuí-la a bebês. Pela mesma razão, os primeiros cristãos abandonaram a prática judaica da circuncisão. Uma passagem do Novo Testamento refere-se ao batismo como "a circuncisão de Cristo", na qual o pênis não sofria nenhuma alteração.[32] São Paulo, ao escrever contra esse costume, tentou apagar qualquer predicado por meio do qual o corpo pudesse adquirir alguma marca que indicasse os que, desde o nascimento, estariam automaticamente incluídos na fé. Não se nascia cristão; era preciso tornar-se um. Tal era a base dessa rejeição.

O batismo rompeu, com rigor, o preceito que regia a Roma pagã, o de "olhe e acredite". O cristão batizado era portador de um segredo incognoscível. Judeus do sexo masculino poderiam ser identificados e perseguidos caso sua genitália fosse examinada, mas "a circuncisão de Cristo" não deixava sinais no corpo. De forma mais genérica, pode-se dizer que um cristão não ostentava o significado do cristianismo; sua aparência era irrelevante. O conjunto dessas celebrações domésticas foi o que permitiu o enraizamento dos cristãos nas cidades em que cumpriam suas obrigações litúrgicas.

## As primeiras igrejas

É difícil estimar o número de cristãos na Roma de Adriano, mas eles não ultrapassavam uns poucos milhares de crentes. Bastaram algumas gerações para que fossem alvo de perseguições, que não se restringiam ao espaço do anfiteatro, mas se estendiam por toda a cidade, até culminarem no grande massacre, entre 250 e 260. Ainda assim, a seita cresceu de forma assustadora. Richard Krautheimer calcula que em 250 o total de cristãos romanos alcançava cerca de 30 a 50 mil fiéis.[33] No reinado de Constantino, convertido no início do século IV, os adeptos do cristianismo correspondiam a um terço da população da cidade.

O Édito de Milão, baixado por Constantino em 313, foi decisivo para esse crescimento, pois legalizou o cristianismo em todo o Império. Dionísio, que exerceu o bispado de Roma entre 259 e 268, estabeleceu a forma de governo da Igreja que prevalece até hoje: o bispo é o "pastor", que guia os negócios dos cristãos na cidade. À medida que a religião se arraigava, seu patrimônio aumentava, enriquecido aos poucos por propriedades urbanas legadas ou deixadas em testamentos para associações voluntárias, que passavam a controlá-las, além de adquirir terrenos, destinados a cemitérios, e criar centros comunitários, em antigos edifícios públicos.

Constantino foi o primeiro cristão a assumir o poder, em 312. Portanto, a Basílica de Latrão pertencia ao reino. Basílica e batistério "nasceram no terreno que fazia parte daquilo que estava à livre disposição do imperador, entre mansões e jardins, propriedades espremidas, todas ou quase todas nos limites da cidade".[34] Feita de pedra com telhado de madeira, sua nave era ladeada por dois corredores; uma abside semicircular situava-se na extremidade do templo. Ali, instalou-se uma plataforma elevada de onde o bispo, ou outro dignitário da Igreja, voltava o rosto para as fileiras de paroquianos. Recriava-se, assim, a forma da antiga corte de justiça. O batistério estava ligado à parte de trás e a uma das laterais. Uma tela gradeada, feita de prata, protegia a estátua de Cristo; quadros, representando a história cristã, cobriam as paredes, além de outras relíquias, mármores finos e pórfiros. Jóias verdadeiras cintilavam nos olhos da Virgem Maria e de seu Filho crucificado.

A expansão do cristianismo como movimento social alterou de forma parcial a imagem de Cristo, que "não era mais, (...) antes de tudo, o deus dos humildes, o operador de milagres e o salvador. Assim como Constantino considerava-se o vigário de Deus na Terra, Deus era visto, cada vez mais, como o Imperador do Céu".[35] Um estudioso moderno, Thomas Mathews, questiona essa versão, segundo a qual Cristo tornou-se simplesmente um novo imperador; Ele teria permanecido enigmático, um mágico capaz de maravilhas. Ainda assim, em virtude dos lugares em que Deus passara a ser reverenciado, agora de maneira pública, o cristianismo foi lançado na órbita das velhas formas de culto.[36] A ordem linear e axial idêntica à da basílica romana, sua decoração sensual e luxuosa, ofereciam uma visão imperial de Cristo.

O respeito, marcado pelo temor às coisas sagradas, adequava-se à imponência do prédio. Uma nítida linha divisória separou os dirigentes da Igreja, dos fiéis. O bispo adotou togas e insígnias semelhantes às da magistratura; entrava na basílica cercado por oficiantes menos graduados e que o acompanhavam ao longo da lenta travessia da nave, sob os olhares dos paroquianos; quando, afinal, sentava-se no trono erguido em frente à abside, voltava-se para a congregação, homens de um lado, mulheres de outro. A hierarquia da fé refletia-se na ordem do serviço: à Missa dos Catecúmenos, na qual orações comuns eram ditas depois das leituras das Escrituras, seguia-se a Missa dos Fiéis, aberta com o desfile dos que já eram batizados. Eles vinham pela nave e carregavam presentes que eram depositados aos pés do bispo. Esse cerimonial antecedia a distribuição da hóstia e do vinho, a Carne e o Sangue; e logo após a leitura da oração da Eucaristia, o bispo retirava-se, descendo do trono e passando pelos crentes silenciosos. Com esses procedimentos, a Igreja retornou ao mundo.

Alguns estudiosos supõem que os espaços na Basílica de Latrão coroaram um processo lento e gradual. Desse ponto de vista (fruto de pesquisas levadas a cabo sobretudo nas sinagogas mais próximas da Europa), a segregação teve origem nas comunidades da época de Adriano, que destinavam um cômodo especial para o ritual do batismo; por outro lado, a instalação de um altar exigiu que se demolissem paredes nas salas onde se realizavam os ágapes, para que todos os congregantes pudessem avistá-lo. Pode ser que tudo isso tenha ocorrido em conseqüência do crescimento numérico dos crentes, determinando, também, a separação dos rituais da Eucaristia das orações comuns.[37] No Batistério de Latrão, tais mudanças assumiram tamanha extensão que ele foi transformado em um verdadeiro monumento ao imperador convertido, com a marca de "Roma" para que os cristãos romanos olhassem e obedecessem.

As ordens visuais existentes na Basílica de Latrão não eram simples cópias das que haviam nos templos de Adriano. Isso porque, assim como nas demais igrejas cristãs, lá se reunia um grande número de pessoas. À exceção do Panteão, os templos pagãos não tinham capacidade para abrigar multidões; em geral, por exemplo, no Templo de Vênus Genetrix, as massas limitavam-se a admirar a construção, aglomerando-se em frente a ela. A exibição do poder de Latrão concentrava-se no seu interior; por fora, a basílica não possuía adornos, apenas erguia-se como uma massa ameaçadora de tijolo e concreto.

Se o esplendor físico e os ídolos erotizados escondidos na basílica renunciavam à ânsia dos primeiros cristãos de transcender o reino dos sentidos, em contrapartida, os fiéis tentavam preservar seu compromisso com a fé voltando-se para o espaço da experiência religiosa individual. O martirium era um lugar especial para moldar a luz.

A GRANDE ÊNFASE atribuída pela teologia cristã à morte provém da crucificação. No tempo de Constantino, os cristãos preferiam ser enterrados junto às sepulturas dos mártires; por meio de elaboradas, embora algumas vezes dúbias, pesquisas arqueológicas, eles localizavam suas tumbas, próximo das quais abriam kataráktes – palavra grega que significa "que se lança para baixo". Ali, além dos enterros coletivos, eles depositavam oferendas de vinho e óleo de oliva perfumado (a semelhança com o mundus pagão é mais do que evidente). Originalmente, o depósito largo e retangular ligava-se a uma igreja, seguindo a tradição inaugurada pela de São Pedro, em Roma, supostamente localizada perto do túmulo do apóstolo Pedro. Ao longo do tempo, porém, o espaço tornou-se cilíndrico ou octogonal, centralizado pelo túmulo de um santo ou de um indivíduo digno de veneração. De maneira simbólica, o altar é o sepulcro de Cristo, onde suas cinco chagas estão representadas por cinco cruzes esculpidas na pedra.

O martirium de Santa Constança, construído por volta de 350 para guardar o corpo da filha do soberano, ainda está de pé, embora tenha passado por modificações. Sua forma cilíndrica compõe-se de duas dependências, sendo a menor e mais profunda sustentada por 12 colunas duplas. Seu interior é tão suntuoso quanto o da Basílica de Latrão, cheio de pedras preciosas e estátuas, porém salientando mais a exibição funeral do que o triunfo. A maior tem menos ornamentos: uma pia sacramental apóia-se no chão, sob o domo; a luz não chega a se expandir por toda a peça sagrada, de forma que as pessoas se movem em uma área não muito iluminada. Trata-se de um espaço destinado à contemplação, à reflexão individual sobre a vida dos que sofreram pela fé.

Santa Constança prenunciou a conversão do Panteão em martirium – Sancta Maria ad Martires. Quando isso se deu, uma relíquia foi colocada no centro do seu pavimento – o mundus. Dali, a vista enlutada podia percorrer as paredes redondas ao redor, alçando-se do sofrimento humano para a luz. O próprio nome do monumento de Adriano passou a ter outro significado. Até o século IV, para os seus cidadãos, Roma era o ponto de encontro dos deuses do Império. Os cristãos "abraçaram esse mito; se Roma reunira os deuses de todas as nações, como talismãs, (eles) acreditaram que Pedro e Paulo tinham vindo do Oriente para deitar seus corpos sagrados na cidade".[38] Sancta Maria ad Martires – onde os mártires estão na presença de Maria – deu continuidade à tradição dos tempos de Adriano.

A luz filtrada nos subterrâneos aludia de forma metafórica à jornada cristã. Na Santa Constança, a peça mais perto da superfície possuía 12 janelas que inundavam de luz o centro do aposento, deixando os corredores laterais na escuridão. A sombra definia o espaço de olhar para dentro de si; olhar da sombra em direção à luz simbolizava a conversão: o rosto não se tornava mais nítido, nem os detalhes da construção mais fáceis de ver. Sancta Maria ad Martires dramatizava esse jogo de luz e sombra mesmo nos dias em que os raios de sol mais fortes entravam no prédio como um holofote, não se fixando em lugar algum, aparentemente sem destino. Sem dúvida, era um lugar onde era possível olhar e acreditar, como um cristão.

A basílica e o martirium representavam as duas faces do cristianismo: o Cristo Rei e o Cristo Salvador do martirizado e do fraco. Eles expunham também a dificuldade de acomodação do cristianismo aos espaços em que os cristãos viviam – Roma em particular. A conversão da cidade ocorreu quando o Império estava em declínio. Os pagãos estabeleceram entre esses fatos uma relação de causa e efeito. Por ocasião do saque de Roma pelos bárbaros de Alarico, em 410, eles consideraram a indiferença cristã pelos negócios materiais como fator do enfraquecimento geral. Em Cidade de Deus, Santo Agostinho rebateu as acusações. O cristão também é romano, ele ponderou, observando as regras de urbanidade até onde elas não conflitavam com os preceitos da fé; haviam lutado contra Alarico e seria injusto tachá-los de inimigos dentro dos portões. De acordo com Peter Brown, o contraste feito por Agostinho entre a Cidade do homem e a Cidade de Deus fornecia "uma explicação universal e definitiva a respeito das motivações essenciais de homens (...) que se confrontam com a tensão fundamental" entre a peregrinação pelo tempo e a lealdade à sua terra de origem. Não existe, então, nenhum repúdio específico à cidade natal.[39]

De certa forma, distinguindo "as duas cidades", Agostinho ajustava-se à regra de ouro da doutrina cristã, segundo a qual a Cidade de Deus não é um lugar:

> Apesar de todas as características peculiares de muitas e grandes nações do mundo, na religião e na moral, na linguagem, nas armas e nas vestimentas, só existem dois tipos de sociedades que, conforme nossas Escrituras, julgamos correto chamar de duas cidades.[40]

Por sua forma, o Batistério de Latrão revelava que essa distinção não se tornara impossível. Quando a influência da religião cresceu, quebrou-se a harmonia entre sua austeridade inicial e os espaços que ela ocupou. O poder exigia um ambiente apropriado. Nesse sentido, o martirium representou para a fé cristã uma redenção. Porque somente em alguns lugares, bem construídos, com arte, o sentido da conversão seria perceptível. Neles, o cristão renunciava à carne, mas resgatava o valor da pedra.

## GAVIÕES E CORDEIROS DE NIETZSCHE

De todos os escritores modernos que meditaram sobre o desejo dos primeiros cristãos de transcender a carne e a pedra, nenhum foi mais crítico que o jovem Friedrich Nietzsche. Para ele, tal idéia não passava de um estratagema, mera tática de poder. A genealogia da moral, publicada em 1887, contém um trecho muito expressivo a respeito de como esse filósofo encarava o logro do cristianismo. Trata-se de uma parábola em que figuram gaviões e cordeiros.[41] Nietzsche não escolheu esses animais aleatoriamente: o cordeiro é um óbvio símbolo cristão, enquanto as aves de rapina, dotadas de características imperiais, representam os romanos, sobrevoando o mundo, sempre à caça de novas presas.

Ele começa explicando por que os pássaros eram mais fortes: além de garras e bicos aduncos, eles têm consciência de seus poderes. Não decidem matar os cordeiros, apenas perseguem a carne quando sentem fome. De maneira semelhante, homens vorazes não resolvem comer, beber, fazer amor ou matar – apenas o fazem. Como Schopenhauer, Nietzsche concebia o corpo forte cego de si mesmo, não compelido pela mente, desobrigado de autoconsciência. Filosoficamente, isso quer dizer que "não há 'ser' por trás do fazer, suportar e tornar-se", pois a satisfação fortalece o homem.[42] Tal pessoa não julga seu próprio comportamento, nem se controla pensando no outro, considerando que cordeiros – animais ou humanos – devem sofrer para saciar seus desejos.

A única defesa do fraco é "responsabilizar a ave de rapina por ser rapinante".[43] Para se proteger, os "cordeiros humanos" montam uma teia de relações sociais envolvendo os fortes em julgamentos morais, suspeitas e desvirtuações. A razão pela qual Nietzsche escarnece dos débeis não reside na sua fragilidade propriamente, mas no fato de eles mentirem. Em vez de reconhecer que "tem medo", o cordeiro berra que "possui uma alma", o que lhe permite achar que é terrível ter fome ou vontade de fazer amor livremente; melhor é cercar-se de incertezas e depreciar os desejos do corpo. Nietzsche conclui dizendo que "a crença na alma, mais firme do que qualquer outra coisa, talvez decorra do fato de ela tornar possível aos brandos e oprimidos de todo o tipo, que constituem a maioria dos mortais, sublimar a auto-ilusão que interpreta liberdade como fraqueza (...)".[44] Os cristãos, para quem os mansos de espírito herdariam a Terra, não podiam escapar dessa mentira.

Na parábola sobre cordeiros cristãos e aves de rapina pagãs, Nietzsche não pretendeu ser justo ou historicamente preciso. Sua história não consegue explicar a consciência do gladiador, misto de resolução e pessimismo, nem a coragem física de Orígenes, que se castrou. A cisão entre corpo e mente tampouco fora uma obra cristã, remontando aos gregos nus, que Nietzsche considerava homens livres. É na incompreensão do poder que o seu erro se manifesta de forma clara. O filósofo peca por omitir que a força bruta não basta para que haja dominação. Fosse assim, os poderosos nunca procurariam legitimar-se. De fato, o reconhecimento consiste em um discurso autojustificativo, pronunciado pelo poderoso e não para ele. Por fim, Nietzsche desconsidera os seres humanos pouco vigorosos, mas que nem por isso agem como cordeiros, e tentam dominar seus próprios corpos para resistir aos mais fortes.

A história do corpo nos espaços de Atenas e de Roma não fornece qualquer fundamento à narrativa alegórica escrita para honrar "o pagão". O corpo idealizado por Péricles mostrou a vulnerabilidade de sua voz. A Tesmoforia e a Adonia nada mais foram que uma forma de resistência à ordem dominante, pela dramatização dos poderes femininos de restrição e desejo sexual. A regra visual implícita no corpo vitruviano, aplicada por Adriano, aprisionou os romanos às aparências. Não ceder a ela conferia aos cristãos a força de que necessitavam para desenraizar-se e empreender sua peregrinação pelo tempo. Não resta a menor dúvida de que tal energia resultava do desprezo pela própria carne. No mundo antigo, o cordeiro era o sósia do gavião, não sua vítima.

Mais do que destruir o homem "natural", o cristianismo trocou o alívio que as pessoas buscavam pelas contradições que viviam. Escrevendo sobre a gênese das religiões, o antropólogo Louis Dumont observou que a fé tanto pode fazer com que o homem se sinta bem dentro do mundo como fora dele.[45] O Panteão de Adriano acenou com a primeira dessas alternativas; Sancta Maria ad Martires prometeu a segunda. A regência da civilização ocidental pelo monoteísmo dilacerou o corpo concebido no passado pagão e panteísta, mas não demoliu o panteísmo por completo, pelo menos não a versão romana. O cordeiro não poderia livrar-se de seu próprio gavião; a alma não poderia renegar a necessidade de um lugar no mundo.

# Parte II

# Movimentos do coração

# 5
# Comunidade
## A Paris de Jehan de Chelles

### "STADT LUFT MACHT FREI"

Por cerca de cinco séculos, do ano 500 a 1000, as grandes cidades romanas perderam seu esplendor. A maior parte da Europa regrediu à economia agrícola primitiva; homens e mulheres comuns sobreviveram no limite da fome, sujeitos aos ataques mortais de tribos nômades e guerreiras, contra as quais a maioria do povo campestre nada podia fazer. Somente os muros dos monastérios e as abadias rurais ofereciam refúgio aos poucos que conseguiam alcançá-los quando o perigo era iminente. Dessa paisagem de medo e escassez, a Europa só se recuperou no fim do século X. O campo, onde vivia a maior parte da população, tornou-se mais seguro, graças à construção de castelos que marcou a ascensão do feudalismo; em troca de serviços perpétuos, os nobres garantiam aos seus súditos alguma proteção militar. Os centros urbanos medievais também começaram a crescer. Embora contivessem uma pequena porção da população européia, atrás dos muros dessas cidades eram estocados alimentos, roupas e bens de luxo adquiridos em atividades mercantis.

Dois fatos assinalaram esse renascimento, em 1250, na Paris medieval. Jehan de Chelles deu início à fase final de edificação da Catedral de Notre-Dame. Maravilhosamente situada a leste do centro da cidade, esculpida em pedra em uma ilha do Sena, a igreja ergue-se como uma montanha, testemunhando o poder do cristianismo sobre esse novo centro cultural. Ainda assim, os parisienses não deram a essa construção a mesma importância que os romanos atribuíram à inauguração da Basílica de Latrão, por Constantino, séculos antes. Embora o rei da França e o bispo de Paris tenham brilhado no evento, representando o Estado e a Igreja, a população celebrou muito mais o triunfo do trabalho manual, festejando os entalhadores, vidraceiros, tecelãos e marceneiros que haviam participado da obra, bem como os banqueiros que a financiaram. Uma terceira força de influência – a economia – fez sua estréia no palco da civilização.

Nessa mesma época, surgiu a Bíblia mais notável da Idade Média, produzida pelo rei Luís, posteriormente canonizado. Colorido e esmerado, o manuscrito era um objeto tão atraente quanto a Basílica de Latrão. A terceira força também esteve presente a esse evento. Na realidade, pode-se dizer que essa obra de arte suprema foi o ponto culminante da cadeia de eventos que teve início nos mercados de peixe e grãos, às margens do Sena. Graças ao crescimento dos negócios, massas de aprendizes vindos de toda a Europa haviam migrado para Paris. "Com a passagem das atividades escolásticas dos monastérios [rurais] para as catedrais, os principais centros de criatividade artística transferiram-se para o coração da cidade", escreve o historiador Georges Duby.[1] A produção gráfica da Bíblia de São Luís dependeu, portanto, dessa ampla e florescente profissionalização.

No mundo antigo, o comércio e o trabalho manual pareciam pouco mais do que atividades grosseiras e miseráveis; a cidade medieval sofisticou-as. Segundo Max Weber, "o cidadão medieval [estava] prestes a converter-se em um homem econômico", já bastante distanciado do "cidadão antigo, [que] era um homem político".[2] Ainda hoje, o visitante pode ver sobre os portões das cidades que integraram a Liga Hanseática – uma das redes de comércio medievais – a inscrição Stadt Luft macht frei, que significa "O ar da cidade torna o povo livre". Em Paris, bem como nas outras cidades hanseáticas, o progresso material prometia à escassa população urbana duas liberdades distintas: a extinção da herança de dependência incorporada no contrato de trabalho feudal e novos direitos de usar, gozar e dispor dos bens. Em meados do século XIII, João de Paris declarou que qualquer pessoa "tinha um direito à propriedade imune à interferência de autoridade superior – pois adquirida graças ao próprio esforço (individual)".[3]

Todavia, nem a celebração da Notre-Dame, de Jehan de Chelles, nem a publicação da Bíblia de São Luís poderia obscurecer as tensões entre a economia emergente, o Estado e a religião. Essas três grandes forças não viviam nenhum mariage à trois plenamente feliz. Grande parte do poder do rei repousava nas obrigações feudais, cobradas de seus próprios vassalos, senhores de menor importância. A Igreja, por sua vez, freqüentemente misturava ambições e direitos individuais, atribuindo-os à heresia. Mas as classes emergentes, sobretudo mercadores e banqueiros urbanos, não vacilavam em afrontar a sensibilidade de seus parceiros.

O "humanismo científico" – assim chamado pelo historiador R. W. Southern – atingiu seu auge naquele ano de 1250. E por mais de um século os pensadores medievais seguiram aplicando, de forma sistemática, o conhecimento humano aos problemas da sociedade. Santo Tomás de Aquino afirmou que o mundo poderia ser coerente como um sistema lógico. Unindo biologia e política, a imagem do "corpo político" antecipara essa coerência. Ainda assim, não seria nada fácil a assimilação da produção, distribuição, acumulação e consumo de bens materiais.

Os mercadores, no corpo político concebido por João de Salisbury em Policraticus, eram o estômago da sociedade, seu órgão guloso. Ele escreveu que "se [esses homens possuidores de riqueza] saciam sua voracidade e continuam insatisfeitos, [eles] provocam o crescimento de incontáveis e incuráveis doenças (...); por meio de seus vícios, podem causar a ruína do corpo inteiro".[4] A afronta superava a simples ganância; o fato de terem obtido seus direitos desafiava o conceito de hierarquia, que situava reis e bispos na cabeça do corpo político. João de Salisbury, nas palavras do historiador Walter Ullmann, queria "a imobilidade do indivíduo na sociedade (...), fixada por seu trabalho ou função", não em habilidades individuais; tal idéia determinava que quanto mais elevada fosse a posição formal de uma pessoa, "mais influência teria, mais riqueza, mais direitos".[5]

Homens de negócios gananciosos sempre existiram, desde muito antes de João de Salisbury escrever a seu respeito. A perplexidade que perpassa Policraticus é outra, refletindo as dificuldades dos escritores medievais em descrever socialmente e localizar geograficamente o estômago do corpo político. É claro que mercadores negociam em feiras e mercados, mas vá mês após mês a um mercado específico, observa o autor, e você não verá os mesmos rostos negociando, nem objetos e gêneros idênticos. Nos portos ao longo do Sena, ano após ano, surgiam novos comerciantes e produtos, enquanto outros desapareciam. A impressão era de que o "estômago" mudava com freqüência a dieta. João de Salisbury, que não era adepto da econometria, em vão procurava uma fórmula que explicasse por que a liberdade mercantil deveria erodir a rotina.

Mirando as cidades daquela época, Max Weber concluiu que "a comunidade urbana medieval gozava de autonomia política", conferida pelo mercado que regulava suas próprias regras.[6] Ao contrário, João de Salisbury considerava que ela estaria insegura nas mãos dos homens ricos. Tal convicção fazia sentido para o historiador Henri Pirenne, que escreveu uma geração depois de Weber. De maneira meticulosa, Pirenne procurou explicar como os negócios entre as cidades eram vitais, tornando-as mais interdependentes que autônomas, exigindo flexibilidade dos negociantes. Ele escreveu:

> Sob influência do comércio, as antigas cidades romanas ganharam novo alento, crescendo demograficamente; em outros casos, grupos mercantis estabeleceram-se em torno de fortalezas, ao longo da costa, das margens dos rios, na confluência das rotas de comunicação. Assim é que se constituíram os mercados, cada qual exercendo atração proporcional à sua importância, nas imediações ou mais distante.[7]

A Liga Hanseática distribuía mercadorias por todo o norte da Europa. Fundada em 1161, operava no setor do comércio marítimo, entre Gênova e Veneza, na Itália, depois entre Londres e os Países Baixos, até os portos do norte da Alemanha, de onde os produtos seguiam por terra. No século XII, Paris tinha sua própria cadeia de comércio, estendendo-se de leste a oeste, ao longo do Sena, e de norte a sul, de Flandres a Marselha. O historiador moderno era menos catastrófico em suas observações que o teólogo medieval. As populações medievais tinham grande apego às cidades que habitavam, embora não fosse raro esse sentimento gerar conflitos com seu próprio interesse econômico, o que exigia mobilidade e audácia para ampliar os horizontes. O lucro situava-se no plano das possibilidades, isto é, na terra do talvez, para onde se viajava sem descanso e de onde nem sempre se regressava. O risco e as oportunidades econômicas extrapolaram o apertado e lógico círculo do humanismo científico.

APESAR DE GLOBAL, a teologia cristã alimentou um intenso apego ao lugar. O revisionismo iniciado quando os seus ritos se acomodaram a Roma completava-se com os laços do crente com "sua" Paris. Assim como as aldeias e vilas medievais reviveram sob a égide do cristianismo, as pedras das igrejas e catedrais expressavam a afeição passional e eterna dos cristãos às cidades em que viviam, e o quanto eles careciam da comunidade, ou, ainda, o modo como passaram a entender o corpo. Na Alta Idade Média, o "corpo alheio de Cristo" transformou-se em uma fonte de sofrimentos ao alcance da compreensão das pessoas comuns que com ele se identificavam. Desde que a dor divina uniu-se às aflições humanas, movimentos baseados na "Imitação de Cristo" renovaram a experiência da piedade pelo próximo: assumia-se a angústia do outro como um infortúnio pessoal. Os médicos medievais supunham ter encontrado uma justificativa médica da compaixão, a partir da resposta dos órgãos – "síncope" – a uma amputação. De algum modo, esse novo juízo adequava-se à ciência mais avançada daquele tempo, pois o fenômeno parecia demonstrar concretamente que o organismo humano era um sistema de órgãos conexos e que reagiam entre si. A Imitação de Cristo, entretanto, consistia em algo mais do que um movimento intelectual.

À medida que homens e mulheres comuns puderam entender melhor o sofrimento corporal, abriram-se as comportas do fervor popular. Pode ser que Georges Duby tenha ido longe demais ao afirmar que, até Jehan de Chelles, a "Europa exibira os aspectos externos da cristandade, que só incluía verdadeiramente as elites pouco numerosas. Depois (...)

surgiu o cristianismo, a religião do povo".[8] De qualquer forma, o grande ressurgimento motivado pela Imitação de Cristo alterou as relações entre homens e mulheres na Igreja, a experiência da confissão e as práticas de caridade. Essas mudanças atingiram conventos e monastérios, hospitais e asilos, igrejas paroquiais e catedrais, transformando o significado que essas construções possuíam para os cristãos urbanos.

Em linguagem corrente, "comunidade" denota o lugar das pessoas que se conhecem bem ou estão próximas, mutuamente preocupadas. Ao se formarem, nos dias mais escuros da Idade das Trevas, as comunidades religiosas não tinham outro objetivo, mas na Paris medieval impulsos fervorosos conjugados ao crescimento urbano alteraram seu significado. Os asilos, hospitais e conventos urbanos abriam suas portas mais livremente do que os do campo, acolhendo viajantes, pessoas sem teto, crianças abandonadas, doentes desconhecidos e insanos. Sem abranger a cidade inteira, é óbvio, constituíram-se em uma referência moral, estabelecendo parâmetros comportamentais que confrontavam a competição agressiva que imperava nos mercados de rua e nas docas abarrotadas ao longo do Sena.

Repleta de multidões de estrangeiros, Paris estava dominada pela violência gratuita, e as atividades econômicas arrastavam os seres humanos e as mercadorias de povoado em povoado. Nessas circunstâncias, a geografia moral não servia mais. Porém, para os que assumiam os novos valores religiosos, não havia lugar mais importante que o santuário – onde a compaixão agregava os estranhos. O sentido de comunidade cristã também rejuvenesceu a vida paroquial; qualquer igreja pequenina, bem como a congregação episcopal em torno da Notre-Dame, eram tidas como lugares consagrados da cidade.

Stadt Luft macht frei opunha-se à "Imitação de Cristo", em uma dissonância que ecoa até hoje. Nos espaços criados pela economia urbana, as pessoas desfrutavam de uma liberdade de ação individual que não poderiam ter em nenhuma outra parte; nas locações religiosas, uns cuidavam dos outros. Essa grande tensão balizou a dualidade que marca a cidade moderna: de um lado, o desejo de se libertar dos compromissos comunitários em nome da liberdade pessoal; de outro, a vontade de encontrar um local onde todos se preocupam com cada um.

Aquino tentou unir esses contrários na imagem ideal do Cristo da Summa Theologica – um Ser que contém tudo o que existe no mundo. Assim como seus contemporâneos, que não engoliram a pílula, até hoje a humanidade busca um meio que permita combinar individualismo econômico e laços comunitários.

Este capítulo examina as convicções subjacentes à formação de comunidades cristãs na Paris medieval e seu funcionamento; o próximo analisa os espaços econômicos na cidade que desafiavam o senso cristão de lugar. Como conseqüência desse conflito, a história de Veneza fez uso de um sombrio episódio: no maior centro do comércio internacional do Renascimento, procurou-se reconciliar o dinheiro dos cidadãos e a moral da comunidade pela via da repressão àqueles que não se adequavam à imagem idealizada. Aprisionando os judeus em guetos, a cultura de Veneza usou um instrumento de força para remediar seus próprios conflitos internos.

## O CORPO MISERICORDIOSO

Emoldurando o portal da Notre-Dame, o visitante contempla esculturas de seres humanos esculpidas em uma escala pouco superior à sua estatura normal, mas que ainda assim parecem diminuídas diante do imenso tamanho da catedral, cuja altura equivale a um ato de fé. Desde o século XI, os construtores de igrejas procuravam talhá-las dessa forma, para mostrar – nas palavras de um moderno historiador de arte – a "relação entre valores dos homens e os princípios imanentes ao mundo".[9] As figuras apelam diretamente a quem as observa, convidando-o a fazer parte da igreja – um gesto de inclusão cuja origem remonta à linguagem simples da pregação de São Francisco de Assis. Tal identidade entre carne e pedra se fortalecera, no ano em que Jehan de Chelles estava prestes a concluir sua obra, à medida que os cristãos davam os primeiros passos para vincular seus próprios sofrimentos corporais aos padecimentos de Jesus.

Le livre de crainte amoureuse, de Jean Barthélemy, narra que Cristo "foi, como aconteceu, tostado e assado lentamente para nos salvar".[10] Tal imagem terrena e vulgar tornou a crucificação uma experiência compreensível e corriqueira. Mais do que o Cristo Rei, as pessoas identificavam "o Cristo sofrido, o Cristo da Paixão. Descrevia-se o suplício da cruz de forma cada vez mais realista".[11] A "Imitação de Cristo" nada mais era do que essa correspondência passional com o Seu corpo sofrido, cujas tristezas pareciam reproduzir-se nas aflições dos corpos humanos. Não se tratava de uma figura casual de linguagem. A imagem contrapunha-se à convicção de Orígenes, segundo o qual o corpo de Cristo é diferente do nosso. Resgatando teologicamente a Natureza, São Francisco de Assis convidou seus paroquianos a pensarem a respeito da experiência do dia-a-dia, suas próprias sensações, o mundo em volta; assim, eles iriam perceber que Deus está no mundo, é Carne e é Luz.

Cuidando dos males alheios, reiteramos nossos sentimentos religiosos sobre Jesus Crucificado. São Francisco reafirma a igualdade com os pobres e banidos que marcara o início do cristianismo. Do ponto de vista sociológico, ele detona uma verdadeira bomba, ensinando que nossos corpos contêm o parâmetro ético para avaliar regras, direitos e privilégios; quanto mais dor causamos, mais somos injustos. Recuperando a carne para a religião, a Imitação de Cristo fez dela o juiz da hierarquia social, ao estabelecer um contraste evidente entre os laços que uniam aqueles que cuidavam dos outros e as estruturas comerciais em que o amor ao próximo pode estar ausente por completo.

Na Idade Média, palco de tantos tormentos e crueldades capazes de fazer corar os romanos que massacravam cristãos no Coliseu, esse novo ethos de compaixão pelo menos apresentou idéias rudimentares de respeito pela dor infligida aos outros durante a tortura. Os espetáculos públicos de horror a que Paris assistiu, por volta de 1250, não eram casuais, como os que ocorriam antes; os carrascos tinham garantias eclesiásticas de que causariam malefícios aos demônios, não aos corpos das pessoas por eles possuídas.

Por seu próprio caráter, a Imitação de Cristo sustentava as massas contra os privilégios da elite; apesar disso, tinha respaldo e, de fato, articulava-se à crença que as pessoas instruídas possuíam sobre seus corpos.

## A Ars medica de Galeno

"As suposições médico-científicas do mundo antigo", pondera o historiador Vern Bullough, "eram incorporadas ao pensamento medieval com poucos questionamentos."[12] Idéias remotas sobre esperma, sangue menstrual, calor e arquitetura do corpo sobreviveram até a Idade Média com a autoridade de uma sabedoria herdada – ainda que sujeitas a algumas modificações, sempre fortuitas, impostas pelas necessidades da sociedade cristã que as adotou mil anos depois.

Um dos veículos mais importantes que permitiram à medicina da Antiguidade perdurar por tanto tempo foi a obra do médico romano Galeno, usada em Paris e outros centros de ensino europeus, Ars medica, editada em Salerno antes de 1200 e posteriormente traduzida em Cremona por volta de 1280. Galeno nasceu na época de Adriano, provavelmente em 130, e faleceu com cerca de 70 anos. Sua ciência tinha raízes nas idéias de Aristóteles e Hipócrates, e seus escritos chamaram a atenção dos cristãos, com os quais ele era amistoso, porque ficara famoso pelos serviços gratuitos que prestava aos clientes que o procuravam.

Seus textos originais foram escritos em grego. A tradução a que nos referimos, do árabe para o latim, incorporava comentários do grande médico islâmico Ali ibn Ridwan, assim como de vários intelectuais europeus que trabalharam sobre os seus manuscritos. Portanto, mais do que o trabalho de um único homem, a Ars medica era um compêndio de idéias.

Galeno define a medicina como o "conhecimento do que é saudável, mórbido e neutro", dependendo da compreensão de como os calores e fluidos do corpo interagem nos órgãos principais – cérebro, coração, fígado e testículos (conforme assinalamos, os antigos tratavam a genitália feminina como testículos revertidos).[13] O calor corporal ascendia de forma gradual; pelos fluidos do corpo, porém, eram de quatro tipos ou "humores": sangue, muco, bile amarela e bile preta. A combinação de calor e fluido produzia quatro estados psicológicos diferentes, ou "temperamentos": sanguíneo, fleumático, colérico e melancólico. Muito mais próximo de Hipócrates que da moderna fisiologia, ele argumentava que o temperamento de uma pessoa dependia de seu corpo estar quente ou frio, seco ou cheio de sucos, ou do volume dos sucos que em um dado momento pingavam do corpo frio.

Na visão de Galeno, comportamentos agressivos ou lânguidos derivavam de temperamentos determinados pelo calor e pelos fluidos do corpo. Sua descrição do estado fisiológico colérico de indivíduos portadores de coração tépido e seco é emblemática:

> O pulso é firme, forte, rápido e freqüente, a respiração é profunda, arfante e ansiosa (...). De todas as pessoas, são as que têm o peito mais cabeludo (...) prontas para a ação, corajosas, velozes, selvagens, primitivas, intimoratas e audaciosas. Possuem caráter tirânico, são explosivas e difíceis de apaziguar.[14]

Mesmo que se considere um exagero relacionar um peito peludo a um caráter tirânico, essa totalização representava a própria essência de Galeno, sendo uma das motivações do interesse dos leitores medievais, influenciados pelo humanismo científico, que amarrava o corpo à alma.

Ali ibn Ridwan anexava os quatro temperamentos a quatro tipos sociais: o colérico, já descrito, caracteriza o soldado; o sanguíneo marca o homem público; o fleumático tipifica o cientista e o melancólico pode ser encontrado em homens e mulheres imbuídos de sentimento religioso.[15] Vivenciando a Imitação de Cristo, padecendo pelo próximo, a pessoa mantém-se em estado melancólico; a compaixão faz com que a bile preta corra quente, sobretudo no coração. Não deixa de ser significativa a omissão do mercador, tanto na tipologia como nos seus comentários; a agressividade essencial ao sucesso econômico não poderia ser encaixada nas ações heróicas do soldado nem nos impulsos autoritários de um estadista.

O conceito de saúde em Galeno pressupõe um corpo de bom temperamento, ou seja, cujo calor e humores estejam contrabalançados nos quatro órgãos principais. A piedade religiosa seria, então, um estado de má saúde, ou mesmo uma

 doença do corpo? Embora possamos racionalizar esta questão,

os leitores medievais de Galeno acercavam-se dela por outros caminhos, observando como opera a melancolia compassiva, quando corpos humanos são colocados sob a faca do cirurgião.

## Henri de Mondeville descobre a síncope

Trabalhando na Paris do século XIV, o cirurgião Henri de Mondeville pensou ter descoberto, por meio de seus experimentos, mecanismos de comiseração no interior do corpo humano, isto é, o modo pelo qual o calor e os fluidos se distribuíam em momentos de crise. De Mondeville publicou suas primeiras opiniões médicas em 1314,[16] que, embora sustentassem as idéias de Galeno, organizava a arquitetura do corpo de forma distinta.[17] Ele considerou duas grandes regiões, atribuindo nobreza à da cabeça e do coração e produtividade à do estômago – cada qual dotada do seu próprio "forno" fisiológico. As doenças sobrevinham quando as duas áreas se aqueciam em temperaturas diferentes, desequilibrando os humores dos fluidos do corpo.

De Mondeville notou que o órgão debilitado, durante ou depois de uma operação, era suplementado por outro; em conseqüência da cirurgia, escreveu: "os outros membros se apiedam do sofrimento [dos membros feridos] e prestam socorro, mandando-lhes força e tepidez." Barthelmey, o inglês, imputou esse fato à corrente de sangue aquecido que se dirige ao órgão ferido: "Há tão grande amor que um [membro] tem misericórdia do outro, vale dizer, o menos aflito sente pena do que sofre mais; por essa razão, quando um é atingido, o sangue dos demais vem em socorro imediatamente."[18] De Mondeville chamou essa reação condolente de "síncope" – termo a que a medicina moderna dá outro significado.

Tentando ir mais adiante, para mostrar que a resposta ao sofrimento também ocorre entre corpos, ele descreveu as síncopes dos que assistiam às cirurgias, na época feitas sem anestesia e com bisturis afiados como as facas de pão atuais:

> Em homens sadios que testemunham terríveis operações de cirurgia, a síncope ocorre da seguinte forma: o medo os faz sentir dor em seus corações; há uma espécie de encontro dos principais cânones do espírito, de forma que, estando reunidos e estimulados, a força vital é socorrida.[19]

De Mondeville usou e sublinhou com cuidado a palavra grifada ao referir-se às pessoas reunidas em torno da mesa cirúrgica. Cânone dizia respeito tanto a um corpo religioso como aos membros de uma guilda. Assim, as origens de uma comunidade também podiam ser reveladas pelas reações físicas dos que se postavam diante da dor alheia durante uma operação. O autor de Ménagier de Paris, no século XIII, já declarara que uma pessoa sente "a mesma amizade pelo vizinho que é seu organ – palavra francesa que designa um 'órgão' do corpo – pois somos todos membros de Deus".[20] A cirurgia expunha a realidade física da Paixão e Crucificação de Cristo, ensinando a lição do despertar moral por meio do sofrimento.

Se "a piedade medieval tinha procurado de maneira incansável fortalecer as inclinações da alma em aderir ao corpo", a descoberta da síncope também sugeria um cenário social melancólico.[21] Em Policraticus, João de Salisbury ponderou: "Quando não pode salvar a vida de seus súditos com mão benevolente, o soberano [potestas], por uma virtuosa crueldade, ataca os maus, até que a segurança dos bons esteja assegurada."[22] Diante de uma rebelião contra a hierarquia, o governante sabe o que fazer: expulsa ou mata aquele que desobedece às ordens, exatamente como um cirurgião extirpa um órgão doente. Em Policraticus, o compadecimento cristão tinha pouca relevância. Para de Mondeville, isso inviabilizava o resultado das teorias de João de Salisbury. Se na cirurgia os órgãos acorrem em auxílio das partes doentes, contribuindo para sua recuperação na sociedade, as crises têm seu lado positivo, pois no curso delas é que os cidadãos interagem de forma mais intensa.

O século que separou João de Salisbury e Henri de Mondeville pode ter feito a diferença entre seus enfoques. O primeiro viveu em uma Europa ainda pouco segura; seus avós conheceram um tempo de anarquia interna, em que pequenas aldeias eram presas fáceis de saqueadores. A cidade murada parecia garantir proteção física, enquanto o conhecimento médico, codificado em uma imagem hierárquica do corpo, descobria os princípios da ordem social. Na época do segundo, havia mais tranqüilidade, tanto assim que os muros passaram a ter outro significado. Os órgãos, na síncope, tratam de mandar seus fluidos e seu calor, cruzando zonas do corpo e atravessando paredes do tecido humano. Em uma crise social, os muros que separam as pessoas desabam, levando-as a atos de generosidade.

Ambos imaginaram uma analogia direta entre a estrutura urbana e a do corpo, ainda que concebendo o organismo como "uma cidade diferente", de calores e inquietações desiguais.[23] De Mondeville, por exemplo, inspirou seus colegas a associar um ferimento por faca à chegada de estrangeiros exilados; certamente, os doutores presumiam que o corpo político teria uma reação mais benévola. Seu impulso natural seria de misericórdia, pois existe um fundamento médico para a ajuda ao próximo, sobretudo em tempos de crise – ou, em jargão moderno, uma sustentação biológica para o altruísmo.

João de Salisbury colocava a seguinte questão: a que lugar você pertence? De Mondeville perguntava: como ajudará os outros? Para um, a cidade era o espaço dos corpos vivos; para o outro, o espaço que unia os corpos vivos.

ALIADA À IMITAÇÃO DE CRISTO, a medicina medieval pretendia desafiar determinadas barreiras sociais que marcavam o comportamento dos cristãos urbanos, sobretudo o limite entre os sexos, criado nos tempos mais antigos e que ainda perdurava.

Na Idade Média, mesmo mulheres de forte personalidade – como Heloísa de Paris, abadessa do influente Convento de Paraclete – pareciam aceitar sua suposta fraqueza biológica em relação aos homens. No conceito de corpo político, elaborado por João de Salisbury, o lugar correspondente ao coração devia ser preenchido por homens, conselheiros de Estado. No entanto, segundo a historiadora Caroline Bynum, algumas pessoas influenciadas pela Imitação de Cristo começaram a imaginar o coração, seu sangue e sua localização sob os seios como uma andrógina, senão feminina, zona do corpo, vinculada aos poderes da Virgem Maria.[24] Ao conceber Jesus como mãe, muitos clérigos e pensadores aparentemente o viam cruzando a fronteira que separava os sexos.[25] Santo Anselmo chegou a indagar: "Bom senhor, também não sois mãe? Assim a galinha, que protege seus pintos sob as asas? Verdadeiramente, mestre, és mãe."[26]

A indefinição do sexo de Cristo, assim como a celebração dos poderes da Virgem no corpo e o crescimento dos cultos marianos, tudo dava ênfase ao desvelo, ou, melhor, à compaixão expressa por imagens maternais. Bernard de Clairvaux, em particular, definiu com propriedade essas imagens compassivas do Cristo Mãe: "Para Bernard, a imagem maternal [tem o significado] não de dar à luz, ou mesmo conceber ou abrigar no útero, mas de nutrir, isto é, amamentar."[27] No século XII, apoiando-se nessa dignidade agora atribuída aos seus corpos, as mulheres adquiriram voz mais forte nas questões religiosas, o que concorreu para o florescimento de muitos conventos, como o Paraclete, com líderes instruídas e sérios propósitos espirituais.

Contudo, o impulso do carinho vigilante não se adequava perfeitamente à melancolia, o mais introspectivo dos quatro temperamentos do corpo, conforme observa o historiador Raymond Klibansky. Sob seu poder, a pessoa tentava mergulhar no segredo da alma sem considerá-lo um problema, como fazia o temperamento mais científico e fleumático.[28] Esse estado de tristeza indefinida conduzia à meditação sobre os males causadores de angústias e os mistérios da graça de Deus. Seus espaços tradicionais, por exemplo, eram as clausuras, celas e jardins murados.

Em que pese a confusão da medicina moderna a esse respeito, o comportamento do melancólico medieval pouco se assemelha a movimentos pesados, lenta reação aos outros e embotamento doloroso dos clinicamente deprimidos. Seu modo de agir estava representado na encenação da morte. Em frente à Catedral de Notre-Dame, na Sexta-feira da Paixão, os parisienses assistiam a peças de surpreendente realismo, em que o ator que desempenhava o papel de Jesus às vezes era flagelado até sangrar. O espetáculo impressionante servia para aproximar o público do sofrimento de Jesus, que era visto como um companheiro. O teatro popular da Páscoa, encenado dentro da catedral, procurava eliminar "todas as formas de distanciamento (...), todos os biombos. De seus lugares, cada espectador podia escutar o sermão e ver o Corpo de Cristo sendo erguido".[29] Experiências similares de testemunho do sofrimento alheio tinham como motivação os últimos momentos que antecediam a morte, mesmo de uma pessoa comum. Como vimos na Atenas de

Péricles, "os atenienses temiam estar perto dos mortos e os mantinham a distância".[30] Na Idade Média, a câmara mortuária se tornara um espaço "cerimonial público. (...) Era essencial que familiares, amigos e vizinhos estivessem presentes", escreve o historiador Philippe Ariès.[31] Junto a leitos de morte, muitos dramas reúnem multidões de pessoas conversando, bebendo, comendo e rezando – fazendo companhia ao morto.

E a reação do moribundo, qual seria? Ele deveria partir, observa Ariès, "de maneira cerimoniosa (...) mas sem teatralidade, sem manifestar grande emoção".[32] Estudando gestos de desespero nas artes visuais, Moshe Barasch assinala que "os artistas do fim da Idade Média expressavam de várias formas o luto da Virgem Maria segurando o Cristo morto no colo, mas, em geral, renunciavam à gesticulação frenética como meio de expressar a tristeza".[33] A economia gestual dignificava a melancolia. Morria-se adequadamente dizendo, se possível, uma palavra a cada pessoa presente, ou acenando com a mão ou com os olhos para indicar tê-las reconhecido, mais nada. Na vida, como na arte, a morte é um momento de meditação, mais do que de depressão.

Servir à dualidade cristã da compaixão e da introspecção exigia algo além do comportamento corporal. Os espaços do desvelo idealizado apareceram, pela primeira vez, nos escritos de Pierre Abelard, filósofo parisiense do século XII. Ele afirmou que as "cidades são 'conventos' para pessoas casadas. (...) Cidades são (...) unidas pela caridade. Cada uma delas é uma fraternidade".[34] Por certo, isso iria conferir novas concepções e usos a conventos, monastérios e jardins sagrados – os tradicionais espaços da melancolia.

A Paris medieval estava dividida entre Igreja e Estado. Sem dúvida, uma clara divisão geográfica, mas que não impedia profundas interligações. Quando o rei ascendia ao trono, escreve Otto von Simson, "o rito da coroação transformava-o de maneira sacramental em Christus Domini, conferindo-lhe não apenas um posto episcopal, mas uma imagem do próprio Cristo".[35] Nessa condição, o soberano medieval lembrava o imperador romano – um deus vivo. Por outro lado, nas palavras de outro historiador, o bispo de Paris situava-se no mesmo patamar "de condes, duques e do rei, recebendo a vassalagem dos mesmos altos e inferiores dignitários. Ele tinha seu próprio mestre-de-cerimônias e arauto, seu encarregado das taças de vinho, seu comandante, seu secretário, seu administrador ou tesoureiro, seu camareiro, seu mestre de pintura, seus capelães (...)".[36] No século XI, os laços feudais que o prendiam ao governante eram bastante frouxos, tanto que o juramento de lealdade que fazia não incluía a homenagem – uma distinção que, naquela época de privilégios, escancarava um enorme abismo.

## Palácio, catedral e abadia

Durante séculos, Paris foi uma monarquia; no tempo de Jehan de Chelles, porém, a situação do trono havia mudado. Antes da explosão urbana do século XII, o rei e sua corte pessoal passavam muito tempo nas estradas, hospedando-se nos castelos dos nobres mais importantes. Com essas "jornadas", ele colocava uma marca pessoal nas terras que lhe pertenciam; com sua presença física, por assim dizer, delimitava a extensão dos domínios. À medida que as cidades renasciam, entretanto, as viagens do soberano tornaram-se menos freqüentes. O palácio da Île de la Cité transformou-se no símbolo da sua presença, e o reino inteiro em uma construção de pedra, cenário de posses geográficas. Mais uma vez, a comparação com o imperador romano é inevitável.

Filipe II, conhecido como Filipe Augusto (1165-1223), viveu em um palácio localizado bem perto dos edifícios religiosos que circundam a Catedral de Notre-Dame, no extremo leste da Île de la Cité. Os nobres da corte residiam no lado sul, em terras de propriedade das abadias. Mais tarde, Carlos V libertou-se desse confinamento, construindo um castelo fortificado que deu início à edificação do Louvre, do outro lado do muro de proteção de Filipe Augusto. Esse primeiro prédio era formado por uma grande torre quadrada [donjon, no original em francês], um imenso salão de cerimônias e as salas de reunião da corte; os prisioneiros permaneciam alojados ou encarcerados nos subterrâneos. Pela primeira vez, a proteção militar perdeu sua característica prática de defesa, assumindo a feição de alegoria arquitetônica. As quatro torres menores, nos vértices do torreão, significavam, para os habitantes de Paris, o poder real; a proteção física, de fato, dependia dos novos muros da cidade, além do terreno da residência do monarca.

Nesse período, as moradias urbanas dos nobres lembravam suas propriedades no campo; os jardins, por exemplo, convertiam-se em vinhedos, pomares e hortas, começando a se tornar mais decorativos do que agrícolas. Circundando o novo palácio do Louvre, bem próximos uns dos outros, ao longo da rue de Rivoli, surgiram os palácios dos principais nobres da corte de Filipe Augusto, com seus próprios salões de recepção em castelos de cujas torres podiam avistar não as tropas inimigas que avançassem, mas o vizinho que, eventualmente, acenasse e os convidasse para jantar. Assim, a corte constituiu-se em uma comunidade dentro da cidade – embora nada semelhante àquela aprovada por Abelard – e acabou por formar uma colméia de intrigas.

PARIS TAMBÉM ERA uma cidade episcopal, um trono de riqueza, cultura e poder religiosos que equilibrava a força da monarquia. O bispo rivalizava com o rei em propriedades urbanas; possuía toda a Île St-Louis, a terra em torno da Catedral de Notre-Dame, além de outros terrenos. Quando Maurice de Sully, em 1160, começou a construir a Catedral de Notre-Dame, o projeto incluía não só a igreja monumental, mas um conjunto de construções destinado à residência dos monges, um hospital, depósitos e vastos jardins. Os suprimentos de gêneros alimentícios chegavam em barcos que os transportavam de Saint-Germain e outras abadias. Por volta de 1200, a região a oeste da cidade concentrava as atividades agrícolas e extensos vinhedos, sobretudo em torno de Saint-Germain.

Quando Jehan de Chelles assumiu a responsabilidade de terminar a construção da Notre-Dame, já em 1250, esse enclave religioso abrigava interesses conflitantes. Muito comedido, o historiador Allan Temko relata as "divisões pouco racionais da comunidade episcopal. Dentro e fora da catedral, o território da Igreja estava marcado por curiosas fronteiras".[37] O bispo tinha autoridade sobre as capelas santuárias e alguns corredores laterais, enquanto os cônegos, nominalmente seus subordinados, controlavam o restante do prédio. "A jurisdição dos padres seculares ia do sul da catedral até a entrada do palácio bispal", enquanto "o bispado estendia-se em direção ao norte, ao longo de algumas ruas, até as pequenas ilhas de autoridades dentro do claustro".[38] A hierarquia da Igreja baseava-se na autoridade que os diversos grupos de clérigos exerciam sobre esses espaços na Notre-Dame. Além disso, as seduções urbanas envolviam as quarenta casas sacerdotais agrupadas ao redor da Notre-Dame; rei, papa e bispo, em geral em vão, procuravam domar as brigas e fornicações que agitavam o cabido. Abelard também não cogitara esse desfecho.

Uma abadia tinha significado preciso, como domínio de um abade ou abadessa, e outro mais amplo, que incluía a circunscrição eclesiástica sob a jurisdição desses superiores religiosos. Nesse último caso, poderia incorporar monastérios ou conventos, uma igreja, um hospital, um asilo e áreas agrícolas. Uma das primeiras e mais conhecidas é a abadia-monastério de St. Gall, na Suíça, cujos planos originais foram preservados até hoje. Nos tempos carolíngios, uma vez que os grandes castelos senhoriais eram pouco numerosos, coube às abadias atender à população em geral e aos famintos durante as guerras, além de garantir o sustento dos membros de sua própria ordem. Nem esses primeiros estabelecimentos se adequariam à imagem de caridade livre e generosa formulada por Abelard. Seus rigorosos porteiros selecionavam quem seria admitido; o asilo só recebia os pobres da paróquia, inscritos na lista oficial de carentes, chamada de matricula.

Em Paris, no início do século XIII, dominicanos e franciscanos estabeleceram-se perto dos muros, na zona oeste da cidade. Essa região tinha baixa densidade populacional, de forma que as ordens mantinham-se distantes dos problemas urbanos. Os servitas – Servos de Maria – viviam no extremo oposto, perto do mercado central, mergulhados portanto nas questões da plebe. As ordens mendicantes foram umas das últimas a aparecer, dedicando-se de forma ativa à ajuda aos doentes, nas ruas, e ao combate às heresias. Os beneditinos controlavam a Abadia de Saint-Germain-des-Prés, ampla "casa" religiosa que compreendia um vasto vinhedo. Outras ordens, mais novas, como os Cavaleiros do Templo, participantes das Cruzadas, enviavam exércitos de peregrinos pela Europa, conforme a necessidade de ajuda local. À medida que os negócios parisienses prosperavam, a cidade atraía cada vez maior número de viajantes que buscavam abrigo e comida nas casas de igreja. Primeiro, no complexo da catedral e em Saint-Germain-des-Prés; depois, nas dependências dos servitas; e, mais tarde, junto às ordens mendicantes.

Todavia, nenhum espaço religioso tinha mais importância que a paróquia. "Se a catedral era o orgulho do burguês", escreve o urbanista Howard Saalman, "seu nascimento, vida e morte – toda a sua identidade – estavam relacionados de maneira intrincada ao pároco."[39] De seus registros dependiam todos os documentos legais; mercados formavam-se em torno das suas igrejas; ela era a primeira fonte de amparo para as pessoas em dificuldade. Com o crescimento da população, os guardiães paroquiais não puderam mais atender a essas necessidades locais e os religiosos de outras instituições tiveram de se encarregar de muitas das suas funções de caridade. Os hospitais e asilos para os pobres expandiram-se "por instigação dos bispos. Erguidos perto de residências episcopais, ou perto das antigas catedrais, muitos ainda existem; por exemplo, os modernos hospitais religiosos de Paris (...)".[40] Em 1328, cerca de sessenta dessas instituições concentravam-se na Île de la Cité: o hospital do Hôtel-Dieu – a maior delas – ficava próximo à Notre-Dame. A Igreja também incentivou as esmolarias, que rapidamente se espalharam pela cidade.

Abrangendo todo o perímetro urbano e em uma escala muito maior, essas atividades tornaram-se mais pessoais, em vez de burocraticamente frias, graças ao renascimento religioso. Na Paris de Jehan de Chelles, podemos constatar isso pelo trabalho do confessor, do esmoler e do jardineiro.

## Confessor, esmoler e jardineiro

No início da Idade Média, a confissão ainda era relativamente desapaixonada. O penitente fazia um relato circunstancial de seus atos e o confessor prescrevia a metanóia, ou apenas concitava-o a mudar de comportamento. Durante o século XII, devido à maré de renovação religiosa, a confissão assumiu um caráter de permuta muito mais pessoal e com uma carga emocional muito maior. O espaço do confessionário permaneceu igual, dividido por uma tela, de forma que o padre e o paroquiano não se distinguiam um do outro. Só que, agora, "os frades dele se acercavam com uma nova perspectiva de confissão e penitência": substituindo a prática mais antiga de ordenar o ato de contrição conforme um rol abstrato de pecados, eles "prontamente entravam em negociação com o arrependimento para, por meio de uma série de perguntas e respostas, determinar a seriedade das faltas e, em conseqüência, a severidade da penitência".[41] Essa troca de interrogações e confidências é que estabelecia a relação mais íntima entre o sacerdote e o pecador.

De sua parte, o reverendo não poderia mais expressar-se apenas na linguagem formal que prescrevia deveres e obrigações; estava obrigado a ouvir com atenção e entender o sentido das confidências que lhe eram feitas. A confissão tomou a forma de uma narrativa, de início incompreensível, tanto para o relator como para o ouvinte. Nenhum sentimento de compaixão devia ser expresso pelo confessor, mesmo quando a história começasse a fazer sentido. Tratava-se de uma ocasião melancólica, exigindo acessibilidade e concentração de cada uma das partes. Uma vez que o paroquiano não precisava seguir um formulário ao falar sobre as faltas que cometera, mas interpretar seu caso com o auxílio do padre, a comunicação recíproca fortalecia-o como um ativo participante na fé.

A Imitação de Cristo difundiu-se desde os conventos rurais até as catedrais urbanas. Pode parecer equivocada a idéia de que na Idade Média havia um processo de urbanização em curso no norte da Europa; afinal, o número de pessoas que viviam nas cidades crescera apenas de maneira relativa. Além disso, considerando-se a nação que ocupava o território da França atual, os habitantes de Paris equivaliam a cerca de um por cento. Mas a dimensão urbana estava presente na prática dessa nova forma de confissão, condicionada ao estrito anonimato. Nas vilas e aldeias, o confessor teria grande chance de reconhecer a voz do contrito, conhecer as situações a que ele se referisse, além de ser capaz de julgar a partir dessas noções externas ao confessionário. No espaço urbano, a excentricidade da confissão impunha-se como fato social. O relato de um estranho não pode ser regido pela norma; suas palavras eram significativas, importavam mais, obrigando a que fossem ouvidas cuidadosamente. Na Paris de Jehan de Chelles, isso teria acontecido particularmente na Notre-Dame e em Saint-Germain-des-Prés, que recebiam comungantes de paróquias situadas mais longe. Nas ordens mendicantes, dedicadas ao ministério dos pobres e doentes, percebia-se com maior clareza a importância de entender os desconhecidos – "paroquianos" sem paróquia. O despertar religioso dispôs o clérigo a escutar; a cidade obrigou-o a dar ouvidos ao incógnito.

A TRAJETÓRIA DO ESMOLER é parecida. Embora o cristianismo enfatizasse a identificação com os pobres, a caridade medieval, a princípio, não se fundamentava no sentimento da compaixão. Assim, no seu ofício, ele obedecia a um poder mais alto e estava obrigado a realizar atos de caridade independentemente das suas próprias inclinações. No século XII, em Paris, Humbert de Romans pronunciou um sermão que evocava a visão tradicional de beneficência e que era dirigido àqueles que se ocupavam desse mister em um hospital destinado aos pobres; de Romans definiu-a como um ato a "serviço do Criador", no qual as emoções dos cristãos não contam.[42] Já que as doações honravam os benfeitores, não seria mais preciso que a misericórdia os motivasse a entregar parte de suas riquezas aos monastérios; além do mais, "o meio mais vantajoso de assegurar a salvação eterna consistia em assegurar a intercessão dos monges pelos vivos e [enterrando] mortos".[43]

O renascimento religioso alterou o espírito e a prática da caridade urbana. Franciscanos e dominicanos preferiam engajar-se no mundo ao isolamento espiritual. O cristão purificava sua alma no serviço ao próximo. A Imitação de Cristo estreitou esse tipo de solidariedade. Na Paris medieval, argumenta um historiador, ser caridoso e compassivo com os que sofriam "implicava uma justificação ética para a sociedade [urbana] e para as atividades características de seus membros mais influentes".[44] A cidade estava repleta de pessoas carentes, mas essa legitimação decorrera de uma mudança mais específica. Em meados de 1200, a comunidade dos servitas foi a primeira a fazer uso extensivo de membros laicos na distribuição de óbolos. O fato de haver pessoas leigas muitas vezes incumbidas dessa tarefa – até então um privilégio dos clérigos (e uma significativa fonte de corrupção) – demonstrava que o cidadão urbano passara a desempenhar um papel relevante na estrutura de poder da Igreja.

O esmoler urbano medieval agia de modo bastante diferente de um próspero burocrata moderno, que negocia com a indigência e com as várias formas de remediá-la.

Quando, a exemplo dos servitas, as instituições de caridade se espalharam pela cidade, ele ganhou as ruas atuando como os mendicantes, seguindo a orientação dos padres ou os rumores populares. Leigos envolvidos na mesma ocupação procuravam recolher os leprosos, descobrir os moribundos abandonados e conduzir os doentes ao hospital. Esse trabalho exigia um engajamento ativo nas vidas de pessoas que moravam além dos limites da paróquia e era distinto da passiva caridade local, que selecionava os que poderiam atravessar os portões das igrejas. O aparecimento dos esmoleres laicos e mendicantes, andando ao acaso, encorajou homens e mulheres necessitados a vir para igrejas que davam tudo por elas.

Essa aliança alterou de certa forma a aparência física nos arredores de Notre-Dame. Assim como as paredes do claustro sem portas, os muros que Jehan de Chelles ergueu em volta do parque situado ao sul da grande catedral eram baixos – menos de um metro de altura. Refletindo a atitude da Igreja, ele foi ocupado por gente desabrigada, bebês abandonados, leprosos e agonizantes, que aguardavam a visita dos monges, durante o dia, e dormiam em colchões de palha postos no chão, à noite. Tidos como lugares propícios à introspecção, formavam um espaço de melancolia, pleno de sofrimento e, ao mesmo tempo, contemplativo.

A TÉCNICA DE JARDINAGEM capaz de despertar impulsos de contemplação melancólica data de 1250, e gerou uma longa tradição. Infelizmente, perderam-se quase todas as informações sobre o bosque medieval de Notre-Dame; só chegaram ao nosso conhecimento as regras básicas dos homens encarregados por Jehan de Chelles de plantá-lo.

Ao fim do século IX, na França, já existiam castelos ornamentados de plantas. Em Paris, no século X, apareceram as primeiras grandes áreas arborizadas, junto a casas não religiosas ou isoladas, ao sul da Île de la Cité, originalmente destinadas ao cultivo de ervas, frutas e vegetais para o consumo da cidade. Por volta de 1250, tornou-se mais vantajoso construir do que plantar, pois o preço dos gêneros importados caíra. Nessa época, a mata que havia em torno de Notre-Dame, em 1160, já encolhera.

No entanto, o lugar servia para aliviar, de certa forma, a pressão demográfica que obstruía as ruas e as casas da cidade. Os parisienses viviam amontoados, acotovelando-se nos cômodos domésticos como se estivessem em uma via urbana, "em grupos tão apertados que se juntavam bochecha a papada, em promiscuidade até com criminosos. Nas residências feudais não havia um aposento sequer que permitisse recolhimento individual".[45] A noção de privacidade era totalmente ignorada. O espaço ajardinado, em torno da Notre-Dame, embora igualmente abarrotado de gente, se não assegurava solidão, pelo menos permitia alguma calma e tranqüilidade.

O projeto paisagista que pretendia criar condições para encorajar a introspecção baseava-se em três elementos: o caramanchão, o labirinto e o espelho-d'água. O primeiro era simplesmente um local ao abrigo do sol, construído pelos antigos jardineiros com telhados de madeira, ou simples treliças de galhos, enfeitados de rosas e madressilvas; sob essa tênue cobertura de flores e plantas, podia-se sentar e ficar escondido de olhares curiosos.

O labirinto foi uma invenção dos gregos, que utilizavam árvores de pequeno porte – lavanda, mirta e santolina –, distribuídas de forma a confundir o caminhante que, todavia, sempre poderia passar por cima deles, caso não se encontrasse a saída. Na Idade Média, essa idéia original foi adaptada: "havia veredas entre cercas vivas mais altas do que um homem, e ninguém que (...) entrasse pelo caminho errado poderia encontrar-se, tentando enxergar por sobre a vegetação".[46] Esse efeito era obtido por arbustos, às vezes misturados a teixos, como no famoso dédalo do Hôtel des Tournelles. Indícios fragmentários sugerem que Jehan de Chelles mandou plantar um jardim assim no claustro de Notre-Dame. Razões que desconhecemos levaram-no a optar pela forma judaica da Estrela de Davi. No início da época medieval, os labirintos simbolizavam a batalha da alma em busca do encontro com Deus, mas nas cidades o objetivo que se tinha em vista era puramente leigo; aquele que encontrasse o rumo certo poderia recuar ao ponto central e ali permanecer, livre de encontros importunos.

O espelho-d'água, refletindo o rosto de quem o mirava, era uma superfície reflexiva. Havia poços em todas as ruas, em geral protegidos por muros altos para impedir que a população satisfizesse neles suas necessidades fisiológicas ou os entupisse com lixo. Na Paris de Jehan de Chelles, poucos tinham fontes ornamentais. Sob a relativa proteção dos jardins do claustro, o paisagista não precisava cercá-los; além disso, ele pensaria duas vezes antes de instalar uma fonte que agitaria a água e perturbaria a autocontemplação.

As plantas do jardim transmitiam idêntica impressão de serenidade. As rosas que o sacristão trazia por dentro da igreja sinalizavam as relíquias diante das quais os fiéis deveriam ficar em silêncio; por outro lado, ele só colocava ramos de lilases sob as estátuas da Virgem Maria durante tempos de pestilência, pois seu perfume parecia um calmante. Os transeuntes costumavam carregar galhinhos de ervas que levavam ao nariz para afastar o mau cheiro das ruas; no claustro, essas mesmas ervas eram valorizadas por seu valor introspectivo e medicinal. No Natal, cheirar mirra seca era tido como capaz de despertar a memória individual, lembrando, ao mesmo tempo, o nascimento de Cristo. Durante a Quaresma, supunha-se que o aroma do incenso feito de casca de pêras secas acalmava a cólera, comum nessa época do ano.

Podemos apenas imaginar o que cogitaria uma pessoa, sentada sob um caramanchão de rosas, perto da Notre-Dame, surpreendida pela chegada de um leproso, com o corpo coberto de pústulas; afinal, agora, o tradicional espaço de melancolia estava aberto a todos. Caso a esperança manifestada por Henri de Mondeville se realizasse, o susto poderia conduzir a uma reação altruísta. No entanto, muito mais convictos estaríamos a respeito dos sentimentos do jardineiro. Por sua grande dignidade, a criação do jardim contestava o esforço exigido de pessoas engajadas no comércio.

## Trabalho cristão

O sonho de encontrar um santuário é antiqüíssimo; em Éclogas, o poeta romano Virgílio escreveu:

> Por eles, longe do conflito das armas, a terra, sempre justa, derrama de boa vontade uma existência fácil. Voluntariamente, as árvores e os campos produzirão para que se colha. A paz está segura e suas vidas não podem falhar.[47]

Os primeiros ascetas cristãos, em particular no Oriente, tentaram descobrir a intimidade espiritual vivendo como eremitas. Ao contrário, outras concepções de santuário surgidas posteriormente na Europa Ocidental eram "coexistentes", isto é, ordenavam o recolhimento aos monastérios, onde os anacoretas permaneceriam juntos até a morte. Foi São Benedito quem criou essa idéia de comunidade, vinculada a um lugar específico, e decretou que os monges deveriam passar os dias trabalhando e rezando – "laborare et orare", ele disse. O labor devia concentrar-se no jardim.[48]

O ofício cristão sempre esteve associado à garantia de refúgio contra o mundo de pecados. Na área rural da França, no fim do século IX e no século X, os mosteiros primitivos destinavam ao recolhimento as pequenas capelas laterais da igreja, devotadas à veneração de um santo, e os claustros, consagrados de maneira simbólica ao culto da natureza, ou mais especificamente da criação. Na prática, impunha-se a manutenção do jardim encerrado por trás de seus muros. Então, a meditação cristã evocava imagens do Éden, em um cenário que trazia à mente a autodestruição humana, a expulsão de Adão e Eva do Paraíso. Cuidar dele, à guisa de desagravo, era um ato de compensação pelo exílio a que o casal fora condenado. Nicolas de Clairvaux imaginou toda a obra de Deus dividida em cinco regiões: "o mundo, o purgatório, o inferno, o céu e o paradisus claustralis"[49] – o jardim do claustro como um paraíso reconquistado na Terra. Trabalhar nele significava recuperar a dignidade.

Em contraste, os "jardins do paraíso" islâmicos, descritos no Corão, plantados, por exemplo, em Córdoba, serviam para aliviar o cansaço do trabalho; a respeito da Abadia de Thorney, William de Malmesbury escreveu que "nenhuma parte do solo é deixada sem arar (...) nesse lugar, cultivo rivaliza com a natureza; o que a última esqueceu, o primeiro realiza".[50]

Os reformadores monásticos pensavam que essa lide não apenas permitia o retorno do "operário" ao Éden, mas proporcionava, além disso, uma disciplina espiritual muito rígida; quanto mais fatigante fosse o labor, maior seria a estima moral a ele atribuída. Os cistercienses, de Santo Alberico, enfatizavam que isso poderia salvar os religiosos da preguiça e da corrupção em que muitas ordens haviam afundado. Em reforço, eles mantinham silêncio enquanto executavam suas tarefas, regra também aceita por franciscanos e muitos beneditinos. Laborare et orare denotava como para os cristãos medievais trabalhar em uma construção dignificava o corpo.

Na Alta Idade Média, o nexo entre a dor humana e a dor de Deus intensificava a respeitabilidade conferida pelo trabalho, como se ao fazer um esforço físico a pessoa alcançasse nova perspectiva da relação entre carne e alma. Segundo Caroline Bynum, a percepção adquirida desse modo diferia "do que nós entendemos por 'individual'"; o monge empenhava-se pela comunidade.[51]

Em St. Gall e Clairvaux, os espaços estavam protegidos. Na cidade, sem tantos controles, dignidade e indignidade misturavam-se. As pedras da Notre-Dame não estavam longe das pedras do cais do Sena. Apontadas para o céu, as agulhas da catedral mostravam o caminho aos que precisavam de ajuda ou refúgio das ruas, do cais e dos casebres em que habitavam. A celebração, em 1250, dos que haviam construído a igreja evidenciou a expansão do laborare et orare: agora, o jardineiro estava em companhia do cinzelador, do vidraceiro e do marceneiro.

Graças às doações que haviam feito, os mercadores também foram alvo das comemorações, mas sua dignidade era mais questionável. O comércio não exigia nenhum esforço introspectivo, não sendo, portanto, nada melancólico, no sentido medieval. De fato, negócios absorviam os comerciantes tanto quanto Bernard de Clairvaux, em seu claustro, ou João de Salisbury, mergulhado no estudo. O adágio Stadt Luft macht frei libertava-os, como cristãos, dos tentadores e inevitáveis apegos emocionais. Se, na Paris medieval, o jardim cristão pretendia devolver a humanidade ao seu estado de graça anterior à Queda, e se agora ele protegia os artífices que tinham aprendido lições de sofrimento ignoradas por Adão e Eva, os que trabalhavam fora do santuário pareciam vagar na terra devastada da cidade.

# 6
# "Cada homem é o seu próprio demônio"
## A Paris de Humbert de Romans

Em Atenas, o habitante da pólis era um cidadão. Em uma cidade medieval, ele se autodenominava um bourgeois, na França; burgher, na Alemanha. Os termos não designavam apenas as pessoas de classe média; os que empunharam cinzéis na construção da Notre-Dame também eram burgueses, ainda que poucos tivessem direito de voto, como os cidadãos gregos. O historiador Maurice Lombard os considera cosmopolitas, em virtude do seu envolvimento no comércio e nos negócios. "[O burguês medieval] é um homem postado diante das encruzilhadas dos vários centros urbanos, aberto a todas as influências, tanto de sua cidade quanto das demais", escreve Lombard.[1] Com essa visão, ele desprezou os lugares de caridade e apossou-se do espaço urbano, território no qual, mais do que para o qual, ele exercia suas atividades de compra e venda.

A distinção entre espaço e lugar é fundamental na forma urbana. Mais do que apego emocional por onde se vive, a questão envolve uma experiência temporal. Na Paris medieval, o uso flexível do espaço surgiu com as corporações que trocavam de ramo ao sabor do tempo econômico, em busca de melhores oportunidades e diante das oscilações do mercado. Essa permutação de produtos e/ou valores estimulava a conjunção do funcional uso do espaço com o oportuno uso do tempo. Contrariamente, o tempo cristão vinculava-se à história da vida de Jesus, que se conhecia de memória. Associada ao sentido de tempo de uma narrativa feita e acabada, a religião ensejava o apego emocional ao lugar.

Os primeiros cristãos que "se afastaram" do mundo sentiram-se mudados, mas carentes de um lugar; a conversão não fornecia o mapa que lhes mostrasse seu destino terreno. Agora, quando já o conheciam e sabiam o caminho para alcançá-lo, o esforço econômico parecia embaralhar tudo. O significado que as pessoas davam aos seus próprios corpos contribuía para esse conflito, que opunha economia e religião. Enquanto o tempo e o lugar cristãos baseavam-se na força da compaixão, o espaço e o tempo econômicos apoiavam-se na agressividade. Essas contradições entre lugar e espaço, oportunidade e estabilidade, piedade e atitudes hostis atormentavam o espírito de cada burguês que tentava, de maneira simultânea, acreditar e lucrar na cidade.

## ESPAÇO ECONÔMICO

### Cité, bourg, commune

Na Paris medieval e nas outras cidades da época, coexistiam três tipos de propriedade. Cercada de muralhas e dispondo do Sena como um fosso natural, regida por poderes determinados, a Île de la Cité, por exemplo, pertencia, em sua maior parte, ao rei e à Igreja. Os franceses a conheciam como cité.

Sem paredões, mas igualmente dotado de amplos e bem definidos direitos, era o bourg, o mais antigo dos quais,

Saint-Germain, ficava na margem esquerda. Embora populoso, todas as suas terras faziam parte dos bens de quatro igrejas que compunham a paróquia; no local da maior delas situa-se hoje a moderna Igreja de Saint-Sulpice. Um burgo não estava submetido a um controle único. Por volta de 1250, na margem direita, ao longo do rio e em oposição à Notre-Dame, crescera um novo bairro com um porto e um mercado, cada qual sob o mando de um nobre menos categorizado.

Por fim, alastrando-se pela periferia da cidade, as communes, como diziam os franceses, apesar de sua alta densidade populacional, não possuíam muros de proteção nem suseranos.

A interiorização das terras durante o renascimento de Paris, na Idade Média, alterou o status das comunas e dos burgos. As muralhas se expandiram em duas etapas. O rei Filipe Augusto cercou os limites de Paris, ao norte e ao sul, no início do século XIII, abrigando uma área que havia crescido muito no século anterior; por volta de 1350, Carlos V ampliou essas defesas, a oeste. Assim, a cidade expandiu-se para muito além da originalmente isolada e pequena cité, seus burgos e comunas compensados pelos privilégios econômicos concedidos e garantidos pelo rei.

As pedras da cidade forneciam aos parisienses uma pista para que avaliassem a melhoria da sua qualidade de vida. "A partir do século XI, o grande e repentino incremento da construção, fenômeno essencial no desenvolvimento da economia medieval, quase sempre consistia na substituição de um prédio de madeira por outro, de alvenaria – fossem igrejas, pontes ou casas", relata Jacques Le Goff, demonstrando a febre de investimentos privados e obras públicas.[2] Isso encorajou o desenvolvimento de outras atividades, que exigiam habilidade e técnica manual. A etapa final da construção da Catedral de Notre-Dame, coordenada por Jehan de Chelles, por exemplo, permitiu um verdadeiro surto dos negócios de vidro, pedras preciosas e tapeçarias.

A integração da velha cité aos burgos e comunas, porém, não tornou o mapa de Paris mais simples.

## A rua

Seria justo esperar que a Paris medieval, um grande centro de negócios, tivesse boas estradas que permitissem o escoamento das mercadorias. Ao longo do Sena elas existiam, sim; de 1.000 a 1.200, alinhadas com muros de pedra, as margens do rio contribuíram para um tráfego bastante eficiente. Mas, em terra firme, o crescimento da cidade não criou uma rede viária que facilitasse o transporte. "Os caminhos estavam em um pobre estado, e um número limitado de charretes e carroças, pelas quais se cobrava um preço caríssimo, patenteava a ausência de veículos úteis", observa Le Goff; nem um simples carrinho de mão aparecia nas ruas de Paris até o fim da Idade Média.[3] As vias romanas, como artérias da terra, constituíam um milagre de construção do passado.

A desordem e a triste condição física da rua medieval resultavam do processo de crescimento. Os canais de comunicação entre as comunas, situadas na fronteira dos povoados, raramente se interligavam, e os burgos não eram planejados para se relacionarem entre si. O caos resultava, ainda, do uso que os proprietários faziam da terra que possuíam.

A maioria das frações de terreno em uma cité, ou em um burgo, estava arrendada e, muitas das vezes, vendiam-se os direitos de construção. Assim, as pessoas construíam a seu bel-prazer, pagando taxas à Coroa ou à Igreja; acresce que vários aposentos de um único prédio, em pavimentos diferentes ou num só, podiam ser de propriedade e, por conseqüência, explorados por sujeitos diferentes. Segundo o urbanista Jacques Heers, "existia uma verdadeira colonização (...) tanto no interior do perímetro urbano como nas suas imediações".[4] Dificilmente o proprietário tentava impor algum modelo ao construtor. Na prática, apenas em casos excepcionais, o rei ou o bispo tinham poderes para penhorar uma construção ou forçar seu dono a vendê-la. Em Paris, as autoridades invocavam o "eminente domínio", sobretudo quando queriam apropriar-se de uma área, para acrescentá-la a um palácio ou uma igreja.

Somente as cidades cuja fundação remontava aos tempos romanos pareciam ter obedecido a um planejamento geral; os caminhos que levavam a Roma tinham sido retalhados, à exceção de alguns traços remanescentes perto das cidades de Trier, na Alemanha, e Milão, na Itália. Nem o rei, nem o bispo, nem os burgueses faziam a mínima idéia do que fosse urbanismo. "A natureza tolhida e fragmentada da esfera pública refletia, na topografia da cidade, sua própria debilidade, carência de recursos e falta de interesse", afirma um historiador.[5] Qualquer um construía o que quer que fosse, certo da impunidade; poucos encaminhavam contestações à justiça, ou recorriam a quadrilhas para derrubar o que fora edificado. Assim surgiu a malha urbana parisiense, "labirinto de vielas tortuosas e estreitas, becos e cortiços; a escassez de áreas livres ou edifícios recuados dificultava a visibilidade; o tráfego estava permanentemente obstruído".[6]

As cidades medievais do Cairo e de Paris contrastavam de forma impressionante, embora ao olho moderno possam parecer igualmente confusas. O Corão contém instruções precisas sobre a localização das portas e sua relação espacial com as janelas. A propriedade de um maometano devia ser construída conforme essas regras, que as instituições urbanas de caridade reforçavam a cada momento, mantendo certa proporção, umas em relação às outras; não era permitido, por exemplo, bloquear a entrada do vizinho. A religião decretava o contexto da arquitetura, embora sem impor linearidade às ruas. Nenhuma subordinação divina – ou real, ou nobre – obrigava os prédios da Paris medieval a tomar conhecimento mútuo. Janelas ou pavimentos obedeciam unicamente à vontade do dono; constantemente, e sem temer nenhum castigo, bloqueava-se o acesso a outros prédios.

O espaço público era o que sobrava depois das casas serem erguidas. Antes que os grandes palácios do Renascimento surgissem, em Marais, por exemplo, as vielas dessa movediça ocupação na margem direita mal permitiam a passagem de um único transeunte. Na região ocupada pelas abadias e no bairro real elas não se estreitavam tanto. Mas mesmo no distrito episcopal, em torno da Notre-Dame, diversas ordens avançavam pela rua, testando os limites de seus privilégios.

Marcada pela agressividade, a rua constituía-se no resto de todos os exercícios de poder e reivindicações de direitos, nada tendo a ver com o jardim, a "coexistência" ou o lugar criado para o trabalho comunitário. Porém, mesmo carecendo de todas essas características de lugar, possuía um espaço econômico e signos visuais que balizavam seu funcionamento. Esses sinais podiam ser "lidos" nos muros que as delimitavam. Nos distritos mais pobres e não cerimoniais da Grécia antiga e de Roma, eles a demarcavam solidamente. A economia urbana medieval os tornou permeáveis.

No distrito parisiense reservado ao comércio de couros, por exemplo, as janelas de cada oficina exibiam mercadorias graças a uma inovação arquitetônica: painéis de madeira que se abriam para servir de balcões. A primeira construção de que se tem notícia com aberturas assim projetadas data do início de 1100. Usando as paredes dessa forma, os mercadores expunham as melhores opções do estoque da loja. Aos olhos do possível comprador, suas superfícies transformavam-se em zonas econômicas ativas.

O pátio medieval também acabou sendo atraído pela atividade econômica da rua. Funcionando como um local de exposição e oficina, seu acesso foi aos poucos sendo alargado, a fim de que se pudesse ver o que acontecia dentro dele. A planta dos palácios do distrito de Marais, no século XVI, previa a ocupação do recinto descoberto no interior do edifício por uma colméia de lojas fornecedoras da família nobre ali residente, mas que produzisse e vendesse também para o público em geral.

Essa mudança alterou o tempo da rua. Na cidade antiga, dependia-se da luz do dia; o comércio, na Paris medieval, ampliou seu horário da aurora ao cair da tarde, de tal sorte que os consumidores podiam ir às compras depois de concluírem seus próprios afazeres. A freguesia do padeiro procurava-o ao nascer do sol, enquanto o açougueiro atendia à noite, depois de ter comprado, preparado e assado as carnes durante o dia. O balcão permanecia montado e o pátio aberto, desde que houvesse movimento nas ruas.

Palco de demandas agressivas, reconhecidamente violentas, com superfícies e volumes permeáveis, as vias públicas estimulavam a competição econômica. Os índices atuais de criminalidade não proporcionam nem a mais pálida idéia da viciosidade que as assolava durante a Idade Média. A prova de que nem tudo decorria do mercadejo está no fato de que as pessoas sofriam muito mais constrangimentos que a propriedade.

Em 1405-1406 (período em que foram feitas as primeiras estatísticas em Paris), 54% dos casos que chegavam às cortes criminais relacionavam-se a "crimes passionais"; apenas 6% decorriam de roubos. De 1411 a 1420, 76% das ocorrências foram contra pessoas; 7% ligados a roubos.[7] Uma explicação para isso está na prática, quase universal entre comerciantes, de contratar guardas; de fato, os muito ricos mantinham pequenos exércitos encarregados de proteger suas mansões. A partir de 1160, instituiu-se a polícia municipal, mas seu efetivo era reduzido e suas obrigações consistiam, sobretudo, em escoltar funcionários públicos nas suas andanças pela cidade.

Os dados coletados na Alta Idade Média e no fim desse período não nos permitem identificar os alvos dos ataques na rua, se eram parentes e amigos, ou estranhos. Uma inferência plausível, a partir da existência de tantas milícias de aluguel e soldados entre as classes abastadas, é que a maior parte dos conflitos envolvesse pessoas pobres que digladiavam entre si. A causa mais freqüente é conhecida: o excesso de bebida.

O álcool estava ligado a cerca de 35% dos assassinatos e agressões na vasta região de Touraine. Em Paris, esse índice era ainda maior, pois bebia-se não só em casa, mas em tascas e adegas públicas.[8] Grupos de embriagados saíam pela noite provocando brigas.

A bebida esquentava o corpo e compensava a ausência de calefação. A lareira só surgiu no século XV; o único calor doméstico, portanto, provinha de braseiros ou fogueiras, cuja fumaça não permitia que se sentasse perto do fogo. Além disso, o aquecimento se dissipava rapidamente, pois raras construções possuíam janelas envidraçadas. Também se usava o vinho como narcótico para anestesiar a dor, criando-se assim, da mesma forma que a heroína e a cocaína nas cidades modernas, uma cultura da droga, sobretudo nas tabernas.

Com freqüência, nas cidades medievais, a violência urbana assumia uma conotação política. "Revoltas nasciam, se propagavam e cresciam na rua."[9] Tais motins decorriam de causas impessoais, muitas vezes devido à venalidade de funcionários responsáveis pela distribuição de grãos. Em Paris, as milícias do rei e do bispo esmagavam a rebelião em poucas horas, no máximo uns poucos dias. Ademais, convivia-se com a brutalidade impulsiva: uma facada ou um soco no estômago, desferidos por um homem cego pela embriaguez, não tinham motivos determinados. Em face da competição econômica, surgia uma forma diferente e descontínua de agressão.

A violência verbal desempenhava um papel importante na concorrência. Em geral contida em seus próprios limites, isso não obstava os cobradores que iam de casa em casa de fazer ameaças terríveis aos devedores e às suas famílias. Alguns historiadores acreditam que essa linguagem destemperada funcionava como descarga emocional, liberando agressividade e impedindo que se chegasse às vias de fato. Realmente, os poderes políticos e eclesiásticos que governavam a cidade não faziam nenhum esforço para coibir os comerciantes mais exaltados, que ameaçavam socar ou esfaquear o consumidor vacilante em fechar negócio, ainda que assim perturbassem outros vendedores.

Como a propriedade sofria poucos danos – e os índices de criminalidade o comprovam –, reinava uma ordem efetiva, embora peculiar. Obedecendo aos ditados de sua religião, o habitante do Cairo ficaria pasmo. Por outro lado, o Velho e o Novo Testamento só cominam a usura e o roubo, sem maiores orientações a respeito do comportamento conveniente à prática mercantil. Talvez tenha sido essa a razão da perplexidade de João de Salisbury. A competição econômica não era colérica, no sentido expresso pela Ars medica, nem se aproximava da combatividade que se exige do soldado. Tinha pouca semelhança com o comando cívico, do tipo sanguíneo, praticado pelo governante, e nada a ver com as considerações fleumáticas do estudioso. Certamente, não era melancólica, e muito menos comparável ao desvelo. O perfil das criaturas envolvidas por ela só se tornou mais nítido quando surgiram as feiras e os mercados, espaços sujeitos a um controle social eficaz.

## Feiras e mercados

A cidade medieval tipificava o que hoje chamaríamos de economia mista, segundo o modelo japonês. O transporte de mercadorias ao longo do Sena dava uma idéia de como se misturavam o governo e a iniciativa privada.[10]

Imaginemo-nos em uma embarcação, descendo de um ponto qualquer do rio. Chegando a Paris, estaríamos obrigados a pagar um pedágio, na Grand Pont, e a corporação local dos marchands de l'eau registraria as mercadorias. Carregamentos de vinho – um dos produtos mais importados pela cidade – só podiam ser baixados ao cais por parisienses, obrigatoriamente, enquanto o barco permanecesse atracado, no máximo em três dias. Essa regulamentação garantia um bom volume de tráfego, mas submetia o marinheiro-mercador a forte pressão para escoar a carga o mais rapidamente possível. Cenário de intensa atividade, nas docas, cada minuto contava.

Em 1200, só havia duas grandes pontes cruzando o Sena, a Grand Pont e a Petit Pont, aboletadas de casas e lojas; na Petit Pont, por exemplo, as boticas vendiam medicamentos derivados de ervas importadas, cuja pureza e dosagem estavam submetidas a fiscalização. A pesca também "era regulamentada pelo rei e pelas autoridades eclesiásticas da

Notre-Dame e da Abadia de Saint-Germain-des-Prés. Licenciados por um triênio, os pescadores juravam sobre a Bíblia não apanhar carpas, lúcios ou enguias de determinado tamanho".[11]

Os mercadores transportavam as mercadorias adquiridas nas docas e pontes para as feiras, onde se realizavam negócios de maior vulto que nas ruas da cidade. Alguns artigos retornariam de lá e seriam revendidos por meio da rota comercial a outras localidades. Inaugurada no auge da Idade das Trevas, no século VII, a Feira Lendit realizava-se anualmente. Nos períodos de crise, predominavam os negócios pequenos e locais, o escambo substituindo as trocas por dinheiro, com pouca ou quase nenhuma participação de intermediários profissionais. Apesar de tais circunstâncias, as feiras estabeleceram os primeiros laços entre os mercados.

Na Alta Idade Média, a exposição dos artigos tornara-se uma verdadeira festa. As grandes feiras não se organizavam mais a céu aberto, mas em "salões especialmente destinados ao comércio de diversos ramos ou especialidades, pátios cobertos e aléias arcadas", informa Robert Lopez, historiador de economia.[12] Flâmulas e outros ornamentos pendiam dos quiosques; em compridas mesas espalhadas pelos corredores, comia-se, bebia-se e negociava-se, tudo ao mesmo tempo. Sua época coincidia com celebrações e feriados religiosos, o que aumentava ainda mais a clientela em potencial, estimulando a adoração de um número cada vez maior de santos, aliciados como protetores dos perfumes, perfumarias, vinhos etc. Embora a Igreja aparentemente santificasse o comércio, muitos clérigos recriminavam essa sua associação aos ritos sagrados.

Iludindo olhares modernos, o esplendor dessas cores disfarçava uma ironia fatal. As feiras se enfraqueciam apesar da economia promovida por elas crescer de maneira incessante. Por exemplo, no século XII, a Feira de Lendit abriu o mercado aos produtos têxteis e às manufaturas de metal. Os parisienses presumiram que sua clientela, incluindo moradores de cidades mais distantes, aumentaria tanto que a feira deveria permanecer em funcionamento o ano inteiro. Da maneira como eram, sazonais, "caso o volume absoluto das transações (...) continuasse ascendente, acompanhando o progresso da revolução comercial, os negócios [nas feiras] diminuiriam inevitavelmente".[13] O crescimento econômico enfraquecia o comércio localizado e submetido a rígidos controles. Assim, além desses encontros periódicos, artesãos e consumidores passaram a manter contato nos próprios locais de trabalho, situados nas ruas da cidade.

"Embora os termos 'mercado' e 'feira' sejam usados de forma indiscriminada, existe uma diferença entre eles", assinalou o clérigo Humbert de Romans, em meados do século XIII. Ele queria referir-se, sobretudo, aos mercados que invadiam Paris, transbordando dos espaços permeáveis para os pátios e os numerosos pequenos cemitérios da cidade. Durante o século XII, eles deram seqüência semanal ao comércio anual das feiras, expondo couros e artefatos de metal, vendendo serviços financeiros e capitais; simples "paredes" de pano mantinham o ouro da firma longe dos olhares curiosos da rua.

Evidentemente, o poder do Estado frustrou-se na tentativa de regulamentá-los. Rastreado pela fiscalização, o comerciante só tinha o trabalho de mudar-se para um local diferente. Rompendo com as tradições religiosas e desconsiderando os dias santificados, a usura florescia. Talvez por ausência de limites, o mercado tenha significado, até hoje, mais agressivo que a feira. Humbert de

Romans notou que os mercados "são, em geral, moralmente piores". Ele demonstrou o contraste entre os dois assim:

> Eles acontecem em dias de celebrações, e por esse motivo os homens são obrigados a perder o ofício divino. (...) Algumas vezes, ocupam cemitérios e outros lugares sagrados. Freqüentemente, poder-se-á ouvir pessoas jurando: "Por Deus, eu não pagarei tanto por isso" (...) "Por Deus, isso não vale tanto." Por fim, os tributos que o mercado deve ao Senhor também são fraudados, o que é pérfido e desleal (...) desavenças acontecem (...). Ocorrem bebedeiras.[14]

Como exemplo do desnível moral entre ambos, ele contou uma história concernente a um homem que,

> entrando na abadia, deparou com muitos demônios, mas no mercado encontrou apenas um, solitário, empoleirado sobre uma alta pilastra. Isso o encheu de preocupação, pois lhe haviam dito que, no claustro, tudo é arrumado de modo a elevar as almas para Deus, sendo portanto necessários tantos demônios para induzir os monges ao desvio; no mercado, desde que cada homem é um demônio para si mesmo, basta mais um.[15]

A frase "cada homem é um demônio para si" torna a história curiosa. Podemos entender que a economia faça do homem um diabo para os outros, mas por que para ele mesmo? A interpretação que primeiro nos vem à mente tem caráter religioso: o demônio da competição agressiva faz o homem insensível ao que possui de melhor, sua compaixão. Entretanto, uma explicação mais profana também é viável: a competição econômica descontrolada pode ser autodestrutiva. Demolindo instituições estáveis como a feira, o animal econômico ávido de lucros, de fato, arriscava-se a perder. Era só questão de tempo.

## ÉPOCA ECONÔMICA

### Guilda e corporação

A guilda foi uma instituição de defesa contra as tendências autodestrutivas da economia. Integrando corporações de operários, artesãos, negociantes ou artistas, seus mestres definiam os deveres, acesso a cargos mais elevados e benefícios dos assalariados e aprendizes, governando dessa forma toda a sua carreira profissional. Tratava-se de uma comunidade que assegurava a saúde dos trabalhadores e de suas viúvas e órfãos. Lopez descreve a guilda urbana como "uma federação de oficinas autônomas, cujos donos [os mestres] tomavam todas as decisões e estabeleciam as exigências para a promoção dos homens que recebiam por jornada ou ajudantes alugados e aprendizes. Em geral, os conflitos internos eram minimizados em virtude do interesse comum no bem-estar do ofício".[16] Os franceses chamaram as guildas de corps de métiers; compilado em 1268, o Livre des métiers "enumera cerca de cem ofícios organizados em Paris, divididos em (...) grupos: alimentação, joalheria e artes finas, metais, têxteis e roupa, peles e construção".[17] Embora independentes, os ministros do rei interferiam no seu funcionamento por meio de estatutos elaborados e revisados por ministros que, na melhor das hipóteses, aconselhavam-se com os líderes das associações.

Muitos desses estatutos continham regras comportamentais para a concorrência, baixando instruções estritas, por exemplo, proibindo a troca de insultos entre os açougueiros, ou estabelecendo o modo como dois vendedores ambulantes de roupas deveriam gritar, ao mesmo tempo, visando atrair a clientela em potencial. Os primeiros a surgir procuraram criar um controle coletivo, padronizando a produção; eles especificavam a quantidade de material a ser usada na confecção dos artigos, seu peso e o que era mais importante: o preço. Por volta de 1300, as guildas parisienses já tinham fixado um "peso padrão" para o pão, que aliado aos tipos de grãos usados pelos padeiros determinava o valor de venda, mais até do que as forças do mercado.

As guildas eram altamente cônscias dos efeitos econômicos devastadores que a competição descontrolada poderia acarretar. Mais do que tabelar os valores de venda das mercadorias, elas procuravam controlar a quantidade de bens que uma oficina manufaturava, de forma que a concorrência obedecesse a critérios de qualidade do produto. Portanto, "uma guilda proibiria que o trabalho extra se tornasse sistemático e, algumas vezes, limitaria o número de empregados de um mestre".[18] Todos esses esforços concentraram-se na regulamentação das feiras, mas nem assim as guildas se fortaleceram.

Pelo menos uma vez, manifestaram-se interesses divergentes. Segundo Gerald Hodgett, perito em história da economia, onde as oficinas de alimentação fossem poderosas, "elas tentariam manter baixos os preços que já eram inferiores aos praticados em outras cidades, cujas associações mercantis desejavam reduzir o que se pagava pela comida". Os comerciantes queriam baratear o custo da alimentação, pois isso lhes permitiria pagar salários menores e, por outro lado, aumentar o volume das vendas.[19] Na prática, embora a severidade de suas regras formais aumentasse, as guildas não poderiam lidar com as mudanças correspondentes ao desenvolvimento econômico ao longo do tempo.

Mercadorias importadas colocavam em contato comerciantes locais e estrangeiros, isto é, pessoas estranhas à cidade que eventualmente violavam as regras, levando aqueles a perderem o rumo. No século XII, a unificação dos processos de produção também entrou em colapso, à medida que nichos de mercado tornaram-se sedutores diante da concorrência feroz; em Paris, por exemplo, os açougueiros passaram a cortar a carne cada um ao seu modo. Algumas corporações tentaram resistir; um comércio menos competitivo ocorria no setor de jóias, mais luxuoso, cujos acertos a respeito do crédito tinham tanta importância quanto as próprias mercadorias. Embora as regras estabelecidas valessem para toda a vida, sua observância deixou de ser impositiva, sobretudo nas guildas urbanas, que se convertiam, cada vez mais, em um cerimonial.

O enfraquecimento dos controles sobre seus integrantes reduziu a importância das associações, transformadas em instituições veneráveis, ritualizadas e ostentatórias. Em meados de 1250, por exemplo, durante uma feira, foi exibida uma antiga armadura, pesada e rudimentar; o artigo, que já tivera seus dias de glória, era bastante diferente dos que estavam à venda todos os dias nos mercados da Europa. Mais tarde, ainda, ser membro de uma guilda não conferia outro privilégio senão o de comparecer vestido de forma apropriada a jantares que reuniam pessoas cobertas de anéis e insígnias, mas que eram vistas como ameaça à sobrevivência do comércio.

OUTRAS CORPORAÇÕES – as "universidades" –, mais habilitadas a administrar o curso das transformações, sucederam às guildas e começaram a prosperar. A corporação medieval não era nem mais nem menos que uma universidade. Sem nada que dissesse respeito à educação, na Idade Média, o termo "relacionava-se a qualquer grupo corporativo com status jurídico independente",[20] cujos integrantes se associavam em virtude de interesses comuns regulamentados por um estatuto. Esses documentos decretavam direitos e privilégios particulares, não se tratando, portanto, de uma Constituição, no sentido moderno, nem de uma lei orgânica, como a Magna Carta, na Inglaterra. Nas palavras de um historiador de leis, na era medieval foram elaborados inúmeros "estatutos das liberdades [mais do] que estatutos de liberdade"[21] – poderes coletivos que podiam ser postos no papel e, mais importante, reescritos. Diferindo do feudum rural medieval, que tinha um caráter contratual permanente, e da guilda urbana, que deveria durar a vida toda, as universidades, muitas vezes, renegociavam seus objetivos e sua própria localização, conforme as circunstâncias, constituindo-se em instrumentos econômicos capazes de aproveitar as oportunidades.

O feudalismo "deu às massas alguma segurança, da qual nasceu um relativo bem-estar".[22] Embora aparentemente instável, a universidade garantia maior durabilidade, justamente por ser possível reformar suas regras e reorganizá-la se ou quando a conveniência assim o indicasse. O historiador Ernst Kantorowicz faz um paralelo entre a fórmula rex qui nunquam moritur – o monarca que nunca morre – e os direitos estatutários. Naquela época, a doutrina do Estado baseava-se nos "dois corpos do rei", ou seja, na idéia de que quando o soberano morre, o reino continua existindo; como se houvesse um rei duradouro [o reino] que passa de e para cada rei de carne e osso.[23] Os negócios da universidade não se interrompiam com a morte de seus fundadores, nem por qualquer outro tipo de mudança na realidade, mesmo que fosse a natureza das transações a que objetivava, ou mesmo o local onde elas se realizavam.

Sem dúvida, havia pessoas dedicadas ao magistério, mas esses educadores não ocupavam prédios específicos; os primeiros estudantes recebiam suas lições em salas alugadas ou em igrejas. Estudiosos abandonaram Bolonha para fundar uma universidade na cidade de Pádua, em 1222; outros deixaram Oxford para criar Cambridge, em 1209. "Paradoxalmente, essa falta de propriedades é que assegurou às universidades seu maior poder – uma completa liberdade de movimento."[24] Autônoma, a corporação não tinha vínculos com o lugar nem com o passado.

Na prática, o estatuto unia a educação ao comércio, pois suas constantes revisões tornavam indispensáveis pessoas hábeis em manejar a linguagem. A filologia desenvolveu-se nas corporações educacionais. Peter Abelard, mestre de teologia na Universidade de Paris, costumava debater com seus alunos; esse processo de competição intelectual (disputatio) contradizia o modo mais antigo de ensino (lectio), pelo qual o professor explicava em voz alta as Escrituras, sentença por sentença, enquanto os discípulos anotavam a lição. Como se buscasse variações melódicas de um tema musical, Abelard partia de uma proposição que aos poucos ia sendo alterada durante a troca de idéias. Embora detestado pela alta hierarquia da Igreja, que via nele uma ameaça à fé, o método tinha um forte apelo aos educandos, por razões práticas que não são difíceis de entender – por meio de discussão, eles aprendiam uma arte que lhes seria muito útil na competição adulta.

Cabe ressaltar o poder que o Estado detinha nas revisões corporativas. Por exemplo, por volta de 1200, quatro nobres parisienses decidiram investir no escoramento das docas do Sena, localizadas defronte da Île de St-Louis. O rei fez uma contraproposta: caso aplicassem seu dinheiro em negócios situados em terra firme, não só estariam livres de suas antigas obrigações contratuais como ainda receberiam terrenos nos quarteirões mais modernos da cidade, para onde poderiam mudar-se. O episódio pode parecer simples para nós, mas teve grande importância na época; o Estado reconhecia a mudança econômica como um direito.

O poder de revisão foi a primeira característica moderna da corporação. Se um estatuto pode ser alterado, sua estrutura transcende, em qualquer tempo, as funções a que se destina. Se, por exemplo, a Universidade de Paris eliminasse uma matéria de seu currículo ou seus professores resolvessem mudar-se para qualquer outro lugar, isso não significaria o fim da instituição. Segundo o mesmo raciocínio, uma corporação chamada Vidro Universal poderia decidir não produzir mais vidro. Dessa forma, todos teriam condições de se beneficiar das condições mais favoráveis do mercado, investindo em novos produtos e estando atentos aos acontecimentos fortuitos. O direito de revisão significava mudar e ser permanente.

Tudo isso nos sugere um outro sentido para o conceito weberiano de "autonomia" – autonomia significa a capacidade de mudar; autonomia exige o direito de mudar. Essa noção tão evidente aos nossos olhos, todavia, implicou uma verdadeira revolução no tempo.

## Tempo econômico e tempo cristão

Em 1284, Filipe, o Justo, deu-se conta de que as taxas anuais de juros oscilavam de forma vertiginosa, variando de 12 a 33%, mas atingindo, às vezes, 266%. Tais flutuações pareciam ridicularizar o tempo. Em sua Summa aurea, escrita entre 1210 e 1220, Guillaume d'Auxerre declarou que o agiota "vende tempo".[25] Etienne de Bourbon, monge da ordem dos dominicanos, quase repetindo as mesmas palavras, disse que os "usurários só vendem a esperança do dinheiro, isto é, o tempo; eles trocam o dia e a noite por moedas".[26] Invocando a compaixão e o senso comunitário, contidos na Imitação de Cristo, d'Auxerre afirmou: "Cada criatura está obrigada a fazer de si uma dádiva; o sol, fornecendo a luz, a terra, sendo fértil", mas quem vive de juros bloqueia a capacidade de doação de homens e mulheres, rouba das pessoas a capacidade que elas possuem de ajudar seus semelhantes. Quem se deixa enredar por dívidas fica impedido de participar da história de Cristo.[27] Essa explicação se tornará mais compreensível se considerarmos quantas pessoas, na Idade Média, presumiam a Segunda Vinda de Cristo como um fato iminente. No dia do Juízo Final, distando alguns anos, talvez poucos meses, quem não fosse cristão seria aniquilado.[28] Contudo, independentemente de se estar aguardando o milênio, ou obcecado por usurários, não era preciso grande esforço para perceber o abismo que separava o sentido cristão de tempo do tempo econômico.

Na prática corporativa, o tempo podia ser anulado de uma só penada. Um tempo urbano e totalmente arbitrário, como observa Jacques Le Goff: "Os camponeses submetem-se (...) às condições meteorológicas, ao ciclo das estações, mas bastam minutos ou segundos para que surjam ou desapareçam fortunas" no mercado e nas docas de Paris.[29] Por outro lado, nas cidades ele se tornou mercadoria, avaliada em horas de trabalho remuneradas por salários fixos. Na Paris de Humbert de Romans, as guildas foram o berço dessa aferição. Os contratos, sobretudo no setor manufatureiro, especificavam o salário correspondente ao período de trabalho, mais do que às peças concluídas – sistema que recompensava o trabalhador por lotes de produção.[30] Nas duas faces do Jano da economia, o tempo estampava as feições da mudança e do relógio, da ruptura e da definição, embora sem qualquer descortínio histórico.

"A história cristã compõe um corpo narrativo", declarou em contrapartida o teólogo Hugues de Saint-Victor.[31] Com isso, ele quis dizer que todos os sinais significativos na vida de um cristão estavam colocados no relato da vida de Cristo. Quanto mais perto de Deus se estiver, mais claro se tornará o significado dos eventos, que de outro modo parecerão sem sentido ou apenas casuais. Foi essa crença que deu forma aos impulsos contidos na Imitação de Cristo: Seu corpo não conta nenhuma invenção, ou ocorrência; Ele é sempre contemporâneo, quer dizer, aproxima-te Dele e a seta do tempo indicará com nitidez o rumo a seguir.

O tempo cristão desconheceu aquilo que a corporação definia como autonomia individual. Os atos humanos deviam subordinar-se à Imitação de Cristo de forma estrita, pois na vida de Jesus nada acontecera por acaso. O relógio não significava nada. O valor de uma confissão, por exemplo, não dependia do quanto durasse; na Alta Idade Média, segundo Henri Bergson, o rol dos pecados fora substituído pela durée – um modo de "ser no tempo" –, que se traduz pelo encontro emocional do confessor com o penitente. O importante é que ocorra; por uma hora ou um segundo, não importa.

## Homo economicus

É evidente, agora, porque Humbert de Romans disse que o homem do mercado "é um demônio para si mesmo". O Homo economicus vivia no espaço e não para o lugar. A corporação, desde que a Revolução Comercial propiciou maior prosperidade, identificou tempo e espaço na sua estrutura flexível – permanente e mutável. Fixa, ela só era na demora necessária aos negócios e no trabalho organizado, adequado aos salários por jornada ou por horas, completamente distante do tempo narrativo, marca da fé cristã. Um patrão qualquer, assim como um especulador ou um contrabandista, agiam da mesma forma que o comerciante que levava seus competidores à ruína. Risco inerente à atividade econômica, a autodestruição fazia de cada um deles seu próprio demônio. As instituições por meio das quais esperavam prosperar poderiam levá-los ao Julgamento Supremo, mas eles ignoravam esse comprometimento.

A força demolidora do capitalismo primitivo não aparece no relato de Albert Hirschmann, sobre a origem do Homo economicus. Para esse historiador, as disputas de mercado poderiam ser consideradas tranqüilas, em contraste com "o esforço demandado por honra e glória (...) tão exaltado pelo código da cavalaria medieval".[32] Embora sua obra The Passions and the Interests enfoque um período posterior, bem que ele poderia estar se referindo ao escritor medieval William de Conches, que enaltece a modéstia, qualidade ausente do temperamento colérico do cruzado, o crente religioso que de fato crê no fim do milênio; de Conches definiu-a como "a virtude que mantém maneiras, movimentos e todas as nossas atividades acima da insuficiência, mas abaixo do excesso".[33] O próprio São Luís "observou e honrou em tudo o juste milieu, no vestir, na alimentação, na adoração, na guerra. Sua imagem do homem ideal correspondia ao prudhomme, distinto do bravo cavaleiro por sua integridade e por unir sabedoria e bravura moderada".[34] A imprudência era inerente ao Homo economicus.

Na sociedade moderna, o peso do individualismo é tão insustentável que afasta da imaginação o altruísmo e a piedade como essenciais à conduta humana. A fé medieval ainda o contrabalançava. Seria imprudente – na verdade, completamente idiota – negligenciar o estado da alma. Perder o lugar na comunidade cristã significava escolher a vida degradada de uma besta. Mas se desconsiderar os interesses do próximo era uma forma de tentação espiritual, o que manteria a sociedade coesa? Tal dilema, gerador das tensões entre espaço e lugar, manifestas pela primeira vez na Paris da Alta Idade Média, está expresso em três pinturas, executadas alhures, no fim dessa era.

## A MORTE DE ÍCARO

A primeira dessas telas refere-se a uma antiga história. Feita por Peter Brueghel, o Velho, em 1564, A procissão ao Calvário contém inúmeros detalhes sombrios e difíceis de identificar, representando centenas de figuras em um relevo acidentado, sob um céu azul-escuro e coberto de nuvens. A paisagem abrange três planos: no primeiro, umas poucas pessoas enlutadas aparecem sentadas no topo de uma colina; à meia distância, uma multidão vem ao seu encontro, pela planície; no fundo desse cenário, o céu nebuloso dá a impressão de estar à espera, no horizonte.

São a família e os discípulos de Jesus, reunidos em torno de Maria, que têm os olhos cerrados, a cabeça baixa e o corpo inteiro vergado. Brueghel pintou-os em uma área de claridade, com riqueza de pormenores e uma precisão fortemente contrastante com a obscuridade que envolve a procissão no segundo plano. Entre riscos e pontos de tinta, a única ordem visual provém da linha vermelha dos uniformes de vários homens montados a cavalo, perfilados no cortejo. No meio desse séquito, no exato centro do quadro, encontra-se um homem cinzento que caiu ao cruzar um riacho, deixando tombar algo que quase não se percebe, já que o objeto tem praticamente o mesmo tom amarelado da terra nua. É a cruz.

Na sua obra de maior tamanho, Brueghel enterrou o Cristo sob os que aparentam caminhar cegamente, passando por cima do ponto cinza-amarelo ao longo da linha vermelha. A miniaturização do drama reduziu a tragédia a um detalhe visual, expressando do modo mais tradicional a divisão entre o sagrado e o profano. Segundo as palavras de um moderno biógrafo do artista, "o mínimo que vemos de Cristo (...) abre mais espaço para a exibição da indiferença do homem comum".[35] A visão do pintor exprime a paisagem humana como uma terra arrasada, árida e fria. Mas o que ele invoca é a necessidade de compartilhar e reagir ao sofrimento, um tema nitidamente cristão. O que a instigante água-forte nos revela, sobre a colina, são pessoas que agiram dessa forma, unidas no sofrimento de Jesus. Mas que habitam uma terra devastada.

Flagelação, de Piero della Francesca, foi pintado entre 1458 e 1466 para uma capela localizada no palácio ducal, em Urbino, e criou um sentido de lugar cristão em termos explicitamente urbanos. Nessa pequena pintura, medindo 58 x 81cm, Piero mostra uma cena dividida em duas partes. De um lado, Cristo está amarrado a uma coluna, sendo açoitado por um carrasco, enquanto dois outros homens assistem e, ao fundo, um quinto personagem observa o suplício. A outra metade da tela não parece ter qualquer relação com a primeira; em praça pública, portanto a céu aberto, dois homens mais velhos e um rapaz estão postados de costas para uma construção. O único nexo consiste de linhas brancas desenhadas no piso azulejado do cômodo interior e que se prolongam no chão da rua.

Pesquisas feitas por historiadores de arte modernos demonstraram que, naquela época, as duas partes do quadro se integravam perfeitamente. Para Marilyn Lavin, os dois homens maduros tinham perdido seus filhos, vitimados, um pela praga, outro pela tuberculose; a dor repartida por ambos "inspirou a pintura de Piero"; o jovem entre eles "personifica o 'filho amado'".[36] O observador contemporâneo percebia claramente a conexão entre o sofrimento do Filho do Homem, dentro do prédio, e o que resultava da perda partilhada pelos dois homens do lado de fora.

Em termos puramente visuais, a unidade é evidente. Piero era um teórico da perspectiva, e o açoitamento na parte interna do prédio encaixa-se com os três homens em frente, formando um só plano. Um trabalho singular de arquitetura, como se ele estivesse diante da cena que pintou. Philip Guston, artista plástico moderno, escreveu sobre essa estampa enigmática e afirmou que "a pintura está dividida quase em duas, ainda que ambas as partes atuem uma sobre a outra, repelindo-se e atraindo-se, absorvendo-se e ampliando-se, mutuamente".[37] Tal unicidade torna-se patente para quem se colocar na mesma posição de Piero, desde que atento aos laços que a prendem à narrativa religiosa. Debruçado sobre o tema do consolo recíproco que identifica os pais enlutados – suas dores refletidas, transfiguradas e redimidas pela dor de Deus –, a obra constrói um lugar urbano impregnado de sentido, uma concepção da Imitação de Cristo no ambiente urbano.

Seis anos antes da A procissão ao calvário, Brueghel pintou a Paisagem com a queda de Ícaro, centrada em uma história pagã. Igualmente sugestiva, a tela não mostra o herói voando com suas asas de cera em direção ao sol nem o momento em que se derretem e ele despenca do céu. A morte está representada apenas no detalhe de duas pequenas pernas afundando na água; a minúcia não chega a alterar a tranqüilidade do cenário. As próprias cores ajudam a esconder o fato; o verde-azul do mar confunde-se com o brancoazulado dos membros inferiores do semideus mitológico. Em contraste, ele desenhou com ênfase e cores vívidas um agricultor arando o campo, um pastor cuidando do rebanho, um pescador jogando a linha. E mais, desviou o olhar do observador para um navio que vai em direção a uma cidade alemã, bem longe da praia.

Um provérbio da época dizia que "não se deixa o arado por causa de um moribundo".[38] No quadro, as pessoas não prestam atenção à morte estranha e terrível que ocorre no mar. Nele, disse o poeta W. H. Auden, o pintor traz à lembrança, mais uma vez, a falta de compaixão do homem em relação ao seu semelhante. O poema que Auden escreveu sobre o quadro, Musée des Beaux Arts, diz em determinado trecho:

> No Ícaro de Brueghel, por exemplo, todos se afastam,
> Distraídos do desastre; o homem que ara poderá
> Ter ouvido o baque do corpo, o grito de misericórdia,
> Um insucesso sem importância, para ele (...).[39]

Ainda assim, a tela irradia paz e é uma das mais agradáveis do autor. Diante do belo panorama rural, nossos olhos se desviam da morte, reprimidos pela beleza das cores. As marcas de A procissão ao calvário – a terra arrasada – e da Flagelação – lugar e sofrimento unidos – desapareceram no passado. O senso de lugar tornou-se um fim em si mesmo: o lindo jardim foi restaurado.

Embora de maneira não programada, obviamente, a Paisagem com a queda de Ícaro sugere um alívio às tensões oriundas do apego ao lugar, geradas no mundo medieval; somos arremessados às contradições intemporais existentes entre beleza e horror. Trata-se apenas de uma imagem local a que foram negados eventos estranhos e presenças alheias.

Uma negativa que exerceu sedução praticamente irresistível sobre as comunidades cristãs, que procuravam sobreviver em um mundo cada vez mais exótico.

# 7
# O medo do contato
## O gueto judeu na Veneza renascentista

No enredo de O mercador de Veneza (1596-1597), de Shakespeare, Shylock, o rico agiota judeu, empresta a Bassanio 3 mil ducados, aceitando o aval de Antônio, um aristocrata cristão. Se o débito não fosse quitado em três meses, Shylock puniria Antônio, exigindo cerca de 400 gramas de sua própria carne. Como no teatro tudo é possível, a sorte se volta contra Antônio e os navios que transportam a riqueza de Bassanio afundam. A situação inusitada é que Antônio e as autoridades cristãs que participam da história se vêem na obrigação de manter a palavra empenhada.

Do lado de fora do teatro, o público de Shakespeare tratava os judeus como animais semi-humanos, pouco merecedores do amparo legal. Alguns anos antes de o Bardo escrever essa obra, o judeu mais proeminente na Inglaterra, Dr. Lopez, clínico de Elizabeth I, foi acusado de ter conspirado para envenená-la; muito embora a rainha insistisse no seu julgamento, ao povo bastava a prova racial, e ele foi linchado. Na ficção shakespeariana, o judeu veste a pele de um antropófago.

Portanto, era possível esperar que o doge de Veneza surgisse e, como um poderoso deus ex machina, lançasse o canibal na prisão, ou ao menos declarasse imoral o contrato, anulando-o. Mas quando um dos personagens menores diz estar certo de que a situação será resolvida exatamente dessa forma, Antônio responde que a autoridade "não pode negar o curso da lei".[1] O direito de Shylock fundamenta-se em um contrato; uma vez que ambas as partes "livremente se colocaram em acordo", nada mais importa. O magistrado supremo da República só pode interceder junto ao judeu que, no entanto, faz-se de surdo. Pórcia, a mulher que no futuro cortará esse nó górdio, declara: "Não há poder em Veneza que possa alterar um contrato estabelecido."[2]

Aparentemente, a peça diz respeito à força cada vez maior das universidades medievais e de outras corporações. Faz alusão, ainda, ao contrato imutável, segundo o acerto entre as partes. Shylock detém um crédito, e o Estado não pode negar isso.

O poder econômico dos judeus afronta a comunidade cristã, representada pelos venezianos encurralados. Generosamente, Antônio concordara em ajudar seu amigo Bassanio. Diferentemente de Shylock, ele não pede nada em troca; a situação difícil do amigo enche-o de piedade. Comporta-se, nos negócios, como um cavalheiro inglês, ele e seus conterrâneos. Sob outras roupagens, o mesmo tipo reaparecerá em Sonho de uma noite de verão, em que a compaixão cristã acaba por recolocar tudo nos devidos trilhos. Mas Veneza tinha um significado especial para Shakespeare e seus contemporâneos.

Indubitavelmente, a Pérola do Adriático era o porto mais importante do Renascimento, graças ao seu intercâmbio com a Europa, o Oriente e a África. Os ingleses e todos os demais povos do continente sonhavam construir frotas equivalentes para correr atrás dos lucros no comércio internacional. Apesar de na época em que Shakespeare escreveu O mercador de Veneza, por volta de 1590, a riqueza da cidade já estivesse começando a declinar, sua imagem continuava dourada e luxuriante. Assim ela saltava das páginas de livros, como Um mundo de palavras, de Giovanni Florio, e da música de Alfonso Ferrabosco, dois expatriados; um pouco mais tarde, a arquitetura de Palladio influenciaria as obras de Inigo Jones.

Muitos estrangeiros estavam integrados à sua sociedade e, na imaginação dos elisabetanos, sua opulência derivava desses contatos com os bárbaros e infiéis, de acordos com o Outro. Mas Veneza, ao contrário da antiga Roma, não possuía nenhum poder territorial; os estrangeiros que iam e vinham não desfrutavam de privilégios, não eram membros de um império ou nação-Estado. Residentes estrangeiros na cidade – alemães, gregos, turcos, dálmatas e judeus – não tinham cidadania oficial, vivendo permanentemente como imigrantes. Para abrir as portas das suas riquezas só havia uma chave: o contrato. Como declarou Antônio:

> Se o comércio que os estrangeiros têm
> Conosco, em Veneza, for negado,
> Muito irá questionar a justiça do Estado,
> Pois a riqueza e o lucro da cidade
> Pertencem a todas as nações.[3]

Na verdadeira Veneza, grande parte do que resultou da inspiração de Shakespeare teria sido impossível. Em determinado momento, por exemplo, Antônio convida Shylock para jantar e o judeu recusa; um fato assim não aconteceria jamais. Um verdadeiro banqueiro judeu habitava o gueto, construído no século XVI, na fronteira da cidade. Dali só saía ao raiar do dia, para se dirigir ao distrito financeiro, junto à ponte de Rialto, perto do centro. No crepúsculo, era obrigado a retornar, pois os portões eram trancados à noite;

fechavam-se as janelas das casas vizinhas e a polícia patrulhava o exterior. O adágio medieval Stadt Luft macht frei deixaria um gosto ainda mais amargo na sua boca, pois o direito de fazer negócios na cidade não lhe garantia nenhuma outra liberdade. Ele contratava em igualdade de condições, mas vivia segregado.

Na Veneza real, o desejo de comunidade cristã situava-se entre o sonho e a ansiedade. Albaneses, turcos, gregos e inclusive os cristãos ocidentais, como os alemães, moravam enclausurados em suas residências ou em construções aglomeradas. Embora sedutora, a diferença perseguia os venezianos.

Ao acuarem os judeus no gueto, os venezianos acreditavam estar isolando o mal que infectara a comunidade cristã. Eles sentiam medo de tocar os corpos impuros que identificavam com vícios corruptores – doenças venéreas – e julgavam capazes de contaminá-los por vias misteriosas. Um simples detalhe no ritual dos negócios escancara esse medo do contato; enquanto os cristãos selavam seus contratos com um beijo ou um aperto de mãos, qualquer acordo que envolvesse um judeu concluía-se com uma curvatura – as partes não se tocavam. Ilustrando o temor de ser corrompido pelo poder do dinheiro, no acerto entre Shylock e Antônio, a multa deveria ser paga mediante um pedaço da carne do avalista.

Na era medieval, a Imitação de Cristo permitiu às pessoas uma consciência corporal maior, tornando-as mais inclinadas a assumir sentimentos e sofrimentos de terceiros. O medo do contato com os judeus está na fronteira da concepção de um corpo comum; além dela, coloca-se a ameaça da impureza, reforçada pela sensualidade, pelas tentações do Oriente e por um comportamento livre dos constrangimentos cristãos. O toque do judeu atrai e contamina. O gueto representava um compromisso entre uma necessidade prática, de caráter econômico, que eles atendiam e as aversões que despertavam medo físico.

A montagem do gueto ocorreu em um momento crucial. Pouco tempo se passara desde que Veneza perdera uma fatia importante de seus negócios em conseqüência de uma esmagadora derrota militar. As lideranças da cidade atribuíam esses fatos aos vícios sustentados por essa enorme riqueza que lhes escapara das garras; o rearmamento moral deu à luz o plano do gueto. A segregação dos diferentes, que não mais poderiam ser tocados nem precisariam ser vistos, traria a paz e a dignidade de volta. Foi essa a versão que Veneza deu ao sonho de escape tranqüilo de Brueghel, na Paisagem com a queda de Ícaro.

Hoje, é fácil imaginar que os guetos judeus tenham sempre existido. De fato, desde o Concílio de Latrão, de 1179 em diante, a Europa cristã procurou evitar que eles tivessem outra opção de moradia. Onde quer que suas colônias buscassem abrigo, em Londres, Frankfurt e Roma, eles eram forçados a viver à parte. Roma, aliás, constituiu-se em um símbolo dessa imposição, mantendo o gueto mais antigo de que se tem notícia no continente. Na realidade, a desorganização do tecido urbano medieval da cidade era tamanha que não permitiu o isolamento total nas poucas ruas em que se pretendeu implantá-lo. A regra prescrita pelo Concílio tornou-se mais viável em Veneza, construída sobre um grande arquipélago. Na ilha do gueto judeu, os canais transformaram-se em fossos.

Todavia, os judeus de Veneza não foram vítimas passivas na batalha que impunha à comunidade cristã um mosaico econômico. Eles foram capazes de construir novas formas de vida comunitária que extrapolavam a política do isolamento e de conquistar algum nível de autodeterminação. Podiam, é claro, tanto quanto os turcos, contar com a proteção das autoridades contra massas crentes, na Quaresma ou em outras ocasiões de grande fervor religioso, contanto que estivessem no espaço que lhes fora reservado.

A segregação só contribuiu para aumentar a estranheza do cotidiano judeu, fazendo com que as vidas não cristãs fossem cada vez mais enigmáticas para os poderes dominantes. De outra parte, o próprio judaísmo parecia estar em risco do lado de fora das estacas que impediam seu contato com o mundo exterior. Por mais de três mil anos os judeus haviam sobrevivido em pequenas células, misturando-se com seus opressores, amparados por sua crença, onde quer que vivessem. Agora, os laços de fé que uniam esse Povo da Palavra passaram a depender muito mais da conquista de um lugar próprio, onde pudessem ser judeus.

Juntando comunhão e medidas defensivas, os cristãos de Veneza procuraram criar uma comunidade segregando os que eram diferentes, por medo do contato com os corpos sedutores. A identidade judia acabou presa a essa mesma geografia repressiva.

## VENEZA COMO UM ÍMÃ

Henri Pirenne criticou Max Weber por desconsiderar a importância que a abertura comercial conferiu às cidades medievais, em que pese a ambigüidade e a confusão que os negócios a longa distância podem acarretar. Veneza poderia ter sido citada por ele como um exemplo de ímã urbano. As transações envolvendo especiarias demonstraram, mais do que quaisquer outras, que atividades a fizeram rica e opulenta, evidentemente ao preço de atrair judeus e estrangeiros.

A começar pelo controle do sal, o meio mais elementar de preservar alimentos. Logo no início da Idade Média, o produto destinava-se ao consumo doméstico e era secado nos alagados costeiros, tornando indispensável o domínio do solo. Riqueza maior adveio de artigos importados – como o açafrão, o cominho e o zimbro –, que vinham da

Índia e do Extremo Oriente, além de roupas e ouro. Impunha-se o controle dos mares, pois o mercado europeu dessas mercadorias crescia sem parar. Na frase de William McNeill, Veneza converteu-se na "dobradiça da Europa".[4]

No ano 1000, os venezianos já tinham dominado todo o mar Adriático, controlando a rota para Jerusalém, e ocupavam uma posição estratégica para as Cruzadas que se dirigiam à Terra Santa. Por volta de 1200, seus direitos comerciais com o Oriente tinham se estabelecido, permitindo o transporte de pimenta da Índia e da costa leste da África pelo porto de Alexandria; açafrão e noz-moscada, também da Índia; e canela, do Ceilão. Os cruzados retornaram das expedições militares contra os hereges e infiéis trazendo na memória esses novos sabores que alteraram a alimentação da população. Tamanho desenvolvimento mercantil gerou a criação de burocracias especiais, tal como o Escritório do Açafrão. No fim do século XIII, quando Gênova tomou a iniciativa de estabelecer relações com o norte da Europa, enviando comboios anuais ao porto de Bruges [na Bélgica atual], Veneza tratou imediatamente de despachar suas cargas direto para a Inglaterra.

Em geral, os lucros obtidos eram partilhados entre famílias de mercadores e o Estado, segundo o que hoje chamaríamos de joint ventures. "Em virtude dos seus objetivos bastante limitados, as sociedades de risco careciam da permanência das corporações modernas", observa o historiador Frederick Lane; "duravam o tempo de uma viagem ou até que a carga fosse comercializada."[5] Umas poucas grandes famílias monopolizavam essas parcerias; a cota dos Grimani, por exemplo, correspondeu a 20% dos ganhos em 1277, cerca de 40 mil ducados.[6] Assim, é fácil entender por que o aparelhamento de navios consistia na principal manufatura da cidade.

As galés mercantes, mais compridas e mais largas que as destinadas a fins militares, navegavam em alto-mar pela força dos ventos e, próximo do litoral, impulsionadas por até duzentos homens (de três a cinco por remo). Para formar uma frota – muda –, a cidade as alugava para mercadores, como os Grimani, recebendo em troca um pequeno espaço reservado ao carregamento. As embarcações saíam em grupo, a fim de recolher especiarias ao longo da costa sul do Mediterrâneo, ou para reduzir os custos da expedição, em viagens de longo curso, pelo estreito de Bósforo, até o mar Negro. Nesse ponto é que abarrotavam os porões de cargas provenientes da Índia e do Ceilão. No retorno, elas se constituíam em excelentes alvos, cobiçados pelos piratas e pelos turcos, cujo poderio cresceu no século XIV; compelidas por ataques severos, defendiam-se da melhor maneira possível. O drama de Shakespeare, portanto, baseava-se em uma ameaça real.

Se a viagem fosse bem-sucedida e a nau sobrevivesse, inclusive às intempéries do mar, sua equipagem a conduzia para o Adriático e, depois, passava pelos bancos de areia nos limites da laguna de Veneza e lançava ferro à vista da cidade, bem defendida por essas muralhas naturais. Uma invasão estrangeira teria poucas chances de vantagem, pois o acesso à lagoa era rigidamente controlado. A catedral, na praça de San Marco, sinalizava a direção certa aos barcos que regressavam; à medida que o comboio se aproximava, os agentes aduaneiros saíam ao seu encontro, subindo a bordo. Seu calado impedia que adentrassem o Grande Canal, para cujos atracadouros a carga se destinava; pequenas embarcações encarregavam-se da baldeação até os postos alfandegários.

Navios que conseguiam regressar sãos e salvos viam-se cercados por nuvens de funcionários, que contavam e taxavam as mercadorias de maneira implacável. A vigilância era vital, e o porto assumiu a forma necessária para torná-la possível de várias maneiras. A lei e os olhos do governo estavam atentos aos estreitos da lagoa, no promontório em que se localizava a aduana, na boca do Grande Canal. Mesmo de passagem, os maiores bergantins – que pretendiam ir além de Gibraltar, seguindo para Portugal, França, Inglaterra e outros países do norte da Europa – submetiam-se à supervisão das autoridades e pagavam imposto.

O sistema comportava diversos tipos de intermediários, comerciantes, financistas e banqueiros, estabelecidos em torno da Ponte de Rialto, que cruzava o Grande Canal, menos de 2 quilômetros acima da praça de San Marco. Shylock tinha seu ponto de negócios nesse local: "O banqueiro (...), sentado atrás de um balcão sob o pórtico de uma igreja, em Rialto, espalhava diante de si as folhas de seu grande diário. O próprio devedor fornecia-lhe oralmente instruções sobre a transferência do pagamento para a conta do credor."[7] As reservas consistiam em moedas de ouro e prata, acondicionadas em sacolas; negociantes vindos de lugares distantes não davam valor a ações escritas ou dinheiro impresso em um idioma estrangeiro. Havia caixas-fortes em todos os prédios dessa região, guardando ouro e jóias. Todos os dias, circulavam os mais diversos rumores, nem sempre bem fundamentados, mas pertinentes aos interesses econômicos tocados a distância nos mares.

Da mesma forma como os negócios se desenvolveram, mais tarde, na City de Londres, os corretores em torno da Ponte de Rialto dependiam de acordos informais e verbais. Esse tipo de confiança estava intimamente ligado ao uso corrente de capital não taxado ou não registrado – que a todos interessava manter longe da fiscalização estatal. O mínimo de anotações também tornava fácil burlar as estritas regulamentações que controlavam a entrada e a saída de barcos da cidade. Podia ser ilegal, mas não era desonroso. A máxima "Sua palavra é seu compromisso" fez amadurecer pequenos rituais fraudulentos – o célebre "cafezinho" –

envolvendo grupos de despachantes profissionais que rondavam a ponte vendendo títulos e documentos com aparência de probidade e em silêncio. Por mais que o doge quisesse estar a favor de Antônio, ele "dera a sua palavra".

QUANDO SE DEU INÍCIO à construção do gueto, as fortunas provenientes do comércio de especiarias estavam bastante vinculadas às forças em jogo. Em 1501, o fato de os portugueses terem descoberto uma rota marítima para a Índia, circundando o extremo sul da África, representou o fim do monopólio de Veneza como porto distribuidor de mercadorias para o oeste e o norte da Europa. Um contemporâneo, Girolamo Priuli, comentou que essa foi "a pior notícia que a República de Veneza poderia receber, à exceção da perda de nossa liberdade".[8] Mais seguro, embora mais longo, o novo caminho entre o Ocidente e o Oriente foi aberto justamente quando os venezianos perceberam que os turcos poderiam confiná-los em seu próprio território marítimo, o Adriático. Começava, então, uma década de desastres.

Ao longo do século XV, eles se acautelaram contra as incertezas do comércio internacional, criando um império terrestre no norte da Itália. Tradicionalmente, a cidade de Mestre fora sua principal ligação com a terra firme; depois de terem assumido o poder em Pádua, Vicenza e Verona, na primavera de 1509, estavam prestes a perder tudo no espaço de poucas semanas. Derrotados pela França e seus aliados na batalha de Agnadello, perto de Lodi, em 14 de maio de 1509, vinte dias depois já podiam ouvir o ruído de exércitos estrangeiros a cerca de 5 quilômetros de distância, na terra firma da lagoa. Eclipsada no mar, ameaçada por infiéis, confinada à cidade-ilha, o somatório desses reveses, segundo o historiador moderno Alberto Tenenti, fez com que os cidadãos sentissem "uma repentina perda de equilíbrio na avaliação de suas próprias energias, com a conseqüente instabilidade do senso subjetivo de tempo e espaço".[9]

Como resultado das guerras da Liga de Cambrai, cerca de quinhentos judeus fugiram de Pádua e Mestre. A cidade-ímã parecia oferecer-lhes segurança. Vindos da Alemanha para o norte da Itália a partir de 1300, eles descendiam dos sobreviventes de numerosos pogroms que enviaram levas de refugiados na direção de Pádua e Verona, e um número menor à própria Veneza. Os sefaradis, expulsos da Espanha em 1492, dividiam a pobreza com os asquenazis, que haviam chegado a partir de 1090. Dedicados, na sua maioria, a atividades ambulantes, comprando e vendendo mercadorias de segunda mão, só tinham direito de exercer uma única profissão liberal, a medicina. Poucos trabalhavam como emprestadores de dinheiro; em geral, os negócios financeiros estavam em mãos de venezianos ou estrangeiros cristãos. Todavia, no êxodo que sucedeu à derrota de Agnadello, muitos tinham enriquecido nesse ramo e vinham carregados de diamantes, ouro e prata. Com eles escapou um pequeno grupo de doutores. Vinculados aos cristãos na comunidade urbana, esses judeus de maior status tornaram-se refugiados de grande notoriedade.

## OS MUROS DO GUETO

### Corpos impuros

Durante os sete anos seguintes ao desastre de Agnadello, até o surgimento do primeiro gueto judeu em Veneza, o ódio contra a sua crescente presença combinava-se à campanha pela reforma moral da cidade – como se a decadência espiritual tivesse ocasionado a perda material. As violências foram lideradas por Lovato de Pádua, um religioso que fizera voto de pobreza. Em 1511, com inflamada oratória, ele incitou os venezianos a destruir as casas dos judeus que viviam perto do Campo San Paolo; dois anos antes, defendera publicamente o confisco de todos os bens dos emprestadores de dinheiro, de forma que ficassem "sem nada para viver".[10] Nessa época, escreve o historiador Felix Gilbert, "a idéia de que a corrupção moral resultara no declínio do poder de Veneza correspondia ao pensamento não só dos cidadãos, mas convertera-se em uma tese oficial, reconhecida e sustentada pelo Estado".[11]

A sensualidade era um elemento crucial para a imagem de Veneza na Europa e para os próprios venezianos. Ricamente ornamentadas, além de altas, as fachadas dos palácios projetavam suas luzes e cores nas águas do Grande Canal; elas formavam uma rua de beleza cheia de matizes. No próprio canal, as gôndolas tinham coloridos diferentes – vermelhas, amarelas e azuis – e deslizavam enfeitadas com tapeçarias e bandeiras tecidas com fios de ouro e prata. Mais tarde, os gondoleiros foram obrigados a pintá-las de preto.

Nesses dias de abundância e relaxamento, as críticas cristãs aos prazeres do corpo não impressionavam ninguém. Florescia, inclusive, uma subcultura homossexual devotada ao travestismo, cujos expoentes navegavam pelos canais, nus, cobertos apenas por jóias femininas. O comércio de especiarias também contribuía para essa imagem sensual, graças às propriedades afrodisíacas do açafrão e do gengibre dourado, que serviam, ainda, para restaurar o frescor dos alimentos secos ou apodrecidos. Mais do que tudo, a prostituição vicejava no porto.

As prostitutas disseminaram a sífilis, uma nova e terrível doença que apareceu na Itália em 1494, atingindo quase de maneira instantânea grande número de homens e mulheres. Sem nome, diagnóstico ou tratamento, cercada de mistérios, dela só se conhecia a forma de contágio – por via sexual. A historiadora Anna Foa constata que por volta de

1530 os europeus concluíram que a sífilis tinha algo a ver com a conquista do Novo Mundo; tomando as viagens de Colombo como um marco histórico, eles atribuíram as origens do mal aos índios americanos.[12] Uma geração antes, contudo, a explicação que prevaleceu sustentava-se na culpa dos judeus, responsáveis pela moléstia que assolou a Europa a partir da sua expulsão da Espanha, no ano crucial de 1494.

Os corpos judaicos pareciam abrigar uma miríade de doenças decorrentes das suas práticas religiosas. Pouco antes de 1512, Sigismondo de 'Contida Foligno relacionou a sífilis à lepra, considerando-as doenças do judaísmo, conforme a seguinte argumentação: "Porque se abstêm da carne de porco, [os judeus] estão sujeitos à lepra mais do que outros povos"; segundo "as Sagradas Escrituras (...) deixam claro que a lepra sinaliza uma incontinência ainda mais vil: de fato, começa a se manifestar nos genitais"; portanto, "essa enfermidade [sífilis] deriva dos Marrani" – expulsos da Espanha.[13] Hoje, pode parecer incompreensível, mas as explicações que associavam as duas enfermidades importavam muito para essa primeira geração de vítimas. Se um hanseniano poderia contaminar uma pessoa que tocasse nas suas feridas, bastaria dormir com uma prostituta para contrair a sífilis, ou tocar o corpo de um judeu.

EM 13 DE MARÇO DE 1512, sob as ordens de Giovanni Sanuto, o Senado de Veneza aprovou um decreto cujo objetivo era "aplacar a ira de Nosso Senhor, evitando dispêndios extremos e excessivos". Para acabar com a exibição pública de sensualidade, a lei introduziu nova disciplina corporal na esfera da reforma moral: o uso de jóias masculinas e femininas foi regulamentado; "materiais transparentes e bordados são proibidos [às mulheres] e [os homens] não podem vestir roupas que estimulem a atração física. As camisas devem cobrir toda a parte superior do corpo e fechar com decência em torno do pescoço".[14]

Quinze anos haviam transcorrido desde que o monge Girolamo Savonarola conduzira uma campanha similar contra "vaidades" em Florença, depois que um poder estrangeiro dominou a cidade em 1494. "Derrota inglória e revés inexplicável eram vistos como sinais evidentes da insatisfação de Deus."[15] Sanuto e Savonarola reivindicaram um código mais rigoroso de comportamento sexual e a renúncia às jóias, perfumes e roupas de seda para resgatar a sorte da cidade. Porém, o ataque que os florentinos desferiram contra o corpo sensual representava uma retomada da suposta austeridade do início de sua República; em Veneza, a reação não podia ser estruturada nas mesmas bases. Além de uma nítida tendência epicurista, muitos dos corpos doentes pertenciam a hereges e infiéis, que nunca seriam aceitos na comunidade cristã.

O ataque veneziano contra os judeus estava associado a essa reação contra a sensualidade corporal. Sífilis era um dos alvos do ataque, mas a maneira com que os judeus faziam dinheiro também foi motivo de discussão e decisão. Os judeus faziam dinheiro por meio da usura, e esta tinha conexão direta com os vícios do corpo.

A agiotagem, tal como era praticada em Veneza, desde o século XII, consistia em emprestar dinheiro a taxas de 15% a 20%, menos do que se cobrava na Paris medieval. Ainda assim, contrastava com um empréstimo honrado, que tinha juros mais baixos e variáveis. Além disso, um emprestador honesto não reclamaria o aval oferecido pelo empréstimo caso isso levasse o devedor à ruína; como nas concordatas modernas, preferia renegociar o débito, em vez de executá-lo.

Conforme frisamos, os cristãos medievais consideravam a usura "um roubo de tempo". Muito antes, ela já havia sido comparada ao sexo. Na Política, Aristóteles condenou-a como uma forma de "ganhar dinheiro com dinheiro", que não se reproduz como um animal.[16] Segundo o sociólogo Benjamin Nelson, a definição de usura "durante os séculos XIII e XIV tomou forma a partir da sua analogia à prostituta no bordel".[17] Um contemporâneo de Shakespeare declarou, em Os sete pecados capitais de Londres, que "o usurário vive a lascívia do dinheiro e é rufião de sua própria sacola".[18] Todos os judeus que emprestavam dinheiro eram considerados agiotas, prostitutos; em razão disso, outro cristão escreveu que [o usurário] "põe seu dinheiro a serviço de uma geração antinatural".[19] Um pecado que nem sequer podia ser purificado pela confissão. Em Veneza, esse estereótipo coexistia com o esforço oficial para purificar os corpos dos venezianos e, dessa maneira, recuperar a sorte da cidade-Estado.

Os refugiados eruditos incomodavam mais diretamente os cristãos, em cuja cultura o contato é uma experiência corporal profundamente codificada. "Desde Adão e Eva (...), passando pela sedução de Betsabá, ou a proximidade de Cristo (...) que purifica Maria Madalena, a imagem do toque persegue todas as representações bíblicas de sexualidade", afirma o historiador Sander Gilman.[20] Para Santo Tomás, o sentido do tato está na base de todas as sensações.[21] Se tocar um judeu equivalia a contrair uma infecção de natureza sexual – a partir do momento em que o senso comum associou-os à disseminação da sífilis –, doutores da mesma origem racial também estavam proibidos de tratar a doença. Em 1520, Paracelso protestou contra aqueles que "purgam [sifilíticos], untando-os e lavando-os com toda a sorte de enganações ímpias". Ainda uma vez, eles foram associados em sua impureza à pestilência do leproso: "Os judeus estavam mais sujeitos [à lepra] que qualquer outro povo (...) porque não tinham enxoval nem banheiras domésticas. Esse povo era tão negligente com o asseio e as decências da vida que seus legisladores foram obrigados a legislar para forçá-los até mesmo a lavar as mãos".[22] Tais eram os riscos de ser tratado por um médico judeu, um homem constantemente exposto às doenças sexuais que só lavava as mãos quando recebia ordens para isso.

O estudo do preconceito religioso não é um exercício de racionalidade. A antropóloga Mary Douglas escreveu que o desejo de pureza expressa os medos de uma sociedade; a autodepreciação sentida por um grupo pode "migrar" para outro, que representa o impuro.[23] Foi o que aconteceu em Veneza, depois de Agnadello. Os habitantes da cidade sentiram-se ameaçados pela decadência sensual, transferindo essa autodepreciação aos judeus.

O deslocamento também tinha um caráter de classe – na forma como a Veneza renascentista definia as classes: aristocratas (nobili); burgueses ricos (citadini) e gente comum (populani). A guerra contra a sensualidade mirava os nobres, que representavam cerca de 5% da população, e alguns dos filhos dos citadinos, que correspondiam a outros 5%; em 1500, a República tinha 120 mil habitantes. A crítica da luxúria era inseparável da crítica da aristocracia: a imoralidade do rico ocioso baixou a fúria de Deus sobre a cidade diligente. Nessa época, a cidade abrigava de 1.500 a 2 mil judeus, no máximo. Portanto, o expurgo dirigia-se a pequenos grupos de elite e alguns elementos ambíguos na base da pirâmide social; embora os usurários e doutores judeus fossem significativos, tanto do ponto de vista econômico como na prática, culturalmente situavam-se em plano inferior ao da população cristã. Como acontece com freqüência, minorias tornam-se simbolicamente mais numerosas e mais visíveis do que realmente são.

Essa pretensa visibilidade causou uma explosão na Sexta-feira da Paixão de 1515. Em geral, durante o período da Quaresma, os judeus mantinham-se em casa. Mas naquele 6 de abril, quando os venezianos ainda traziam fresca na memória a lembrança de suas derrotas militares e estavam duplamente enlutados, um pequeno grupo aventurou-se e saiu à rua. Um transeunte testemunhou que "desde ontem eles estão em toda parte, e isso é uma coisa terrível; ninguém diz nada porque, devido à guerra, [os judeus] são necessários, e agem como bem lhes apraz".[24] Houve solicitações imediatas de confisco das suas propriedades para financiar nova campanha militar, ou de sua expulsão da cidade. Mas eles não podiam ser banidos. Os interesses econômicos não o permitiam, pois todos pagavam pesadas taxas. Nas palavras de um cidadão influente: "judeus são mais necessários do que os banqueiros, que, aliás, não passam sem eles."[25] Inclusive os pobres que negociavam mercadorias de segunda mão desempenhavam papel importante; apenas naquele ano, o governo licenciou nove lojas desse ramo.

Esse conjunto de circunstâncias contraditórias impôs a solução espacial que o historiador Brian Pullan descreveu como "segregação sem expulsão, da comunidade judaica".[26] A pureza da população mais numerosa seria garantida pelo isolamento da minoria. Nascia, portanto, um dos grandes temas da sociedade urbana moderna. A "cidade", entidade social, econômica e legal crescera tanto e tornara-se de tal forma diversificada que não podia manter as pessoas juntas. Um tipo intensamente emocional de "comunidade" exigia sua divisão. Tirando proveito de sua geografia aquática, Veneza realizou esse anseio fracionista.

## O preservativo urbano

Os judeus não foram o primeiro grupo de estrangeiros que os venezianos fecharam em um espaço à parte, profilático; gregos, turcos e outras minorias étnicas também viviam segregados. Inclusive os alemães, apesar de professarem a mesma religião cristã. Existia um elo comercial muito forte entre os dois centros comerciais, internacionalmente reconhecido, aliás. Shakespeare, em O mercador de Veneza, põe na boca de Shylock a seguinte frase reveladora: "Foi-se um diamante [que] me custou 2 mil ducados em Frankfurt."[27]

Vindos para participar de todo tipo de transações, eles acabaram confinados em um único prédio; em 1314, Veneza decidiu que a medida era indispensável à boa execução das tarefas do fisco. Vivendo e trabalhando no mesmo lugar, ali eles se registravam, bem como às suas mercadorias. O edifício recebeu o nome de Fondaco dei Tedeschi – a "Oficina dos alemães". Construída segundo determinações legais, nela eles foram confinados sem apelação. O modelo deu origem, mais tarde, a outras formas ainda mais severas de segregação.

A oficina funcionava também como centro de recepção para os recém-chegados e, em princípio, ninguém deveria deixar a área depois que escurecesse. Na verdade, conforme ficou provado, à noite eles se ocupavam mais do que durante o dia; acobertados pela escuridão, os alemães faziam todo tipo de contrabando, burlando o pagamento dos impostos. Por essa razão, em 1479, o governo tomou providências para assegurar o isolamento; foi decretado que ao anoitecer as janelas deveriam ser fechadas e as portas trancadas – pelo lado de fora.

Mas nem assim os alemães ficaram livres de uma repressão incessante. O historiador Hugh Honour diz que, no interior do prédio, "tudo era arranjado para eles e não havia um só serviçal ou funcionário mais graduado que não tivesse sido indicado pelo Estado. Os mercadores estavam autorizados a negociar exclusivamente com os venezianos de nascença e somente por intermédio de corretores especiais, que ganhavam uma percentagem em cada contrato".[28] O Fondaco alemão que restou de pé, até hoje, data de 1505. Abrigando atualmente um escritório do serviço postal da cidade, é uma construção de linhas uniformes, baixa e larga, erguida em torno de um pátio central cercado por galerias abertas em cada um dos andares. Pode-se perceber a maior sofisticação alcançada pelo princípio de concentração e isolamento aplicado ao Fondaco primitivo: das galerias, os venezianos podiam policiar seus "hóspedes" dia e noite.

Como ambas as nacionalidades estavam identificadas na fé, a vigilância tinha objetivo puramente econômico. Porém, nas décadas seguintes ao desastre da guerra, os venezianos, como bons católicos, foram os primeiros a prestar atenção à grande maré da Reforma que crescia na Alemanha e em outras terras, ao norte; o controle de natureza comercial tornou-se cultural e, nesse momento, imagens do corpo interferiam. As autoridades queriam interromper a "infecção" protestante, enxergando nas suas heresias uma forma de auto-indulgência que dispensava os padres e conduzia aos pecados da preguiça e da luxúria. Na imaginação católica, o alemão aproximou-se muito do judeu.[29] Até 1531, os muito ricos podiam comprar sua saída do Fondaco. Daí em diante, não só isso foi proibido, como espiões vieram juntar-se aos guardas, com a missão de detectar o mínimo sinal de ofensa à religião.

Amontoados como gado e inteiramente isolados, esses estrangeiros desenvolveram seus próprios vínculos; embora houvesse no edifício fortes dissensões entre protestantes e católicos, eles adotaram um modo coeso de agir nos negócios com os italianos, incorporando o espaço da repressão ao seu sentido de comunidade. Era esse o futuro que aguardava os judeus.

A IDÉIA DE SEGREGAR os judeus no Guetto Nuovo surgiu em 1515, quando essa possibilidade foi pela primeira vez aventada. O termo em italiano gettare – escorrer, despejar –

significava, originalmente, "fundir". Tanto o Guetto Vecchio, como o Nuovo, velhos distritos de fundição, situavam-se em uma ilha ao norte da cidade, ligada à malha urbana por apenas duas pontes; suas atividades manufatureiras foram transferidas para o Arsenal por volta de 1500. O Nuovo ocupava um terreno romboidal, limitado por construções que formavam uma espécie de muro, em volta de um espaço central aberto. Fechadas as pontes, ele estaria selado.

Na época de sua transformação, "ruas, praças e pátios [da cidade] não eram revestidos, como agora, com a pavimentação uniforme de blocos retangulares de traquito. Muitos não possuíam nenhuma superfície dura (...). Em geral, somente os trechos de praças vizinhas a prédios particulares eram calçados".[30] Ao longo do século anterior ao enclausuramento dos judeus no Guetto Nuovo, a administração da cidade procurou alinhar as margens dos canais, realizando obras que as tornaram mais inclinadas; isso facilitava e aumentava a correnteza, evitando o assoreamento, e permitia a construção de caminhos laterais, chamados fondamente. Toda a área Cannaregio, próxima aos guetos, foi urbanizada. Os dois guetos, não. Abandonados pela indústria e pouco populosos, verdadeiras ilhas de pobreza, não fizeram parte dessa renovação. Transpondo o obstáculo da água, suas velhas pontes emergiam de uma antiga forma urbana, sottoportegho, uma via de passagem subterrânea e úmida, uma vez que ficava no mesmo nível das pilastras e pedras que sustentavam os prédios acima. No extremo dos sottoporti havia portas com trancas. Longe, muito longe desse cenário, os rapazes ricos, cobertos apenas de jóias, deslizavam pelo Ca D'Oro, no Grande Canal.

O plano de segregação dos judeus foi formulado por Zacaria Dolfin:

> Enviar todos eles para viver no Guetto Nuovo, que é como um castelo, e construir uma ponte levadiça, encerrando-o com um muro; um único portão dará acesso ao exterior; o Conselho dos Dez manterá dois barcos para garantir sua segurança, mas eles terão de pagar por esse serviço.[31]

Tal proposta diferia de modo radical da concepção que orientou a construção do Fondaco dei Tedeschi: no gueto judeu não deveria haver vigilância interna; em casos extremos, e apenas durante a noite, essa função caberia às equipagens dos barcos. Aprisionados, os judeus seriam deixados à própria sorte, como um povo esquecido.

A proposição de Dolfin entrou em vigor a partir de 1516. Transferidos de todas as regiões da cidade, sobretudo de Giudecca, onde residiam desde 1090, os judeus foram alojados no gueto. Nem todos, porém. Os sefaradis, expulsos da península Ibérica em 1492, mantinham-se em uma pequena colônia, perto de um cemitério de criminosos executados. Permaneceram lá, assim como os levantinos, que iam e vinham, entre a costa adriática e o Oriente, e que também não trocaram de pouso, em Veneza. Por fim, confrontados com a perspectiva de viver no gueto, muitos deixaram a cidade.

Cerca de setecentos judeus, em sua maioria asquenazis, constituíram a primeira leva de segregados, ocupando as primeiras vinte casas já reformadas e que pertenciam a cristãos; a propriedade imobiliária era vedada aos judeus, aos quais se permitia apenas alugá-las, no máximo por um ano. À medida que as obras se estenderam aos demais prédios, de acomodações bastante acanhadas, os aluguéis alcançaram níveis estratosféricos. Brian Pullan diz que "nas casas estreitas do gueto a locação custava três vezes mais alto do que em cômodos similares na cidade cristã".[32] O acréscimo de pavimentos elevou alguns edifícios a até seis ou sete andares, dando a eles uma acentuada inclinação, já que os pilares das fundações não haviam sido projetados para sustentar tanto peso.

As pontes levadiças baixavam pela manhã, e alguns judeus dirigiam-se à cidade, a maioria para a área de Rialto, onde circulavam no meio da multidão comum. Os cristãos costumavam ir ao gueto quando queriam tomar dinheiro emprestado, vender gêneros alimentícios etc. Ao cair da tarde, todos os que haviam se ausentado retornavam, enquanto os venezianos se retiravam. Cerravam-se as janelas que abriam para o exterior e os balcões eram removidos; as paredes perpendiculares aos canais transformavam-se em algo parecido com as muralhas de um castelo.

Essa foi a primeira etapa de segregação dos judeus. A segunda etapa foi a expansão do bairro judeu para o Ghetto Vecchio, antigo distrito de fundições. Isso ocorreu em 1541. Nessa época, os venezianos estavam atravessando uma séria crise financeira; sua competitividade via-se ameaçada pelo alto preço das tarifas alfandegárias, muito superiores às de outras cidades. O ocaso da República, tão temido desde a descoberta de uma rota alternativa para o Extremo Oriente, havia começado. Por volta de 1520, as autoridades reduziram os impostos aduaneiros. Em conseqüência, vindos das regiões do Danúbio e dos Bálcãs (Romênia e Sérvia atuais), os levantinos passaram a demorar-se mais em Veneza. Pouco mais que caixeiros-viajantes e pouco menos que negociantes burgueses, eles operavam em todos os setores, com o que lhes caísse nas mãos. Referindo-se ao comportamento que julgava adequado em relação a esses "homens de negócios", Sanuto não media palavras: "Nossos conterrâneos nunca quiseram que judeus mantivessem lojas ou negócios na cidade, mas apenas que vendessem, comprassem e fossem embora."[33] Só que eles prefeririam ficar e estavam dispostos a pagar um preço por isso.

Para alojá-los, a antiga fundição foi transformada, seus muros exteriores selados e os balcões removidos. Ao contrário do primeiro, nesse segundo gueto havia uma pequena praça e inúmeras ruelas, um terreno baldio sujo e sem qualquer tipo de pavimentação; os pilares foram fincados de maneira tão descuidada que as construções começaram a afundar ainda durante as obras. Um século depois, em 1633, foi criado o Ghetto Nuovissimo, menor e com o mesmo sistema "castelo-e-fosso" para garantir o isolamento de uma população que na época da ocupação era três vezes maior que a da cidade. Por causa dessas condições físicas, e embora as acomodações fossem um pouco melhores, a peste encontrou boa acolhida no gueto. Os judeus recorreram aos seus próprios doutores, mas o conhecimento médico não podia fazer frente a tantas condições adversas. Enquanto durou a moléstia, os portões permaneceram trancados durante quase todo o dia e também à noite.

Nenhuma tentativa foi feita para alterar o comportamento dos judeus depois que eles foram empurrados para os guetos, pois não eram bem-vindos de volta à cidade. Nisso, o gueto de Veneza incorporava um código de isolamento diferente do praticado pouco depois na Roma renascentista. Em 1555, quando o papa Paulo IV determinou medidas equivalentes, sua intenção era concentrá-los para que sacerdotes cristãos pudessem convertê-los, casa por casa, forçando-os a ouvir a palavra de Cristo. O gueto romano frustrou-se por completo; entre cerca de quatro mil habitantes, vinte ou pouco mais aceitavam a conversão anualmente.

Além do mais, o gueto romano ocupava um lugar muito visível no centro da cidade. Seus muros cortavam uma zona comercial controlada por famílias tradicionais, que em troca negociavam com a comunidade judaica. Empenhado em fazer com que aquele fosse um espaço destinado à conquista da fé, o papa envidava esforços para enfraquecer essa classe de antigos e proeminentes mercadores; sua meta era alijá-los dos negócios da cidade. Nessa época, Roma tinha um caráter provinciano. É bem verdade que atraía estrangeiros, mas, quase todos, clérigos e diplomatas, acreditados junto à corte papal, ao passo que na Veneza cosmopolita a maior parte dos que vinham de fora tinha uma reputação duvidosa, pelo menos aos olhos dos moradores da cidade.

Uma força moralmente segura de si desafiaria e transformaria a "obscenidade" moral, como fez o papado. Uma sociedade profundamente insegura, como a de Veneza, naquele momento, teme a falta de resistance; teme sucumbir à mistura com o Outro. Repetindo: infecção e sedução são inseparáveis. Os moralistas pós-Agnadello assustavam-se com o risco de muitos milhares abaterem-se pelo contato com poucas centenas; de um único fôlego, eles falavam dos judeus e de suas sacolas de dinheiro, dos rapazes deslizando nus nos canais, da usura tingida com a luxúria da prostituição. Essa linguagem em que o toque parece fatal ecoa, como a retórica moderna sobre Aids, contra o fascínio que contamina. O gueto representava algo como um preservativo urbano.

O discurso sobre a usura unia as prostitutas e os Filhos de Israel. Eram, ambos, corpos desprezados, porém marcados por profundas diferenças comportamentais, diante do medo do contato que despertavam.

## Judeus e cortesãs

Em 31 de outubro de 1501, o duque de Valentino, com a presença do papa Alexandre VI, organizou um bacanal no Vaticano:

> À tarde, foi servida uma ceia, nos aposentos que o duque ocupava, no palácio apostólico, com a participação de cinqüenta respeitáveis prostitutas, chamadas cortesãs. Findo o repasto, elas dançaram com os membros da Igreja presentes e outros convidados, a princípio vestidas e, depois, nuas. Em seguida, os candelabros com velas acesas foram retirados das mesas e colocados no chão, espalhando-se castanhas em torno. Engatinhando, as prostitutas iam recolhendo as castanhas. O papa, o duque e sua irmã, Donna Lucrezia, apenas observavam. Finalmente, os homens que conseguiram copular maior número de vezes com elas foram premiados com túnicas de seda, sapatos, chapéus e outros tipos de indumentária. Segundo o testemunho dos convidados, o evento ocorreu no salão público [isto é, a Sala Régia, usada para as assembléias dos cardeais], o que foi considerado conveniente.[34]

Atualmente, a presença do papa nessa festividade lasciva parece absurda, mas o papado era uma sociedade mundana, servida por muitos funcionários graduados, nenhum dos quais fizera votos sagrados. Nesse mundo, o que significava para uma cortesã ser uma "prostituta respeitável"?

A palavra "cortesã" entrou em uso no fim do século XV, significando tão-somente a forma feminina de "cortesão". No idioma italiano, as cortigiane proporcionavam prazer aos cortigaiani, os nobres, soldados, administradores e oportunistas que pululavam em todas as cortes do Renascimento. Elas ofereciam alívio do cenário político, com seus jantares, recepções de embaixadores e discussões solenes.

As garotas que entravam na prostituição faziam-no em torno dos 14 anos. Aretino escreveu a respeito de uma dessas jovens, que dizia: "Aprendi em um mês tudo o que há para saber sobre o meretrício: como despertar paixão, atrair homens, dominá-los, levando-os a crer que são os únicos. Como chorar quando quero rir e como rir quando tenho vontade de chorar. E como vender minha virgindade várias e várias vezes."[35] Tornar-se uma cortesã exigia muito mais. Era preciso estabelecer uma rede de clientes de alta classe, adquirir uma casa e roupas que agradassem a eles, além de conhecer os mexericos da cidade para diverti-los.

Não havia treinamento para essa profissão, como na advocacia, por exemplo. E, ao contrário das gueixas, no Japão, o comportamento das cortesãs medievais nada tinha a ver com artes sociais e rígidos rituais transmitidos de geração em geração: ela deveria educar-se sozinha. Os homens ainda dispunham de obras, como O cortesão, de Castiglione, que lhes mostravam a melhor maneira de navegar em um mundo cosmopolita. Direcionados ao público feminino, havia alguns textos em linguagem forte, presumivelmente destinados a dar às libertinas elegantes uma educação similar. No entanto, seu verdadeiro aprendizado baseava-se na observação das damas da corte, para saber imitá-las, vestindo, falando e escrevendo como elas.

Quando se tornavam aptas a "se passar", então os problemas eram outros. Tendo alcançado sucesso, o disfarce abriria as portas de todos os salões, por onde poderiam circular entre mulheres virtuosas tal como se fossem uma delas, com idêntica aparência e os mesmos modos de expressão, ainda que servindo de companhias sensuais para os homens. Por isso, a cortesã ameaçava com sua lascívia. Uma proclamação governamental baixada em 1543 declarava que as prostitutas surgem "nas ruas e igrejas, (...) tão adornadas de jóias e bem-vestidas, que se confundem com as senhoras nobres e cidadãs (...) não existindo diferença em seus trajes, não apenas os estrangeiros, mas os próprios habitantes da cidade são incapazes de distinguir o bom do ruim".[36]

Na época de Shakespeare, Veneza contava com um grande número de meretrizes, mantidas por marinheiros de passagem e comerciantes. De fato, o volume de dinheiro movimentado pela "indústria do sexo" durante o Renascimento fez com que essa prática se tornasse "uma legítima fonte de lucro para os nobres empreendedores de boa família" da cidade.[37] Sua característica portuária influía nas relações entre poder e sexo, tornando-as bem diversas das que ocorriam em Roma. Se houvesse um papa com inclinações morais, as cortesãs correriam sério risco de serem banidas de maneira instantânea e efetiva. Enquanto a população de Veneza continuasse indo e vindo, e os estrangeiros estivessem longe de suas camas lícitas, o ambiente do cais tolerava prostitutas que estavam integradas à sua economia da mesma forma que os banqueiros judeus. As atividades de comércio "encarregavam-se" de fornecer uma clientela regular e constante; qualquer jovem prostituta sonhava em tornar-se uma prostituta de luxo.

Diante disso, a cidade tentou tratá-las como aos demais corpos estranhos: segregando-as. Além disso, procurou-se traçar uma conexão especial entre prostitutas e judeus, fazendo com que ambos usassem roupas ou símbolos amarelos. Já era comum cada cidadão vestir um uniforme característico de seu status ou profissão, mas essa cor converteu-se na marca dos dois grupos discriminados. Em 1397, os judeus foram obrigados a portar uma insígnia amarela; prostitutas e rufiões, a partir de 1416, eram identificados por essa tonalidade. As mulheres judias raramente deixavam o gueto usando algum de seus ornamentos ou jóias, vestindo-se em público com simplicidade e, sempre, com alguma peça daquele matiz. Procedia-se, com relação às prostitutas, de modo inverso. Um decreto de 1543 definiu os aspectos da aparência de uma mulher virtuosa, que de forma alguma poderiam ser imitados por uma qualquer: "(...) é proclamado que nenhuma prostituta pode usar, nem ter em nenhuma parte de sua pessoa, ouro, prata ou seda, nem colares, pérolas ou argolas, nas suas orelhas ou em suas mãos."[38]

O item mais significativo era o que proibia os brincos. Diane Owen Hughes escreve que "apenas um grupo de mulheres freqüentemente encontradas nas ruas das cidades do norte da Itália adornavam suas orelhas com argolas – as judias".[39] No período anterior à segregação, suas orelhas furadas – como a marca de uma circuncisão – permitiam que fossem identificadas nas ruas. Alguns lugares lhes dispensavam tratamento idêntico ao das prostitutas, enquanto outros limitavam-se a interditar os adereços, pois "embora isso fosse um (...) sinal degradante obviamente menor, o pendente também carrega noções de impureza sexual (...) Brincos seduzem".[40] Proibindo-os, os venezianos escolheram reprimir o corpo sexual, lascivo, ao preço de não mais distinguirem as mulheres impuras em suas ruas.

A idéia de confiná-las deu origem a estabelecimentos parecidos com bordéis administrados pelo Estado, que para isso adquiriu duas casas. Mas as prostitutas consideravam mais lucrativo trabalhar com a ajuda de rufiões, que recrutavam clientes e forneciam acomodações em locais anônimos, livres da vigilância do poder público. O plano não deu certo, mas a tensão do confinamento persistiu. Uma lei determinou que as rameiras não poderiam residir ou freqüentar as áreas ao longo do Grande Canal, já que os lucros lhes permitiam pagar os aluguéis; isso as forçou a gastar mais dinheiro para infiltrar-se em outras regiões respeitáveis. As regras sobre o modo de vestir também falharam. A seda branca destinava-se exclusivamente a moças solteiras e determinados tipos de freiras, e os anéis só deviam adornar as mãos das senhoras casadas. Mas, assim como as cortesãs ultrapassavam seus limites legais, seus corpos continuaram a "passar".

Sem nenhuma razão para aceitar o isolamento ou a notoriedade, as cortesãs resistiram à segregação com todos os meios de que dispunham. Por outro lado, os judeus enfrentavam uma realidade mais complicada.

## UM ESCUDO, NÃO UMA ESPADA

### Qadosh

Ao propor transformar o gueto em um espaço judeu, Dolfin concluiu dizendo que "dois botes do Conselho dos Dez permanecerão lá, durante a noite, à custa deles, para sua maior segurança".[41] Essa última frase sinaliza a vantagem que os judeus teriam caso se submetessem à norma de segregação em troca de incolumidade. Os barcos da polícia os protegeriam, sobretudo na Quaresma, contra as massas cristãs açuladas pela lembrança dos que tinham matado Jesus. À cidade-Estado interessava mesmo processar os cidadãos que violentassem os estrangeiros dentro de seus próprios bairros. Realmente, a geografia protegeu os judeus, por exemplo, em 1534, quando eles foram alvo de uma onda de ataques, entre a Quarta-feira de Cinzas e o Domingo de Páscoa; as pontes foram erguidas, as janelas fechadas, deixando-os fora do alcance das turbas de cristãos exaltados.

Enquanto o Estado nada ofereceria a uma cortesã para que ela prendesse em sua saia uma fita amarela, ao judeu acenava com algo ainda mais precioso que segurança. Pelo espaço de quase toda a sua história, os judeus se reuniram em casas, de algum modo como fizeram os primeiros cristãos; sem terras, não possuíam templos, ocupando e sacramentando lugares que o favor de algum governante lhes assegurava. No gueto, eles poderiam construir sinagogas, unindo suas instituições na comunidade fechada ao abrigo de uma cidade-Estado cristã. Irmandades costumavam usar a sinagoga para orientar a vida das pessoas no dia-a-dia da comunidade. No gueto, elas tornaram-se representativas de diversos grupos confessionais. Mais parecidas com as mesquitas islâmicas do que às igrejas cristãs, "desde o fim do século VIII (...) proibiam imagens humanas",[42] além de também separarem os corpos masculinos dos femininos. Na sinagoga da Scuola Grande Tedesca, por exemplo, as mulheres sentavam-se em uma galeria oval, no segundo andar, podendo ser vistas pelos homens, cuja atividade se desenvolvia no primeiro piso. Esse lugar converteu-se em um espaço de sensualidade lícita para o corpo feminino. Thomas Coryat, contemporâneo de Shakespeare, escreveu:

> Vi muitas mulheres judias, algumas lindíssimas, e tão deslumbrantes em suas roupas, argolas de ouro e anéis adornados com pedras preciosas, que raras das nossas condessas inglesas poderiam excedê-las; elas faziam-se acompanhar por séquitos dignos de verdadeiras princesas, e suas damas de companhia as atendiam satisfatoriamente.[43]

Tal ostentação de riqueza, caso acontecesse fora do gueto, seria considerada uma flagrante provocação, ativando todos os estereótipos cristãos sobre a insaciedade dos judeus. Na Veneza do Renascimento isso seria uma afronta em virtude da mobilização das energias oficiais contra a exibição da sensualidade por corpos estranhos, não importa se praticada por grupos étnicos ou por cortesãs. Mas aqui, no espaço protegido, as mulheres desprezadas podiam orgulhar-se de sua aparência.

Qadosh é uma palavra fundamental em hebraico. Significa, como observa Kenneth Stow, "literalmente, separar, ou apartado. Esse é o sentido bíblico original do termo"; simboliza a tradição judaica de raramente buscar a conversão de outros povos. A expressão tem ainda um correspondente sagrado de muito maior importância. "O elo com o divino está no Levítico: 'Você deve ser Qedoshim, pois eu, o Senhor, seu Deus, sou Qadosh'."[44] Pode-se também combinar aquilo que o latim quer dizer com sanctus e sacer – "sagrado" e "maldito" – para entender que a existência de sinagogas no gueto de Veneza significava para os judeus a transformação de um espaço maldito em lugar sagrado.[45]

Para os judeus venezianos, isso significava um ambiente religioso mais complexo do que suas antigas células dispersas na cidade. No Renascimento, as meadas do judaísmo eram tecidas de matérias sociais muito diferentes; asquenazis e sefaradis possuíam tradições culturais muito diferentes. O hebraico constituía uma linguagem formal partilhada, mas na vida cotidiana os sefaradis falavam ladino – uma mistura do seu idioma histórico com o espanhol e uma pitada de árabe. Todos se espremiam no mesmo espaço limitado e densamente povoado, o que reforçava a característica de "ser judeu", tal como no Fondaco dei Tedeschi, onde as diferenças religiosas eram substituídas pela nacionalidade "alemã".

A forja dessa identidade produziu sinais bastante evidentes, grandes e pequenos. Os diferentes tipos de judeus cooperavam para proteger seus interesses e desenvolviam modos de representação coletiva, de forma a poderem falar como "judeus" para o mundo exterior; nos guetos de Veneza e de Roma, suas irmandades reuniam-se nas sinagogas, mas lidavam com questões puramente leigas. Em Veneza, particularmente, o comércio de especiarias acabou por produzir uma cultura específica do gueto. No fim da Idade Média, as orações comuns dos judeus e o estudo religioso costumavam ser de manhã. A importação de café, cujo consumo logo se ampliou, foi saudada pelos judeus como um modo de dar maior proveito à segregação espacial. Eles ingeriam a bebida como estimulante, a fim de permanecerem acordados à noite, durante as horas em que estavam encarcerados no gueto, tornando-as produtivas por meio da oração e do estudo.[46]

O isolamento protegia e unificava uma comunidade de oprimidos, cada vez mais voltados para o seu interior. Nas palavras de um historiador: "o judeu cujo trabalho obrigava-o a deixar o gueto e misturar-se aos gentios, por um dia ou toda a semana, sentia-se como se estivesse deixando seu ambiente natural para entrar em um mundo estranho."[47] No fim do século XVI, as cortes de rabinos proibiram danças entre mulheres judias e homens cristãos; o medo da conversão voluntária cresceu a níveis quase obsessivos, embora casos concretos fossem muito raros, na mesma escala mencionada quando falamos de Roma cinqüenta anos antes. O crescimento dessas comunidades coincidia com a exaustão do pensamento judeu a respeito da relação do seu credo com o mundo exterior. Velhas distinções sobre a absoluta separação do judaísmo de todas as outras "nações" reviviam, ultrapassando as tentativas de explorar no início do Renascimento as interseções doutrinárias possíveis com o cristianismo. O cristão se tornou apenas um Outro estranho. Jacob Katz, estudioso moderno, questiona que a cotidiana "indiferença do judaísmo seja, de tudo, o mais surpreendente, no contexto daquelas profundas mudanças que ocorreram na cristandade ocidental por meio da Reforma, e que representaram uma oportunidade de realocação judaica vis-à-vis com o cristianismo, igualmente transformado".[48]

Em que pese seu rigor, esse julgamento não é acurado por inteiro. Seria mais justo afirmar que o isolamento no espaço tornou-se parte da questão a ser definida, ou seja, do significado de "ser judeu". A geografia da identidade chegou a confundir um dos mais famosos judeus do Renascimento, Leon (Judah Aryeh) Modena, escriba, poeta, rabino, músico, líder político, estudioso de latim, grego, francês, inglês e, surpreendentemente, um jogador compulsivo, que viveu de 1571 a 1648. O título de sua autobiografia, A vida de Judá, é um jogo de palavras, uma vez que o jogo era tido como o pecado de Judá. Modena chegou a Veneza em 1590, com 19 anos de idade; três anos depois, já casado, decidiu seguir a carreira rabínica, o que conseguiu após vinte anos de estudos. Nesse período, sua existência foi instável; ele escreveu muito, viajando de lugar a lugar, mas sempre experimentando certo desconforto. Um puro Judeu Errante, só quando entrou no mundo fechado do gueto de Veneza, cercado por judeus de todo o tipo e liderando uma vida pública ativa, Modena começou a se sentir em paz consigo mesmo. Em 1609, ao ser finalmente ordenado, sua vida assumiu um caráter intensamente local. Ele comparecia à sinagoga três vezes por dia, "para conduzir o serviço, recitar orações dedicadas aos doentes e mortos, pregar cada manhã de Sabbath, antes que a Torá fosse tirada da arca para ser lida, e ensinar dois ou três preceitos, antes de guardá-la novamente, às segundas e quintas-feiras".[49]

No início do século XVII, a instrução a que tinham acesso alguns cristãos estendeu-se aos judeus, não apenas na Itália, mas também no norte da Europa; o anti-semitismo de Martinho Lutero seria equilibrado pela maior abertura de Calvino, ou por estudiosos, como lorde Herbert de Cherbury. Em tal conjuntura, Leon Modena representava a disposição de judeus instruídos a participarem de uma vida cultural além dos limites das suas comunidades, mantendo, todavia, sua fé e práticas religiosas.[50]

Por causa de seus dotes intelectuais e seus escritos ininterruptos, os sermões de Modena ganharam fama internacional, e ele começou a atrair cristãos para o gueto, a fim de ouvi-lo falar. Pessoalmente, ele bem que poderia constituir-se numa espécie de estudo de caso de até onde um homem ilustre pode quebrar o isolamento do gueto. Ao longo da década iniciada em 1620, seu renome cresceu e chegou ao ápice em 1628, quando passou a integrar a academia musical judaica (L' Accademia degl'Impediti), que executava corais e salmos na sinagoga sefaradi. Nas palavras de seu mais recente biógrafo, "a nobreza cristã de Veneza comparecia a esses eventos espetaculares e as autoridades eram obrigadas a intervir para controlar as multidões".[51] Como turistas europeus no Harlem, em Nova York, eles iam ao gueto por voyeurismo, seduzidos pela cultura proibida. Paulo Scarpi, cristão que ouviu Leon Modena seriamente, sofreu punições; acusado de "acumpliciar-se com os judeus", ele perdeu a nomeação para um bispado. E o seu caso não foi o único.

Contudo, Modena apreciava a proteção do gueto e incentivava a concentração de atividades dentro de seus muros, imaginando que esforços como os seus poderiam aliviar a repressão. Muitos alimentavam igual esperança. Daniel Roderiga, cidadão representativo no setor financeiro, lutou contra as restrições que confinavam os judeus; ele argumentava que bastaria uma simples ampliação da liberdade geográfica conferida àqueles homens de negócios para resgatar as fortunas em declínio. Em 1589, ele propôs uma carta de direitos, cujas primeiras cláusulas permitiam aos mercadores judeus e suas famílias fixar moradia em qualquer lugar da cidade-Estado e construir sinagogas onde quisessem. As autoridades limitaram-se a tratar a segunda dessas idéias com evasivas burocráticas, mas a primeira foi terminantemente recusada.

No entanto, outros itens foram aceitos, o que fez de Shylock um personagem parcialmente real. A carta reconheceu que o direito de livre negócio valia para todos os venezianos não-turcos, assegurando a santidade do contrato quase que de modo universal. Benjamin Ravid cita "o direito de engajamento no comércio de além-mar – a leste do Mediterrâneo, com todos os países e ilhas existentes – nas mesmas condições atribuídas aos venezianos nativos"; segundo esse historiador moderno, essa "era uma concessão sem precedentes na história comercial de Veneza".[52] O personagem de Shakespeare não cogitava abrir mão de sua nacionalidade, mas reivindicava um tratamento igual. Todavia, os direitos econômicos concedidos não implicavam direitos culturais.

As carreiras de homens famosos como Modena e Roderiga podem nos induzir à falsa impressão de que as relações culturais entre o gueto e o mundo exterior transcorriam bem ou, pelo menos, em bases razoáveis. Na realidade, conforme assinala Natalie Davis, a trajetória de Shylock nada tem a ver com a vida de Judá – segundo a historiadora, "um judeu que arrisca seu dinheiro com um abandono perdulário, que clama por vingança contra os assassinos judeus de seu filho, que goza da admiração cristã", mas que acabou por descobrir que a carga do gueto pesava cada vez mais sobre sua cabeça, à medida que sua vida ia chegando ao fim.[53]

## O peso do lugar

Modena descobriu os limites de seu próprio valor aos olhos dos cristãos, em 1637, logo após ter publicado um magnum opus sobre ritos judaicos. Apanhado pelo Santo Ofício, ele foi salvo graças às relações pessoais que mantinha com o Grande Inquisidor, mas sofreu duras críticas por parte dos dignitários menores da Igreja. O livro de Modena situava, no aberto e público campo da antropologia, a religião e a cultura comunal judaicas, até então confinadas às sombras da fantasia cristã. Os ataques à sua obra – considerada uma ameaça – culminaram em uma série de eventos que lhe haviam aclarado a terrível verdade exposta na tela Paisagem com a queda de Ícaro, de Brueghel: a cultura da comunidade cristã, a compaixão e os sentimentos refinados revelados por Antônio e Bassanio estavam ligados de maneira indissolúvel à indiferença ante a dessemelhança.

Essa triste constatação se impôs a Modena quando uma grande peste varreu Veneza de 1629 a 1631. A despeito dos apelos dos judeus durante a crise que afetou todos os que viviam na cidade, a lei do gueto foi mantida de modo firme: eles foram impedidos de mudar-se, mesmo temporariamente, para um lugar mais higiênico, e sofreram, apesar dos cuidados pastorais de Modena, os efeitos devastadores da doença. Cinco anos mais tarde, partindo da análise dos múltiplos efeitos da segregação, ele se viu obrigado a reconhecer não apenas o desdém dos cristãos para com os sofrimentos do seu povo, mas uma disposição muito mais determinada de feri-lo.

Em meados de 1630, os judeus haviam deixado de circular pelas ruas e, à exceção de uns poucos contatos na elite, transformaram-se em enigmas para seus contemporâneos cristãos. O gueto estimulava a imaginação e cresciam, fora de controle, os rumores sobre o que estavam fazendo e como viviam. Desde os primeiros tempos, o corpo judeu era tido como um receptáculo de segredos e vícios. A circuncisão fora abandonada pelos primeiros cristãos, para que todos estivessem igualmente suscetíveis à conversão; mas, no Renascimento, o ritual passou a ser encarado como uma prática secreta de automutilação, aliada a outros hábitos sexuais sádicos que os judeus escondiam. Associava-se o corte do prepúcio "à castração, o fazer-se judeu pelo enfraquecimento, pela afeminação".[54] A partir daí é que escritores medievais, como Thomas de Cantimpre, deduziram que os homens judeus menstruavam, "fato científico" confirmado por Franco da Piacenza, autor de um catálogo de "doenças judias" escrito em 1630. O espaço do gueto reforçava essas crenças; por trás das pontes levadiças e das janelas fechadas, privada de sol e água, imaginava-se uma vida envenenada por crimes e idolatria.

As fantasias produzidas pelo mistério atingiram seu ponto mais alto em março de 1636, quando um grupo de receptadores judeus levou para o gueto alguns objetos roubados. Imediatamente, supôs-se que todos estavam envolvidos em uma rede de conluio com o crime e em dois ou três dias essa suspeita converteu-se em convicção inabalável. Começando do roubo, outros delitos foram imputados aos que moravam além dos muros, tais como o aprisionamento de crianças cristãs e uma orgia de circuncisões. Modena descreveu a batida policial à cata da seda, das roupas de seda e do ouro. "No Purim, toda a área do gueto foi fechada, para permitir uma apressada busca, de casa em casa"; seria mais simples erguer as poucas pontes e trancar as poucas portas.[55] Em protesto, ele argumentou que, "por causa de um criminoso, eles [cristãos] se zangam com a comunidade inteira", pois pensam que "todo tipo de crime está escondido no gueto".[56] Por fim, em conseqüência dos crescentes boatos, nos dias que se seguiram os judeus foram alvo de um dos piores pogroms já registrados na Europa. Turbas cristãs invadiram o gueto, queimaram ou roubaram livros e objetos sagrados nas sinagogas e atearam fogo às casas. Concentrados em massa, os judeus ficaram encurralados, como animais para o abate.

No rastro do progrom de 1636, Modena, o Judeu Errante, cosmopolita par excellence, lamentou-se da vida que tinha levado. Seu genro Jacob, de quem era muito próximo, havia sido banido para Ferrara, como parte da punição infligida aos judeus de maneira geral. Em 1643, velho e doente, Leon solicitou às autoridades que o deixassem voltar. Ainda dominadas pelo ódio que causara a perseguição, elas recusaram. O diário da sua vida já perto do fim explode com uma terrível confissão de abandono: "Quem me dará palavras que expressem lamentações, gemidos e maldições, para que eu possa falar, ou escrever, a respeito de minha sorte, muito pior que a de qualquer outra pessoa? Devo sofrer e suportar o que deu início à minha ruína, desde o dia em que nasci, e que, sem descanso, me persegue há 77 anos."[57]

Esse pranto não ecoa apenas a tragédia de um homem. A identidade grupal, forjada pela opressão, não liberta do opressor. O estranho está condenado ao papel de um ser humano irreal na paisagem – como o Ícaro, cuja queda não foi notada, nem chorada sua morte. Não resta dúvida de que os judeus plantaram raízes e incorporaram a paisagem que os humilhava. Não podemos recriminá-los por construírem uma comunidade no espaço da tirania, mas, na melhor das hipóteses, sua forma de vida provou ser um escudo, mais do que uma espada.

## A PRODIGIOSA LEVEZA DA LIBERDADE

Há uma grande diferença entre O mercador de Veneza, de Shakespeare, e a peça de Marlowe, O judeu de Malta (1633). Barrabás é uma figura divertida, algo desprezível apenas por sua gula, muito menos complexa que a insaciedade de Shylock, que se mistura com uma justificada ira. Talvez o discurso mais contundente de O mercador, sobre a dignidade universal do corpo humano, esteja nas palavras de Shylock, quando esse personagem exclama:

> Um judeu não tem olhos? Não tem mãos, órgãos, dimensões, sentidos, afeições, paixões? Alimentado com a mesma comida, ferido com as mesmas armas, sujeito às mesmas doenças, curado pelos mesmos tratamentos, aquecido e enregelado no verão e no inverno – como é um cristão? Se vocês nos furam, não sangramos? Se vocês nos fazem cócegas, não rimos? Se vocês nos envenenam, não morremos? E se vocês nos tratam injustamente, não devemos nos vingar? Parecemos com vocês nisso porque somos como vocês no resto.[58]

Essa dignidade lhe é negada pelos cristãos que condescenderam em tomar seu dinheiro. O texto não se resume, porém, ao trabalho de um escritor criterioso na elaboração de todos os seus personagens, mesmo os vilões.

A disputa entre Shylock e os cristãos assume uma feição conspiratória, até tomar uma direção inesperada. Antônio e Bassanio rogam a Shylock, o duque faz um discurso, mas o banqueiro é implacável. Tudo parece perdido. Repentinamente, no Ato IV, em meio a uma grande tensão dramática entre a honra dos cavalheiros cristãos e os direitos contratuais do judeu, Shakespeare muda o rumo dos acontecimentos.

Pórcia entra vestida de advogada e mediadora, aparentemente para assegurar a Shylock que sua reivindicação é justa, mas que ele deve agir estritamente de acordo com os termos do contrato, tomando os exatos 400 gramas de carne e sem uma gota de sangue sequer. Sendo isso impossível, o jogo está findo. Shylock abate-se. O nó górdio foi cortado. Contudo, como soluções morais nada têm a ver com chicanas, muitos críticos consideram o desfecho inconcluso. Fica parecendo que só se pode derrotar o diabo com seus próprios meios.

Na verdade, o fim da contenda apenas sublinha a ambigüidade de todo o texto. Afinal de contas, trata-se de uma tragédia ou de uma sátira? Os admiráveis personagens cristãos possuem muito maior leveza que Shylock, adequando-se à estrutura da comédia; de fato, a peça costuma ser encenada assim. No encerramento mais ou menos cômico do Ato IV, o triunfo dos cristãos e a liberdade de Antônio, conquistada por Pórcia, preparam o espírito do espectador para as intrigas cômicas que se resolvem no Ato V. O mercador de Veneza acaba como uma comédia de costumes.

Mas alguma coisa extraordinária aconteceu. Mesmo antes do fim, é possível perceber isso pela trama secundária que envolve Jessica, filha de Shylock; apaixonada por um cristão, ela abandona o pai, sua casa e sua fé, sem demonstrar muito pesar, a não ser por roubar as jóias que ele adquirira em Frankfurt. Uma jovem preocupada exclusivamente com a sua lua-de-mel poderia ser uma criatura vil, ainda que retratada de forma encantadora. Mas para essa jovem, que vive no gueto, "ser judia" equivale a uma muda de roupa, da qual você se despe sem nenhum pudor caso, por exemplo, se apaixone. A trama demonstra que essa vivência é, afinal de contas, superficial, em outra cena secundária, no último ato, quando por meio de um tipo de acordo gentil os homens são manipulados pelas mulheres que amam. Nem a dor nem o desejo do corpo importam; acordos, sim. Quem triunfou?

O mercador de Veneza pode muito bem ser aceito como uma premonição. Shakespeare expõe o mundo de uma comunidade formada por fidalgos cristãos ineficazes ou sem importância. Bem ao contrário dos corpos curvados sob a cultura do gueto, sua liberdade transcende o pesado fardo das obrigações inerentes à vida. O fim da peça nos abre as portas do mundo moderno.

# Parte III

# Artérias e veias

# 8
# Corpos em movimento
## A revolução de Harvey

### CIRCULAÇÃO E RESPIRAÇÃO

Por mais de dois mil anos a ciência médica aceitou os princípios relativos ao calor do corpo que governaram a Atenas de Péricles. Santificado pelo peso da longa tradição, parecia certo que esse calor inato explicava as diferenças entre homens e mulheres, assim como entre seres humanos e animais. Com o surgimento da obra de William Harvey, De motu cordis, em 1628, essa certeza foi abalada. Por meio de suas descobertas sobre a circulação do sangue, Harvey deu início a uma revolução científica que mudou toda a compreensão do corpo – sua estrutura, seu estado de saúde e sua relação com a alma –, dando origem a um novo modelo de imagem.

Essa mais recente compreensão do corpo coincidiu com o advento do capitalismo moderno, contribuindo para o nascimento de grande transformação social: o individualismo. O homem moderno é, acima de tudo, um ser humano móvel. Em A riqueza das nações, Adam Smith foi o primeiro a reconhecer que as descobertas de Harvey levariam a isso; ele imaginou um mercado livre, de trabalho e mercadorias, operando de modo parecido à circulação do sangue e capaz de produzir idênticas conseqüências. Observando o comportamento frenético dos negociantes do seu tempo, ele identificou um esquema. A circulação de bens e dinheiro era mais lucrativa que a propriedade fixa e estável, que significava apenas um prelúdio para a troca – pelo menos no que diz respeito aos que conseguiam aumentar seu quinhão. Mas para que as pessoas pudessem beneficiar-se da economia circulante, Smith sabia que elas seriam obrigadas a abandonar velhas lealdades. Além disso, esses atores econômicos móveis teriam que aprender tarefas especializadas, individualizadas, de modo a terem algo diferente a oferecer. Assim, o Homo economicus especializado poderia movimentar-se por toda a sociedade, explorar posses e habilidades oferecidas pelo mercado, mas tudo a um preço.

O movimento autônomo diminui a experiência sensorial, despertada por lugares ou pessoas que neles se encontrem. Qualquer forte conexão visceral com o meio ameaça tolher o indivíduo. Nisso residia a premonição expressa no fim de O mercador de Veneza: para dispor de si mesmo, você não pode sentir muito. Hoje, como o desejo de livre locomoção triunfou sobre os clamores sensoriais do espaço através do qual o corpo se move, o indivíduo moderno sofre uma espécie de crise táctil: deslocar-se ajuda a dessensibilizar o corpo. Esse princípio geral vem sendo aplicado a cidades entregues às exigências do tráfego e ao movimento acelerado de pessoas, cidades cheias de espaços neutros, cidades que sucumbiram à força maior da circulação.

A revolução de Harvey favoreceu mudanças de expectativas e planos urbanísticos em todo o mundo. Suas descobertas sobre a circulação do sangue e a respiração levaram a novas idéias a respeito da saúde pública. No Iluminismo do século XVIII, elas começaram a ser aplicadas aos centros urbanos. Construtores e reformadores passaram a dar maior ênfase a tudo que facilitasse a liberdade do trânsito das pessoas e seu consumo de oxigênio, imaginando uma cidade de artérias e veias contínuas, por meio das quais os habitantes pudessem se transportar tais quais hemácias e leucócitos no plasma saudável. A revolução médica parecia ter operado a troca de moralidade por saúde; e os engenheiros sociais, estabelecido a identidade entre saúde e locomoção/circulação. Estava criado o novo arquétipo da felicidade humana.

A rota escolhida a partir das descobertas de Harvey sobre o fluxo sanguíneo, combinada com os novos ideais capitalistas sobre movimento individual na sociedade, recolocaram o eterno problema da civilização ocidental: como construir uma casa em condições de abrigar os sentidos dos corpos interagentes, sobretudo na cidade dos incansáveis e solitários. Valorizada tanto pela medicina como pela economia, a circulação criou uma ética da indiferença. O corpo errante cristão, exilado do Paraíso, tinha pelo menos a promessa feita por Deus de que se tornaria mais unificado com o ambiente e com outros seres humanos sem lugar. É assim que John Milton, contemporâneo de Harvey, relata a Queda, em Paraíso perdido. O corpo leigo em infindável locomoção corre o risco de ignorar essa história, ao perder suas conexões com outras pessoas e com os lugares através dos quais se move.

Este capítulo traçou o caminho das descobertas de Harvey até o planejamento urbano do século XVIII, e o que a circulação significou para indivíduos e grupos na cidade iluminista. O próximo está centrado no desafio posto pela circulação ao sentido de lugar na Paris revolucionária. Como conseqüência dessa oposição, no século XIX, surgiram espaços urbanos reservados para indivíduos em locomoção, mais do que para multidões em movimento. O penúltimo capítulo vai traçar essa evolução e suas conseqüências psicológicas, tal como foram expressas por E. M. Forster no romance Howards End. O último capítulo diz respeito à Nova York moderna, uma cidade multicultural, cheia de estrangeiros "desenraizados". Embora esse termo sugira uma condição de infelicidade, não quero concluir minha história de modo pessimista. Carne e pedra termina perguntando se em uma cidade multicultural, e contra todas as peculiaridades da história, há alguma chance de existirem pontos de contato, mais do que trincheiras recuadas, entre povos racial, étnica e sexualmente diferentes. Podemos escapar à sorte dos cristãos venezianos e judeus? Pode a diversidade urbana refrear as forças do individualismo?

Estas questões começam na carne.

## O sangue pulsa

Em retrospecto, o que Harvey descobriu parece bastante simples: o coração bombeia sangue pelas artérias do corpo, recebendo-o das veias para ser bombeado. O fato desafiou a concepção de que o sangue corria pelo corpo aquecido e que corpos diferentes continham diversos graus de "calor inato" (calor innatus) – corpos masculinos, por exemplo, eram mais quentes que os femininos. Ao contrário da antiga teoria, Harvey acreditava que a circulação é que aquecia o corpo, ocorrendo mecanicamente, isto é, "pela batida vigorosa do coração", a grande máquina da vida; ele declarou que "o sangue é movimentado, tornado melhor, ativado e protegido do mal e do enfraquecimento".[1]

Harvey estudou, primeiro, as válvulas venosas, em 1614-1615, e depois as diferenças entre o funcionamento das artérias e das veias; por volta de 1620, seus alunos extraíam corações de cadáveres frescos para observar se o músculo continuava seus movimentos de contração e expansão, ainda que não houvesse mais sangue para ser bombeado.

Um desses estudantes percebeu que, realmente, o sangue dos pássaros é mais quente que o sangue humano, devido ao seu batimento cardíaco mais acelerado. Essas observações os convenceram de que o mesmo mecanismo operava em toda a vida animal.

Até o século XVIII, os médicos cristãos travavam debates acalorados sobre a localização da alma, se o contato entre ela e o corpo seria via cérebro ou coração ou se o cérebro e o coração eram "órgãos duplos", contendo ambos matéria corpórea e essência espiritual. Enquanto escrevia, Harvey aferrava-se à noção cristã medieval do coração – órgão da compaixão –, mas quando publicou suas descobertas ele já sabia que o coração também era uma máquina. Permanecera ligado ao conhecimento científico obtido por meio da observação e experimento pessoal, mais do que pelo raciocínio a partir de princípios abstratos. Alguns dos seus adversários, como Descartes, estavam preparados para acreditar que o corpo funciona dessa maneira, exatamente como o Divino poderia atuar por uma espécie de mecanismo celestial. Deus é o princípio da máquina. "A alma racional (imaterial) tem funções psicológicas?" Descartes respondeu sim a esta pergunta.[2] Baseado na ciência, Harvey disse não. Do seu ponto de vista, embora o animal humano possuísse uma alma imaterial, a presença de Deus no mundo não explica de que modo o coração faz o sangue circular.

Os estudos de Harvey encorajaram vários pesquisadores a investigar outras áreas do corpo, sob a mesma ótica. O médico Thomas Willis (1621-1675) procurou entender a atuação do sistema nervoso, partindo do conceito de circulação mecânica. Embora sem enxergar a "energia dos nervos" ao longo das fibras nervosas, como Harvey observara a pulsação do sangue, Willis podia estudar os tecidos cerebrais. Comparando encéfalos humanos e de animais, ele escreveu que, "à exceção do volume, não existia praticamente nenhuma diferença entre suas Figuras e Partes (...) por essa razão, concluímos que a Alma Comum de que dispõem destina-se tão-somente a promover o funcionamento dos órgãos".[3] Sucessores de Willis, no fim do século XVII e no século XVIII, ao realizarem experiências com sapos vivos, demonstraram como os gânglios têm sempre a mesma reação a determinadas estimulações sensoriais; dissecando cadáveres frescos, eles obtiveram respostas análogas, ainda que a alma, presumidamente, já tivesse ido ao encontro do seu Criador. Se o sistema neurológico não carecia de "espírito" para sentir, e uma vez que a atividade dos gânglios era sempre igual, a alma poderia estar no ar ou em qualquer parte, isto é, não em algum lugar específico que pudesse ser localizado por meio de observações empíricas.[4]

Portanto, o movimento mecânico – reações nervosas e fluxo sanguíneo – deu origem a uma compreensão mais leiga do corpo, que contestava a antiga noção de que a fonte de energia da vida era a alma (anima).

Essa conclusão levou os cientistas a desafiarem a imagem corporal hierárquica adotada de forma unânime pelos pensadores medievais, como João de Salisbury. Muito antes da descoberta da natureza elétrica dos impulsos nervosos, por exemplo, os médicos do século XVIII já estavam convictos de que o sistema nervoso era mais do que uma simples extensão do cérebro. Na sua obra Demonstrations of Physiology [Demonstrações de fisiologia (1757), tradução livre] Albrecht von Haller argumentou que o sistema nervoso desempenhava suas funções mediante sensações involuntárias que, em parte, enganavam o cérebro – e certamente o controle consciente. De alguma forma, quando uma pessoa dava uma topada com o dedo do pé, os nervos transmitiam sensação de dor ao cotovelo, fazendo os dois membros se contraírem a um só tempo. Da mesma maneira que o sangue, a dor parecia circular pelo corpo. Segundo a historiadora Barbara Stafford, em uma verdadeira orgia de experiências cruéis com animais, os médicos tentavam mostrar que os tecidos nervosos tinham vida "distinta da parte consciente da mente ou da alma, mais alta; abriam-se corações que ainda batiam, estripavam-se intestinos, cortavam-se traquéias em fatias, para sufocar o grito dos animais aterrorizados que agonizavam".[5]

O coração também foi destronado do lugar que Henri de Mondeville lhe reservara. Embora reconhecido nele "o ponto de partida da vida", para Harvey "o sangue é a própria vida",[6] muito mais importante que a máquina da circulação. A ciência enfatizava o "individualismo" das partes do corpo.

Deixando de lado a imagem de quebra-cabeça formado por corpo e alma, os novos conhecimentos concentraram-se na saúde do corpo, determinada pelos mecanismos que o constituem. Galeno a definira como o estado de equilíbrio entre calor e fluidos vitais; agora, ela se tornara sinônimo de livre circulação – sanguínea e nervosa. O movimento do sangue parecia estimular o crescimento saudável de cada tecido e dos órgãos. Os experimentos neurológicos levavam à conclusão de que a energia nervosa cumpria idêntico papel. Esse paradigma de corrente, saúde e individualidade corporal mudou as relações entre os corpos e o ambiente humano. "Em uma sociedade crescentemente leiga (...), a saúde era vista, cada vez mais, como responsabilidade individual, em vez de uma dádiva de Deus."[7] A cidade que começava a surgir no século XVIII ajudaria a reprodução desse paradigma em um quadro de convivência saudável.

Os elos entre a cidade e a nova anatomia estabeleceram-se quando os herdeiros de Harvey e de Willis aplicaram suas descobertas à pele. Devemos ao médico Ernst Platner a primeira analogia clara da circulação (sangue e impulsos nervosos) com a experiência ambiental. Nos anos 1700, Platner dizia que o ar é como sangue, devendo percorrer o corpo, e a pele é a membrana que lhe permite respirar. Sujeira, segundo Platner, era o inimigo número 1 da pele. Conforme a citação do historiador Alain Corbin, ele sustentava que a imundície, obstruindo os poros, "retinha os humores do excremento, favorecia a fermentação e putrefação das substâncias; pior ainda, facilitava a reabsorção dos dejetos que cobriam a pele".[8] A entrada do ar através da epiderme conferia um significado leigo à palavra "impuro". Mais do que uma mancha na alma – conseqüência de desastre moral –, impureza significava pele suja devido à experiência humana social.

Entre os camponeses, a sujidade incrustada na pele parecia natural, capaz até mesmo de proporcionar saúde. Urina e fezes humanas ajudavam a nutrir a terra; deixadas no corpo, bem que poderiam formar uma película revigorante, sobretudo para as crianças. Daí ser tão comum às pessoas do campo acreditarem que "ninguém deve lavar-se com muita freqüência (...) porque a crosta de fezes secas e restos de mijo faziam parte do corpo e protegiam, em especial crianças recém-nascidas (...)".[9]

Limpar de modo escrupuloso as fezes do corpo tornou-se uma prática particularmente urbana e de classe média. Por volta de 1750, entrou em uso o papel descartável, para o asseio anal após a defecação; nessa época, os penicos eram esvaziados diariamente. O medo de manusear excrementos, tipicamente urbano, nasceu com o novo discernimento a respeito das impurezas que aderiam à pele. Afinal, tratava-se de uma noção formulada na cidade e divulgada por aqueles que a revelaram, eles próprios cidadãos urbanos. A historiadora Dorinda Outram assinala que "camponeses e médicos eram, literalmente, incapazes de se comunicar com um mundo de representações harmônicas do corpo e suas adversidades". Nas aldeias, o lavrador só conhecia os barbeiros-cirurgiões; por volta de 1789, eles não passavam de um para cada mil habitantes; nas cidades, os médicos licenciados perfaziam um para dez mil.[10]

Antes ainda de 1730, a certeza íntima da importância de deixar a pele "respirar" contribuiu para alterar os hábitos de vestir. As mulheres trataram de aliviar o peso de suas roupas, usando tecidos como musselina e algodão; elas simplificaram os modelos que usavam em ocasiões especiais, assumindo suas plásticas com mais liberdade. Embora os homens mantivessem o artifício das perucas, colocadas abaixo da linha dos cabelos – por mais que isso tenha se complicado durante o século XVIII –, eles adotaram vestimentas mais leves e menos ajustadas. Livre para respirar, o corpo era mais saudável, pois dispersava com facilidade os vapores nocivos.

Depois de terem sido abandonados na Idade Média, os banhos voltaram à moda; de fato, alguns médicos chegaram a considerá-los perigosos por desequilibrarem radicalmente a temperatura do corpo. Agora, vestidas de forma menos pesada, as pessoas que não se banhassem assiduamente não teriam como disfarçar o cheiro do suor com perfumes fortes. As fragâncias usadas pelas mulheres e as colônias masculinas datavam dos séculos XVI e XVII; muito oleosas, elas provocavam brotoejas: doces odores ao preço de peles manchadas.

O DESEJO DE FACILITAR as funções respiratórias e a circulação transformou o panorama das cidades e alterou os métodos de asseio pessoal. A partir de 1740, os grandes centros europeus começaram a cuidar da limpeza urbana, drenando buracos e depressões alagadas, cheias de urina e fezes, e promovendo sua canalização para esgotos subterrâneos. Até então, o calçamento era feito de calhaus arredondados que retinham, nos seus interstícios, excrementos humanos e de animais. Em meados do século XVIII, os ingleses começaram a repavimentar Londres, utilizando-se de placas quadradas de granito que se encaixavam umas às outras; em 1780, a calçada do moderno teatro Odeion recebeu idêntico tratamento. Dessa forma, as ruas tornaram-se mais limpas; abaixo delas, "veias" urbanas substituíam bueiros rasos, carregando água suja e excrementos para novos canais de esgoto.

Tais mudanças foram acompanhadas por uma série de leis de saúde pública. Em 1750, a prefeitura obrigou o povo parisiense a lavar o estrume e o entulho acumulados defronte às residências, encarregando-se ela própria de manter os principais passeios públicos e as pontes em perfeitas condições. Em 1764, novas medidas passaram a ser adotadas para a recuperação dos locais inundados ou obstruídos em toda a cidade; em 1780, foi proibido esvaziar os penicos nas ruas. Internamente, as paredes das casas ganharam revestimento de gesso, que as protegia e facilitava a limpeza.

Partindo da idéia de um corpo saudável, limpo e que se deslocasse com total liberdade, o desenho urbano previa uma cidade que funcionasse assim. Desde os primeiros tempos do período barroco o foco do planejamento fixou-se na mais eficiente circulação possível ao longo das ruas principais. Na reconstrução de Roma, por exemplo, o papa Sisto V preocupou-se em construir uma série de grandes estradas retas, ligando os maiores santuários

 cristãos, para permitir o trânsito dos peregrinos. A teoria

médica a respeito da circulação conferiu novo sentido à ênfase do barroco na locomoção. O sentido formal de deslocamento em direção a um objetivo [monumentos] cedeu lugar à jornada, como um fim em si mesma. Na concepção iluminista, a rua era um importante espaço urbano, cruzando áreas residenciais ou atravessando o centro da cidade.

Palavras como "artéria" e "veia" entraram para o vocabulário urbano no século XVIII, aplicadas por projetistas que tomavam o sistema sanguíneo como modelo para o tráfego. Christian Patte valeu-se dessas imagens para justificar o princípio de ruas de mão única. No desenho dos mapas, o castelo do príncipe era o coração, muito embora as ruas freqüentemente passassem a seu largo, conectando-se umas às outras. Maus anatomistas, os planejadores não punham de lado, inteiramente, as referências que os orientavam. Antes, eles imaginavam que a locomoção poderia vir a ser bloqueada em um ponto qualquer, ocasionando no corpo coletivo uma crise semelhante ao derrame que resulta de um entupimento arterial. Conforme observou um historiador, "a descoberta de Harvey ensejou a exigência de que o ar, a água e os dejetos também fossem mantidos em movimento"; a tarefa implicava cuidados antecipados, pois um crescimento acidental só faria piorar a sobrecarga e a obstrução da malha urbana do passado.[11]

CONSTRUÍDA LOGO APÓS a Revolução Norte-Americana, Washington, D.C., é um belo exemplo desse tipo de planejamento urbano. O jogo de interesses entre os diversos poderes na jovem República impediu os urbanistas de aproveitar alguma cidade situada milhas ao norte, em parte já estabelecida, e forçou-os a transformar uma área pantanosa e bem pouco hospitaleira em uma capital nacional. O plano que eles adotaram resgata as crenças do Iluminismo no poder de criar um ambiente saudável – onde o povo pode respirar livremente – por meio do desenho de uma cidade altamente organizada e compreensiva.

Procurando reviver as virtudes da República romana, os prédios da sede do novo país foram erguidos com base em desenhos antigos, ou simplesmente "etiquetados". O "Tibre" norte-americano não passava de um riacho infestado de mosquitos que corria por um charco; as colinas eram fruto da pura imaginação. Ao pensarem sobre a nova capital, seus três principais idealizadores – Thomas Jefferson, George Washington e Pierre Charles L'Enfant – pareciam evocar as grandes vistas de Versalhes, Karlsruhe e Potsdam, cujos magníficos espaços abertos foram chancelados por penas monárquicas. Segundo um historiador, "trata-se de uma suprema ironia que as formas originalmente concebidas para engrandecer as glórias de reis e imperadores despóticos viessem ser aplicadas como símbolo nacional de uma nação tão firmemente enraizada na igualdade democrática".[12]

Ainda assim, os resultados desse "diálogo" não se mostrariam satisfatórios. Ao fim da década de 1780, Jefferson imaginara uma planta baseada na divisão da terra rural, que ele pretendia estender a todo o país – cidade e campo feitos à imagem e semelhança das redes romanas aplicadas à construção das cidades geométricas. A "sua" Washington, até onde conhecemos as idéias que ele tinha em mente, teria assentado o governo exatamente no centro urbano. A partir de uma leitura diferente das tradições de Roma, Pierre Charles L'Enfant contestou essa visão.

Como diversos outros idealistas franceses, o jovem engenheiro juntara-se à causa norte-americana durante a Revolução, prestando serviços em Valley Forge e permanecendo nos

Estados Unidos após a vitória. Em uma nota ao presidente Washington, provavelmente em 1791, ele zombava do plano de redes, tachando-o de "tedioso e insípido (...) [fruto de uma] imaginação sem entusiasmo, carente de um verdadeiro senso de grandeza, perfeição e harmonia".[13] Em vez disso, propunha um espaço mais democrático; seu "Mapa de Linhas Pontilhadas", convertido formalmente em um Plano de Washington por Andrew Ellicott, em 1792, mostra uma cidade com diversas ramificações e centros ligados por um sistema complexo de ruas radiais, cortando as divisões retangulares. Assim, L' Enfant desenhou uma grande interseção entre as avenidas Virgínia e Maryland, vias que nada têm a ver com os espaços de poder – a Casa do Presidente e o Capitólio. Quer dizer, na sua concepção, nem todos os pontos da cidade seriam segmentos do poder.

Além disso, seu projeto procurava dosar o social e o político, tal como esses dois elementos apareciam combinados no primitivo fórum da República romana. Fazendo uso de um inglês quase perfeito, ele escreveu ao presidente Washington, em 1791, que o Congresso ocuparia parte de um "lugar aberto a todos, onde poderiam também ser localizados teatros, um salão público, academias [sic] e outros tipos de locais capazes de atrair os letrados e garantir diversão para quem busca o lazer".[14] L'Enfant estava firmemente convicto de que a capital nacional deveria ser um espaço descentralizado e polivalente, em condições de diluir o poder. Dotado de convicções políticas igualmente sólidas, Jefferson aplaudiu o jovem francês, abrindo mão de seus planos imediatamente.

A cidade multicentrada e multiuso também refletia as crenças iluministas sobre a importância do deslocamento [circulação]. A região inundada por águas estagnadas e o seu desagradável clima de verão obrigou L'Enfant a criar "pulmões" urbanos. Para isso, ele recorreu a experiências de seu próprio povo, especificamente ao exemplo da grande praça Luís XV, no centro de Paris, que se estende até as margens do Sena, no limite do monumental Jardim das Tulherias, em frente ao palácio do Louvre.

No trabalho de L' Enfant, vis-à-vis ao Iluminismo, os órgãos respiratórios eram uma referência tão importante quanto o coração. Na Paris do século XVIII, nada surpreendia mais do que essa vasta praça e seu frondoso jardim. Naquela época, quando pouco se sabia a respeito da fotossíntese, bastava respirar para sentir seus efeitos. A praça Luís XV transformou-se em uma selva urbana, na qual as pessoas se embrenhavam para limpar os pulmões, longe das ruas: "(...) mesmo aqueles que apreciavam sua arquitetura, sentiam-se fora de Paris."[15]

Além de tudo isso, o espaço da grande praça central desrespeitava as relações de poder implícitas nos jardins reais, como Sans Souci, de Frederico, o Grande, ou Versalhes. Construído em meados do século XVII, o jardim Luís XIV disciplinava linhas regulares de árvores, caminhos e espelhos-d'água que recuavam para o ponto em que todas as paralelas pareciam se encontrar: [simbolicamente] o rei comandava a natureza. Um outro tipo de lugar aberto surgiu e adquiriu grande influência a partir da paisagem inglesa do início do século XVIII: "o jardim sem limites", que nas palavras de Robert Harbison carecia de "um começo e um fim evidentes (...) sem fronteiras muito definidas para qualquer dos lados".[16] Com sua forma irregular, os jardins ingleses se apossavam da imaginação, exuberantes e repletos de surpresas à medida que o olho errava ou o corpo se movia.

A geração de L'Enfant, por sua vez, procurou dar ao pulmão urbano uma forma visual mais definida. As autoridades parisienses, em 1765, por exemplo, analisaram diversos projetos alternativos com vistas à construção de um jardim mais acessível ao povo da cidade, a pé ou em carruagens; proibido qualquer tipo de comércio, suas ruas e passeios deveriam romper radicalmente com a malha urbana mais antiga. O movimento pelo pulmão da cidade deveria ser uma experiência sociável.

Curiosamente, o plano elaborado por L'Enfant para Washington não se adequava tanto à natureza quanto o do parque parisiense. O grande Mall, desenhado por Ellicott, retém alguns dos elementos lineares formais de Versalhes, particularmente claros nos eixos entre o rio Potomac e a Casa do Presidente e entre esse curso d'água e o Capitólio. L'Enfant enfatizava que, nesse espaço, os cidadãos poderiam locomover-se ou fazer concentrações, como já começavam a se habituar em Paris. O Mall não se destinava a propiciar ao presidente George Washington uma visão panorâmica de seus domínios, semelhante a que Luís XIV descortinava no parque de Versalhes, um infinito aparentemente todo seu. Dirigindo-se ao primeiro presidente, L'Enfant fez questão de deixar patente que desejava tanto "garantir uma ampla variedade de locais e perspectivas agradáveis" quanto "unir cada parte da cidade".[17] Com espaços livres e abertos a todos os cidadãos, ele atingiria os dois objetivos.

Pensando no campo, sua grande paixão, Jefferson disse que a céu aberto um cidadão respira livremente; L'Enfant trazia essa idéia para a cidade.[18] As origens médicas da metáfora sugeriam que um corpo circulante propicia a seus membros e órgãos mais vida, transmitindo à mínima parcela de cada tecido uma força vital, mormente ao coração e ao cérebro. Embora os pulmões urbanos excluíssem o comércio, o modelo da liberdade corporal em que se baseavam convidava justamente a isso.

## A MOBILIDADE INDIVIDUAL

### A fábrica de alfinetes de Smith

Em seu livro Grande transformação, o historiador Karl Polanyi discorreu a respeito das mudanças da sociedade européia sob o impacto do mercado. O autor, é claro, não negava a importância das trocas mercantis na Europa medieval e durante o Renascimento, ainda que fizesse uma ressalva sobre o princípio dominante nos séculos XVII e XVIII, "só ganho ferindo você", condicionado às relações sócio-econômico-culturais. Essa fórmula foi aos poucos distanciando as crenças cristãs da necessidade da caridade e do altruísmo. Na obra de Polanyi, é como se Shylock triunfasse e, em toda parte, a vida social tivesse se tornado nada além de calcular e extrair gramas de carne.[19]

De fato, os economistas, que alardeavam as virtudes do livre mercado no século XVIII, demonstravam extrema sensibilidade em relação à ganância. Da nova ciência do corpo e seu ambiente eles deduziam uma defesa contra essa conduta censurável, permitindo-se vincular diretamente o fluxo de trabalho e capital ao fluxo de sangue e à energia nervosa. Os colegas de Adam Smith falavam de saúde econômica nos mesmos termos com que os médicos se referiam à saúde do corpo, utilizando imagens como "respiração das mercadorias", "exercício do capital" e "estimulação da energia do trabalho". Parecia-lhes que a circulação econômica nutria todos os membros da sociedade, assim como a livre corrente sanguínea nutria todos os tecidos orgânicos.

Obviamente, parte desse raciocínio era absurda e não tinha nenhuma serventia; ninguém interessado em adquirir pão ou carvão aceitaria um preço duas vezes mais caro como "estimulante". Ainda assim, Smith acrescentou a essas convicções amplamente aceitas um raciocínio que seus contemporâneos não tinham assumido com igual clareza, e que resgatava a linguagem biológico-econômica daquilo a que se reduzira, como mero disfarce da ambição desmedida. Ele tentou demonstrar que por meio da divisão do trabalho inspirada pelo mercado as pessoas envolvidas nas suas operações desempenhavam papéis individuais distintos.

Sua tese ficou provada com grande elegância na abertura de A riqueza das nações. Nessa obra, Adam Smith traz à baila o exemplo de dez trabalhadores em uma hipotética fábrica de alfinetes. Fosse cada homem realizar todas as ações exigidas na manufatura de um único produto, sua capacidade diária não ultrapassaria vinte unidades – a produção total seria de duzentos alfinetes; com a divisão de tarefas, os dez homens podiam fabricar 48 mil alfinetes.[20] O que os levará a agir desse modo? A resposta está no mercado: "Quando [o mercado] é muito reduzido, ninguém se sentirá encorajado a dedicar-se exclusivamente a um emprego, pois não haverá consumo para o excedente do seu próprio trabalho", declara Smith.[21] Em contrapartida, sua amplitude e mais intensa atividade instigariam o trabalho a produzir excedentes. Portanto, a divisão do trabalho nasce da "propensão à barganha, à permuta e à troca de uma coisa por uma outra".[22] Quanto mais circulação houver, quanto mais especializado for o trabalho, maior será o número de atores individuais.

Smith não escolheu seu exemplo aleatoriamente; ele procurou expor os princípios mais gerais da economia política mediante a discussão do tipo mais ordinário de trabalho, a produção de alfinetes. Como vimos, no mundo antigo, o trabalho do homem comum parecia bestial e carente de dignidade. Por outro lado, a respeitabilidade do labor de que se desincumbia o monge medieval residia na sua disciplina espiritual e destinação piedosa. Smith ampliou o conceito de honra, estendendo-o a todos os trabalhadores que podiam trocar livremente os frutos de seu suor, tornando-se cada vez mais capacitados no exercício de uma tarefa específica. Promovida pelo livre mercado, a habilidade distinguia o trabalho. Nisso, a economia de Smith fazia eco à grande Enciclopédia, escrita por Diderot em meados do século XVIII, que detalhava as aptidões requeridas para bater uma carne ou assar um pato; o artesão ou criado assim tão capacitado aparecia em suas páginas como um membro mais útil à sociedade do que o mestre, que nada fazia além de consumir.

A fábrica de alfinetes de Smith era um lugar urbano. De fato, o ineditismo de A riqueza das nações decorreu da maneira como retratou as relações entre a cidade e o campo. Os pensadores medievais, a partir de Humbert de Romans, tendiam a considerar que a cidade enriquecia à custa do campo. Adam Smith, ao contrário, argumentou que o desenvolvimento urbano estimulava a economia camponesa, criando uma demanda para os produtos agrícolas. Ele acreditava que os agricultores deveriam transformar-se em fabricantes de alfinetes, plantando aquilo que o mercado consumisse mais, em vez de buscar auto-suficiência.[23] Isto é, as virtudes da circulação unem cidade e campo, dando origem ao trabalho especializado, tanto em um lugar como no outro.

Essa concepção de urbano e rural desvendava o que havia de mais iluminista e cheio de esperança no pensamento de Smith, o significado que ele atribuía ao indivíduo econômico como um ser ganancioso ou social, mais do que um ser à parte. Na divisão do trabalho, tal como ele a imaginou, cada um precisava de todos para fazer seu próprio trabalho.

Se críticos modernos, como Polanyi, consideram-no um apologista da "soma zero", seus contemporâneos viam-no tanto como cientista quanto como humanista. Realmente, ele encontrou na circulação de trabalho e capital uma força que enobrecia a ocupação mais mundana, reconciliando independência e interdependência.

Foi essa, portanto, a resposta contemporânea à questão de como deveriam existir as cidades projetadas por L'Enfant, Patte e Emmanuel Laugier – promessas emocionais de uma liberdade individual. À medida que os urbanistas do século XVIII traçavam seus planos de funcionamento urbano de acordo com os conhecimentos adquiridos sobre os sistemas circulatórios, Smith tornou legíveis e críveis as atividades econômicas que se adequavam a eles.

## Goethe foge para o sul

A promessa de liberdade individual e de ir e vir marca um dos mais notáveis registros do século XVIII, publicado pouco antes da Revolução Francesa – a Jornada italiana, de Goethe, que narra sua fuga de uma pequena e idílica corte alemã, em 1786, para as fétidas cidades da Itália; o poeta interpretou-a como um retorno à vida.

Tendo servido por mais de dez anos como contador, supervisor e administrador-geral de Carl August, governante de um pequeno ducado, Goethe tinha a seu cargo, além das finanças do príncipe, a orientação da drenagem de seus campos, tarefa que a cada ano lhe parecia mais tediosa. Com a verve estiolada, as extraordinárias realizações de sua juventude – seus poemas, o romance Os sofrimentos do jovem Werther, a peça Götz von Berlichingen – corriam o risco de se tornar meras lembranças. Ao fugir para o sul, ele imaginou reencontrar a luz de sua estrela.

A Jornada italiana descreve cidades pilhadas e em ruína, pedras rachadas, excrementos secos correndo nas ruas pelas quais vagava o autor, reverente e muito satisfeito. De Roma, em 10 de novembro de 1786, ele escreveu: "Nunca estive tão sensível às coisas deste mundo como aqui."[24] Seis semanas antes, dirigindo-se a um amigo, ele disse: "Estou vivendo frugalmente e mantendo a calma, de forma que os objetos não encontram uma mente ampliada, mas se engrandecem nela."[25] Circulando entre as massas estrangeiras, Goethe descobriu-se sensualmente desperto. Em Veneza, misturando-se à multidão na praça de San Marco, sentiu que, "afinal, tenho ao meu alcance a solidão que tanto desejei, pois em nenhum lugar pode-se estar mais sozinho do que em meio a tanta gente que é preciso forçar caminho".[26] Um dos trechos mais belos da obra, escrito no dia 17 de março de 1787, expressa a paz interior do poeta, na aglomeração barulhenta e desordenada de Nápoles:

> Caminhar em meio a tanta heterogeneidade em constante movimento é uma experiência saudável e peculiar. Tudo parece mergulhado em uma grande corrente, onde cada um procura seu próprio objetivo. No meio de tantas pessoas e tamanha excitação, sinto-me cheio de paz, sozinho, pela primeira vez. Quanto mais alto o burburinho das ruas, mais quieto eu me torno.[27]

Qual seria a causa desse despertar? Em 10 de novembro, Goethe anota: "Aqui, quem tiver olhos para ver, deve tornar-se íntegro, isto é, imbuído de uma concepção de integridade que nunca lhe tenha parecido tão vívida."[28] A aparentemente inadequada expressão "tornar-se íntegro" (em alemão, solid werden) advém da reação ímpar de Goethe ao "burburinho das ruas"; movimentando-se com a multidão, ele particulariza suas impressões.[29] Em Roma, chega a ponto de admoestar-se, para "deixar-me apreender as coisas, uma a uma, como elas afluem; mais tarde, elas se arrumarão por si mesmas".[30]

Pode parecer estranho comparar A riqueza das nações, cuja primeira edição foi publicada em 1776, com a Jornada italiana, surgida uma década depois, ainda que os dois trabalhos possuam certa semelhança; em ambos, o movimento articula, particulariza e individualiza a experiência. Os resultados desse processo refletiram-se na poesia de Goethe. Aos 38 anos, ele iniciou um romance com uma mulher mais nova e a inclinação pelas coisas concretas fundiu-se a esse amor erótico; a última de suas Elegias romanas é um poema de amor a sua amada que descreve a metamorfose das plantas, detalhando a revelação do afeto tão específico quanto o crescimento de um vegetal. Goethe estava consciente de que, ao longo das viagens, aumentava sua simpatia pela experiência estética minuciosa.

O poeta fez uma viagem toda sua, embora obedecendo à crença que predominava na época – de que movimento, viagem e exploração seriam capazes de ampliar a sensibilidade de qualquer um. De fato, durante o século XVIII, existiu um verdadeiro hábito de viajar. Alguns não pretendiam senão estimular-se em climas estrangeiros e estranhos. Goethe não se dedicou a esse tipo de turismo; ele não foi à Itália à procura do desconhecido ou do primitivo, mas porque sentia a necessidade de mover-se para fora do centro. Sua jornada estava mais próxima da Wanderjahre, que naquele mesmo ano envolveu rapazes e moças encorajados por seus familiares a percorrer lugares diferentes, passeando ociosamente, antes de se estabelecerem nas profissões que escolhessem. A cultura do Iluminismo animava as pessoas a se moverem, beneficiando-se física e mentalmente. Tais expectativas baseavam-se na mesma ciência que se aplicava ao desenho do ambiente, à reforma da economia e à formação da sensibilidade poética.

Na Jornada italiana, os limites dessa mentalidade são bem evidentes. Em geral, o autor descreve-se com muito mais particularidade do que às multidões entre as quais circula. A atitude de Adam Smith não é muito diferente: ele divide as populações urbanas em especialidades e categorias, sem maiores considerações a respeito do seu conjunto humano. No discurso da saúde pública, o povo figura como um poço de doenças, cuja purificação está condicionada ao fim das aglomerações. Jefferson temia as massas e L'Enfant demonstrava ambivalência em relação a elas, esperançoso que seus planos fossem eficazes contra a formação de "coágulos" nas ruas de Washington. A praça Luís XV foi projetada para indivíduos a passeio ou em cavalgadas solitárias; não se pensou em carruagens com cocheiros ou outras conduções maiores.

Obviamente, a incapacidade de considerar a multidão, ou aceitá-la, tem a ver com o fato de ela ser constituída majoritariamente por pessoas pobres. É claro que os menos favorecidos também participavam do movimento urbano, mas faziam-no por meio de experiências que ignoravam os preconceitos. No mercado de gêneros de primeira necessidade, por exemplo, a circulação cristalizava-se na diferença entre sobrevivência e fome, que eles mediam por meio das flutuações no preço do pão. Ir e vir agravava as dores da penúria. O povo desejava que a intervenção governamental se intensificasse, em prol de estabilidade e segurança. A incerteza inspirada pelo deslocamento tornou-se mais evidente na mais provocativa das capitais européias, Paris, às vésperas da Grande Revolução.

Quando Luís XVI subiu ao trono, conta o historiador Léon Cahen, a sociedade de Paris possuía cerca de dez mil clérigos, cinco mil nobres, uma burguesia de mercadores ricos, manufatores, médicos e advogados em torno de quarenta mil; os demais seiscentos mil habitantes – ou mais – viviam no limite da pobreza.[31] Em retrospecto, uma classe mais alta que somada à classe média representa menos que 10% da população parece pequena; historicamente, porém, isso era mais do que no tempo de Luís XIV, quando o rei segurava as rédeas das finanças e do governo no palácio de Versalhes, fora da cidade. De fato, o território de Versalhes empobrecera enquanto Paris prosperava durante o século XVIII; as finanças reais atravessaram uma fase difícil após as aventuras francesas na América do Norte, chegando perto da catástrofe depois do investimento realizado na Revolução Norte-Americana. A região atrofiou-se, também, em virtude do clero e da nobreza aderirem às mesmas formas de gerar riqueza utilizadas pela burguesia comercial: a venda de terras, investimentos nas empresas e em atividades de mercado.

Paris transformou-se em palco de um consumo acintoso, sinalizado pela pedra das vastas construções erguidas no Faubourg Saint-Honoré. George Rudé, com base nos registros do cronista Sebastien Mercier, estima que dez mil casas e um terço de Paris tenham sido construídos no curso da última década do Ancien Régime. É o próprio Mercier quem fornece esplêndidas informações sobre as delícias da vida nessa nova Paris, cuja elite, cada vez mais ociosa, passava longas tardes lendo, tomando chá e comendo, em casas convenientemente aquecidas, de tal forma que seus saudáveis moradores podiam vestir-se com simplicidade. E à noite percorria os teatros, sem maiores delongas, graças às carruagens que corriam por ruas cada vez mais bem pavimentadas.

Tudo isso exigia um número cada vez maior de artífices, funcionários, escriturários e trabalhadores da construção; como não havia necessidade de que fossem bem pagos, eles não o eram. Na indústria de vestuário, por exemplo, um entusiasta do livre mercado poderia alimentar a expectativa de aumento dos salários, acompanhando a ascensão da moda mais luxuosa; em vez disso, em valores reais, de 1712 a 1789, eles caíram, dado que o crescimento da reserva de mão-de-obra superou a demanda e, como conseqüência, a remuneração do trabalho diminuiu, mesmo nos setores em expansão. Os bens e serviços que se aprimoravam à medida que aumentava a prosperidade, difundindo-se por toda a cidade ao longo do século, permaneciam fora do alcance das massas populares.

A desigualdade entrava pelos olhos do povo que andava pelas ruas, provocando seus sentidos. É um truísmo afirmar que o sentimento de pobreza arrefece nos que partilham da mesma escassez. Mas, olhando um mapa da Paris de meados do século XVIII, o observador moderno pode ser tentado a tirar duas conclusões equivocadas. Uma, que o novelo de interseções urbanas abrigava os parisienses em pequenas áreas localizadas; outra, que a cidade consistia de quartiers ricos e pobres rigidamente delimitados. Às vésperas da Revolução, um caminhante podia atravessar bairros de trabalhadores, como o Faubourg Saint-Antoine, no limite leste da cidade; porém, ao descer a rue de Varenne na margem esquerda, com seus novos palácios privados [hôtels particuliers], ele perceberia algumas "manchas" – estalagens erguidas nos limites dos jardins, onde residiam os serviçais das mansões. Construções semelhantes, quase em ruínas, cercavam o palácio do Louvre, habitação do rei – nichos de miséria nas brechas da riqueza.

Talvez o lugar de Paris onde pobres e ricos se misturassem de forma mais surpreendente fosse o Palais-Royal, perto do Louvre. A essa antiga residência da família Orléans, alinhada por colunatas, acrescentara-se uma construção retangular, um longo galpão de madeira, a galerie de bois. No que poderia ser considerado o Times Square do Ancien Régime, os duques usavam a terra como serventia econômica: o Palais-Royal abrigava incontáveis cafés, bordéis e mesas de jogo a céu aberto, lojas de roupas usadas, casas de penhores e outros negócios duvidosos. Qualquer jovem que tivesse perdido seu salário na tavolagem, ou sua saúde nos braços de uma pouco saudável dama da noite, poderia divisar a silhueta do duque de Orléans nas janelas mais altas da ala oeste do Palais-Royal, enquanto ele supervisionava a miséria lucrativa lá embaixo.

Os pobres circulavam livremente nos espaços da riqueza inacessível. Os mercados da cidade eram dependentes do que hoje chamaríamos de comércio intermunicipal. A distribuição dos produtos era realizada em plena rua, parte para consumo interno, parte remetida para outros centros. Por volta de 1776, quando Smith divulgou sua teoria econômica, esses espaços estavam em um período de mudança. Paris negociava, como se fosse uma pequena nação, por meio de seus portos de "fronteira" – Bordeaux e Le Havre. A cidade ocupava o centro do poder governamental, mas sua economia era dependente de mil e uma futilidades que só interessavam à burocracia. Portanto, ao sentir a dor aguda da desigualdade, o povo foi buscar alívio não na circulação de trabalho e capital, mas junto ao governo, única fonte de estabilidade visível. A alta do preço do pão foi o estopim da revolta.

Os trabalhadores parisienses ganhavam entre 30 e pouco mais de 50 sous por dia, conforme sua especialização, isto é, de 1,50 a 2 francos antigos. Metade desse ganho pagava esse alimento básico, que custava 8 ou 9 sous, por cerca de 

1.400 quilos; uma família de trabalhadores consumia entre 3 e 4 quilos por dia, gastando outra parte de sua receita na compra de vegetais, aparas de carne, banha e vinho. Tendo consumido a maior parte do salário em comida, o trabalhador distribuía o restante, calculado até o último cêntimo, adquirindo vestimenta, combustível, velas etc. George Rudé observou que o preço do pão muitas vezes "dispara para 12 ou 15 (ou mesmo 20) sous (...) levando a grande maioria dos assalariados ao desastre".[32]

Antes e durante a Revolução, nada causava mais tumultos. Em 1775, por ocasião da Guerra da Farinha, pessoas à beira da morte por inanição reivindicavam que o preço do produto desconsiderasse o valor de mercado e correspondesse apenas ao que elas podiam pagar. Tratando da invasão de um estabelecimento de grãos, o historiador Charles Tilly observa que os pobres eram "sobretudo mulheres e crianças (...); tiveram o cuidado de deixar intocadas outras mercadorias [e] pelo menos alguns deles insistiram em pagar pelo pão (...) cerca de três quintos do preço corrente".[33]

Embora o Estado fixasse seu preço, as remarcações descumpriam, ou simplesmente ignoravam, o tabelamento. Vitimado pela carestia, o povo não tinha outra alternativa senão voltar-se para as autoridades, medindo o êxito ou o fracasso de suas reclamações pela alta ou pela queda de um centésimo que fosse. Observemos uma questão importante de como a verdadeira comoção de uma multidão na busca por pão a levou até os portões do Estado.

A grande revolta do pão, iniciada na manhã de 5 de outubro de 1789, explodiu no distrito operário de Saint-Antoine, a leste de Paris, e nos armazéns de gêneros alimentícios no centro da cidade. Algumas mulheres recusaram-se a pagar o preço de 16 sous, aumentado devido à diminuição do estoque de grãos.

Outras vieram juntar-se a elas, forçando o sacristão da Igreja de Sainte-Marguerite a tocar o sino em "sinal de alarme", anunciando uma emergência que exigia a presença do povo nas ruas. A notícia alcançou os bairros vizinhos e, armada de chuços e bastões, uma multidão de quase seis mil mulheres ocupou o Hôtel de Ville, mas não encontrou, contudo, quem pudesse responder às suas solicitações. Apenas o rei e seus administradores, foi-lhes dito, poderiam dar uma resposta: a cidade estava falida. À tarde, a massa, que já somava dez mil populares de ambos os sexos, irrompeu no centro da cidade e desceu a rue de Vaugirard em direção a Versalhes. "A grande marcha liderada por elas inscreveu-se em uma longa tradição de participação feminina em protestos populares, especialmente durante as crises de subsistência", relata o historiador Joan Landes.[34] Chegaram ao crepúsculo e dirigiram-se imediatamente para o salão da Assembléia, onde Maillard, que as conduzia, "repetia abertamente o texto de um novo panfleto popular – Quando teremos pão? ["Quand aurons-nous du pain?"] –, no qual as autoridades, não os padeiros, eram responsabilizadas pela escassez.[35]

Na aurora, depois de uma noite inteira acampados, os rebeldes enfrentaram os guardas do palácio, matando e degolando dois deles, cujas cabeças foram exibidas na ponta dos chuços. Mas os portões de Versalhes não se abriram; novos contingentes da população acorriam ao subúrbio real e ninguém arredava pé. Por fim, no início da tarde do dia 6, quando o ajuntamento já somava sessenta mil pessoas, o rei e a rainha apareceram na sacada, saudados pelo povo gritando "Para Paris!", e foram escoltados de volta à cidade. No dia 7, uma delegação mostrou à Sua Majestade barris de farinha podre, com vermes, logo a seguir jogados ao Sena pela multidão ainda ativa.

A rebelião produziu dois resultados: as autoridades procuraram fortalecer sua influência militar na cidade para controlar futuras manifestações e o preço do pão foi fixado em 12 sous. Além disso, o governo franqueou seus estoques de boa aveia, garantindo os suprimentos necessários. Enfim, restabelecida a paz, Maria Antonieta escreveu a Mercy d'Argenteau, o embaixador austríaco:

> Falei ao povo; aos homens da milícia e às mulheres do mercado, que estenderam suas mãos para mim, dei a minha mão. Tenho sido muito bem recebida na cidade. Essa manhã, o povo nos pediu para ficar. No que concerne ao rei e a mim, respondi que isso dependia deles, pois não pedimos nada melhor do que o fim de todo o ódio (...).[36]

De fato, naquele exato momento, a rainha interpretava corretamente a opinião pública, tanto que uma canção entoada pelas mulheres no mercado expressava claramente sua satisfação com o desenlace dos acontecimentos; a imposição da autoridade recompensara seus desejos.

> Para Versalhes, como rapazes valentes,
> Trouxemos conosco todas as nossas armas,
> Para mostrar, embora sejamos mulheres,
> A coragem pela qual não podemos ser recriminadas
>
> (Agora) não precisamos ir tão longe
> Quando queremos ver nosso rei;
> Nós o amamos com amor sem igual,
> Já que ele veio viver em nossa capital.[37]

Portanto, a população urbana movia-se em direção a um destino diferente do que fora previsto por Adam Smith. Para o historiador Lynn Hunt, a rebelião e outros eventos semelhantes demonstram a essência de uma relação paternal entre o monarca e suas "crianças", que confiavam nele na expectativa de alcançar e garantir alguma estabilidade.[38] Harvey tentou equiparar os órgãos do corpo, atribuindo-lhes igual importância e interdependência, por meio da circulação sanguínea. As idéias de Adam Smith conferiam a mesma importância e interdependência a todos os que atuavam nos movimentos do mercado, embora reconhecendo que os atores se distinguiam em virtude da divisão do trabalho. Mas a multidão rebelde e reivindicante era mais do que um grupo de indivíduos que se substituíam uns aos outros, amalgamada por necessidades econômicas comuns: ela possuía identidade própria, que deu à palavra "movimento" um significado coletivo. Breve, isso seria testado no fogo e no derramamento de sangue da Revolução.

# 9
# O corpo liberto
## A Paris de Boullée

Por volta de 1789, o diário mais radical de Paris declarou que uma revolução de verdade acabaria por envolver os corpos dos cidadãos. "Algo que nunca nos cansaremos de repetir para o povo é que liberdade, razão e verdade não (...) são deuses (...) mas partes de nós mesmos", sustentava o jornal.[1] Ainda assim, quando a Revolução Francesa instigou a população a assumir nas ruas um novo sentido de vida, algo bastante inesperado aconteceu. Em freqüentes reviravoltas, as turbas caíam na apatia e, em silêncio, dispersavam-se; os espaços revolucionários não as despertavam, os espetáculos de violência bloqueavam seus sentidos.

Gustave Le Bon, escritor moderno que mais se interessou pelo estudo das multidões em movimento, desconsiderou essas fases de passividade convicto de que, nas ruas de Paris, elas tinham vivido sensações fortes demais para serem esquecidas. Ele acreditava que a grande revolta do pão repercutiu ao longo dos quatro anos seguintes. É a Le Bon que devemos o conceito de psicologia e comportamento das massas – baseado naquela visão de corpo coletivo, constantemente alerta, raivoso e ativo –, distinto, portanto, do comportamento individual. Ele acreditava que, ao se juntarem em um protesto, as pessoas atuavam de um modo nunca sonhado, engrandecidas por sua força numérica, sucumbindo a "um sentimento de poder invencível, diante do qual cada uma delas cede às tendências naturais que, isoladamente, trataria de manter sob controle".[2] Quando está só, qualquer um "pode ser educado, mas em bando converte-se num bárbaro, agindo por instinto".[3]

Se essa transformação ocorre em qualquer grupo de seres humanos em movimento e densamente ajuntados, disse Le Bon, a Revolução Francesa constituiu-se em um divisor de águas na história, legitimando a violência da massa politicamente organizada. Sobre os líderes da Revolução, ele declarou:

> Tomados separadamente, os homens da Convenção Revolucionária Francesa eram cidadãos pacíficos e iluminados. Unidos, eles não hesitavam em dar sua adesão aos propósitos mais selvagens, a guilhotinar indivíduos evidentemente inocentes e (...) a se dizimarem.[4]

As teses de Le Bon exerceram grande influência sobre Freud, sobretudo em seus escritos a respeito de "horda tribal" e outros ajuntamentos que lançavam fora as restrições da individualidade. Seus conceitos ainda permanecem bastante persuasivos, capazes de fornecer uma explicação convincente às atitudes de indivíduos aparentemente decentes, mas partícipes de crimes hediondos, como as súcias nazistas ou fascistas.

Além disso, como se prenunciasse algo marcante nos tempos modernos, a passividade individual e de insensibilidade no espaço urbano fizeram suas estréias nas ruas da Paris revolucionária. A rebelião do pão escancarou uma necessidade coletiva e vital, que a Revolução não preencheu.

## LIBERDADE NO CORPO E NO ESPAÇO

O historiador François Furet observa que a Revolução, "num ato de criatividade, procurou reestruturar a inteireza para uma sociedade que estava em pedaços".[5] Foi preciso descobrir o que "um cidadão" deveria ser. Um invento dessa ordem não era fácil; em que pese as profundas diferenças sociais impressas no modo de vestir, na gesticulação, nos aromas e nos movimentos, de algum modo o "cidadão" tinha que se parecer com todos, que deveriam reconhecer-se na sua imagem, a ponto de se sentirem renascidos nela. Todavia, conforme questionou um historiador, dados os preconceitos sobre a irracionalidade das mulheres, a necessidade de imaginar uma figura universal apontava idealmente para um homem. Os revolucionários procurariam por um "sujeito (...) neutro; alguém capaz de subordinar (...) paixões e interesses individuais à regra da razão. Somente os corpos masculinos preenchiam as exigências desse padrão cheio de subjetividade".[6] Mesmo Olympe de Gouges, uma das feministas mais inflamadas da época, aceitava que a fisiologia emocional do chamado sexo "frágil" as predispunha à ordem paternal do passado, mais do que às novas engrenagens do futuro.[7] Certamente, tais crendices não estavam ausentes do imaginário da Revolução; com base nelas, por volta de 1792, foram esmagadas as atividades organizadas das mulheres que tinham, como na Revolta do Pão, em 1789, ajudado a incendiar a sociedade.

Ainda assim, entre todos os emblemas revolucionários – os bustos de Hércules, Cícero, Ajax e Catão –, o povo preferia a imagem de uma cidadã ideal, "Marianne". Ela surgiu em toda parte, substituindo as efígies de reis, papas e aristocratas, nos jornais, moedas e estátuas públicas. Inspirando a fantasia popular, ela conferia um sentido novo e coletivo à locomoção, à fluidez e à mudança dentro do corpo humano, que agora alimentavam outro tipo de vida.

## Os seios de Marianne

A Revolução modelou o rosto de Marianne como o de uma jovem deusa grega, dotada de nariz reto, testa alta e queixo bem-formado; seu corpo tendia mais às formas arredondadas de uma jovem mãe, vestido, às vezes, com túnicas justas, mas eventualmente com roupas contemporâneas e os seios nus. Em 1792, o pintor revolucionário Clement desenhou-a assim, intitulando sua tela de "França republicana, abrindo seu peito a todos os franceses". De qualquer jeito, Marianne não demonstrava o menor sinal de lascívia, talvez porque, no fim do Iluminismo, o seio era prova de virtude, mais do que zona erógena, revelando os poderes do desvelo feminino durante o aleitamento.

Na pintura de Clement, o colo farto de Marianne representava seu cuidado com todos os franceses, imagem de amamentação revolucionária, sublinhada na pintura por um ornamento incomum: uma volta da fita em torno de seu pescoço cai entre seus seios e segura, abaixo deles, um pêndulo, para significar que todo o povo francês tem o mesmo acesso a eles. É esse o apelo básico simbolizado por Marianne – atenção igual a todos.

A veneração de uma figura maternal lembra o culto e a adoração da Virgem Maria; vários comentaristas ressaltaram a grande similaridade dos nomes revolucionário e religioso. Mas mesmo que Marianne tenha se firmado no peso da emoção e do entendimento populares contido no amor de Maria, a amamentação significava algo historicamente bastante específico.

Na época da Revolução, a primeira nutrição dos filhos tinha se tornado uma experiência complicada para as mulheres. Até o século XVIII, todas, à exceção das mais pobres, deixavam que amas-de-leite cuidassem deles, embora muitas dessas criadas fossem indiferentes a essa responsabilidade. No início do Ancien Régime, os bebês e as crianças menores eram negligenciados, malvestidos e alimentados com restos das refeições destinadas aos serviçais. Mais do que crueldade premeditada, esse desleixo refletia de maneira parcial as realidades biológicas severas de uma época em que a mortalidade infantil alcançava índices muito altos; a mãe afetuosa guardaria um luto permanente.

Aos poucos, a família concentrou-se em suas crianças. Mudanças na saúde pública resultaram na queda da taxa de mortes prematuras a partir de 1730, sobretudo nas cidades. Foi por volta dessa época que as mães – particularmente o amplo espectro de mães das camadas intermediárias da sociedade – passaram a ter uma relação mais afetuosa com os filhos e a amamentá-los. Emile e Sophie ou os solitários (1762), de Rousseau, ajudou a definir esse ideal maternal. Os seios túrgidos de Sophie, personagem central do romance, comprovavam sua virtude. O autor chegou a declarar que "nós homens podemos subsistir mais facilmente sem as mulheres do que elas sem nós (...) elas são dependentes de nossos sentimentos, do valor que atribuímos aos seus méritos e da admiração que sentimos por seus encantos e suas virtudes".[8] A revolução maternal confinou-as à esfera doméstica, como Mary Wollstonecraft e outras admiradoras de Rousseau logo notaram; livre para amar seus filhos, Sophie ainda carecia da liberdade de uma cidadã. "A República da Virtude não concebe que as mulheres ocupem o espaço público; a virtude feminina é doméstica, privada, discreta", observa o crítico Peter Brooks.[9] As forças de Marianne não eram suficientes para libertar Sophie.

Quando as qualidades dadivosas que lhe foram atribuídas converteram-se em um ícone político, seu corpo maternal pareceu aberto a adultos e crianças. Uma metáfora política que unificava uma ampla variedade de seres humanos e uma metonímia, pois diante de sua imagem – espécie de espelho mágico – os revolucionários enxergavam o reflexo das mudanças que se operavam.

Antes de tudo, o corpo de Marianne, generoso e produtivo, servia para destacar os males do Ancien Régime. Sua imagem contrastava com os corpos sexualmente insaciáveis dos inimigos da Revolução. Já por volta de 1780, a pornografia popular escolhera a rainha de Luís XVI como tema de escândalos; imputava-se tendências lésbicas a Maria Antonieta, que teria ligações com suas damas de companhia, carecendo também de sentimento maternal. Durante a Revolução, esses ataques recrudesceram. Pouco antes de sua condenação à morte, os relatos que varreram Paris davam conta de que a rainha e uma de suas damas, enquanto faziam amor, ensinavam ao jovem príncipe de apenas 8 anos a se masturbar. Em meados do século XVIII, médicos, como Tissot, condenaram de forma explícita a masturbação, por seus efeitos supostamente degenerativos, tais como a perda da visão e fraqueza dos ossos.[10] Para desfrutar de um prazer ilícito, Maria Antonieta sacrificava a saúde de seu próprio filho – essas eram as acusações. Em oposição a Marianne, adulta, capaz de proporcionar um prazer que não causava dor a ninguém, nos cartazes exibidos publicamente a Austríaca aparecia quase sem seios, denotando sua avidez licenciosa e imaturidade.

Ainda sob outro aspecto, Marianne aliviava os sofrimentos causados pela Revolução. Por ser muda, seu desvelo consistia em um amor submisso e incondicional, ocupando o lugar de um soberano cujo cuidado paternal supunha comando e obediência. O Estado revolucionário que enviava cidadãos para morrer no estrangeiro, ou condenava-os à guilhotina em seu próprio país, precisava de quem o representasse como mãe. As guerras e as disputas internas faziam aumentar o número de crianças órfãs e abandonadas. Tradicionalmente, os conventos cuidavam de casos assim, mas eles tinham sido fechados. A imagem de Marianne simbolizava a garantia de que o Estado revolucionário não deixaria esses menores carentes ao desamparo, por uma questão de dever patriótico. Eles eram tratados de maneira genérica, como observa o historiador Olwen Hufton, "como 'enfants de la patrie' [filhos da pátria] e tidos como uma preciosa fonte de soldados e mães em potencial".[11] As amas-de-leite tornaram-se citoyennes précieuses (cidadãs preciosas).

Embora as revoluções não sejam nada divertidas, a figura de Marianne deu asas ao típico humor francês. Em uma conhecida gravura anônima, ela está equipada com asas de anjo, sobrevoando a rue de Panthéon; segurando dois trompetes, sopra por um deles chamados de liberdade, enquanto enfia o outro no ânus, peidando no mesmo tom.[12] (Alguém poderia imaginar George Washington tão engajado?) Os cidadãos valiam-se dessa veia cômica ao olharem em torno, uns para os outros, perguntando-se: "Que fraternidade é essa?"

Os seios intumescidos de Marianne sugeriam que a concórdia era uma experiência corporal sensível. Um panfleto contemporâneo dizia que "o mamilo não flui livremente até que sinta os lábios de um bebê esfomeado; da mesma forma, a dedicação dos guardiães da pátria não pode dispensar o beijo do povo; é o leite incorruptível da Revolução que dá vida ao povo".[13] Nos cartazes revolucionários, o ato da amamentação assumia uma conotação de desvelo recíproco – entre mãe e filho, entre governo e povo e entre cidadãos. O "leite incorruptível", referido no texto popular, identificava harmonia a um laço familiar mais forte do que as associações racionais de interesse mútuo, imaginadas por whigs ou pelos fisiocratas, que nos primeiros meses da Revolução procuravam apenas uma oportunidade para fortalecer a liberdade do mercado.

Subjacente a todas essas reflexões está a imagem do corpo de um novo cidadão, cheio de fluido transbordante. Nele, o leite substituiu o sangue do imaginário de Harvey, a lactação ocupou o lugar da respiração – mas o movimento e a circulação (inteiramente saciada) permaneceram livres e vitais. Marianne precisa do mesmo espaço para mover-se que o do indivíduo de Harvey. Nisso, justamente, reside um dos dramas da Revolução Francesa: Marianne podia ser vista, mas isso não lhe assegurava um ambiente. A Revolução tentou construir, na cidade, locais em que os cidadãos pudessem expressar sua liberdade, dando à luz as virtudes de Marianne – liberdade, igualdade e fraternidade. Porém, a liberdade no espaço conflitava com a liberdade no corpo.

O espaço total, sem obstrução nem limites, onde tudo era "transparente" e nada escondido, definia a imaginação revolucionária da mais ampla liberdade, segundo o crítico Jean Starobinski.[14] Assim, em 1791, o conselho da cidade de Paris começou a derrubar as árvores e pavimentar os jardins da velha praça Luís XV, rebatizada de praça da Revolução (atual place de la Concorde). Todas as plantas desenhadas para o centro da cidade propunham um lugar sem vegetação ou quaisquer outros obstáculos, uma vasta plaza de superfície dura. De acordo com essa reforma, elaborada por Wailly, o enorme vazio central seria cercado por construções, sem ruas ou calçadas que o atravessassem. O projeto de Bernard Poyet acabava com as pontes sobre o Sena, eliminando a ligação com as pequenas edificações que dificultavam seus acessos.[15] Em outros lugares da cidade, como no Champ de Mars, os urbanistas revolucionários procuraram criar extensões livres de tudo o que prejudicasse o movimento e a visão.

Áreas vazias significavam a garantia de uma casa para o corpo dadivoso de Marianne. Ao contrário das imagens da Virgem, escondidas nas igrejas, suas estátuas eram expostas a céu aberto, e os rituais organizados por ocasião das festas cívicas falavam de abertura e transparência mútuas, sobre a fraternidade daqueles que nada tinham a esconder. Além disso, o espaço ocupado pela liberdade consumava a crença iluminista no direito de ir e vir; o passo seguinte teria de ser dado em ruas em que o movimento fluísse, em praças concebidas como pulmões desobstruídos que pudessem respirar livremente.

Em um plano abstrato, a conexão entre corpo em movimento livre e espaço vazio poderia parecer lógica; materialmente, entretanto, seria estranho imaginar uma mulher cuidando de uma criança no meio do vazio, sem nenhum outro sinal de vida em torno. Os parisienses não demoraram a perceber isso nas ruas da cidade.

Poder e idealismo – articulando nova ordem humana em locais abertos – justificam os espaços da liberdade, que permitiam a máxima vigilância policial sobre a multidão. François Furet assinala que a própria visão revolucionária conduzia a essa dissonância. Nascido em Paris, onde viveu até morrer, o arquiteto Etienne-Louis Boullée (1728-1799) é o maior exemplo de fé no poder liberador da amplidão. Pessoalmente modesto, agradecido às honras recebidas do Ancien Régime (foi feito membro da Academia em 1780) e inclinado à reforma, mas contrário ao derramamento de sangue, ele era um típico adulto civilizado do Iluminismo. Projetista e intelectual, suas plantas vinculavam o corpo à pedra de forma tão explícita quanto Vitrúvio, e tanto que ele fazia menção a obras clássicas, como o Panteão.

Apesar de todo esse interesse pelo passado, Boullée era realmente um homem do seu tempo, um verdadeiro revolucionário do espaço. De um modo incomum, a violência do poder pagava tributo à sua visão: em 8 de abril de 1794, ele quase foi preso, acusado de ser um dos "loucos da arquitetura" que "odeiam os artistas", não passando de um parasita social, culpado, ainda, de "propostas sedutoras".[16] Duas propostas sedutoras em especial apresentaram grande material cercado por paredes e janelas rigidamente disciplinadas como símbolos de liberdade.

Anterior à Revolução, a proposta sedutora que tornou Boullée famoso foi o projeto de um monumento dedicado a Isaac Newton, uma câmara esférica prevista para funcionar como um planetário moderno, como uma imagem do céu.  Ao imaginá-lo, ele desejava evocar o vazio majestoso da natureza que, segundo acreditava, Newton havia descoberto. O planetário de Boullée reproduziria esse vazio mediante um sistema inédito de iluminação: "A luz interior, semelhante a de uma noite clara, é fornecida pelos planetas e estrelas que decoram a abóbada do céu." Para alcançar esse efeito, o domo deveria ter "aberturas como funis (...) O brilho estonteante do sol se filtra através dessas aberturas (...) e contorna todos os objetos na abóbada".[17] O observador, entrando por uma passagem externa bastante abaixo da esfera, sobe os degraus para atingir o pavimento e vislumbrar o céu; seguindo adiante, verá "somente uma superfície contínua que não tem início nem fim; quanto mais olhamos, maior nos parece".[18]

O Panteão de Adriano, fonte de inspiração para o arquiteto francês, fora planejado para dirigir o olhar de seus visitantes quase que de maneira compulsiva. Diante do céu artificial imaginado por Boullée, sem sinais que o orientassem, o espectador perdia seu senso de localização. Além disso, as perspectivas do Memorial de Newton tornavam os seres humanos quase invisíveis na imensidão – o espaço interior é 36 vezes mais alto que um mero grão humano desenhado na base, uma experiência em si mesma, tanto quanto o infinito, do lado de fora.

Em 1793, Boullée talvez tenha feito – novamente no papel – seu projeto mais radical, o "Templo para a Natureza e para a Razão". Utilizando-se, mais uma vez, da esfera, que se erguia de forma abrupta do chão, ele a dividiu em duas metades: a da "Natureza", inferior, contrapondo-se à de cima, um domo arquitetônico perfeitamente liso e curvado, dedicado à "Razão". Quem entrasse nessa "igreja", caminharia em torno de uma colunata, situada na interseção da terra (Natureza) com a arquitetura (Razão). O domo seria uma superfície descaracterizada, livre de qualquer particularidade.

Abaixo, em resposta, a superfície rochosa da terra. Nenhum apreciador desse santuário desejaria tocar a terra e, de qualquer modo, ele não poderia descer a partir da colunata; Boullée desenhou crateras irregulares, abertas por uma fissura que se estendia na escuridão, como o corte de uma faca. Os pés não teriam apoio, nem os seres humanos lugar, nesse local misterioso e aterrorizante devotado à união de conceitos.

Em seus textos a respeito do desenho urbano, Boullée ponderou que as ruas deveriam ser tão amplas como o seu planetário e o seu templo, sem início ou fim. "Abrindo-se uma avenida cujo término não esteja à vista, as leis da ótica e os efeitos da perspectiva proporcionarão uma idéia de imensidão", escreveu ele.[19] Espaço total: liberto de ruas sinuosas e acréscimos irracionais às construções, acumulados ao longo dos séculos como sinais tangíveis do prejuízo causado pelo homem, no passado. Boullée declarou: "O arquiteto deve estudar a teoria do volume e analisá-la, procurando compreender suas propriedades, os poderes que têm sobre nossos sentidos e suas similaridades com o organismo humano."[20]

Para o historiador Anthony Vidler, tais desenhos constituem uma "arquitetura artificial", que desperta sentimentos mistos de grandeza sublime, desconforto e perturbação. O conceito deriva dos escritos de Hegel sobre arquitetura, nos quais esse autor refere-se a unheimlich – "não doméstico", em alemão.[21] Eis por que os monumentos a Newton e à Razão e à Natureza parecem tão inadequados quanto as casas para Marianne, cujo lugar, todavia, seria o lar, representando a unidade reconfortante entre a família e o Estado. Para combater a relação entre maternidade e fraternidade incorporada em Marianne, os revolucionários propunham fazer tabula rasa do passado, a oportunidade de um novo recomeço, algo como manter a casa sem os seus alicerces.

A convivência dos cidadãos fraternos, bem como sua liberdade no tempo e no espaço, expressavam-se na carne tocando a carne e no volume vazio.

A contradição entre o ideal de manter contatos com outros povos, sem discriminações, e o sonho de recomeçar tudo sem o peso do passado, talvez fosse inevitável. Mas, na Revolução Francesa, a liberdade produziu resultados realmente inesperados. Mais do que o pesadelo que assombrava Le Bon – uma massa selvagem de corpos em movimento, numa extensão sem limites –, a revolução mostrou como as multidões se acalmam nos grandes locais abertos para a encenação de seus eventos públicos mais importantes. O espaço da liberdade pacificou o corpo revolucionário.

## ESPAÇO MORTO

"A Revolução Francesa sofreu as dores de um parto que destruiu a civilização antes de recriá-la."[22] A ruína atraía de maneira infame os corpos humanos para o espetáculo da guilhotina. Esse modo de execução impiedoso, segundo a crítica de arte Linda Nochlin, associava-se ao "desmembramento revolucionário", sinalizando a crença segundo a qual as figuras do passado não poderiam ter outro tipo de morte – os inimigos da Revolução precisavam ser literalmente apartados, a fim de que sua eliminação fosse exemplar. Uma lição encenada em um espaço destinado não a despertar o gosto pelo sangue (conforme o relato de Le Bon), mas a paralisar as multidões que a testemunhavam.

A guilhotina é uma máquina simples: consiste de uma chapa de metal larga e pesada que se desloca de modo vertical entre duas estacas de madeira, presa a uma corda que passa por uma roldana; erguida a cerca de 3 metros pelo carrasco, ao ser solta, ela desliza e atravessa o pescoço do condenado, que se encontra deitado em uma prancha ou apenas ajoelhado. Conhecida como a "lâmina nacional" – em francês, rasoir national –, mata mais em razão do seu peso do que pelo fio.

Na verdade, o Dr. Joseph-Ignace Guillotin (1738-1814) não a inventou. Máquinas parecidas e com a mesma serventia já existiam desde o Renascimento. Construída em 1564, na Escócia, a "Solteira" foi uma delas; O martírio de São Mateus, de Lucas Cranach, mostra o santo decapitado por algo quase idêntico à "lâmina nacional". O Ancien Régime raramente usava instrumentos de decapitação, considerados muito rápidos para os rituais da punição. Festivamente, em um dos poucos feriados fora do calendário religioso, o povo reunia-se em todas as vilas para apreciar as exibições de dor. Madame de Sévigné descreve uma pequena jornada de prazer, de Versalhes até Paris, para assistir ao achincalhe de três criminosos e seu enforcamento – uma pausa de suas obrigações na corte.

A exemplo das crucificações romanas, as execuções cristãs procuravam dramatizar os poderes – atributo do Estado – de provocar sofrimento. A "roda" ou o "cavalete" adiavam a morte tanto quanto possível: o público podia ouvir os gritos do infeliz sentenciado e ver seus músculos se rasgando. Para as autoridades cristãs, a tortura tinha um propósito religioso e, de certo modo, caridoso: incapaz de resistir aos suplícios que acabavam por quase transformá-lo em uma posta de carne, o criminoso que confessasse a enormidade de seus pecados teria uma última chance de livrar-se das profundezas do inferno.

Guillotin não acreditava nisso, e afirmava que com duas voltas da roda já sobrevinha um estado de inconsciência ou perturbação tal que impossibilitava qualquer opção de arrependimento. Além disso, ele imaginava que mesmo o criminoso mais abjeto possuía determinados direitos corporais naturais que a lei não podia violar. Baseado em um grande tratado do Iluminismo sobre as prisões – Dos delitos e das penas, de Beccaria –, ele argumentava que ao infligir a pena capital, e superior ao assassino comum, o Estado deve manter o máximo respeito ao corpo que está prestes a ser destruído; deve propiciar uma morte rápida, isenta de dor inútil.

Seus objetivos eram, portanto, racionais e humanitários, e ele os levou adiante em dezembro de 1789, propondo o uso de seu mecanismo à Assembléia Nacional. A autorização demorou até março de 1792, quando por esse método foi executado um réu comum. Por fim, em 21 de agosto, a guilhotina estreou na política, decapitando o monarquista Collenot d'Augrement.

Os primeiros entusiastas do instrumento imaginavam que, por liberar a punição do ritual religioso, ela deveria ser usada em um espaço neutro, fora da cidade. Uma gravura do início de 1792 mostra como o evento ocorria em um local anônimo, arborizado, e desde que fosse respeitada a recomendação prescrita na sua legenda: "A máquina será cercada por barreiras, para evitar a aproximação do povo."[23] De início, as autoridades procuravam ocultar o efeito de sua aplicação, mas quando a guilhotina foi instalada na cidade, a exibição da morte temida pelo Dr. Guillotin impôs-se de maneira ainda mais acentuada.

A longa marcha da cadeia até o local da execução expunha o criminoso aos olhares curiosos de toda a cidade. Movendo-se vagarosamente, ao longo de uma rua em geral bastante movimentada, a marcha durava cerca de duas horas; pelo caminho, a massa juntava-se em dez ou 12 fileiras, querendo apreciar os mínimos detalhes. O desfile dos condenados era um elemento tradicional das execuções no Ancien Régime e a participação dos espectadores guardava as mesmas características que marcavam, inclusive, as procissões religiosas. Alinhadas nas ruas, as pessoas gritavam impropérios ou palavras de encorajamento, que eram respondidos pelos que passavam nas carroças. No trajeto, grupos mais amistosos e hostis se sucediam, fazendo com que muita gente mudasse de opinião durante o percurso. Enfim, um belo exemplo daquela vida coletiva, ativa e espontânea que os franceses chamam de carnavalesque.

Mas essa forma tradicional de punição ritualizada desaparecia de repente quando se chegava à praça em que a guilhotina estava armada. Ali, o corpo do condenado ingressava em um espaço livre de obstáculos, vazio.

Localizada à margem direita, na place de Grève, com capacidade para dois ou três mil espectadores, a máquina do Dr. Guillotin foi transferida para a place du Carrousel, um espaço maior e mais central, logo depois de iniciadas as execuções políticas, em agosto de 1792. Cercado pelo palácio do Louvre, o local podia conter entre 12 e 20 mil pessoas. Para a execução de Luís XVI, a guilhotina foi transportada de novo para o outro extremo do Jardim das Tulherias, bem no centro da cidade, até a velha praça de Luís XV, rebatizada como praça da Revolução – e atualmente conhecia como praça da Concórdia. Assim, à medida que atingia mais profundamente o coração do velho Estado, ela foi buscar espaços urbanos cada vez mais amplos.

Em nenhum desses três lugares públicos havia inclinação, como na antiga Pnix. A plataforma do cadafalso não era alta o bastante, e depois que a place de Grève deixou de ser o palco dos acontecimentos, quem estivesse a uma distância maior que trinta metros teria sua visibilidade muito prejudicada. Acresce que, nas execuções políticas, o local em volta do patíbulo destinava-se a fileiras de tropas, que podiam somar cerca de cinco mil soldados por ocasião da morte de algum dignitário. Nessas condições, os espaços abertos de grandes dimensões quebravam o contato visual e visceral entre o condenado e a massa.

A morte deixou de ser um ato visível e a própria máquina contribuiu para isso. A chapa metálica da guilhotina descia tão rápido que, num momento, via-se um ser humano vivo, debaixo dela e, no instante seguinte, no mesmo lugar, um cadáver inerte. Apenas uma torrente de sangue, escorrendo do pescoço da vítima, interferia na cena, mas esse fluxo durava apenas um outro momento, e passava a escorrer lentamente, como se de um cano furado, para fora do corpo, através do ferimento. Eis a descrição resumida de como Madame Roland apareceu na hora derradeira:

> Coisa rara: quando a lâmina cortou fora sua cabeça, dois enormes jatos de sangue jorraram do tronco mutilado; em geral, a cabeça que cai está pálida, e o sangue, que a emoção do instante terrível manda de volta para o coração, brota debilmente, gota a gota.[24]

Dado que a tecnologia da morte mudara, os atores do seu espetáculo também tiveram seu desempenho alterado. Relatos de jornais "não se referem nem à personalidade do homem condenado nem à pessoa do executor; a ênfase recaía na própria máquina".[25] No Ancien Régime, o carrasco-torturador fora uma espécie de mestre-de-cerimônias capaz de revelar para o povo novos truques e, atendendo aos seus apelos, optar por um ferro quente ou uma volta da roda. Agora, só lhe restava o pequeno gesto insignificante de soltar a corda que prendia a lâmina. Em pouquíssimas ocasiões, durante a Revolução, ele ou a multidão que assistia assumiam papéis mais ativos. A execução de Hébert foi um exemplo de morte excepcional. O povo pediu que a lâmina fosse abaixada até pouco acima do pescoço do traidor, de forma que ele pudesse sentir o sangue da última vítima, que pingava ainda fresco; replicando seus gritos de terror, a massa na place du Carrousel acenava com chapéus e cantava "Vida longa para a República!". Considerados lapsos indecentes da disciplina revolucionária, tais fatos eram uma raridade.

Também não era comum permitir que o sentenciado fizesse um discurso antes de posto debaixo da lâmina; as dramáticas cenas de nobreza diante da morte, imaginadas por Charles Dickens em A Tale of Two Cities, amedrontavam as autoridades – algumas últimas palavras bem que poderiam inspirar panfletos contra-revolucionários. De fato, uma vez que o volume do espaço servia à neutralidade da morte provocada pela máquina, as autoridades tinham menos a temer do que imaginavam. A massa de cidadãos podia ver um gesto da vítima, mas somente os guardas estavam perto o suficiente para ouvi-la. Amarrada, imóvel sob a guilhotina, rosto virado para baixo, pescoço raspado a fim de que o ferro o atravessasse sem dificuldade, o condenado esperava o inevitável e não sentia dor; a "morte humana" de Guillotin criou corpos passivos nesse momento supremo. Para matar, o carrasco tinha apenas que relaxar levemente a pressão de sua mão, assim como o condenado tinha apenas que estar ali para morrer.

Luís XVI foi guilhotinado em 21 de janeiro de 1793, na praça da Revolução. Em 1662, o bispo Bossuet fizera um sermão, diante do avô do rei, no qual declarara: "mesmo se você [o rei] morre, sua autoridade nunca morre (...) O homem morre, é verdade, mas o rei nunca morre."[26] Entretanto, as autoridades que o mandaram para a execução reivindicavam sua própria soberania. A despeito das complexidades imensas implícitas nesse passo fatal, alguns fatos foram registrados. Por exemplo, a procissão que conduziu o soberano em uma carroça para a guilhotina não teve a mesma característica carnavalesca que já se tornara tradicional. Uma numerosa guarda militar cercava o veículo; além disso, ao longo do percurso, a multidão manteve-se sorumbática e silenciosa, o que foi interpretado pelos revolucionários como sinal de respeito à transferência do poder. Os monarquistas, ao contrário, constataram naquela calma aparente o primeiro indício do remorso popular. Lynn Hunt acredita que a massa tenha vivenciado ambos os sentimentos: "Os revolucionários que se lançaram à deriva, cortando as amarras das concepções patriarcais de autoridade, viram-se diante de uma corrente de sentimentos pesados e altamente dicotômicos; por um lado, havia a exaltação de uma nova era; de outro, a imprevisão quanto ao futuro."[27] Existia ainda um terceiro elemento: quem assiste à caminhada de um rei em direção à morte não pode ser responsabilizado por isso.

Para marcar o fato de que Luís Capeto não era mais rei de França, e que iria morrer como um qualquer, o processo não sofreu nenhuma mudança e foram utilizados os mesmos instrumentos – a mesma máquina e a mesma lâmina, que nem sequer havia sido limpada desde seu último uso. A repetição mecânica iguala – pensaram aqueles que tinham condenado o rei. Mas eles não eram tão ingênuos a ponto de acreditar que isso seria o suficiente para convencer a massa. A par de aceitarem, ou não, a crença sobre a imortalidade do rei, ou imaginarem que sua cabeça poderia falar, ainda depois de separada do corpo, racionalmente, eles temiam que o monarca pudesse tentar dirigir-se ao povo. Para evitar esse risco tão completamente quanto possível, formou-se uma imensa falange de 15 mil soldados, dispostos em uma extensão de quase 300 metros, com os olhos voltados para o cadafalso, de forma a isolar a multidão do rei, impedindo-a de ver os detalhes de seu rosto ou ouvir uma única palavra que ele pudesse pronunciar. "Todas as gravuras contemporâneas deixam claro que a multidão teria, de fato, sérias dificuldades em enxergar algum detalhe da execução."[28]

Aparentemente curiosa, toda essa informalidade decorre do mesmo desejo de neutralidade. Nenhum dos responsáveis pela sentença subiu ao estrado, ou postou-se ao lado do rei, nem falou à massa; ninguém assumiu o papel de mestre-de-cerimônias, nem o patíbulo serviu de palco para o destronado. As derradeiras palavras do último Capeto só foram audíveis para os guardas mais próximos. Sanson [o carrasco] precipitou o encerramento do ato, mostrando sua cabeça à turba, mas poucos a viram. Desse modo, os destruidores da monarquia protegeram-se, durante a execução, aparentando um envolvimento passivo com a engrenagem das circunstâncias.

Registros deixados por testemunhas oculares dos acontecimentos mais violentos da Revolução, observa Dorinda Outram, "freqüentemente enfatizam a apatia das massas"; durante o período do Terror, a "imagem de multidões necrófilas" esmaece, dando lugar a "manifestações de passividade coletiva, provavelmente, mais próximas da verdade".[29] Morte como um não-evento, morte de um corpo passivo, produção em série da morte, morte no vazio: tais eram as associações físicas e espaciais relacionadas à execução do rei e de milhares de outros condenados.

Qualquer pessoa que já tenha mantido contato com a burocracia estatal poderá entender perfeitamente o significado da guilhotina. A neutralidade permite ao poder operar sem responsabilidade. O espaço vazio é bem apropriado ao seu funcionamento evasivo. Por extensão, para as multidões revolucionárias que experimentavam os sentimentos contraditórios evocados por Lynn Hunt, os volumes concebidos por arquitetos como Boullée e outros eram igualmente adequados. Neles, as massas sentiam-se liberadas do entendimento ético-jurídico e da determinação volitiva que constituem o pressuposto da punibilidade; as grandes praças abertas "suspendiam" o fardo visceral do engajamento, ensejando um voyeurismo coletivo.

Mas, além de exercer um outro tipo de poder, a Revolução procurou recriar o cidadão. Seus mais exaltados adeptos enfrentavam o dilema de preencher volumes vazios com valores humanos ainda maldefinidos. Para preencher ambas as lacunas, inventaram-se rituais e festividades revolucionárias.

## CORPOS FESTIVOS

Durante os primeiros anos da Revolução, as ruas parisienses enchiam-se com sucessivas demonstrações populares. Nas "mascaradas", por exemplo, grupos de pessoas disfarçavam-se de padres e aristocratas, desfilando sobre jumentos, debochando de seus antigos senhores. As vias públicas foram tomadas por homens pobres e magros, que haviam substituído o calção por calças compridas, e mulheres vestidas com túnicas esfarrapadas – corpos revolucionários sem artifícios. À medida que o processo de transformação se radicalizava, as manifestações chegaram a ameaçar os próprios líderes do movimento. Os sans-culottes, que no passado só haviam conhecido sofrimentos e negativas, não se satisfaziam com fantasias; para eles, saber o que seria um revolucionário feito e acabado era essencial. O regime, então, procurou disciplinar a plebe.

Assim se criaram os festivais, coreografando a roupa, o gesto e o comportamento supostamente convenientes à massa dos cidadãos, para encenar idéias abstratas. Porém, presos pela mesma armadilha que os expurgos dos contra-revolucionários, essas comemorações amiúde terminavam por pacificar e neutralizar os corpos dos cidadãos.

A resistência banida

Foi no segundo ano da Revolução que os organizadores desses verdadeiros carnavais revolucionários deram início à ocupação sistemática dos locais abertos. A historiadora Mona Ozouf associa esse impulso à onda de sentimento anti-religioso que varreu a cidade em 1790.[30] Enquanto o regime concentrava suas baterias nesse alvo, artistas como David e Quatremère de Quincy encarregaram-se de promover rituais cívicos. Embora forçadas a certa descaracterização, as cerimônias de fé mais antigas não desapareceram de todo, ocorrendo sob novos pretextos e nomes; por exemplo, cenários de peças da Paixão eram substituídos pelo teatro de rua, em que populares assumiam os papéis de Jesus e dos apóstolos.

Duas grandes comemorações organizadas na primavera de 1792, quando a Revolução estava no auge, mostram como esses espetáculos faziam uso da geografia de Paris. O Festival de Châteauvieux ocorreu em 15 de abril; o de Simonneau, tido como uma resposta ao primeiro, aconteceu em 3 de junho. O primeiro "pretendia homenagear (...) o suíço de Châteauvieux, que se amotinou em agosto de 1790 e foi resgatado das galés". Ozouf escreve que foi "uma reabilitação dos revoltosos, senão uma glorificação das revoltas". Já o segundo "tinha a intenção de homenagear o cabeça da corporação municipal de Etampes, que defendeu a lei dos alimentos contra uma rebelião popular e acabou morto por isso: uma glorificação da vítima da revolta".[31] Produzidos, respectivamente, pelo artista Jacques-Louis David e pelo arquiteto e escritor Quatremère de Quincy, em ambos os eventos a liberdade agia como um anestésico.

A festa de David começou às dez horas da manhã, em Saint-Antoine, bairro onde principiara a grande Revolta do Pão de 1790, na fronteira leste da cidade. A rota escolhida saía em direção oposta, através de Paris, com destino ao grande espaço aberto do Champ de Mars. Da mesma forma que numa procissão religiosa, David assinalou "estações", ou pontos de parada simbólicos: na Bastilha, a multidão reverenciou uma estátua da Liberdade; no Hôtel de Ville, líderes políticos – Danton e Robespierre – juntaram-se ao povo; na praça da Revolução, em pleno centro da cidade, David enfiou um barrete frígio vermelho na estátua de Luís XV, simbolizando a imparcialidade que a justiça real deveria ter observado e a nova vestimenta da cidadania imposta ao rei. Ao anoitecer, cerca de vinte mil a trinta mil pessoas alcançaram o Champ de Mars, depois de 12 horas de passeata.

No estímulo à participação, David estava realmente inspirado: "Os líderes do cortejo, poeticamente armados com ramos de trigo, em vez de lanças, tomaram o lugar da polícia."[32] Simbolizando fartura, e não escassez, os grãos revertiam o significado das revoltas. Os ramos de trigo, que dão vida, encorajaram o povo aglomerado ao longo do caminho a pensar que não havia barreira disciplinar que o separasse da marcha; o jornal Révolutions de Paris observou que "a corrente da procissão foi quebrada várias vezes, [mas] os que observavam logo preenchiam os claros; todos queriam tomar parte no festival (...)".[33]

Amistosa, a multidão caminhava sem entender muito bem o que estava acontecendo, mal enxergando as roupas e os andores que David havia criado. Prevendo a confusão que se estabeleceria nas ruas, ele antecipou-se e, na tentativa de contorná-la, pelo menos quando se atingisse o clímax do festival no Champ de Mars, cuidou de fixar ali um mínimo de ordem. No amplo campo aberto de 64 mil metros quadrados, foram dispostas alas semicirculares de seis a sete mil pessoas cada uma, mantendo-se um espaço livre entre elas. Singelos e pouco numerosos, os atos da cerimônia duraram um dia inteiro. Um político acendeu a fogueira no Altar da Pátria para "incinerar" a injustiça do aprisionamento nas galés; em seguida, a massa cantou um hino à Liberdade, de Gossec (música) e M.-J. Chénier (letra), composto especialmente para a ocasião. Por fim, conforme Les Annales Patriotiques, o povo dançou em torno do altar, celebrando "felicidade patriótica, igualdade perfeita e fraternidade cívica".[34]

O cenário não funcionou como fora planejado. A céu aberto, as palavras e a melodia da canção revolucionária dispersavam-se. David pretendia que as pessoas dançassem em torno do altar, conservando a arrumação das alas, mas somente os que estavam mais perto escutaram a ordem e sabiam o que fazer. Os comentários gerais expressaram o caos. "Não sei por que dançar no Champ de Mars me faz um cidadão melhor", declarou um; "ficamos confusos, e fomos embora para a taberna", disse outro.[35] Transcorrendo em paz, o evento afirmava a solidariedade popular. Mas, apoiado pelos arquitetos da Revolução, David estava mais preocupado com a essência do festival; ciente de que revoltas espontâneas do povo poderiam ser tão ameaçadoras quanto no Ancien Régime, ele queria domar a massa de corpos, e nisso frustrou-se.

O que repercutiu nas ruas foram os ecos do passado: a marcha forçada dos condenados, as procissões dos dias santos e outros eventos do gênero. E, além disso, na via pública, todas as suas diversidades, seus propósitos econômicos não removidos, suas casas decadentes opunham obstáculos ao desfile em prol da união em torno de uma nova ordem. Ao contrário, nos espaços abertos podia-se recomeçar do zero. Na visão da historiadora Joan Scott, as cerimônias conduzidas no vazio não sofriam interferências, não havia nada entre o gesto corporal e seu referente político, entre signo e símbolo.[36]

Afastado da rua, o corpo parecia pacificado. O problema de David foi exemplarmente vivido por um jovem participante de um evento similar no Champ de Mars, poucos meses depois:

> Ele viu muitas pessoas sobre o altar da pátria; ouviu as palavras "rei" e "Assembléia Nacional", mas não entendeu o que foi dito a respeito (...) no fim da tarde, quando chamaram sua atenção para a bandeira vermelha, que estava prestes a chegar, olhou em volta, querendo escapar, mas (...) estavam dizendo que os bons cidadãos tinham de permanecer lá (...).[37]

David agiu com inteira liberdade: o grande festival chegou ao fim no espaço aberto, desobstruído, em um volume puro. Naquele desfecho, confusão e apatia reinavam.

Quatremère de Quincy montou seu contrafestival de Simonneau como uma exibição da autoridade e da estabilidade legais que deveriam amedrontar o povo e levá-lo a um comportamento mais disciplinado. Em vez de ramos de trigo, ele entregou rifles e baionetas aos líderes de massa. Tão indiferente à multidão quanto David, ele apenas cogitava impressionar o povo de Paris, mostrando que o novo regime instaurado fechara as portas do Estado à anarquia. A encenação não mudou nada: o trajeto teve início no lado leste da cidade, com estações na Bastilha, Hôtel de Ville, praça da Revolução, encerrando-se no Champ de Mars. A simplicidade do ato final queria unir os participantes na colocação de uma coroa de louros no busto de Simonneau. O imprevisto ficou por conta da natureza: subitamente, o céu mudou de cor e lampejos dramáticos de relâmpagos iluminaram a massa; no justo momento em que a artilharia fez fogo, ribombou o trovão. Foi o fim. Os manifestantes dispersaram-se quase imediatamente, sem saber para onde ir ou o que dizer uns aos outros. Quatremère de Quincy tinha imaginado que o volume total do espaço aberto despertaria no público o sentido majestático da lei. Mas todos estavam muito cansados para se interessarem por essa exibição de unidade e força, ou fazerem qualquer outra coisa.

Os festivais deram uma lição clara e perturbadora sobre a liberdade que procurava vencer resistências, abolir obstáculos e recomeçar da estaca zero: concebida como um espaço puro e transparente, ela entorpece o corpo, atuando como um narcótico. Independência e autonomia só despertam quando há alguma impureza, dificuldade e obstrução, como partes da sua própria experiência. Marcos da civilização ocidental, os festivais da Revolução Francesa extinguiram a experiência visceral da liberdade em nome de uma engrenagem do movimento – a habilidade de ir a qualquer lugar sem obstrução, livremente, em um espaço vazio –, tratando a resistência social, ambiental ou pessoal e suas frustrações como algo injusto. Descanso, conforto e "amizades oportunistas" são garantias da liberdade individual de ação, sim, mas a resistência constitui uma experiência necessária e fundamental para o corpo humano; por meio dela, o corpo é despertado para o mundo em que vive. Essa é a versão não religiosa da lição que nos fornece o exílio do Paraíso. O corpo só se torna vivo ao lidar com dificuldades e superá-las.

## Contato social

Quando passou a entender movimento sem obstáculos como liberdade, a sociedade moderna mergulhou na dúvida sobre como satisfazer os desejos representados pelo corpo de Marianne – o vínculo fraternal e sociável entre os cidadãos. A gravura de Hogarth – Beer Street –, que já tinha 40 anos nessa época, mostrava um grupo de pessoas em contato amigável em uma cidade imaginária. À medida que os espaços destinados à maior liberdade começaram a domar o corpo, tal sociabilidade converteu-se em um ideal abstrato, objeto da mesma reverência que o homem comum presta aos monumentos públicos no caminho para o trabalho.

Na manifestação realizada em 10 de agosto de 1793, a própria Marianne foi transformada em monumento. O "Festival of the Unit and Indivisibility of the Republic" [Festival da Unidade e Indivisibilidade da República] deu-se em torno de uma fonte de alta pressão, adaptada aos seios de uma enorme escultura que representava uma mulher entronizada, nua, com os cabelos trançados à moda egípcia. Dos seios túrgidos dessa deusa revolucionária, na chamada "Fonte da Regeneração", fluía o "leite incorruptível" da Revolução, uma água límpida e potável, recolhida pelos celebrantes em tigelas.

Na abertura do ritual cívico, o presidente da Convenção pronunciou "um discurso, explicando que a natureza tinha feito todos os homens livres e iguais (presumivelmente no acesso aos seios), por isso estava inscrito na fonte – Nous sommes tous ses enfants [em francês: Somos todos seus filhos]".[38] Ainda assim, somente os líderes políticos em evidência tiveram permissão para se aproximar e beber seu leite incorruptível. Os mentores do festival justificaram esse acesso desigual aos seios como uma forma de simplificar o espetáculo e torná-lo visível a todos. Um desenho de Monet mostra pessoas reunidas em volta da fonte no Champ de Mars tão desatentas quanto nos festivais de Châteauvieux e de Simonneau.[39]

A historiadora Marie-Hélène Huet observou que "transformar o povo em simples espectador (...) mantém a alienação da qual o poder realmente carece".[40] Assim, não seria por mera coincidência que o contato com o corpo de Marianne antecipava outra "estação", mais distante; a multidão deslocava-se da sua estátua para a de Hércules – esculpido com um tórax largo e musculoso, erguendo uma espada. Ali, em formações parecidas às falanges militares, o povo jurava lealdade à Revolução. A encenação transportava o movimento da fêmea para o macho, do doméstico para o militar, do sociável para a obediência.

O fortalecimento da Revolução colocou Héracles (ou sua versão romana, Hércules), o guerreiro masculino par excellence, no lugar de Marianne, metamorfoseada na passiva deusa da Liberdade. Segundo o historiador moderno Maurice Agulhon, de 1790 a 1794, suas feições se abrandaram, seu corpo perdeu musculatura, suas poses tornaram-se mais tranqüilas e passivas, da guerreira batalhadora à mulher sentada. As experiências práticas da Revolução seguiram pelo mesmo caminho: primeira força condutora do processo, organizando seus próprios movimentos e clubes exclusivos, as mulheres foram sufocadas por grupos radicais de homens no Terror, em 1793. Comparando os espaços de Marianne e Hércules, Mary Jacobus e Lynn Hunt concluíram que "a troca da Liberdade, ou 'Marianne', pela figura decididamente masculina de Força (...) consistiu numa reação à crescente e ameaçadora participação política feminina".[41]

Ainda assim, não seria nada fácil bani-la. Como um símbolo vivo, ela representa o desejo de tocar e ser tocada – a "confiança". Reflexo moderno de símbolos religiosos mais antigos (a Virgem mãe), Marianne era um emblema de compaixão e desvelo com os que sofrem. Porém, no tipo de espaço revolucionário imaginado por Boullée e implementado por David, ela estava inacessível – sem poder tocar nem ser tocada.

CURIOSAMENTE, ASSINALA Lynn Hunt, "os heróis da Revolução Francesa eram mártires mortos, não líderes vivos".[42] De que maneira a Revolução poderia homenagear seu infortúnio? David procurou fazê-lo em desenhos de Jean-Paul Marat, jornalista esfaqueado por Charlotte Corday, em 13 de julho de 1793; e de Joseph Bara, um rapaz que morrera aos 13 anos de idade, enfrentando os contra-revolucionários na região rural. Em ambos os retratos, o espaço vazio tem um significado sinistro.

Sua interpretação artística da trágica morte de Marat talvez tenha se perdido no tempo, em virtude do próprio estilo. Marat sofria de uma doença dolorosa de pele, só aliviada pela água fria; por isso, ele passava grande parte do seu dia de trabalho na banheira, recebendo pessoas ou escrevendo em uma tábua apoiada nas bordas da banheira. O cômodo era confortável e decorado com papel de parede de fundo branco e pinturas de colunas antigas; havia um grande mapa atrás da banheira. Muitos dos que reproduziram sua morte traçaram os detalhes do aposento, ou cingiram-no com uma coroa de louros, simbolizando a virtude. Enquanto outros, ainda, vestiram-no com toga, mesmo dentro do banho.

David removeu a coroa de louros e praticamente toda a decoração, de forma que na parte superior da tela restou um espaço vazio, a partir de um fundo neutro, em tons de marrom e verde. Na metade inferior aparece Marat morto; sua mão esquerda, estendida por cima da borda da banheira, segura a carta que Charlotte Corday lhe trouxera, enquanto a direita, pendurada e quase tocando o piso, agarra uma pena. O corpo nu de Marat está exposto, mas aqui também David pintou uma superfície lisa, sem ornamentos: não há crostas nem furúnculos aparentes, a pele é branca, sem pêlos ou rugas, tingida apenas por filetes de sangue que escorrem do pequeno talho no peito. Em primeiro plano, estão um pedestal, um tinteiro e um pedaço de papel; David interpreta esses objetos como se ainda tivessem alguma vida própria, "à maneira de Chardin", observa um historiador de pintura.[43] O cenário de violência tem as marcas da calmaria e do vazio. Meio século mais tarde, olhando a pintura, Baudelaire evocou essas características: "no ar frio desse cômodo, nessas paredes frias, em torno dessa banheira fria e funérea", o heroísmo de Marat está presente.[44] Todavia, ele foi atingido de modo impessoal. Preenchido por uma história heróica, o quadro não reconhece a dor humana de Marat. A compaixão está ausente.

O retrato de Joseph Bara também evoca o martírio em um espaço vazio, mas está cheio de compaixão. David não chegou a terminá-lo, talvez por julgar a tarefa impossível. Morto na defesa de um posto avançado, em Vendée, o rapaz está em um fundo neutro como o de Marat, só que ainda mais extremado, pois sem nenhum indício da história. Toda a atenção se concentra sobre seu corpo, marcado pela Revolução com um fim inapelável que apagou todos os seus vestígios.

A figura é sexualmente ambígua, dotada de quadris largos e pés pequenos e delicados. O torso está voltado para o observador com a genitália à mostra; o garoto tem pouco pêlo pubiano e seu pênis está escondido entre as pernas. Os cachos, em volta do pescoço, assemelham-se aos cabelos soltos de uma garota. Warren Roberts, historiador de arte, afirma que David criou uma figura andrógina, mas isso não esclarece nada.[45] Também não se pode dizer que o retrato do mártir corresponde a "uma revalorização da feminilidade". O herói revolucionário parece muito diferente dos jovens extraordinários e viris que David pintou antes da Revolução em telas como O juramento dos Horácios. Com a morte, o corpo de Bara tornou-se assexuado. Sua inocência infantil e sua coragem desprendida transportam-no para a esfera de todas as esperanças contidas na figura de Marianne. Joseph Bara, o último herói da Revolução, é seu filho e, quem sabe, sua vingança.

A morte de Bara contrasta radicalmente com A flagelação, de Piero della Francesca. O mestre da pintura italiana fez com que uma cena urbana pudesse ser vista como um grande ícone de compaixão. David enunciou-a no espaço vazio. A Revolução podia expressar piedade por meio de um corpo, não como um lugar. Desde então, essa ruptura ética entre carne e pedra tem marcado as sociedades sujeitas à lei civil.

# 10
# Individualismo urbano
## A Londres de E. M. Forster

### A NOVA ROMA

Às vésperas da Primeira Guerra Mundial, passeando por Londres, um homem de negócios norte-americano poderia convencer-se de que seu país nunca deveria ter se rebelado contra a coroa britânica. A cidade exibia na era eduardiana todo o seu esplendor imperial. Construções magníficas, dispostas ao longo de quilômetros, erguiam-se no centro, algumas delas abrigando os amplos gabinetes do governo. A leste, situavam-se os prédios dos bancos, as companhias seguradoras, a Bolsa de Valores e os estabelecimentos comerciais de grande porte. Em Mayfair, Knightsbridge e Hyde Park, do lado oposto, espalhavam-se imponentes mansões e residências da classe média alta, todas decoradas de estuque. Sem dúvida, nos Estados Unidos também existiam lugares magníficos – como a Quinta Avenida, em Nova York, ou a Back Bay, em Boston –, mas Londres tinha as marcas de um alcance global desconhecido desde o Império Romano. Talvez por isso Henry James a tenha chamado de "a Roma moderna"; em tamanho e riqueza, a comparação parecia apropriada. Ao contrário da antiga cidade de Adriano, ou das ilhas de riqueza norte-americanas, na capital imperial moderna, uma interminável malha monumental dava a impressão de estar inteiramente isolada dos vastos cenários de pobreza e miséria social.

Um político francês invejaria a capital da Inglaterra por outras razões. Embora sua culinária a tornasse impensável como lugar de moradia permanente, ele seria surpreendido pela disciplina política da cidade: a expectativa de deferência das classes dominantes gerava mais inveja do que propriamente conflito, diante das camadas de mais baixa renda. Notável, realmente, era a extraordinária amabilidade com que os trabalhadores ingleses tratavam os forasteiros, em uma veemente negativa da proverbial falta de cortesia de John Bull, que detestava "os de fora". Além disso, o turista parisiense sentiria o contraste de Londres, que nunca conhecera uma revolução, com as explosões ocorridas em Paris desde 1789, em 1830, 1848, 1871. O jovem Georges Clemenceau, que perambulou pelas ruas dominado por respeito sociológico, vinculou a ordem interna da cidade ao seu destino imperial. Essa inimaginável opulência aplacara os pobres com os butins da conquista, pensou ele.

É óbvio que primeiras impressões sobre lugares tranqüilos e povos felizes são enganosas... e freqüentemente preferíveis. De qualquer forma, apesar de falsas, elas nos instruem. Tomemos por exemplo a comparação entre Londres e Roma.

A Roma de Adriano localizava-se no centro de um império cujos imperadores e engenheiros teceram juntos, física e socialmente, por meio de uma grande rede de estradas; a sorte da capital dependia das províncias e vice-versa. A Londres eduardiana mantinha uma relação diferente com a terra. O crescimento urbano acelerado do país, no fim do século XIX, esvaziou o campo, vítima da crise estimulada pelo comércio internacional; as cidades inglesas eram, cada vez mais, alimentadas pelo grão crescido na América, vestidas com a lã da Austrália e com o algodão do Egito e da Índia. Toda essa descontinuidade operou-se em uma única geração. "Até 1871, mais da metade da população vivia em aldeias ou cidades com menos de 20 mil residentes, e apenas um quarto em cidades com, no máximo, 100 mil habitantes", nota um observador.[1] Quarenta anos depois, quando E. M. Forster escreveu Howards End – abordando as contradições entre cidade e campo –, três quartos da população da Inglaterra já eram urbanizados, 25% desse total orbitando a grande Londres, tendo deixado para trás um rastro de campos desolados e aldeias miseráveis. Embora tenha chegado a ser tão grande quanto a Londres do rei Eduardo VII, a Roma do tempo de Adriano precisou de seiscentos anos para crescer tanto.

Durante a segunda metade do século XIX, todas as nações ocidentais foram varridas por transformações geoeconômicas. Em 1850, França, Alemanha e Estados Unidos também eram sociedades predominantemente rurais; um século mais tarde, a urbanização prevalecera, apresentando alto índice de concentração populacional. Berlim e Nova York evoluíram da mesma forma abrupta, ambas submetendo a região rural ao fluxo do comércio internacional. Não é à toa que os cem anos transcorridos entre 1848 e 1945 são chamados de "revolução urbana".

Todavia, apenas o crescimento das manufaturas e da liberdade de mercado – previstos por Adam Smith – não explica essa mudança urbana tão rápida. A maioria das grandes fábricas não se fixavam em Londres, Nova York, Paris ou Berlim – o preço dos terrenos subira demais –, nem o livre comércio tinha lugar nelas. Nessas cidades situavam-se governos, bancos e empresas monopolistas, controladoras de bens e serviços em escala nacional e mundial. Embora alguns centros tenham se beneficiado com o êxodo rural, ou com emigrações provocadas por perseguições políticas e religiosas, nas grandes metrópoles isso não influiu de forma decisiva. Na verdade, era muito maior o número de jovens independentes que chegavam por sua livre e espontânea vontade, entrepreneurs de suas próprias vidas, sem se intimidarem com a falta de capital ou de trabalho. Assim como a maior parte das mudanças sociais repentinas, a "revolução urbana" era um fato sobredeterminado – vivenciado quase que de maneira inconsciente. Londres parecia ser o exemplo típico desse processo, que nem de longe se prenunciava como um desastre inevitável.

Por outro lado – e nisso reside um segundo contraste –, Roma serviu como modelo para todo o Império; durante o grande avanço de urbanização, Londres cada vez mais divergia de outras cidades inglesas, sobretudo do norte e de Midlands, como Manchester e Birmingham. Clemenceau imaginou a cidade inglesa como um lugar de estabilidade, de pessoas fixadas segundo a lei do mais forte, devido ao progresso da manufatura; sua ilusão seria mais verossímil nos centros industriais, ocupados com moinhos, fábricas e estaleiros, do que em Londres, cuja economia misturava atividades portuárias, oficinas, indústria pesada, finanças e administração imperial, além de vasto comércio de supérfluos e artigos de luxo. Por isso, o crítico Raymond Williams disse que em Londres "as relações sociais (...) eram mais complexas e confusas".[2] Em Howards End, Forster escreve de modo semelhante, afirmando que "gasta-se e recupera-se o dinheiro, assim como as reputações são ganhas e perdidas, e a cidade, emblemática de suas vidas, levanta-se e cai, num fluxo ininterrupto".[3]

Uma comparação mecânica poderia sugerir ao visitante impressionado pela grandeza de Londres que, tal como em Roma, o governo firme tinha a população na mão. Todas as administrações desejavam o mesmo. Após os levantes da Comuna, em 1871, as autoridades de Paris tinham criado um governo municipal centralizado e eficiente; depois da falência da Boss Tweed, em Nova York, os reformadores tentavam forjar instrumentos similares de controle cívico racional.

No entanto, diferentemente de Nova York ou de Paris, Londres carecia de uma estrutura de governo central. Até 1888, a cidade não dispunha de prefeitura, "apenas o Metropolitan Board of Works, uma grande quantidade de pequenos vicariatos, paróquias e 48 comitês de guardiões".[4] As reformas apresentadas naquele ano mantiveram a centralização comparativamente frágil. Ainda assim, a ausência de autoridade política superior não significava falta de controle. O poder era exercido pelos proprietários de terra, donos de grandes áreas na cidade.

Desde a construção das primeiras praças Bloomsbury, no século XVIII, os urbanistas não pararam mais de demolir habitações pobres e lojas humildes para erguer casas destinadas à classe média ou aos ricos. A propriedade privada e hereditária do solo possibilitou que essas mudanças fossem feitas com rapidez e pouca interferência pública. A "renovação" urbana empurrou a pobreza, concentrando-a em lugares mais distantes. Em 1885, a Royal Comission on the Housing of the Working Classes observou:

> A destruição dos ninhos de abutres [favelas em ruínas] traz grande benefício sanitário e social, mas nenhum tipo de habitação popular tem sido construído em seu lugar (...). A conseqüência de tal procedimento é que a população sem teto cresce, dispersando-se pelas ruas e pátios próximos às demolições (...) quando surgem as novas residências, pouco se faz para aliviar essa pressão.[5]

Esse deslocamento prosseguiu ao longo do século XIX, impelindo as classes menos favorecidas para leste da City, sul do Tâmisa e norte de Regent's Park. No centro, alguns bolsões de miséria permaneceram escondidos pelo estuque. Antes de Paris e de forma mais organizada que em

Nova York, Londres alocou classes homogêneas em espaços separados.

As suas grandes fortunas espelhavam a mesma distribuição de renda existente em toda a Inglaterra, no País de Gales e na Escócia. Em 1910, 10% da população detinham 90% da riqueza nacional, sendo que 1% das famílias mais ricas apropriava-se de 70%. Essas relações não haviam mudado muito desde 1806, quando aos 10% mais ricos cabiam 85% dos valores da produção; 65% em mãos de 1% de magnatas. Alguns latifundiários empobreceram, cedendo lugar a "capitães" da indústria e do comércio, no topo da pirâmide social. Em contrapartida, metade da população ficava com apenas 3% de toda a riqueza nacional, praticamente impossibilitada de subir na vida.[6] Clemenceau errou: os espólios da conquista não tinham sido repartidos com a massa do povo.

Nessas circunstâncias, em que poderia estar fundamentada a ordem pública? De fato, aos olhos dos próprios habitantes da cidade, e apesar de alguns distúrbios ocasionais, era impressionante que o desenvolvimento capitalista nunca tenha sido contestado por uma revolução. A estabilidade não podia ser explicada pela indiferença que os ingleses dispensavam a essa história de classes. Embora sem considerá-las, ou aos conflitos que provocavam "uma prerrogativa inglesa", como diz o crítico Alfred Kazin, os ingleses eram mais sensíveis a essa idéia de que norte-americanos e alemães. Kazin menciona uma observação feita por George Orwell, em 1937: "Não importa para onde você se volte, essas malditas diferenças de classe estão diante de nós, como um muro de pedra. Ou, talvez, (...) como as paredes de vidro de um aquário."[7]

Concomitantemente, outros fatores pareciam afastar essa grande cidade, tão desigual, da revolução aberta. O urbanista Walter Benjamin chamou Paris de "a capital do século XIX", baseado em sua cultura exemplar. Londres também poderia ser reputada assim, por seu individualismo exemplar. Alexis de Tocqueville, no segundo volume de Democracy in America [Democracia na América, tradução livre] disse que essa foi a Idade do Individualismo. O autorespeito pode ser um aspecto positivo dessa doutrina, mas Tocqueville tomou-a por um ângulo melancólico, atribuindo-lhe uma espécie de solidão cívica. Ele escreve: "Cada pessoa age como se fosse estranha à sorte dos demais (...). Nas transações que estabelece, mistura-se aos seus concidadãos, mas não os vê; toca-os, mas não os sente; existe apenas em si mesmo e somente para si mesmo. Assim, sua mente guarda um senso familiar, não um senso social."[8]

Tocqueville pensou que isso poderia assegurar uma determinada ordem – a coexistência de pessoas voltadas para dentro de si tolerando-se umas às outras por mútua indiferença. Mas, no espaço urbano, o individualismo assumia um sentido particular. As cidades planejadas do século XIX pretendiam tanto facilitar a livre circulação das multidões quanto desencorajar os movimentos de grupos organizados. Corpos individuais que transitam pela cidade tornam-se cada vez mais desligados dos lugares em que se movem e das pessoas com quem convivem nesses espaços, desvalorizando-os por meio da locomoção e perdendo a noção de destino compartilhado.

O triunfo do individualismo também estava nas cogitações do romancista E. M. Forster, em 1910, quando escreveu Howards End, livro cuja epígrafe maravilhosa – "Juntar, apenas..." – clama por uma ordem tão social quanto psicológica. O romance de Forster se passa em uma comunidade coesa justamente porque seus habitantes não mantêm relações pessoais; vidas isoladas e mutuamente indiferentes garantem um equilíbrio social infeliz.

O autor faz uma reflexão sobre a transformação extraordinariamente rápida de Londres durante a revolução urbana; como para muitos outros de seu tempo, Forster julgava que a velocidade era o fato mais importante da vida moderna. O aparecimento do automóvel sintetizava todas as mudanças, e Howards End está repleto de anátemas contra essa nova máquina. A influência do pensamento de Tocqueville fica evidente quando Forster refere-se à Londres eduardiana como uma cidade morta, embora pulsando no ritmo de transformações frenéticas. Se Londres é um lugar de "raiva e telegramas", diz ele, também possui cenários de "estúpida monotonia". O que Forster procura evocar é essa apatia dos sentidos, presente, mesmo que oculta, na conduta cotidiana tipicamente urbana – invisível ao turista –, a mesma insensibilidade existente entre os ricos e os que estão na moda e nas massas empobrecidas em meio ao vazio fluxo da vida. Juntos, individualismo e velocidade amortecem o corpo moderno; não permitem que ele se vincule.

Tudo isso está expresso em Howards End, a partir da vibrante história que envolve uma criança ilegítima, uma herança obstaculizada e um assassinato. Virginia Woolf, pouco entusiasmada com o romance, comentou que Forster atrai mais como crítico social do que como artista literário. "É como se nos batessem no ombro", diz ela; "temos que notar isso, ou dar-nos conta daquilo."[9] De fato, Howards End sacode o leitor com fatos cataclísmicos que alteram o destino das pessoas, permitindo ao autor retornar para considerá-los com calma. Em geral, o intelectual romancista paga um preço artístico por pensar muito, mas esse romance termina com um raciocínio surpreendente e provocativo: o corpo individual pode recuperar a sensibilidade ao sentir-se deslocado ou em dificuldade. "Juntar, apenas..." só está ao alcance de pessoas conscientes dos obstáculos que impedem seus movimentos livres, rápidos e individuais. Em uma cultura viva, a resistência é uma experiência positiva.

Neste capítulo, devemos olhar mais de perto o desenvolvimento da sociedade moderna que motivou o libelo do novelista contra o individualismo urbano – a prática do movimento e da passividade corporais em que ele baseia sua história. Seu desfecho inesperado sugere um novo modo de pensar a cultura urbana.

## ARTÉRIAS E VEIAS MODERNAS

O desenho urbano do século XIX tanto promoveu a circulação de grande número de indivíduos quanto incapacitou o movimento de grupos ameaçadores surgidos com a Revolução Francesa. Firmados em seus predecessores iluministas, que concebiam as cidades como artérias e veias, os urbanistas modernos colocaram esse imaginário a serviço de novos usos. Se antes concebia-se o indivíduo estimulado pela multidão agitada, agora ele estaria protegido por ela. Três grandes projetos marcaram essa mudança: a construção de Regent's Park e Regent Street, em Londres, no início do século; a reconstrução das ruas parisienses pelo barão Haussmann, por volta de 1850; e a construção do metrô de Londres, no fim do período. Foram tarefas enormes; nosso interesse limita-se a verificar como elas ensinaram as pessoas a se mover.

### Regent's Park

Os parques de Paris e de Londres no século XVIII haviam sido planejados como pulmões da cidade, bem diferentes, portanto, dos jardins-santuários característicos da Idade Média. Eles precisavam ser policiados. Por volta de 1750, as autoridades parisienses cercaram o parque do rei, nas Tulherias, para afastar o público e proteger as plantas que forneciam oxigênio saudável. As grandes praças urbanas de Londres, cuja construção teve início nessa época, também ganharam sebes semelhantes. O urbanista Bruno Fortier ressalta a analogia simples e direta que se fazia: circulando pelas ruas-artérias, as pessoas passariam pelos parques fechados, respirando seu ar fresco, da mesma forma que o sangue é refrescado pelos pulmões. Segundo Fortier, os urbanistas do século XVIII baseavam-se na premissa médica contemporânea de que, "realmente, nada pode poluir o que é móvel e tem massa".[10] Regent Street e Regent's Park, no início do século XIX, constituíram-se no maior trabalho de urbanização até então realizado em Londres; o projeto do arquiteto John Nash, assumido pelo futuro rei Jorge IV, obedecia a esses princípios, adaptando-os à maior velocidade com que seus habitantes circulavam.

Criado sobre o velho Marylebone Park, o Regent's Park possui uma extensão enorme. Nash quis que toda a área fosse nivelada e decidiu que seu "pulmão" seria de grama; todas as árvores, inclusive as que podemos ver em torno do Jardim de Rosas da Rainha Mary, foram plantadas posteriormente. Durante a era vitoriana, esse grande e macio tapete a céu aberto não deixou de atrair grupos organizados. Mas Nash prevenira-se contra isso, planejando uma calçada que permitia o movimento rápido, em torno do parque, circundando-o pelo lado de fora da cerca e carregando o trânsito mais pesado para longe. Dickens chegou a comparar esse "cinturão" a uma pista de corridas. Todos os obstáculos que existiam foram demolidos, aplainados ou corrigidos, até mesmo o leito de um canal que corria pelo jardim público, a fim de garantir-se que as carruagens não teriam sua marcha veloz interrompida.

Destinada à velocidade, a Londres de Nash parecia pouco adequada às pessoas. Basta olhar as praças criadas nessa época para perceber como elas negam o fato de a cidade ser um local de residências familiares. Os quarteirões em torno das praças eram construídos com grandes blocos de 15 a 20 casas cada um, para dar a impressão de uma unidade rígida. Os códigos de construção vigentes, especialmente uma lei aprovada em 1774, proibiam quaisquer indicações individuais. Em Bloomsbury, os monótonos quarteirões contrastavam com os espaços abundantemente floridos, áspera demarcação entre o interior e o exterior, o público e o privado.

Embora Regent's Park seja maior do que essas primeiras praças, Nash desenhou as casas de frente para ele com janelas que se abriam para uma vista que passava por cima da corrente urbana, como se ambos os lados fossem similares. E unindo com estuque as fachadas dessas grandes mansões avarandadas, ele praticou o ilusionismo a que os arquitetos estão habituados: umedecido, o revestimento pode ser trabalhado para imitar as grandes pedras dos palácios renascentistas, colunas e ornatos. Tais detalhes imprimiram uma espécie de ritmo contínuo às quadras, além de diferenciá-las socialmente.

O esplendor dos prédios era quase exagerado. Sua imponência ajudava a traçar uma fronteira entre o parque e a malha urbana do lado de fora, pobre, remendada e desordenada. O projeto de Nash empurrou as classes menos favorecidas que viviam ao norte em direção aos distritos de Chalk Farm e Camden Town. O imenso espaço alinhado pelas magníficas moradias, justapostas pelo estuque, e o fluxo dos veículos tornavam Regent's Park pouco acessível; de fato, nos primeiros anos ele permaneceu vazio. O desenho associava o movimento rápido – em cabriolés e carruagens – à redução da densidade.

O tráfego viria do centro, não das imediações, cuja população andava mais a pé. Ao sul, Regent Street dava acesso a Regent's Park. Para criar esse bulevar, Nash deparou com inúmeros obstáculos irremovíveis – igrejas, por exemplo – que a avenida teve de contornar. Projetado para suportar forte afluência de pessoas e veículos, o logradouro também tinha imensas quadras de construções uniformes, destinadas ao tráfego de mercadorias. Ao contrário das lojas antigas, em geral situadas em espaços domésticos adaptados, esses centros comerciais ocupavam andares térreos, com arcadas, tetos de vidro e vários estabelecimentos.

Conciliando uma corrente de tráfego pesado e contínuo ao uso exclusivamente mercantil das edificações no nível do solo, Regent Street foi um marco no desenho urbano. As atividades dos lojistas não podiam extrapolar para as ruas laterais, nem para descarregar os estoques, e os pedestres eram obrigados a caminhar em linha reta, como em uma basílica. A rua privativa deu origem a uma distribuição espacial similar à divisão do trabalho, afastando os grandes mercadores dos artífices e outros negociantes, cujos interesses eram diversos, e que trataram de procurar espaços alternativos.

O conjunto de Regent's Park e Regent Street conferiu à locomoção um novo sentido social. Funcionando como um isolante do espaço, e esvaziando-o, o trânsito espalhou os pontos de encontro, praticamente impossibilitando as aglomerações para ouvir um discurso, por exemplo. Ambos privilegiaram o corpo em movimento, evitando os tumultos. John Nash deixou poucos escritos indicativos de suas intenções nesse sentido. Como tantos urbanistas ingleses, ele abominava o tipo de teorização em que Boullée se engajava. A locomoção em uma rua unifuncional foi o primeiro passo necessário na busca das prerrogativas individuais na multidão.

## As três redes de Haussmann

O que Nash realizou em Londres foi uma espécie de prévia daquilo que o imperador Napoleão III propôs ao barão Haussmann, duas gerações depois, em Paris. Todos os que tinham atravessado as revoluções de 1830 e 1848, e que ainda traziam viva na memória a Grande Revolução do tempo de seus avós, sentiam-se preocupados com os movimentos de massa. Se com relação a Nash ainda podemos ter alguma dúvida, quanto aos franceses é certo que eles procuraram deliberadamente assegurar vantagens à liberdade individual de ir e vir para reprimir as desordens.

A idéia de reconstruir Paris em meados do século XIX foi do próprio Napoleão III. Em 1853, "no dia em que Haussmann fez o juramento de serviço como prefeito do Sena", o historiador David Pinckney escreveu:

> Napoleão entregou a ele um mapa de Paris, no qual a urgência dos projetos que tinha em mente estava indicada por quatro cores bem diferentes. Esse mapa, trabalho solitário de Luís Napoleão, tornou-se o plano básico das transformações urbanas nas duas décadas seguintes.[11]

Com esse guia, Haussmann levou a cabo o maior esquema de redesenvolvimento urbano dos tempos modernos, destruindo boa parte da malha medieval e do Renascimento; retas, as novas vias ligavam o centro da cidade aos distritos. No mercado central de Paris ele usou um novo material de construção, o ferro fundido – gritava para Baltard, seu arquiteto: "Ferro! Ferro! Nada senão ferro!"[12] Datam dessa época o edifício da Ópera, a remodelação de diversos parques e a nova e gigantesca rede subterrânea de esgotos.

O mapa de Napoleão III não passava de um rascunho cuidadoso. Haussmann adaptou os princípios lineares usados pelos romanos, valendo-se de compasso e régua para calcular o traçado das ruas; seus assistentes, que ele chamava de "geômetras urbanos", subiam em altas torres de madeira, especialmente construídas, para avaliar, inclusive, o que deveria ser demolido. Ao norte, estavam situados os bairros operários, locais de oficinas e pequenas fábricas: Haussmann separou e dividiu as comunidades pobres com avenidas largas.

Como no cinturão de Nash em torno de Regent's Park, o fluxo das carruagens erguia então um muro de veículos em movimento atrás do qual os distritos pobres foram fracionados. Em virtude justamente do temor de Haussmann em relação às multidões rebeladas, as ruas permitiam a passagem de duas carroças militares, uma ao lado da outra; desse modo, a milícia teria plenas condições de reprimir qualquer revolta. Ainda segundo as cercanias de Regent's Park, havia quadras contínuas de construções com lojas no térreo e apartamentos nos andares de cima – os ricos mais perto da rua, os pobres mais perto do céu. Nos bairros humildes, a reforma restringiu-se à simples maquiagem; "não se podia escapar a determinados padrões de altura e as fachadas tinham de ser conforme o prescrito, mas atrás delas estava-se livre para construir cortiços sem nenhum tipo de ventilação, o que muitos faziam".[13]

A Paris de Haussmann e seus geômetras dividiu-se em três "redes". A primeira abrangia o emaranhado de vielas que remontava à antiga cidade medieval; assim, os esforços da reurbanização concentraram-se na região próxima do Sena, retificando o traçado viário e adequando-o às carruagens. A segunda, entre o centro e a periferia, para além das vias chamadas octroi, passou a subordinar-se à administração municipal, tão logo seus acessos foram integrados à malha central. Finalmente, a terceira era a mais amorfa, consistindo das intercessões das principais rotas que davam acesso à cidade e dos elos entre as duas anteriores.

As ruas da primeira rede funcionavam como artérias urbanas, idênticas às que L'Enfant já havia construído em Washington. A relação da forma construída com o corpo em movimento levava em consideração monumentos, igrejas e outras estruturas, sinalizando a marcha de um veículo ou de um indivíduo a pé. Tinham tais características as que ligavam o Palais-Royal, a norte do Louvre, ao novo teatro da Ópera e à rue de Rivoli, unindo essa área à Igreja de Saint-Antoine.

As ruas da segunda rede funcionavam como veias, dirigindo o trânsito na direção do comércio e de estabelecimentos industriais de menor porte, já que não era do interesse de Haussmann encaminhar mais gente pobre para o centro da cidade. Aqui, a natureza das formas construídas importava menos. O boulevard du Centre, atual boulevard de Sébastopol, estende-se da Place du Châtelet até o portão norte de Saint-Denis. Exemplo do controle social encerrado na forma linear, com mais de 30 metros de largura e quase 2 quilômetros de extensão, esse grande canal urbano cortou em duas uma região densamente povoada e pobre, cujas vielas e antigas construções deixaram de ser úteis. Igualmente, nem se cogitou transportar alimentos por essa majestosa avenida até espaços fragmentados, que com ela faziam esquinas às vezes intransponíveis. De fato, Haussmann concebeu-a como mão única, via de transporte rápido de mercadorias na direção norte. Acima de tudo, uma segunda rede desse tipo deveria ser um espaço onde os veículos pudessem se mover rapidamente.

O mapa da terceira rede consistia em artérias e veias. O projeto da rue Caulaincourt previa o trânsito de veículos carregados de mercadorias em torno do cemitério de

Montmartre, no extremo norte de Paris, a fim de ligar o tráfego entre as vias da segunda rede com o leste e o oeste. Haussmann foi forçado a perturbar mais os mortos do que os vivos, mas isso o empurrou, de acordo com o inimitável modo francês, de encontro a longos processos e barganhas com as famílias dos falecidos. A idéia despertou oposições mais sérias, entretanto, porque dramatizava a violação que vinham sofrendo todos os aspectos da vida da cidade.

No estudo que fez a respeito da cultura parisiense, no século XIX, Walter Benjamin descreveu as arcadas e telhados a que já nos referimos como "capilares urbanos"; tudo o que pulsava na cidade concentrava-se nessas pequenas passagens cobertas em suas lojas, cafés e grupinhos de gente – coágulos humanos. O cenário do boulevard de Sébastopol – outro espaço exemplar do século XIX – destinava-se a um tipo de locomoção direcionada com tanta rapidez e sob tão forte pressão que não permitia a ninguém dar-se conta do burburinho da vida. Ao dividir politicamente a multidão, fez com que os indivíduos mergulhassem, em carruagens ou a pé, em uma excitação quase frenética. Do ponto de vista popular, o projeto como um todo não prognosticou nada de bom. Dois novos passos haviam sido dados em benefício exclusivo da locomoção: o fluxo dos veículos divorciou-se das construções ao longo das ruas, à exceção de suas fachadas, e elas se tornaram vias de escape do centro urbano, que deixou de ser um lugar de moradia.

## O metrô de Londres

Transportando pessoas para a cidade, o metrô londrino propiciou o que muitos consideram uma verdadeira revolução social. Embora os engenheiros que o construíram tenham levado em consideração o sistema de redes projetado por Haussmann, sua intenção era que a via subterrânea transportasse pessoas tanto para fora quanto para dentro da cidade. Mas nem o mais ardoroso flâneur deixaria de simpatizar com o caráter de classe do movimento para fora.

No fim do século XIX, serventes domésticos constituíam o único grupo de trabalhadores assalariados que residiam nos distritos ricos de Londres – Mayfair, Knightsbridge, Bayswater –, e o mesmo acontecia nos bairros elegantes de Paris, Berlim e Nova York. Além dos criados, existia um exército secundário de outros serviçais – consertadores de utensílios domésticos, fornecedores, cocheiros, palafreneiros etc. Os que coabitavam com os patrões misturavam-se a eles nas cenas mais íntimas da vida familiar; durante a estação social, de maio a agosto, uma terceira leva – cerca de 20 mil moças – vinha do campo para dar assistência às jovens debutantes. A Londres eduardiana foi o último período da história européia em que ricos e pobres viveram em tal intimidade doméstica; depois da Grande Guerra, cada vez mais, as máquinas se encarregariam de eliminar esses postos de trabalho.

Contudo, a maior parte dos empregados a serviço de casas abastadas, assim como uma quantidade enorme de escriturários exigidos pela burocracia imperial e pelas atividades urbanas, amontoava-se nos bolsões da velha Londres, não sendo atingida pelos projetos dos grandes proprietários de terra; em meados do século, muitos deles moravam também em áreas de East End e South Bank, antes ocupadas por pessoas completamente arruinadas ou por marinheiros.

Essas regiões tinham uma aparência muito diferente dos monumentos imperiais revestidos de gesso. Em contraste com os quarteirões de cortiços – insulae – da antiga Roma e com as grandes favelas que já tinham surgido em diversos centros do continente, Londres confinou a miséria em um espaço de dimensões reduzidas. Donald Olsen escreve que, na Inglaterra, "unidade de moradia e unidade de construção são sinônimos", consistindo em casas unifamiliares alinhadas ao longo da rua; no continente, uma é parte da outra, acrescenta o urbanista.[14] Nas áreas realmente miseráveis de East End, famílias inteiras viviam em um único cômodo de casas pequenas. O metrô contribuiu para alterar essa situação de maneira radical.

Com o transporte barato, pelo menos parte daqueles 50% que tinham acesso a 3% da riqueza nacional puderam procurar domicílio em algum lugar melhor. Graças ao capital fornecido por cooperativas habitacionais, por volta de 1880 a maré urbana começou a refluir. Quem conseguia juntar dinheiro mudava-se para a tão sonhada casa própria, ao norte do centro da cidade, em South Bank, ou nos distritos de Camden Town. Tal como as mansões dos privilegiados, essas modestas residências enfileiravam-se em quadras uniformes; os moradores dispunham de pátios individuais e banheiros privativos, do lado de fora, nos fundos. A despeito de Forster e seus contemporâneos de classe média julgarem horrível a qualidade da arquitetura, com casas malfeitas, úmidas, para os padrões da classe operária tratava-se de uma conquista memorável. As pessoas não dormiam mais no mesmo cômodo em que faziam as refeições, nem o cheiro de urina e fezes invadia o interior da residência.

A verdade é que o metrô cumpria dupla função: como artéria e veia da cidade. Sem ele, seria inimaginável o consumo de massa para o qual abriram suas portas as novas lojas de departamentos recém-inauguradas nas duas últimas décadas do século XIX. Até então, fora possível viver na rica West End, isolada dos pobres de East End, que não trabalhavam como criados. No entanto, a partir de 1880, como diz a historiadora Judith Walkowitz, "a paisagem imaginária que prevalecia [mudou] de uma que era geograficamente limitada para outra, cujos limites podiam ser transgredidos de forma indiscriminada e perigosa".[15]

Ainda que o sistema arterial-venoso do metrô tenha criado uma cidade mais misturada, suas fronteiras temporais mantinham-se bastante claras. Durante o dia, a cidade fluía por baixo do solo, em direção ao coração; à noite, esses mesmos canais subterrâneos esvaziavam o centro, à medida que as pessoas regressavam às suas casas. A geografia do tempo do moderno centro urbano mudou então: densidade e diversidade de dia, dispersão e homogeneidade à noite. Evidentemente, o contato diurno não aproximava as classes tanto assim. Os que trabalhavam ou faziam compras voltavam para casa.

## CONFORTO

Na poesia de Baudelaire, a velocidade exprime uma experiência frenética: o cidadão urbano, homem ou mulher, vive apressado, quase histérico. Realmente, no século XIX, a rapidez assumiu uma característica diferente em virtude das inovações técnicas introduzidas nos transportes a fim de dar maior conforto ao viajante. Hoje, essa é uma condição que associamos a descanso e passividade, mas foi só aos poucos que a tecnologia transformou o movimento em uma experiência passiva. O corpo em movimento, desfrutando de cada vez mais comodidade, viaja sozinho e em silêncio: anda para trás, do ponto de vista social.

Muito embora o desejo de bem-estar tenha uma origem nobre – um esforço para descansar a fadiga do trabalho –, a sensação de aconchego não é essencial. Durante as primeiras décadas, o trabalho nas fábricas forçava os operários a uma jornada ininterrupta, enquanto pudessem permanecer de pé ou mover braços e pernas. Ao fim do século, tornou-se evidente que nessas condições a produtividade diminuiria com o passar do tempo. A maioria dos proletários ingleses, acionando seus teares dez horas seguidas, conseguia produzir mais que seus companheiros alemães e franceses, que cumpriam 12, às vezes 14 horas de jornada. A mesma diferença podia ser notada entre os jornaleiros, cujas tarefas manuais prosseguiam mesmo aos domingos, e entre aqueles que gozavam do Sabbath, revelando mais empenho no resto da semana.

Capitalistas rigorosos, como Henry Clay Frick, seguiam a lógica do mercado segundo a qual "o melhor empregado" era o que trabalhava sem parar, mobilizando suas energias para empurrar o corpo até o limite, a fim de ganhar dinheiro. No entanto, o cansaço dizia respeito a uma economia diferente. Em A fadiga (1891), Angelo Masso explicou que as pessoas começam a sentir-se esgotadas antes de se tornarem incapazes de mais esforço; segundo o fisiologista italiano, essa sensação permite ao corpo controlar suas forças, protegendo-se de abusos que poderiam ser causados por uma "sensibilidade menor".[16] O mecanismo de defesa atua a partir do momento em que a produtividade começa a cair de modo acentuado.

No século XIX, a busca do conforto insere-se nesse contexto. O modo mais cômodo de viajar, com mobílias confortáveis e lugares destinados ao repouso, permitiam que se recuperasse as forças exauridas. Porém, desde então, por um desvio de trajetória, a comodidade assumiu um caráter individual. Embora capaz de baixar o nível de estimulação e receptividade, o conforto podia funcionar para afastar uma pessoa do convívio com as demais.

## A cadeira e a carruagem

O grego em seu andron, ou o casal romano no triclinium, deitavam ou reclinavam-se socialmente. Essa atitude descansada do corpo contrastava com a postura sentada, "patética" ou vulnerável, tal como no teatro antigo. Na Idade

Média, considerava-se sentar quase agachado uma posição sociável, dependendo do status de quem assumisse a pose. Era comum o uso de bancos sem encosto ou tabuleiros, ambos de pouca altura; somente pessoas de alto nível usavam cadeiras com apoio. No século XVII, na Versalhes de Luís XIV, havia toda uma etiqueta determinando como, quando e diante de quem as pessoas deviam sentar-se. Uma condessa só podia fazê-lo diante de uma princesa caso esta não descendesse em linha direta do rei; independentemente de sua relação de consangüinidade, as princesas tinham direito a cadeiras de braços, a não ser em presença do rei ou da rainha, ocasião que impunha às que não tivessem seu sangue permanecerem de pé. Todos, de princesas a criados, ficavam de pé na presença de seus superiores hierárquicos, únicos a usufruir do conforto de sentar.

Refletindo uma descontração gradual nos padrões da corte de Versalhes, na Idade da Razão as cadeiras permitiam maior relaxamento. Por volta de 1725, o encosto, eventualmente inclinado, e os braços, mais baixos para facilitar os movimentos, eram tão importantes quanto o assento. Datam dessa época poltronas informais, cujos nomes invocavam a natureza, como bergère, a "cadeira do pastor", na qual nenhum pastor de verdade estaria em condições de sentar. O carpinteiro Roubo observava que nelas o ombro repousava contra o encosto, "deixando a cabeça inteiramente livre, para não desarrumar o cabelo, tanto de damas quanto de cavalheiros".[17] Assim, no século XVIII, conforto significava liberdade de movimentos, pois mesmo sentada a pessoa poderia inclinar-se para os lados e manter conversações à sua volta. Todas as cadeiras do século XVIII tinham essas características, das mais simples às mais caras, tanto as belas Windsor, bastante comuns nas casas pobres inglesas e norte-americanas, como a bergère do aristocrata.

No século XIX, o estofamento alterou de forma sutil, porém decisiva, a experiência tão sociável de sentar. Os assentos ganharam molas por volta de 1830 e foram recobertos com pesadas almofadas de crina de cavalo ou lã penteada, subprodutos das novas máquinas de fiação. Foi Dervilliers, estofador francês, quem primeiro fabricou cadeiras desse tipo, em 1838; ele as chamou de "confortáveis": a confortable senateur e a confortable gondole foram lançadas em 1863 e 1869, respectivamente. Elas eram enormes, e o corpo afundava, engolfado, sem poder mover-se com facilidade, mas popularizaram-se a ponto de trabalhadores e escriturários poderem orgulhar-se de possuir uma para repousar das exigências do mundo. O conforto que proporcionavam criou um tipo de postura especial, acredita a historiadora Sigfried Giedion, "baseado no relaxamento (...) em uma atitude livre e descontraída, diferente dos hábitos de sentar ou deitar" de antigamente.[18]

O ritual do relax, nessa época, engajava o usuário num mergulho na cadeira estofada, imobilizando seu corpo. Nas primeiras cadeiras de balanço, o embalo exigia certa flexão dos pés, mas nas de mola esses movimentos tornaram-se mais complicados. A patente original do que hoje conhecemos como cadeira de escritório é de 1853; suas molas e juntas permitiam suaves inclinações às menores "mudanças inconscientes de posição",[19] e uma experiência distinta das famosas Windsor, de madeira: o corpo permanece aparentemente imóvel, pois as molas executam o trabalho dos pés.

Comodidade e entrega juntaram-se à passividade corporal no mais privado dos hábitos de sentar. O aparecimento de vasos sanitários deu continuidade aos métodos higiênicos introduzidos no século anterior. Na era vitoriana, feitas de louça, com assentos de pau, as latrinas não tinham mera função utilitária; por suas formas curiosas e porcelana pintada, elas eram consideradas peças do mobiliário. Imaginando que poderiam servir ao repouso, seus fabricantes as equipavam com prateleiras e suportes, para revistas, pratos e copos. A engenhosa "balanço Crapper" – batizada com o nome de seu inventor – chegou a ser exportada.

Cem anos antes, as pessoas defecavam sentadas em chaises-percés, que cobriam o penico, enquanto conversavam normalmente com outras pessoas. Só no século XIX é que isso passou a ser feito em cômodos separados, onde estavam instaladas, também, a banheira e a pia. Ali, calmamente sentado, entregue aos seus próprios pensamentos, às vezes lendo ou bebendo, o indivíduo, literalmente, se soltava, sem nada ou ninguém que o perturbasse, gozando do mesmo isolamento que lhe ofereciam as demais cadeiras da casa em que repousava tranqüilo após um dia de exaustivo trabalho.

Os assentos das carruagens não fugiram a essa tendência, que destacava o bem-estar individual. Em uma adaptação das técnicas de Dervilliers, seu molejo protegia os passageiros dos solavancos causados pela velocidade crescente dos veículos.

Essas mudanças alteraram as condições sociais de viagens. As cabines do vagão ferroviário europeu no século XIX comportavam de seis a oito passageiros, uns de frente para os outros, como nos grandes coches puxados a cavalo. Segundo o historiador Wolfgang Schivelbusch, sem o barulho peculiar das carruagens, essa disposição dos assentos provocou "embaraço nas pessoas, obrigadas a encarar-se em silêncio".[20] Por outro lado, na maciez confortável do trem, era possível ler.

Nos carros lotados, cujos ocupantes liam ou olhavam pela janela, deu-se uma grande mudança social: o silêncio passou a resguardar a privacidade. Mesmo nas ruas, os transeuntes tor-
 naram-se cientes do direito de não sofrer a interpelação de

estranhos; a conversa de um desconhecido foi encarada como uma violação. Antes, na Londres de Hogarth ou na Paris de David, ocorria justamente o contrário: em público, as pessoas tinham a expectativa de abordar e serem abordadas.

Desenvolvidos por volta de 1840, os vagões norte-americanos sem cabine asseguravam solidão e silêncio. Todas as poltronas eram viradas em um único sentido, de forma que cada passageiro pudesse manter o olhar fixo nas costas do que ia à sua frente. Atravessando distâncias imensas – pelos padrões europeus – e não obstante a inexistência de barreiras físicas, os visitantes do Velho Mundo sentiam-se intrigados com o fato de que era possível cruzar todo o continente norte-americano sem dirigir palavra a quem quer que fosse. O sociólogo Georg Simmel notou que, antes do advento do transporte de massa, raramente as pessoas eram obrigadas a sentar juntas, caladas, por um longo tempo, apenas olhando. Essa particularidade do american way of life foi adotada na Europa, influenciando o modo como as pessoas se sentavam, também, em cafés e pubs.

## O café e o pub

Os ingleses criaram as primeiras casas de café da Europa, no século XVIII. Algumas como meros apêndices de estações de coches, outras como empresas destinadas exclusivamente a esse serviço. Na sua origem, a companhia de seguros Lloyd's era uma cafeteria, cujas regras de sociabilidade acabaram por expandir-se para grande parte de outros lugares urbanos: o preço de uma xícara da infusão dava direito a participar das conversações que aconteciam no salão.[21]

Outros estímulos, além do bate-papo, atraíam os estranhos a esses estabelecimentos. Conversando, ficava-se sabendo das condições da estrada, dos últimos fatos ocorridos na cidade e de negócios. Embora os freqüentadores revelassem suas diferentes posições sociais pela aparência e pelo modo de falar, esses detalhes eram ignorados enquanto se estivesse bebendo – as informações tinham maior importância, e apenas por meio do diálogo livre podia-se ter acesso a elas. O surgimento do jornal moderno aguçou o desejo de falar; exibido em prateleiras no cômodo, os periódicos ofereciam tópicos às discussões – o texto não tinha tanta confiabilidade quanto a fala.

Os cafés franceses do Ancien Régime funcionavam como as cafeterias inglesas, como ponto de encontro de gente que não se conhecia, palco de mexericos e troca de notícias. Nos anos que antecederam a Revolução, vários grupos políticos nasceram no Café Procope, situado na margem esquerda; quando o movimento eclodiu, suas rivalidades provocaram uma separação e cada qual buscou seu lugar próprio, em diversos estabelecimentos localizados no Palais-Royal. Ali, no início do século XIX, uma nova experiência iria mudar a feição do que já se convertera em uma instituição social, e que consistiu, simplesmente, na colocação de mesas do lado de fora da galerie de bois. Nessas mesinhas, a céu aberto, os clientes mais observavam a paisagem do que se envolviam em conspirações.

As grandes avenidas de Paris abertas pelo barão Haussmann, sobretudo as que faziam parte da segunda rede, encorajaram o uso das calçadas. Outros estabelecimentos foram fundados em torno da Ópera, como o Grand Café, o Café de la Paix e o Café Anglais; e no Quartier Latin, onde os mais famosos eram o Voltaire, o Soleil d'Or e o François Premier. A clientela constituía-se de pessoas das classes média e alta, pois o preço das bebidas afastava os mais pobres. Além disso, seus freqüentadores esperavam ter o direito de ficar a sós e em silêncio – tal como nos trens norte-americanos –, o que contrariava os costumes das classes trabalhadoras, que se mantinham fiéis aos cafés intimes das ruas laterais.

Os que queriam circular procuravam o serviço mais rápido do bar. Por volta de 1870, por exemplo, os garçons mais velhos estavam relegados às mesas exteriores dos cafés, cujos fregueses não consideravam sua lentidão um defeito; plantados ali, sem falar com ninguém, ensimesmados, eles se limitavam a olhar a massa de passantes.

No tempo de Forster, perto de Piccadilly Circus, em Londres, havia alguns grandes cafés de estilo francês, mas os lugares consagrados para se beber na cidade eram, claro, os pubs, que tinham assimilado algumas regras de comportamento de seus "primos" do continente. Quem queria conversar livremente dirigia-se ao bar – os demais lugares estavam reservados aos que preferiam ficar silenciosamente isolados. Enquanto "o habitué do bulevar, dos cafés da Ópera e do Quartier Latin era o homem de negócios, e não o turista ou o dândi que se fazia acompanhar por uma demimondaine",[22] os pubs desvinculavam-se espacialmente da rua, constituindo-se em locais de refúgio, misturando odores de cerveja, salsichas e urina. A lentidão no terraço do café parisiense também não tinha nada a ver com os que passavam pela via pública; indivíduos de ambos os sexos que se sentavam ali – como o norte-americano que cruzava o país sem falar nada – só estavam interessados no espetáculo. "Meia hora nos bulevares ou (...) nos Jardins das Tulherias tem o efeito de uma peça teatral, infinitamente divertida", escreveu Augustus Hare.[23] Tanto no pub como no café, as imagens compunham enredos particulares nos pensamentos de cada freguês.

A multidão de "atores" não carregava mais a ameaça das turbas revolucionárias – nem se cogitaria puxar conserva com uma pessoa sentada diante de um copo de cerveja ou de um aperitivo. Em 1808, na tentativa de localizar elementos políticos perigosos, os espiões da polícia infiltraram-se nos cafés; em 1891, já não se deram a esse trabalho. Um reino público, povoado de cidadãos em movimento e em desfile – em Paris e em Londres –, deixara de ser um território político.

A cadeira e o café forneciam uma acomodação que unia o passivo e o individual. Quando a arquitetura urbana incorporou meios mecânicos de isolamento, o café permaneceu intensamente urbano e polido, um lugar conveniente à interioridade.

## Espaços selados

Os responsáveis pelos projetos urbanísticos e arquitetônicos no século XVIII procuraram criar cidades saudáveis de acordo com o modelo de um corpo saudável. Reyner Banham observou que a tecnologia de construção daquela época muito provavelmente não se adequava a esse propósito; os prédios não barravam as correntes de ar e eram, ao mesmo tempo, abafados; nos casos em que havia algum tipo de aquecimento, a perda de calor era absurda.[24] No fim do século XIX, essa dificuldade para respirar em locais fechados começou a ser discutida.

Assim como a cadeira estofada, a calefação central pode parecer um evento de menor importância na história da civilização ocidental, mas foi graças a ela e aos métodos modernos de condicionamento de ar, iluminação de interiores e tratamento de dejetos que o sonho iluminista de um ambiente saudável transformou-se em realidade – evidentemente que a um preço social. As edificações foram apartadas do meio urbano.

O conceito de aquecimento por irradiação de ar quente foi enunciado por Benjamin Franklin, que criou seu "forno" em 1742, dois anos antes de James Watt, inventor da máquina

 a vapor, neutralizar o frio em suas oficinas; contra a má ventilação e os problemas respiratórios decorrentes, o processo foi adotado em grandes construções, no início do século XIX. O calorífero produzia água quente, distribuída por canos, em vez de ser carregada por empregados que a esquentavam na cozinha. Em 1877, Birdsill Holly testou um único aparelho capaz de garantir a calefação de vários prédios de Nova York.

Todavia, o sistema enfrentava dois problemas: as construções eram cheias de frestas e malventiladas, incapazes de fazer o ar circular e impedir que escapasse. As questões referentes à aeração foram parcialmente contornadas por volta de 1860, quando a Sturtevant Company descobriu o vapor superaquecido, mas os vazamentos tiveram de esperar até que os arquitetos inventassem meios de direcionar a corrente para dentro dos cômodos, sugando o ar usado para o exterior. O aprimoramento de materiais isolantes flexíveis e eficazes veio mais tarde, na segunda e terceira décadas do século XX. Antes disso, em 1870, por iniciativa das lojas de departamentos, tentou-se tapar as janelas com vidro, ou instalar dutos de ventilação que as substituíssem. O gigantesco Royal Victorian Hospital, concluído em 1903, em Belfast, na Irlanda do Norte, pôs em prática esse método.

Outra tecnologia também concorreu para a vedação dos edifícios. Os lampiões derramavam-se com perigosa freqüência, e a luz elétrica, criada por Thomas Edison, acabou por substituir o gás e outros combustíveis na iluminação pública; em 1882, ela já chamava a atenção de empreiteiros britânicos, franceses e alemães. Sua aplicação aos imóveis urbanos, mais independentes das janelas, ampliava a utilização dos espaços internos. Ante a possibilidade de elas serem inclusive abolidas, quebrou-se o vínculo que a luz estabelecia entre o interior e o exterior das construções.

Nada impedia que todas essas inovações fossem instaladas nos prédios já existentes. As lâmpadas, por exemplo, adaptavam-se maravilhosamente às cavidades do lampiões, e bem assim às tubulações de aquecimento, e os dutos de ventilação aos tetos de corredores e escadarias de serviço. A maior fonte de desconforto físico, no entanto, perdurava: o esforço para subir muitos lances de degraus. O fim dessa árdua ascensão com a tecnologia do elevador (1846) gerou o arranha-céu. Os primeiros "cabineiros" eram homens encarregados de puxar contrapesos. O Dakota Apartment House, em Nova York, e o Connaught Hotel, em Londres, usaram um sistema hidráulico que fazia a plataforma subir e descer. A sorte do elevador dependia de sua segurança, e Elisha Graves Otis, em 1857, montou um mecanismo seguro, dotado de freios, acionados em caso de falha no sistema de força.

Hoje em dia, consideramos o elevador algo tão corriqueiro que nem notamos as mudanças que ele operou em nossos corpos; a atividade aeróbica foi trocada pelo simples ato de ficar em pé para subir e, em poucos segundos, afastar-se da rua e de tudo o que existe nela. Nos edifícios modernos, com assessores e garagens subterrâneas, o movimento passivo do corpo conduz à perda de todo o contato físico com o exterior.

OS NOVOS INVENTOS, a geografia da velocidade e a procura de conforto levaram as pessoas ao "individualismo" previsto por Tocqueville. Em uma época em que o emblema da arquitetura é a sala de espera do aeroporto, poucas pessoas sentem-se inclinadas a caminhar pelas ruas da Londres eduardiana pensando: "Que dureza!" Além disso, é preciso reconhecer que os espaços e a tecnologia da comodidade produziram prazeres reais. Exemplo (bom, pelo menos, para um habitante de Nova York): a mui amada construção erguida 15 anos depois de Howards End ser escrito, o Ritz Tower, na esquina da rua 57 com a Park Avenue. Inaugurado em 1925, esse primeiro "espigão" tem 41 andares calafetados, totalmente ocupados por residências. Em seu tempo, era o prédio mais alto do mundo ocidental. Graças a uma licença de zoneamento de 1916, seus terraços babilônicos ficavam bem longe do burburinho da rua, descortinando o espaço vazio. "Como um telescópio, à medida que se estreitava em seus recuos, dava uma impressão de verticalidade absoluta, alcançando as nuvens", escreveu a historiadora de arquitetura Elizabeth Hawes.[25]

O Ritz Tower não era apenas sensacional; o projeto de Emery Roth assegurava aquecimento e refrigeração impecáveis, libertando os moradores da sujeição à janela. Mesmo hoje, cercado por outros prédios imensos, o interior do Ritz Tower transmite uma sensação de calma e paz em meio aos aterrorizantes engarrafamentos da Park Avenue, no coração da cidade mais neurótica do mundo. Por que resistir? Howards End dá uma resposta.

## A VIRTUDE DO DESENRAIZAMENTO

Contra a organização social da velocidade, do conforto e da eficiência, E. M. Forster invocou a virtude de um movimento mais psicológico, que desaloja as pessoas do sentimento de segurança. Talvez o autor não seja a pessoa mais indicada para isso; quem ordenou "Juntar, apenas..." também declarou, em Dois vivas à democracia, tamanho ódio às causas que "se tivesse de escolher entre trair meu país ou meu amigo, suponho que escolheria trair meu país".[26] Em Howards End, a heroína pensa que "fazer bem à humanidade foi inútil, os esforços multicores empreendidos nesse sentido espalharam-se sobre uma grande área, como películas, resultando em um cinza universal"; segundo as palavras do narrador oculto, "fazer bem a uma pessoa, ou (...) a uns poucos, era o máximo que ela ousa esperar".[27] O mundo do artista parece particular e pequeno, mas, ainda assim, nesse compasso íntimo, o bem-estar é confrontado por desafios monumentais. O romancista nos convence de que tais desafios são válidos.

Howards End é o nome da modesta propriedade em que se cruzam os destinos de três famílias. Os Wilcox vivem quase exclusivamente em função de dinheiro e prestígio, embora dotados de energia e determinação enormes; eles são parte da nova elite urbana dos tempos eduardianos. As duas irmãs, Margaret e Helen, da família Schlegel, são órfãs, sem muitos recursos, e têm um irmão mais novo, Tibby, que vive para a alta arte e relacionamentos pessoais elevados. A terceira família, de condição social muito inferior, é formada por um jovem escriturário e sua amante, com quem vem a casar.

Forster não concebia enredos intrincados e suas histórias não são lidas como palavras cruzadas abstratas; nelas, tudo é muito bem arrumado. Helen Schlegel teve um breve e confuso romance com o filho mais jovem dos Wilcox. A Sra. Wilcox morre; o viúvo casa-se com a mais velha das irmãs Schlegel, Margaret; o enlace desagrada profundamente a Helen e ao outro filho do Sr. Wilcox. Helen torna-se amiga do escriturário Leonard Bast, um rapaz da classe trabalhadora, vai para a cama com ele e fica grávida; sua desmazelada esposa, descobre-se então, foi amante do Sr. Wilcox, à época de seu primeiro casamento. O desfecho ocorre em Howards End quando o filho mais velho dos Wilcox ataca Leonard Bast, quando este vai ao campo encontrar sua amada Helen. Leonard morre; Wilcox, o filho, é acusado de assassinato e vai preso; o desastre reconcilia o velho Wilcox e sua segunda esposa; a irmã solteira e seu bebê passam a morar em Howards End.

Forster decreve as trocas de posição a que os personagens são forçados em um texto quase cirúrgico. Para entendê-las, é importante considerar esse romance como metade de um projeto mais amplo, ligado a um outro – Maurice –, que o autor começou a escrever logo após a publicação do primeiro, em 1910. O segundo romance conta a história do amor homossexual entre um comerciante atacadista de classe média alta e um criador de animais destinados à caça, sem muita atenção formal. Um relato que transgride limites sexuais e de classe deveria, de acordo com os padrões daquele tempo, terminar em desastre; em vez disso, Maurice tem um final feliz: o gentleman convencional e ciente de sua classe termina nos braços de um criado. Forster afirmou que isso "era imperativo (...). Eu estava determinado a construir uma ficção na qual dois homens deveriam apaixonar-se e permanecerem assim para todo o sempre".[28]

Howards End também conta uma história de sexo ilícito entre pessoas de classes diferentes, mas Helen Schlegel e Leonard Bast não são "felizes para sempre". Ao contrário, há um assassinato: o personagem mais conformista e respeitável do romance mata Leonard e vai para a cadeia. Uma traição vem à tona: Margaret Schlegel descobre que seu marido mente sobre dinheiro e sexo. De fato, alguma felicidade é conquistada: a intrépida fora-da-lei sexual muda-se, com o filho bastardo, para a casa de campo. No fim, todos os personagens sentem-se incertos sobre si mesmos – eles não encontram a confirmação de uma identidade, como a que Maurice descobriu no homossexualismo assumido. Mas, mesmo assim, eles se tornam fisicamente mais atentos ao mundo e mais interessados uns pelos outros. De certo modo, Forster concebeu o desarraigamento como Milton imaginou o exílio do Éden, em Paraíso perdido, apenas atribuindo-lhe uma dimensão social específica.

No início, os leitores podem ter imaginado que somente as duas irmãs órfãs entendiam-se bem, adequando-se à imagem de "Honradas Solteironas", estereótipo de jovem mulher liberada que foi difundido nas páginas da Macmillan's Magazine, em 1888. A publicação descrevia o clichê com admiração e condescendência: elas não desejavam viver "em uma posição de dependência e sujeição"; queriam extrair "a maior quantidade possível de prazer de cada xelim", procurando "encontrar felicidade e prazeres intelectuais sem dar maior atenção ao ambiente social".[29] Compravam a liberdade ao preço de seus direitos à sexualidade e à maternidade.

No curso do romance, ainda que sem entender o que faziam, Margaret e Helen Schlegel subverteram esse paradigma seguindo dois caminhos tão diferentes que as explicações mútuas tornaram-se impossíveis. A mais velha encontra sua realização como mulher com o Sr. Wilcox, mantendo-se crítica e independente em relação a ele; mais radical, a mais jovem dá à luz um filho bastardo e segue em frente, muito satisfeita da vida.

A característica incomum de Howards End está na insistência de seus personagens em avaliarem-se por meio do olhar, do cheiro e do toque. Os padrões vão se quebrando aos poucos. Por exemplo, quando pela primeira vez Margaret Schlegel vê as salas de teto baixo da casa que dá nome ao romance, ela pensa ter encontrado inocência e paz – "Sala de desenho, sala de jantar, salão (...) simples cômodos em que as crianças poderiam brincar e os amigos abrigarem-se da chuva"[30] –, contrastando com "o fantasma da grandeza que encoraja Londres (...), enterrado, para sempre, quando ela passou do saguão para a cozinha e ouviu a chuva correr na calha do telhado (...)".[31] No fim do livro, esses estereótipos não funcionavam mais.

Forster prepara o leitor para essas mudanças na cena em que Margaret ouve Henry Wilcox queixar-se do peso dos infortúnios que atingiram seu filho e a ele próprio, dizendo: "Não sei o que fazer – Estou quebrado – Estou acabado." Nesse momento, a novela poderia descambar para o sentimentalismo barato, mas a reação de Margaret salva a história: "Sem nenhuma emoção repentina (...) ela não tomou o sofredor em seus braços (...), ele cambaleou (...) e pediu-lhe que fizesse com ele apenas aquilo que estivesse ao seu alcance. E ela fez o que parecia mais fácil – levou-o para recuperar-se em Howards End."[32] Embora percebendo que seu marido está em frangalhos, a vida de Margaret, plena e independente, começa nesse instante. Ele deverá renunciar aos clichês de piedade que dominaram seu passado e aceitar sua irmã "arruinada" e o poder da esposa. O lugar vai testá-lo e alterá-lo. Talvez a passagem mais sutil do livro seja aquela da mais velha das irmãs falando à mais jovem sobre a casa onde deverão "lutar contra o igual. Diferenças – eternas diferenças, plantadas por Deus em uma única família, para que sempre haja cor; tristeza, talvez, mas cor no cotidiano cinzento".[33] A casa de campo foi preenchida com as incertezas e provocações da vida radiosa.

A transformação do sentido de lugar importa tanto para o autor quanto para seus personagens. O lar de Forster, entre 4 e 14 anos, quando ele e sua mãe foram obrigados a abandoná-lo, serviu-lhe de modelo para Howards End. Sua opinião é que isso fora providencial, pois "se a terra me acolhesse (...) o lado conservador de meu caráter teria se desenvolvido e meu liberalismo atrofiado". No fim da vida, ele foi ainda mais candente: "As impressões que me marcaram, naquela época (...) ainda brilham (...) e me deram um ponto de vista sobre a sociedade e a história. É uma visão de classe média (...) que tem sido corrigida pelos contatos com aqueles que nunca tiveram uma casa (...) e não querem uma."[34]

Desenraizamento versus movimento total, detestável e sem sentido, condensado no automóvel – eis o tema central do autor. Os seres humanos precisam ser sacudidos para perceber o Outro e o lugar compartilhado. Trata-se de um tipo de desarraigamento positivo, que aparece na descrição das duas irmãs em Londres – e inclusive na vida do autor –, depois de perderem sua casa. Nesse ponto, Forster observa que "o londrino tem uma percepção muito tênue de sua cidade até que ela o varra; Margaret só abriu os olhos quando o aluguel de Wickham Place [sua moradia na cidade] expirou".[35]

Conversando certa vez com um amigo, Forrest Reid, a respeito de si mesmo, Forster disse estar "tentando juntar e usar todos os fragmentos de sua vida, desde que nasci".[36] Os personagens de suas novelas empreendem igual tentativa, embora encontrando-se em lugares que carecem da "inteireza simples das coisas". A expressão, imaginada pelo filósofo Martin Heidegger em uma fazenda situada na Floresta Negra, na Alemanha, está relacionada à moradia duradoura, "projetada para várias gerações sob um único teto, mostrando o caráter de sua jornada pelo tempo".[37] Howards End é um lugar onde a descontinuidade converte-se em um valor positivo.

A respeito das esperanças que Forster manifesta em seu romance, Alfred Kazin escreve que "uma sociedade marcada pelo rígido orgulho de classe, proteção de classe e amargura de classe também pode distinguir-se por uma 'camaradagem' mais profunda".[38] Tanto em Maurice como em Howards End, Forster procura demonstrar isso, por meio da ruptura de diversos padrões. Mas na sua primeira obra ele também aduz a um possível sentido moderno de lugar em que, diferentemente do santuário, as pessoas se tornam vivas, expõem-se, reconhecem e dialogam com as partes discordantes.

Qual o valor de uma crítica dessas para nós, que habitamos cidades cheias de contradições étnicas, sexuais, etárias e de classes? Como a sociedade multicultural pode precisar de desenraizamento, em vez de segurança e conforto?

# Conclusão
# Corpos cívicos
## Nova York multicultural

### DIFERENÇA E INDIFERENÇA

#### Greenwich Village

Vinte anos antes de pôr meus pés no Greenwich Village li a respeito nas páginas de The Death and Life of Great American Cities, de Jane Jacobs, que o descreve como a quintessência do centro urbano, misturando grupos e estimulando os indivíduos por meio da diversidade. Ao contrário do Harlem, ou de South Bronx, pintado por Jane o Village é um belo quadro de etnias – italianos, judeus e gregos – convivendo em harmonia naquilo que parece à autora uma ágora moderna no coração de Nova York.[1]

O lugar que encontrei é diferente. Por volta de 1970, embora muitos dos filhos desses imigrantes já tivessem mudado para os subúrbios, a região ainda mantinha suas características de variedade e tolerância. Na Washington Square, muitos adolescentes dormiam ao relento, envoltos por lençóis limpos e em camas quentes, embalados por cantores folk que competiam entre si, despreocupados com a presença dos sem-teto. As ruas e os prédios bem conservados contribuíam para reforçar a impressão de que o lugar diferia do resto de Nova York e possuía um forte senso comunitário, o que permitia que estranhos vivessem em relativa segurança.

Misturadas aos turistas, ainda há famílias italianas ao longo da MacDougal Street. Os encantadores prédios de apartamentos estão ocupados por pessoas idosas que conservaram suas habitações baratas e por jovens recém-chegados com boa situação financeira. Desde o tempo de Jane Jacob, os homossexuais estabeleceram-se no limite oeste; alguns visitantes os incomodam, mas eles mantêm a paz com a vizinhança. Artistas e escritores, como eu, atraídos pelos módicos aluguéis, estão envelhecendo sem abrir mão da boêmia, e mantêm-se permanentemente interessados nesse cenário de tantas nuances.

Contudo, a realidade não é como parece à primeira vista. Jane considerou os habitantes do Village quase fundidos, de tão próximos. Na MacDougal Street, os turistas limitam-se a olhar os italianos, que conversam entre si, das lojas do térreo para as janelas dos edifícios em frente, sem se importar com os transeuntes. Hispânicos, judeus e coreanos zanzam na Segunda Avenida, mas, além dela, cada grupo guarda seu próprio território, encerrando-se em um verdadeiro parêntese étnico.

Variação e indiferença coexistem no Village; a multiplicidade não incita as pessoas a interagir. Em parte, porque nas últimas duas décadas ela cresceu de um modo mais cruel que o enfocado por Morte e vida de grandes cidades americanas. Washington Square tornou-se uma espécie de supermercado de drogas: ao norte da faixa de areia dos balanços das crianças situa-se o ponto de vendas de heroína, e os bancos, junto à estátua de Stanley, servem para a exibição de diversas pílulas; nas quatro esquinas da praça, a cocaína é comercializada em grandes quantidades. Os jovens não dormem mais no parque, dominado pelos traficantes e seus "aviões", que circulam entre mães acompanhadas de seus filhos e estudantes universitários... só a polícia não os enxerga.

Em sua História da guerra do Peloponeso, Tucídides avalia a força física de Atenas associando a Oração Fúnebre, de Péricles, à praga que assolou a cidade poucos meses depois. Quando a peste moderna da Aids apareceu nas ruas do Village, não houve nada semelhante ao colapso moral referido pelo general grego. A epidemia incrementou o engajamento político de muitos homossexuais, pois, embora positivamente, os serviços de saúde municipais reagiram de forma inadequada. Boa porção da arte, do teatro e da dança produzidos ou apresentados no West Village exploram essa temática.

Porém, no extremo leste, onde Greenwich Village faz sombra à grande pobreza de Lower East Side, a história é diferente. Lá se concentram viciados de ambos os sexos, que contraíram o mal devido à partilha de agulhas, e mulheres que se infectaram na prostituição. Aids e drogas confundem-se geometricamente na "desdentada" Rivington Street, cujas construções abandonadas servem de esconderijo aos viciados, que ali praticam sua roleta-russa. Ocasionalmente, jovens assistentes sociais são vistos errando pelo local, batendo nas portas trancadas ou nos batentes das janelas, oferecendo seringas descartáveis de graça. Mas esses habitantes do Village não criam problemas e suas "invasões" têm inclusive prosperado, graças à aceitação tácita dos cidadãos e, talvez, ao possível lucro que eles dão à polícia.

Se o problema das drogas não sensibiliza os moradores, menos estranheza ainda causam os sem-teto. Estima-se que no centro de Nova York, durante o verão, para cada duzentas pessoas exista uma sem moradia, índice superior ao de Calcutá e abaixo do Cairo.[2] No Village, elas dormem nas ruas perto de Washington Square, o mais distante possível da rota das drogas. De dia, vão para as portas das agências bancárias; meu "porteiro financista" contenta-se em receber menos esmolas do que em outras áreas mais ricas da cidade, porque garantimos a ele mais tranqüilidade. É exatamente isso: aqui as pessoas deixam as outras em paz.

O individualismo moderno sedimentou o silêncio dos cidadãos na cidade. A rua, o café, os magazines, o trem, o ônibus e o metrô são lugares para se passar a vista, mais do que cenários destinados a conversações. A dificuldade dos estrangeiros em manter um diálogo entre si acentua a transitoriedade dos impulsos individuais de simpatia pela paisagem ao redor – centelhas de vida não merecem mais que um lampejo de atenção.

É assim que funciona a diversidade no Village; nossa ágora só existe na aparência. Não se tem onde discutir os estímulos visuais em logradouros como a Segunda Avenida, nenhum lugar encerra uma história cívica específica nem – o que talvez seja mais grave – pode se considerar um santuário sensível à destruição enferma do East Village. Conforme acontece por toda a cidade, o Village promove inúmeras ocasiões cerimoniosas nas quais a voz cívica e queixosa dos cidadãos protesta com veemência. Todavia, além de não se traduzirem publicamente em uma prática social cotidiana, esses eventos políticos pouco fazem para costurar as múltiplas culturas tendo em vista projetos comuns.

As pessoas não acolhem as diferenças, a dessemelhança cria hostilidade, a melhor expectativa está na tolerância: essas verdades triviais têm fundamento em estimulantes experiências pessoais – temas excelentes de romances (Howards End), mas, segundo o bom senso, intransferíveis para a sociedade. Por mais de um século Nova York tem albergado uma porção
 de valores, crenças e padrões de comportamento, muitas vezes

tão discriminados quanto os judeus de Veneza no Renascimento. Dizer que a disparidade provoca inevitavelmente afastamento mútuo significa negar à cidade multicultural um saber cívico participativo; é o mesmo que tomar partido dos cristãos de Veneza que só imaginavam a identidade entre os iguais. E mais, isto conduz ao descarte de uma das mais profundas fontes da fé judaico-cristã – a compaixão –, como se ela tivesse simplesmente desaparecido no mar das concepções civilizatórias divergentes.

Se a história de Nova York põe em dúvida a possibilidade de uma cultura cívica ser moldada apesar das contradições humanas, o Village coloca uma questão mais específica: como ela pode tornar-se algo que as pessoas sintam em seus ossos.

## Centro e periferia

Todos os dilemas do despertar visceral de uma sociedade desse tipo estão muito bem expressos na história e na geografia de Nova York.

A geometria da cidade é constituída por uma rede interminável de quarteirões idênticos. Diferentemente da rede romana, não existem fronteiras estabelecidas pelos antigos a partir da observação do céu. Os homens que a planejaram quiseram que fosse assim, como um tabuleiro em expansão; em 1811, as terras acima do Greenwich Village já estavam urbanizadas, e em 1855 o complexo demográfico estendia-se além de Manhattan, em direção ao norte do Bronx e a leste do Queens.

Nova York nasceu em uma vastidão de terras desocupadas, isto é, seu desenho antecedeu à povoação; em vez de olhar as estrelas, seus construtores consultaram os bancos. Discorrendo genericamente a respeito do sistema reticulado,

Lewis Mumford disse que "o capitalismo ressurgente do século XVII tratou terrenos, quarteirões, ruas e avenidas como unidades abstratas destinadas a compra e venda, desconsiderando os usos históricos, as condições topográficas ou as necessidades sociais".[3] A absoluta uniformidade dos lotes – em tamanho e preço – sinalizava a equiparação do valor da terra ao do dinheiro. Nos primeiros e mais felizes dias da República, as notas de dólar só eram impressas quando os banqueiros precisavam de numerário; via de conseqüência, o suprimento de terras aumentava com a extensão do território, conforme a especulação.

Esse planejamento urbano ilimitado carece de um centro. Os romanos localizavam-no na interseção das ruas principais, mas nem os mapas de 1811, ou os de 1855, contêm indicações nesse sentido. O turista suspeita de que o centro de Nova York fica em torno do Central Park, mas Calvert Vaux e Frederick Law Olmsted deram partida à sua construção, em 1857, imaginando um local de refúgio. Quando os políticos alijaram Olmsted do projeto, o parque começou a decair, as pessoas passaram a evitá-lo e seus gramados malconservados tornaram-se um antro de bandidos.

Teoricamente, a ausência de um ponto central e de limites definidos possibilitam múltiplos locais de encontro. O plano original, entretanto, não foi passado às últimas gerações de construtores. Por exemplo, o grande complexo de escritórios do Rockefeller Center, iniciado na década de 1930, poderia ser erguido poucas quadras ao norte, ao sul ou a oeste – a neutralidade da rede não impunha uma localização. Embora essa flexibilidade espacial possa aparentemente fazer eco ao espírito pró-diversidade de L'Enfant, de fato, Nova York aproxima-se mais da concepção dos urbanistas franceses revolucionários. O que sua falta de direcionamentos prevê é a maior facilidade para que se possam demolir todos os obstáculos de pedra, vidro ou ferro erigidos no passado.

Até bem pouco tempo, muitas construções ainda em perfeito estado desapareciam com a mesma regularidade com que surgiam novas. Em um período de sessenta anos, por exemplo, as grandes mansões da Quinta Avenida, do Greenwich Village ao alto do Central Park, foram construídas, habitadas e destruídas, cedendo lugar a edificações mais altas. Hoje, apesar de já se cuidar da preservação do patrimônio histórico, os arranha-céus são planejados para durar cinqüenta anos e financiados de acordo com essa duração estimada, conquanto sejam obras de engenharia capazes de conservar-se por muito mais tempo. De todas as cidades do mundo, Nova York foi a que mais cresceu à custa de demolições; daqui a cem anos, as pessoas terão evidências mais tangíveis da Roma de Adriano do que da grande metrópole de fibra ótica.

A história do multiculturalismo ganhou muito com esse tecido urbano camaleônico em Nova York. No período pós-guerra civil, quando a cidade assumiu as características de um conglomerado de nacionalidades, os imigrantes amontoavam-se nas áreas de pobreza, principalmente em Lower East Side e atrás das docas, no West Side de Manhattan, e no extremo leste do Brooklin. Confluência de diversas misérias, as chamadas New Law Tenements haviam sido projetadas com espaços interiores bem iluminados e ventilados... mas as melhores intenções dos arquitetos caíram por terra diante de uma densidade populacional completamente imprevisível.

No começo do século, à medida que as condições permitiram, os filhos dos imigrantes trataram de sair desses lugares, da mesma forma que a classe trabalhadora inglesa, fazendo uso do metrô, ia buscar melhores habitações. Alguns mudaram-se para o Harlem, outros dirigiram-se a regiões mais distantes e menos populosas; os mais prósperos adquiriram casas próprias, ou apartamentos, muito mais espaçosos que os cortiços. Duas forças lhes opunham resistência: a localização dos empregos e a falta de um sistema de artérias e veias urbanas.

Nova York voltou a crescer depois da Segunda Guerra Mundial, sobretudo graças ao trabalho de Robert Moses, iniciado nas décadas de 1920 e 1930, cuja escala chocou a imaginação da época. Como Haussmann, e antes dele, Boullée e Wailly, Moses encarava a malha urbana de forma arbitrária, desconhecendo qualquer obrigação de manter ou melhorar o que seus antecessores haviam feito; assim, ele construiu pontes, parques, portos, urbanização de praias e auto-estradas.

Dotada do sistema de transporte de massa mais extenso do mundo, a cidade acabou por realizar o ideal iluminista do corpo em movimento. Moses favoreceu tanto a locomoção individual nos automóveis que, segundo alguns, chegou a ameaçar a viabilidade de tudo que já existia. Pensando dessa maneira, o urbanista Jean Gottmann, em seu clássico estudo, intitulado Megalopolis, anteviu uma urbe colossal na Costa Leste dos Estados Unidos, de Boston a Washington – extinguindo o conceito de "centro ou coração regional".[4]

Para Moses, as auto-estradas eram meios de facilitação, não projetos destrutivos. O senso de prazer proporcionado pelo movimento que ele defendia transparece nas parkways, proibidas aos caminhões; esses espaços caros e ilusórios foram criados para tornar a experiência ao volante um desfrute pessoal e livre de obstáculos.

Combinando as highways e parkways ele acreditava poder aliviar a mente das pessoas de tensões tipicamente urbanas. Uma dessas rotas ligava a cidade a Jones Beach, faixa de areia que construiu para o lazer dos nova-iorquinos. Frances Perkins comentou sua atitude com relação a esse lugar: "Ele falava terrivelmente mal do povo (...) cheios de vermes, sujos, jogando garrafas por toda a praia (...). 'Eu vou pegá-los! Vou ensiná-los!' (...) Ele ama o público, mas não como povo."[5] Moses tentou excluir os negros de Jones Beach e dos parques, considerando-os especialmente impuros.

O quebrador de poder – história da vida de Moses, escrita por Robert Caro – apenas pelo título caracteriza o espírito empreendedor do biografado.[6] Ele não era um urbanista, limitando-se a obter das autoridades e banqueiros os meios necessários aos projetos; faltava-lhe, sobretudo, imaginação visual para entender de maneira tridimensional desenhos e mapas. Tido como um planejador endemoninhado, na verdade ele foi algo ainda mais assustador, pois com todo o poder que teve em suas mãos nunca se deu conta do que estava arrasando. Nada obstante, como em Jones Beach, seus objetivos sociais eram evidentes.

Seu propósito consistia em desfazer a diversidade. A massa impactante da população parecia-lhe uma pedra a ser esfacelada, e a fragmentação da cidade, condição do "bem público". Nesse sentido, Moses agiu de modo seletivo; apenas os bem-sucedidos – que tinham o bastante para possuir um carro ou comprar uma casa – dispunham dos meios de escapar; as pontes e vias expressas constituíam-se uma salvação do barulho dos grevistas, mendigos e desempregados que enchiam as ruas de Nova York durante a Grande Depressão.

É justo reconhecer que as intervenções de Moses contribuíram para suprir um grave déficit comunitário – a necessidade de habitações domésticas adequadas. Depois de 1945, as fazendas de batatas, em Long Island, a leste, e outras propriedades mais modestas, ao norte, foram ocupadas por grandes áreas residenciais. Isso foi resultado da erosão do denso centro urbano, alongado pelos "dedos" das vias de alta velocidade. Estudando o bairro de Levittown, Herbert Gans observou que nas moradias unifamiliares havia "mais coesão e uma significativa elevação moral".[7] Gans criticou os esnobes que desprezaram esses domicílios, tão valorizados, por outro lado, pelas pessoas que tiveram condições de abandonar os apartamentos minúsculos em que viviam, satisfazendo seu "desejo de possuir uma casa independente".[8]

Moses custou a entender que havia criado novo território econômico. De fato, o crescimento horizontal de Nova York coincidiu com o incremento das tarefas burocráticas e de serviços, que devido às comunicações eletrônicas não precisavam mais situar-se no denso centro urbano, onde as tarifas eram maiores. A periferia também se beneficiou de mudanças que ocorreram nas manufaturas; com o aumento do trabalho feminino, as mulheres podiam arranjar emprego perto de casa, ainda que recebendo salários mais baixos que os homens.[9] Apesar dessas circunstâncias, parte do sonho realizado começou a morrer. Pobreza e funções mal remuneradas, drogas e criminalidade reapareceram nos subúrbios. As esperanças de uma vida familiar segura e estável, registradas por Herbert Gans, também esmaeceram. O desejo de escapar renasceu.

O legado de Robert Moses trouxe duas conseqüências. A reestruturação de Nova York colocou em primeiro plano as forças do movimento individual, geradas na Europa dois séculos antes. Além disso, os que permaneceram no velho e diversificado centro urbano sentiram uma dificuldade muito mais aguda em lidar com suas próprias percepções e com as sensações alheias.

NA ERA MODERNA, a importância atribuída ao movimento do corpo surgiu como um novo princípio de atividade biológica. O ponto de vista médico sobre a circulação do sangue, a respiração e os impulsos nervosos criou uma imagem de organismo saudável graças à estimulação que lhe conferiam os movimentos. Em conseqüência, os urbanistas do Iluminismo, no século XVIII, recomendavam que o espaço fosse desenhado para encorajar todas as atividades aeróbicas. Quem se movesse livremente se sentiria mais confiante.

Agora, as pessoas mexiam-se rapidamente, em especial na direção e no interior dos subúrbios, aos quais só se tinha acesso por meio de automóveis. A logística da velocidade, porém, aliena o corpo dos espaços pelos quais ele se desloca e, por isso, considerando mínimas razões de segurança, o planejamento das vias expressas tornou-as neutras e padronizadas. O ato de dirigir obriga o corpo sentado a permanecer em uma posição fixa, na qual o motorista só tem de fazer gestos muito pequenos. A geração de Harvey imaginou o movimento estimulante; na Nova York de Robert Moses, ele tornou-se monótono.

No século XIX, a idéia de conforto individual, diminuindo e relaxando a intensidade da estimulação locomotora, já ensaiava essa monotonia. Menos excitação e mais comodidade vinculam-se diretamente ao nosso modo de lidar com as sensações perturbadoras e potencialmente ameaçadoras de uma comunidade multicultural.

Roland Barthes foi o primeiro a chamar a atenção para essa conexão; ele referiu-se ao "repertório de imagens" que as pessoas usam quando se vêem diante de estranhos.[10] Em cenários complexos ou não familiares, o indivíduo tende a classificar o que vê de acordo com categorias simples e genéricas, baseadas em estereótipos sociais. Um branco que depare com um negro ou um árabe na rua registra a ameaça e desvia os olhos. Barthes observou que o julgamento é instantâneo e o resultado surpreendente: os poderes classificatórios do repertório de imagens levam o indivíduo a fechar-se inteiramente. Confrontado com a diferença, ele assume uma atitude passiva.

Kevin Lynch mostrou como um elenco de representações também pode ser usado para interpretar a geografia da cidade. Qualquer urbanista, reconhece ele, sabe "a que lugar pertence"; suas pesquisas indicaram que as pessoas consultadas comparavam lugares novos com seus lampejos mentais, sentindo-se mais indiferentes à medida que encontravam menos semelhanças. A velocidade do automóvel estimula o recurso aos símbolos e aos julgamentos liminares. A fragmentação do meio fortalece ainda mais essa tendência; casa, loja, escritório, escola não só têm funções precípuas como se encontram separados por áreas vazias, facilitando a rápida avaliação sobre o comportamento dos que não pertencem ao lugar.

O sociólogo Erving Goffmann, por sua vez, revelou que a "desestimulação defensiva" influencia as pessoas até mesmo nos locais por onde elas caminham, isto é, o modo como elas administram seus corpos nas ruas: ao olhar de relance, segue-se um posicionamento que acarrete o menor risco de contato físico.[11] Assim é possível reduzir-se a complexidade da experiência urbana. Afastando-se dos outros, e mediante um conjunto de clichês, o cidadão sente-se mais à vontade; ele pressente a realidade e desloca o que lhe parece confuso ou ambíguo.

Hoje, à medida que a experiência corporal cria guetos individuais, o medo do contato que deu origem ao isolamento dos judeus no Renascimento ganhou força na sociedade moderna, em que os indivíduos criam guetos em suas experiências corporais quando confrontados com a diversidade. O novo ambiente urbano converteu as descobertas de Harvey em uma tríade de velocidade, fuga e passividade.

NA VIDA DAS PESSOAS deixadas para trás, essas muralhas erguidas em torno da capacidade de percepção tinham um significado particular.

Ao fim da década de 1960, quando Moses foi finalmente afastado do poder, as previsões de Gottmann, em Megalopolis, pareciam próximas de sua realização: tal como em outros pontos do país, as zonas antigas e pobres de Nova York ficariam desoladas e despovoadas. E isso porque a imigração tinha praticamente estancado por volta de 1965, barrada por uma nova lei nacional; os porto-riquenhos eram tidos como os "últimos forasteiros". Porém, em maio, a contratempos, a economia global derrubou essa expectativa, e novas levas de estrangeiros chegaram – primeiro do Caribe e da América Central, depois da Coréia, da União Soviética, do México e do Oriente Médio –, até somar metade da atual população da cidade.

Juntaram-se todos à corrente inversa, vinda dos subúrbios, formada pelos filhos daqueles que uma geração anterior haviam deixado aquelas áreas. Agora, tangidos por um mercado imobiliário recessivo e, ao mesmo tempo, atraídos por ofertas de empregos nas empresas nacionais localizadas em Manhattan, esses jovens que retornaram – na sua maioria brancos, entre 18 e 30 anos – sonhavam com a cidade grande.

Recém-chegados, eles foram envolvidos pela vida complicada dos que tinham permanecido. Depois da Segunda Guerra, operou-se uma espécie de triagem sociofamiliar. Judeus, gregos, italianos e irlandeses bem-sucedidos mudaram-se, enquanto seus compatriotas malogrados ficaram, e junto com eles as pessoas idosas que escolheram manter os lugares onde tinham lutado para ganhar a vida. Entre os inúmeros dramas ocultos de Nova York, nessa última metade de século, está o espaço interno da pobreza judia. O estereótipo de sucesso atribuído ao grupo étnico como um todo tem disfarçado a presença dos 10 mil que sobrevivem de pequenas oficinas e prestação de serviços em Lower East Side, Upper West Side e Flatbush. Em outras comunidades que começaram dividindo a pior das perspectivas, a mobilidade de classe e as rupturas entre as gerações criaram tristezas semelhantes de abandono e traição. Os negros de classe média, por exemplo, foram embora para os subúrbios, deixando seus irmãos e irmãs na miséria.

A pureza requer segregação. Uma ordem de comando idêntica à de Veneza para encerrar os judeus determinou que, em Nova York, eles fossem proibidos de emprestar dinheiro aos negros. Mas, no século XIX, os guetos da grande metrópole não tinham caráter nem identidade próprios. O Lower East Side era pobre, mas muito misturado etnicamente; Little Italy, na década de 1920, abrigava irlandeses e eslavos, e até hoje contém tanto asiáticos quanto italianos; no auge do "Renascimento do Harlem", ali residiam mais gregos e judeus do que negros.

No rastro das mudanças executadas por Moses, que transformaram a cidade em megalópole, a palavra "gueto" assumiu o significado de "aqueles que tinham sido deixados para trás". A população do Harlem, por exemplo, caiu vertiginosamente – os judeus e os gregos deixaram a área na década de 1930 e a burguesia negra ascendente abandonou-a na década de 1970. Sobraram os que compartilhavam a má sorte.

À maneira dos judeus do Renascimento, houve várias tentativas de conferir às vidas segregadas uma personalidade coletiva honrada. Tais esforços ocorreram por toda parte, entre novos imigrantes e negros, judeus pobres e outras etnias relegadas. Reviver o amor-próprio do gueto implicava voltar-se para dentro do espaço e da mente. A atividade dos embriões comunitários concentrou-se na busca de uma distinção comum, por meio da ocupação de prédios que definissem o próprio território do grupo, mais do que em fazer contato com os diferentes. Nova York nunca foi um caldeirão de raças misturadas, mas agora seus problemas multiculturais, temperados com a impertinência dos excluídos, estão modificados pelo abandono e pelo inconformismo. A aceleração centrípeta, depois de ter se afastado com desdém dos herdeiros de Moses, impedirá essa introspecção, essa dignidade forjada no apartheid que os judeus venezianos lograram alcançar.

Novas etnias têm permitido o repovoamento das velhas regiões empobrecidas de Nova York. À noite, as áreas miseráveis, a nordeste de Wall Street, por exemplo, são ocupadas por um exército de gráficos, faxineiros, mensageiros e prestadores de serviços que trabalham durante o dia nas grandes instituições bancárias interligadas por fibras óticas. Dominicanos, salvadorenhos e haitianos amontoam-se nos locais ainda habitáveis a noroeste do Harlem. No Brooklin, judeus russos, turcos e sírios apossaram-se dos lugares abandonados pelos primeiros imigrantes israelitas. Aos jovens brancos nativos restaram os espaços deixados vagos pela classe média.

A economia urbana também favorece o bairrismo. Cadeias de supermercados e grandes lojas de departamentos têm conquistado a clientela dos bairros; em Nova York, alguns pequenos comerciantes continuam firmes no setor mais sofisticado da prestação de serviços, restaurando utensílios, inclusive violinos, imprimindo materiais gráficos luxuosos etc., para uma demanda mais metropolitana do que local. Muitos estrangeiros, hoje, assim como no passado, começam a ascender na escala social com o auxílio desses trabalhos alternativos e especializados. A história recente do multiculturalismo nova-iorquino tem caminhado em uma direção etnicamente separatista, um caminho sem saída, pelo menos do ponto de vista econômico.

DA ATENAS DE PÉRICLES à Paris de David, a palavra "cívico" sempre denotou um destino cruzado e compartilhado. Um grego daqueles tempos, ou um romano da época de Adriano, acharia inconcebível separar o fado de sua vida do futuro da cidade. Embora os primeiros cristãos acreditassem carregar dentro de si próprios sua sorte, essa vida interior vinculava-se à existência terrena que dividiam com os outros. A corporação medieval pareceu desligar-se dessa noção de futuro comum, já que poderia mudar e até mesmo romper com as circunstâncias do presente; a Universidade de Bolonha constitui-se em notável exemplo nesse sentido. Ainda assim, ela era um corpo coletivo, literalmente a incorporação de indivíduos especiais associados em torno de uma entidade legal dotada de objetivos mais amplos. O gueto de Veneza contou uma história bastante amarga sobre o fadário dos habitantes da cidade, indissoluvelmente ligado ao dos judeus, e vice-versa. Na aurora da Revolução Francesa, as mulheres que lideraram a Revolta do Pão também procuraram unir-se aos poderes situados acima delas.

No mundo moderno, a crença em um destino comum dividiu-se de forma curiosa. Segundo as ideologias nacionalistas e revolucionárias, o povo tinha um só destino; a cidade, porém, tornou falsas essas afirmações. Ao longo do século XIX, o desenvolvimento urbano valeu-se das tecnologias de locomoção, de saúde pública e de conforto privado, do mercado, do planejamento de ruas, parques e praças para resistir à demanda das massas e privilegiar os clamores individuais. Como observa Tocqueville, "as pessoas compartilham de um sentimento de estranheza geral"; o progresso do individualismo está profundamente ligado a um "materialismo virtuoso que não corromperia, mas enfraqueceria a alma, relaxando seus impulsos silenciosamente".[12] Aqueles que abdicam da vida em comum perdem a vida.

Os solavancos enérgicos provocados por sucessivas demolições e construções de casas e grandes prédios comerciais e residenciais em Nova York vedaram à cultura cívica o testemunho do tempo. O êxodo de diversas etnias e camadas sociais assemelha-se muito aos movimentos individuais de desapego que geraram as formas modernas de Londres e de outras cidades. A renúncia ao destino participativo foi crucial para todos esses desarraigamentos.

Negativas sutis somaram-se umas às outras. Os brancos em fuga para Long Island, logo após a Segunda Guerra Mundial, viraram as costas aos que permaneceram; os que foram deixados para trás fizeram o mesmo, em benefício da honra. Os privilegiados protegeram-se contra a estimulação; os carentes vestiram uma armadura. Greenwich Village talvez exemplifique o máximo que pudemos alcançar: o desejo de viver com a diferença e a contestação de uma estrela que nos guie a todos.

## CORPOS CÍVICOS

Escrevi como um crente religioso, afirmei no início deste ensaio, e, agora, quero explicar por quê. Em geral, a forma dos espaços urbanos deriva de vivências corporais específicas a cada povo – este é o meu argumento em Carne e pedra. Nosso entendimento a respeito do corpo que temos precisa mudar, a fim de que em cidades multiculturais as pessoas se importem umas com as outras. Jamais seremos capazes de captar a diferença alheia enquanto não reconhecermos nossa própria inaptidão. A compaixão cívica provém do estímulo produzido por nossa carência, não pela total boa vontade ou retidão política. Se tais proposições parecem distanciadas da realidade prática de cidades como Nova York, por exemplo, isso talvez se deva ao fato de a experiência humana ter se desviado tanto da compreensão religiosa.

As lições a serem aprendidas a partir do corpo constituem os fundamentos da tradição judaico-cristã – a transgressão de Adão e Eva, a vergonha da nudez, o exílio do Paraíso –, enfim, estão no centro da história dos primeiros entes humanos e daquilo que eles perderam. No Éden, eram inocentes, ignorantes e obedientes. No mundo exterior, tornaram-se conscientes de sua condição desvalorizada, seu único ponto de apoio para explorar e procurar entender o que era estranho e diferente, não mais como filhos de Deus, a quem tudo fora dado. O Velho Testamento relata inúmeras histórias que espelham esse despertar sofrido, referindo-se a outros personagens que também levaram seus desejos longe demais, desobedecendo os comandos de Deus, sendo punidos e despertando, como Adão e Eva no exílio. Os primeiros cristãos interpretaram assim a passagem de Cristo na Terra. Crucificado para remir os pecados do homem, Sua dádiva sinaliza o nascimento de um senso de insuficiência da carne: Seus seguidores que desfrutarem de menos prazer estarão mais aptos a amarem uns aos outros.

A história pagã a respeito dessa verdade antiga converge para a experiência dos corpos nas cidades. Em Atenas, a ágora estimulava fisicamente as pessoas, ao preço de privá-las de um discurso mutuamente coerente; a Pnix garantia a continuidade do discurso e experiências de narrativa lógica, mas ali os indivíduos se tornavam vulneráveis à retórica. As pedras desses dois espaços urbanos impunham um estado de alternância, pois cada um deles era fonte de uma insatisfação que só o outro resolvia – o que gerava ainda mais inquietação. Em ambos os locais manifestava-se a incompletude corporal. Mesmo assim, nenhum outro povo valorizou a cultura cívica mais do que os atenienses, que não faziam diferença entre "humano" e "pólis". Laços cívicos intensos prendiam os seres deslocados e descontentes – de fato, um judeu contemporâneo poderia dizer, pois esses lugares não satisfaziam as necessidades do corpo. A cidade antiga não foi um monumento à estabilidade. Nem mesmo o mais associativo dos atos humanos – o ritual – assegura tal coesão.

Atualmente, o senso comum atribui negatividade à instabilidade social e à insuficiência pessoal. O individualismo moderno objetiva a auto-suficiência, quer dizer, entes completos mais do que incompletos. A psicologia fala a linguagem das pessoas bem centradas, que alcançaram integração e inteireza de si. Os movimentos sociais modernos também falam essa língua, como se comunidades devessem agir como os indivíduos, com coerência e integridade. Em Nova York, as dores da exclusão e do abandono têm contrariado essa linguagem individual-comunitária; grupos étnicos e sociais interiorizam-se na busca da união e da cicatrização. A prática subjetiva do desenraizamento – domínio do que o psicanalista Robert Jay Lifton chama de "um Proteu dentro de cada um" – seria apenas uma receita para aprofundar feridas sociais.[13]

No entanto, sem experiências significativas desse tipo, o interesse no Outro esmaece muito e as contradições recrudescem de modo gradual. No pequeno ensaio que publicou em 1920, Além do princípio do prazer, Freud contrasta o gozo de um indivíduo autocentrado com a vivência relacionada à realidade que o transcende. O que desencadeia o prazer, escreveu ele, "é invariavelmente uma tensão desagradável (...) seu resultado final coincide com a redução daquela tensão".[14] O autor definiu-o como o desejo de retorno ao útero, situação confortável, segura e ausente do mundo, que leva as pessoas a desengajar-se.

Freud nos fala como um realista mundano, mais do que como um ascético religioso, pois está ciente de que o desejo de conforto expressa uma necessidade biológica profunda. "Nos organismos vivos, a proteção contra os estímulos é uma função de importância quase superior à recepção de estímulos", ele escreve.[15] Mas se a defesa governa, se o corpo não está aberto a crises periódicas, conseqüentemente, o organismo adoece por falta de excitação. A comodidade hoje reivindicada, disse ele, representa um grave perigo, pois as dificuldades não desaparecem apenas porque procuramos evitá-las.

O que derrotaria, então, essa tendência de buscar refúgio no prazer? Freud aponta dois caminhos. De acordo com o "princípio da realidade", disse ele, o indivíduo encara obstáculos físicos ou emocionais apoiado na força de vontade e resolve conhecer a "ansiedade".[16] Esse "desprazer" requer uma coragem cotidiana, e Freud sabe que nem o conceito nem a ousadia abundante são muito fortes. Em compensação, existem outros fatores mais determinados e duradouros. Assim, ele escreve, "freqüentemente, os objetivos e as demandas dos instintos individuais (...) tornam-se incompatíveis com desejos remanescentes".[17] Desconfortavelmente desperto, o corpo entra em guerra consigo mesmo e enfrenta uma desarmonia que não pode ser resolvida ou posta de lado.

Este é o papel da civilização, ao confrontar-nos, em toda a nossa fragilidade, com experiências contraditórias que não podemos evitar e que nos fazem sentir mais truncados. É precisamente nesse estado de "dissonância cognitiva" – para usar a expressão de um crítico recente – que os seres humanos se concentram, tornando-se mais dedicados, dispostos a novas descobertas e engajamentos no reino em que a totalidade do prazer é inviável. A história da cidade ocidental registra uma infinidade de batalhas entre essa possibilidade civilizada e o esforço de criar poder e prazer por intermédio de imagens idealizadas da plenitude. Imagens idealizadas do "corpo" cumprem a função da autoridade no espaço urbano. Os atenienses e romanos sabiam usá-las muito bem. Posteriormente, com a evolução da tradição judaico-cristã, o peregrino retornava à casa e seu sofrimento convertia-se na razão de sua submissão e docilidade, transformando-se em carne e pedra. Na aurora da era moderna, a idealização deteve-se no mecanismo circulatório, centralizado pelo coração-bombeador e pelos pulmões; essa representação científica serviu para justificar o predomínio do indivíduo sobre os clamores da sociedade organizada.

Como tentei demonstrar, esse legado encerra nuances e profundas contradições. Na cidade de Atenas, a imagem idealizada do macho nu não dava conta dos corpos vestidos das mulheres. Roma era o centro mítico de uma ficção de continuidade e unidade do Império, mas seus símbolos visuais tornaram-se instrumentos de poder. O cidadão ateniense foi escravo da voz, assim como o romano foi escravo dos olhos.

Quando os crentes na Palavra e na Luz criaram raízes, isso reconciliou, e de certa forma resolveu, a antítese da tirania visual e geográfica versus condição espiritual do povo errante. O cristianismo fez as pazes com a administração urbana, dividindo-se entre o espírito e o poder, seguro de que o domínio sobre a pedra não poderia vencer a cidadela da alma. As cidades cristãs da Idade Média mantiveram-se compartimentadas – agora em pedra – entre o santuário e a rua ingovernável, a não ser pelo corpo de Cristo.

O equilíbrio não podia ser mantido por atos de purificação. O desejo de padecer e purgar o corpo sujo cristão, o mesmo que determinou a segregação dos judeus e de outros corpos impuros na Veneza renascentista, não resgatava seu eixo espiritual. Os festivais populares foram igualmente incapazes de restaurar a integridade da coesão. O impulso de remover todos os obstáculos, criando um espaço transparente de liberdade na Paris revolucionária, apenas patenteou o vazio e a apatia induzidos, razão pela qual frustraram-se as cerimônias que pretendiam uma transformação cívica permanente. A imagem moderna idealizada do corpo individual desapegado dificilmente pode cantar vitória – o que ela sugere é passividade.

Todavia, em algumas ocasiões, manifestou-se a resistência dignificante da Tesmoforia e da Adonia, os rituais da sala de jantar e do banho na casa cristã e a liturgia noturna no gueto, que não destruíram a ordem dominante, mas incrementaram a sensibilidade nos corpos oprimidos. Em nossa história, as complexas relações entre carne e pedra têm conduzido para além do princípio do prazer, corpos perturbados, despertados por distúrbios e exaustos. Quanta dissonância e desconforto as pessoas podem suportar? Por dois mil anos, em lugares a que estiveram passionalmente ligadas, elas suportaram muito. O registro de suas vidas ativas, em ambientes sobre os quais não tinham nenhum controle, pode servir de parâmetro para nossa situação atual.

Afinal, diante dessa tensão histórica entre dominação e civilização, resta uma pergunta que devemos fazer a nós mesmos: como escapar da passividade corporal – quais as brechas de nosso próprio sistema –, e a liberdade, de onde virá? Tenho insistido na premência desse quesito, em especial no que diz respeito à cidade multicultural. Porque, sem um senso próprio de discordância, e já não sendo figuras heróicas que batem nas portas dos viciados, o que estimulará a maioria de nós a voltar-se para fora em direção ao próximo, para vivenciar o Outro?

QUALQUER SOCIEDADE PRECISA de fortes sanções morais para impor tolerância à dualidade, ao incompleto e ao outro. Na cultura ocidental, essas medidas repressivas emanaram dos poderes da religião. Segundo Peter Brown, os rituais primitivos destinavam-se a criar vínculos entre o corpo e a cidade; era o que a Tesmoforia fazia, empurrando as mulheres em direção aos telhados, onde ambos os sexos se confrontavam com suas ambigüidades diante da cidadania.

Seria um erro crasso supor a necessidade utilitária de cultos que permitissem ao ser humano voltar-se para fora – e a história dos espaços rituais urbanos não nos permitiria sequer cogitar de uma via tão instrumental. Com o desaparecimento do mundo pagão, o cristianismo conferiu a esses lugares uma vocação espiritual, de trabalho e autodisciplina, que marcou a cidade tal como já haviam feito os santuários rurais. Reconhecendo que a dor humana é inseparável do ethos cristão, eles se tornaram importantes por atender a corpos em sofrimento. Foi mesmo uma terrível ironia do destino que as comunidades cristãs, justamente quando descobriram a proximidade da diferença, tenham imposto o peso da localização e o fardo da amargura aos que oprimiam.

A Revolução Francesa fez uma leitura diferente desse drama cristão. Ela prescreveu que a dor física seria infligida aos traidores, nos mesmos espaços, sem especificidade ou densidade, onde seus adeptos procuravam resgatar a imagem maternal – incorporando e transformando suas próprias dores. O corpo sofrido exibia-se no vazio, desfrutando de uma liberdade abstrata e desumana.

O drama dos festivais revolucionários fazia eco às tentativas que os antigos empreenderam no sentido de alterar o caráter do ritual, colocando-o a serviço dos oprimidos e excluídos. No Champ de Mars, todos os esforços foram abortados; se antes acreditava-se que liturgia "vem de algum outro lugar", agora seus poderes pareciam estar além da capacidade humana e das forças de uma sociedade civilizada.

Nesse rumo, as intenções voltaram-se para o prazer proporcionado pelo conforto, objetivando compensar a fadiga e aliviar a carga do trabalho. Mas o repouso também reduziu a sensibilidade do corpo, suspenso em uma relação mais passiva com o ambiente e cada vez mais solitária.

Se a fé é de alguma valia na mobilização dos poderes da civilização contra os da dominação, será para garantir a aceitação daquilo que o isolamento tenta evitar: a dor, exatamente o tipo de dor experimentada e evidenciada por meu amigo na porta do cinema. Sua mão dilacerada é o testemunho de um corpo que se move independentemente dos limites arbitrados pela sociedade, carregando significados que o mundo jamais entenderá na sua totalidade. Em uma citação que incluí no início deste livro, Wittgenstein depôs a respeito da dor; foi ele quem forneceu a base para o trabalho magistral de Elaine Scarry – The Body in Pain [O corpo em dor, tradução livre] – no qual a filósofa escreve: "Embora a capacidade de sentir dor física seja tão primária no ser humano quanto ouvir, tocar, desejar (ela difere) de todos os outros eventos da mesma natureza por não ter um objeto no mundo exterior."[18]

Os planos de Boullée constituem-se em um divisor de águas, assinalando o ponto em que a sociedade leiga perdeu contato com a dor. Os revolucionários acreditaram que podiam preencher um volume vazio, livre de obstáculos e de informações do passado, com novos significados humanos. Para eles, desobstruído o espaço, apagar-se-ia a dor. David imaginava que o corpo sofrido ocupava o mesmo lugar de Marianne: um corpo sozinho no vazio – uma condição insuportável. Em épocas mais recentes, destruição idêntica tem servido a diferentes fins, aos propósitos da fuga individual, mais do que à aproximação com os outros.

Escamotear os problemas enfrentados pelos cidadãos de uma cidade multicultural revela um empecilho moral de inspirar sentimentos calorosos e espontâneos ao Outro. A simpatia corresponde ao entendimento de que as aflições exigem um lugar em que possam ser reconhecidas e onde suas origens transcendentes sejam visíveis. O sofrimento físico possui uma trajetória na experiência humana. Ele desorienta e torna o ser incompleto, derrota o desejo de arraigamento. Aceitando-o, estamos prontos a assumir um corpo cívico, sensível às dores alheias, presentes junto às nossas dores na rua, por fim suportáveis – mesmo que a diversidade do mundo dificulte explicações mútuas sobre quem somos e o que sentimos. Entretanto, só poderemos enveredar por esse caminho admitindo que a sociedade não tem remédio para certo tipo de sofrimento, que a infelicidade veio de algum outro lugar, que a dor deriva do mandamento de Deus que nos obriga a conviver no exílio.

fim

# Notas

## Introdução: Corpo e cidade

1. Hugo Munsterberg. The Film: A Psychological Study: The Silent Photoplay in 1916, Nova York, Dover Publications, 1970; 1916, págs. 95, 82.
2. Robert Kubey e Mihaly Csikszentmihalyi. Television and the Quality of Life: How Viewing Shapes Everyday Experience, Hillsdale, NJ, Lawrence Erlbaum, 1990, pág. 175.
3. M. P. Baumgartner. The Moral Order of a Suburb, Nova York, Oxford University Press, 1988, pág. 127.
4. Ver, especialmente, Max Horkheimer e Theodor Adorno, "The Culture Industry: Enlightenment as Mass Deception", em Dialectic of Enlightenment, trad. John Cummings, Nova York, Continuum, 1993; 1944, págs. 120-167; Theodor Adorno, "Culture Industry Reconsidered", em New German Critique 6, 1975, págs. 12-19; e Herbert Marcuse, One-Dimensional Man: Studies in the Ideology of Advanced Industrial Society, Boston, Beacon Press, 1964.
5. João de Salisbury. Policraticus, ed. C. C. J. Webb, Oxford, Oxford University Press, 1909. Em virtude das alterações sofridas pelo texto original, datado de 1159, as indicações correspondem à versão usada por Jacques Le Goff, "Head or Heart? The Political Use of Body Metaphors in the Middle Ages", em Fragments for a History of the Human Body, Parte Três, eds. Michel Feher,

Ramona Naddaff e Nadia Tazi, Nova York, Zone Books, 1990, pág. 17.

6. Ver Michel Foucault e Richard Sennett, "Sexuality and Solitude", em Humanities in Review I.1, 1982, págs. 3-21.
7. Ludwig Wittgenstein. The Blue and Brown Books: Preliminary Studies for the "Philosophical Investigations", Nova York, Harper Colophon, 1965, pág. 50.

## 1. Nudez

1. Nicole Loraux. The Inventions of Athens: The Funeral Oration in the Classical City, trad. Alan Sheridan, Cambridge, MA, Harvard University Press, 1986; Paris, 1981; pág. 113.
2. Tucídides. History of the Peloponnesian War, trad. Rex Warner, Londres, Penguin, 1954, pág. 145.
3. Ibid., 146.
4. Ibid., 147.
5. Ver Kenneth Clark, The Nude: A Study in Ideal Form, Princeton, Princeton University Press, 1956.
6. Tucídides. History of the Peloponnesian War, pág. 38.
7. R. E. Wycherley. The Stones of Athens, Princeton, Princeton University Press, 1978, pág. 19.
8. Citado em C. M. Cipolla, Economic History of Europe, Vol. I, Londres, Fontana, 1972, págs. 142-145.
9. M. I. Finley. The Ancient Economy, 2ª ed., Londres, Hogarth Press, 1985, pág. 81.
10. Hesíodo. Works and Days, págs. 176-178; citado em Finley, The Ancient Economy, pág. 81.
11. J. W. Roberts. City of Sokrates: An Introduction of Classical Athens, Londres e Nova York, Routledge & King Paul, 1984, págs. 10-11.
12. Aristóteles. Politics, ed. Richard McKeon, trad. Benjamin Jowett, Nova York, Random House, 1968, VIII, pág. 1330B.
13. Tucídides. History of the Peloponnesian War, pág. 120.

14. M. I. Finley. The Ancient Greek: An Introduction to Their Life and Thought, Londres, Penguin, 1963, pág. 137.
15. E. R. Dodds. The Greek and the Irrational, Berkeley, University of California Press, 1951, pág. 183.
16. Evelyn B. Harrison. "Athena and Athens in the East Pediment of the Parthenon", 1967, em The Parthenon, ed. Vincent J. Bruno, Nova York, Norton, 1974, pág. 226.
17. Philipp Fehl. "Gods and Men in the Parthenon Frieze", 1961, em The Parthenon, pág. 321.
18. John Boardman. "Greek Art and Architecture", em The Oxford History of the Classical World, eds. John Boardman, Jasper Griffin e Oswyn Murray, Nova York, Oxford University Press, 1986, pág. 291.
19. Ver Clark, The Nude, págs. 3, 23-24.
20. Peter Brown. The Body and Society: Men, Women, and Sexual Renunciation in Early Christianity, Nova York, Columbia University Press, 1988, pág. 10.
21. Aristóteles. On the Generation of the Animals, II.1, 716a pág. 5; trad. A. L. Peck, Loeb Classical Library, Cambridge, MA, Harvard University Press, 1953, pág. 11.
22. Thomas Laqueur. Making Sex: Body and Gender to the Greeks to Freud, Cambridge, MA, Harvard University Press, 1990, pág. 39.
23. Françoise Heritier-Auge. "Semen and Blood: Some Ancient Theories Concerning Their Genesis and Relationship", em Fragments for a History of the Human Body, Part Three, pág. 171.
24. Aristóteles. On the Generation of the Animals, II.1, 32a pág. 22-23; trad. Peck, pág. 133.
25. Laqueur. Making Sex, pág. 25.
26. Ibid., pág. 25.
27. Ver a crítica de Empédocles, em Aristóteles, On Sense and Sensible Objects, 437b, pág. 25; On the Soul, Parva Naturalis, On Breath, trad. W. S. Hett, Loeb Classical Library, Cambridge, MA, Harvard University Press, 1964, pág. 223.

28. Aristóteles. On Sense and Sensible Objects, 438b; trad. Hett, pág. 225.
29. Ver, por exemplo, a discussão sobre "Tirania", em The Republic, Livro VIII, de Platão, trad. Desmond Lee, 2ª ed., Nova York, Penguin, 1974, págs. 381-398.
30. Ver B. M. W. Knox, "Silent Reading in Antiquity", em Greek, Roman, and Byzantine Studies 9, 1968, págs. 421-435; e Jesper Svenbro, "La voix intérieure", em Phrasikleia: anthropologie de la lecture en Grèce ancienne, Paris, Editions de la Découverte, 1988, págs. 178-206.
31. Giulia Sissa. "The Sexual Philosophies of Plato and Aristotle", em A History of Women in the West, Vol. I: From Ancient Goddesses to Christian Saints, ed. Pauline S. Pantel, trad. Arthur Goldhammer, págs. 80-81, Cambridge, MA, Harvard University Press, 1992; Paris, 1991.
32. Joint Association of Classical Teachers. The World of Athens: An Introduction of Classical Athenian Culture, Cambridge, Inglaterra, Cambridge University Press, 1984, pág. 174.
33. Wycherley. The Stone of Athens, pág. 219.
34. Aristófanes. The Clouds, 1.005ss; parafraseado em ibid., pág. 220.
35. R. E. Wycherley. How the Greeks Built Cities, 2ª ed., Nova York, Norton, 1976, pág. 146.
36. Ver Brown, "Body and City", em The Body and Society, págs. 5-32.
37. Aiskines. Prosecution of Timarkhus, 138ss; citado em Kenneth Dover, Greek Homossexuality, Cambridge, MA, Harvard University Press, 1989.
38. David M. Halperin. One Hundred Years of Homossexuality, Londres, Routledge, 1990, pág. 22.
39. Dover. Greek Homossexuality, pág. 100.
40. Citado em ibid., pág. 106.
41. Homero. Ilíada, 15.306-10; trad. A. T. Murray, Vol. II, Loeb Classical Library, Cambridge, MA, Harvard University Press, 1963, pág. 129.

42. Jan Bremmer. "Walking, Standing, and Sitting in Ancient Greek Culture", em A Culture History of Gesture, eds. Jan Bremmer e Herman Roodenburg, Ithaca, NY, Cornell University Press, 1991, pág. 20. A citação é da Ilíada, de Homero, 5.778.
43. Alexis. Fragmento, 263; T. Kock, Comicorum Atticorum fragmenta, trad. C. B. Gulick, Leipzig, 1880-88; citado em Bremmer, "Walking, Standing, and Sitting in Ancient Greek Culture", pág. 19.
44. Tucídides. History of the Peloponnesian War, pág. 149.
45. Meus agradecimentos ao professor G. W. Bowersock por assinalar esse aspecto.
46. Birgitta Bergquist. "Sympotic Space: A Functional Aspect of Greek Dining-Rooms", em Sympotica: A Symposium of the Symposion, ed. Oswyn Murray, Oxford, Clarendon Press, 1990, pág. 54.
47. John M. Camp. The Athenian Agora: Excavations in the Heart of Classical Athens, Londres, Thames & Hudson, 1986.
48. Vincent J. Bruno. "The Parthenon and the Theory of Classical Form", em The Parthenon, pág. 95.
49. Camp. The Athenian Agora, pág. 72.
50. Aristófanes. The Clouds, 207; citado em Wycherley, The Stones of Athens, pág. 53.
51. Ver Johann Joachim Winckelmann, History of Ancient Art, trad. Johann Gottfried Herder, Nova York, Ungar, 1969.
52. Aristóteles. Politics, trad. Jowett, pág. 310.
53. Ibid.
54. Ver discussão a esse respeito em Josiah Ober, Mass and Elite in Democratic Athens: Rethoric, Ideology, and the Power of the People, Princeton, Princeton University Press, 1989, págs. 299-304.
55. Wyckerley. How the Greeks Built Cities, pág. 130.
56. Finley. The Ancient Greeks, pág. 134.
57. Bremmer. "Walking, Standing, and Sitting in Ancient Greek Culture", págs. 25-26.

58. Froma Zeitlin. "Playing the Other", em Nothing to Do with Dionysos?, eds. John J. Winkler e Froma Zeitlin, Princeton, Princeton University Press, 1990, pág. 72.
59. Os relatos de Hellenika, 1.7.7-35 e Hellenika, I-II.3.10 são de Xenofonte, trad. Peter Krentz, Warminster, Inglaterra, Aris & Phillips, 1989, págs. 59-67.
60. Hesíodo. Works and Days, pág. 43; citado em Joint Association of Classical Teachers, The World of Athens, pág. 95.
61. Ober. Mass and Elite in Democratic Athens, págs. 175-176.
62. Tucídides. History of the Peloponnesian War, pág. 49.
63. Ibid., pág. 242. A ênfase é do próprio Sennett.
64. John J. Winkler. "The Epheb's Song", em Nothing to Do with Dionysos?, págs. 40-41.
65. Para o aprofundamento desejável, ver G. R. Stanton e P. J. Bicknell, "Voting in Tribal Groups in the Athenian Assembly", GRBS 28, 1987, págs. 51-92; e Morgens Hansen, "The Athenian Ekklesia and the Assembly Place on the Pnyx", GRBS 23, 1982, págs. 241-249.
66. Loraux. The Invenction of Athens, pág. 175; Ver também Edouard Will, "Bulletin Historique, in Revue Historique 238, 1967, págs. 396-397.

## 2. O manto da escuridão

1. Tucídides. History of the Peloponnesian War, pág. 151.
2. Ibid., pág. 146.
3. Roberts. City of Sokrates: An Introduction to Classical Athens, pág. 128.
4. Erika Simon. Festivals of Attica: An Archaeological Commentary, Madison, University of Wisconsin Press, 1983, págs. 18-22.
5. J.-P. Vernant. "Introdução" em Marcel Detienne, The Gardens of Adonis, trad. Janet Lloyd, Atlantic Highlands, NJ, The Humanities Press, 1977, XVII-XVIII.

6. Sarah Pomeroy. Godesses, Whores, Wives, and Slaves: Women in Classical Antiquity, Nova York, Schocken Books, 1975, pág. 78.
7. Ver Roman Jakobson, "Two Types of Language and Two Types of Aphasic Disturbances", em Fundamentals of Language, eds. R. Jakobson e Morris Halle (The Hague Mouton), 1956; e Peter Brooks, Reading for the Plot, Nova York, Knopf, 1984, Capítulo 1.
8. Heródoto. História, II-35; citado por François Lissarrague, "Figures of Women", em A History of Women in the West, Vol. I: From Ancient Godesses to Chistian Saints, ed. Pauline Schmitt Pantel, pág. 194.
9. Xenofonte. Oikonomikos 7.35; citado pela Joint Association of Classical Teachers, em The World of Athens: An Introduction to Classical Athenian Culture, pág. 168.
10. Annick Le Geurer. Scent, trad. Richard Miller, Nova York, Random House, 1992, pág. 8.
11. Aristófanes. Lysistrata, 928; citado por Nicole Loraux, "Heracles: The Super-Male and the Feminine", em Before Sexuality: The Construction of Erotic Experience in the Ancient Greek World, eds. David Halperin, John J. Winkler e Froma I. Zeitlin, Princeton, Princeton University Press, 1990, pág. 31.
12. Alcifrão. Cartas, IV.14; citado em Detienne, The Gardens of Adonis, pág. 65.
13. Dioscorides, Materia Medica, II.136.1-3; citado em ibid., pág. 168.
14. Ibid.
15. Eva Cantarella. Bissexuality in the Ancient World, trad. Corma O' Cuilleanain, New Haven, Yale University Press, 1992, pág. 90.
16. Oswyn Murray. "Sympotic History", em Sympotica: A Symposium of the Symposion, pág. 7.
17. L. E. Rossi. "Il simposio greco arcaico e classico (...)"; citado em Ezio Pellizer, "Sympotic Entertainment"; trad. Catherine McLaughlin, em Sympotica, pág. 183.
18. Safo. Greek Lyrics, Vol. I, trad. David A. Campbell, Loeb Classical Library, Cambridge, MA, Harvard University Press, 1982, págs. 79-80.

19. Platão. Phaedrus, 276b; Phaedrus and Letters VII and VIII, trad. Walter Hamilton, Londres, Penguin, 1973, pág. 98.
20. Ver John J. Winkler, "The Laughter of the Oppressed: Demeter and the Gardens of Adonis", em The Constraints of Desire: The Anthropology of Sex and Gender in Ancient Greece, Nova York, Routledge, Chapman & Hall, 1990.
21. Walter Burkert. Structure and History in Greek Mithology and Ritual, Berkeley, University of California Press, 1979, pág. 3. O registro original da expressão Ouk emos ho mythos está no fragmento 484, de Eurípedes. Ver também Platão em Symposium, 177a, trad. Alexander Nehemas e Paul Woodruff, Indianápolis, Hackett Publishing, 1989, pág. 7; e em Gorgias, 523a e 527a, trad. Walter Hamilton, Londres, Penguin, 1960, págs. 142-143, 148-149.
22. Meyer Fortas. "Ritual and Office", em Essays on the Ritual of Social Relations, ed. Max Gluckman, Manchester, Manchester University Press, 1962, pág. 86.
23. Tucídides. History of Peloponnesian War, págs. 152-153.
24. Ibid., pág. 155.
25. Ibid.
26. Plutarco. "Péricles", The Rise and Fall of Athens: Nine Greek Lives, trad. Ian Scott-Kilvert, Londres, Penguin, 1960, pág. 201.
27. Tucídides. History of Peloponnesian War, pág. 604.
28. Ver Loraux, The Invention of Athens: The Funeral Oration in the Classical City, págs. 98-118, cuja citação 123 é de Tucídides, History of Peloponnesian War, pág. 148.
29. Tucídides. History of Peloponnesian War, pág. 156.
30. Jean-Pierre Vernant. "Dim Body, Dazzling Body", em Fragments for a History of the Human Body, Part One, ed. Michel Feher, Ramona Naddaff e Nadia Tazi, Nova York, Urzone Books, 1989, pág. 28.
31. Tucídides. History of Peloponnesian War, pág. 147.

## 3. A imagem obsessiva

1. Frank E. Brown. Roman Architecture, Nova York, George Braziller, 1972, pág. 35.
2. William L. MacDonald. The Pantheon, Cambridge, MA, Harvard University Press, 1976, págs. 88-89.
3. Ibid., pág. 88.
4. Sêneca. Cartas para Lucílio, nº 37; citado em Carlin A. Barton, The Sorrows of the Ancient Romans, Princeton, Princeton University Press, 1993, págs. 15-16.
5. Barton. The Sorrows of the Ancient Romans, pág. 49.
6. E. M. Gombrich. Art and Illusion: An Study in the Psychology of Picturial Representation, Bollingen Series XXXV.5, Princeton, Princeton University Press, 1961, pág. 129.
7. Santo Agostinho. Confessions, X.30, trad. R. S. Pine-Conffin, Londres, Penguin, 1961, pág. 233. A referência bíblica corresponde a João I, 20:16.
8. Richard Brilliant. Visual Narratives, Ithaca, NY, Cornell University Press, 1984, pág. 122.
9. Mary Taliaferro Boatwright. Hadrian and the City of Rome, Princeton, Princeton University Press, 1987, pág. 46.
10. Suetônio. "Nero", pág. 31; The Twelve Caesars, trad., rev. e ed. Robert Graves, Londres, Penguin, 1979, pág. 229.
11. Fergus Millar. The Emperor of the Roman World, Ithaca, NY, Cornell University Press, 1992, pág. 6.
12. Vitrúvio. The Ten Books of Architecture, trad. Morris Hicky Morgan, Nova York, Dover, 1960. Alterei ligeiramente a tradução da Sra. Morgan.
13. Tito Lívio. Histórias, V.54.4; citado em Urbs Roma, ed. Donald Dudley, Londres, Phaidon Press, 1967, pág. 5.
14. Spiro Kostof. A History of Architecture: Sittings and Rituals, Oxford, Oxford University Press, 1985, pág. 191.

15. Ovídio. Fasti, II, págs. 683-684, trad. James George Frazer, Loeb Classical Library, Cambridge, MA, Harvard University Press, 1976, pág. 107. Alterei ligeiramente a tradução do Sr. Frazer.
16. Citado em Lidia Mazzolani, The Idea of the City in Roman Thought, trad. S. O' Donnell, Londres, Hollis and Carter, 1970, pág. 175.
17. Michel Grant. History of Rome, Nova York, Scribners, 1978, pág. 302.
18. Ibid., pág. 266.
19. Boatwright, Hadrian and the City of Rome, pág. 132.
20. Scriptores Historiae Augusti Hadriani 8.3; citado em Boatwright, Hadrian and the City of Rome, pág. 133.
21. William L. MacDonald. The Architecture of the Roman Empire, Vol. I: An Introductory Study, New Haven, Yale Univertity Press, 1982, pág. 129.
22. Díon Cássio. História de Roma, LXIX 4.6; Dio's Roman History, Vol. VIII, trad. Earnest Cary, Loeb Classical Library, Cambridge, MA, Harvard University Press, 1925, pág. 433.
23. Plínio. História natural, XXXV, págs. 64-66; citado e trad. em Norman Brysson, Vision and Painting, New Haven, Yale University Press, 1983, pág. 1.
24. Barton. The Sorrows of the Ancient Romans, pág. 13.
25. Ver Keith Hopkins, "Murderous Games", em Death and Renewal, Nova York, Cambridge University Press, 1983, págs. 1-30.
26. Citado em Katherine Welch, "The Roman Anphitheater After Golvin" (manuscrito não publicado, New York University, Institute of Fine Arts), pág. 23. Meus agradecimentos à Dra. Welch por este e outros materiais a respeito do anfiteatro.
27. Tertuliano. Apologia nº 15; Apologetical Works [em co-autoria com Otávio, Minucius Felix], trad. Rudolph Arbesmann, Emily Joseph Daly e Edwin A. Quain, Fathers of the Church Series, Vol. X, Washington, D.C., Catholic University of America Press, 1950, pág. 48.

28. Martial e Welch, em "The Roman Anphitheater After Golvin", pág. 23.
29. Suetônio. "Nero", pág. 39; The Twelve Caesars, pág. 243.
30. Ibid.
31. Richard C. Beacham. The Roman Theater and Its Audience, Cambridge, MA, Harvard University Press, 1992, pág. 152.
32. Quintiliano. Institutio Oratoria, pág. 100; citado e trad. por Fritz Graf, "Gestures and Conventions: The Gestures of Roman Actors and Orators", em A Cultural History of Gesture, pág. 41.
33. Richard Brilliant. Gesture and Rank in Roman Art, New Haven, Connecticut Academy of Arts and Sciences, 1963, págs. 129-130
34. Ver Robert Auguet, Cruelty and Civilization: The Roman Games, Londres, Allen & Unwin, 1972.
35. Vitrúvio. The Ten Books of Architecture, pág. 73.
36. Ibid., pág. 75.
37. Joseph Rykwert. The Idea of a Town, Cambridge, MA, MIT Press, 1988, pág. 59.
38. Políbio. Histories, VI.31, trad. F. Hultsch e E. S. Shuckburgh, Bloomington, Indiana University Press, 1962, pág. 484; citado em Spiro Kostof, The City Shaped: Urban Patterns and Meanings Throught History, Londres, Thames & Hudson, 1991, pág. 108.
39. Joyce Reynolds. "Cities", em The Administration of the Roman Empire, ed. David Braund, Exeter, University of Exeter Press, 1988, pág. 17.
40. Ovídio. Tristia V. 7, págs. 42-46 e 49-52; Ovid, Vol. VI, trad. Arthur Leslie Wheeler, rev. G. P. Gould, 2ª ed., Loeb Classical Library, Cambridge, MA, Harvard University Press, 1988, pág. 239.
41. Tácito. Agricola, pág. 21; Agricola, Germania, Dialogus, trad. M. Hutton, rev. R. M. Ogilvie, Loeb Classical Library, Cambridge, MA, Harvard University Press, 1980, pág. 67.
42. Rykwert. The Idea of Town, pág. 62.

43. Plauto. Curculio, págs. 466-482; Plauto, Vol. II, trad. Paul Nixon, Loeb Classical Library, Cambridge, MA, Harvard University Press, 1977, pág. 239. Fiz uma ligeira revisão dessa tradução.
44. Ramsay MacMullen. Paganism in the Roman Empire, New Haven, Yale University Press, 1981, pág. 80.
45. Richard Krautheimer. Early Christian and Byzantine Architecture, 4ª ed., Nova York, Viking-Penguin, 1986, pág. 42.
46. John E. Stambaugh. The Ancient Roman City, Baltimore, The Johns Hopkins University Press, 1988, pág. 119.
47. Frank E. Brown. Roman Architecture, págs. 13-14.
48. Stambaugh. The Ancient Roman City, pág. 44.
49. Malcolm Bell. "Some Observations on Western Greek Stoas", manuscrito não publicado, American Academy of Rome, 1992, págs. 19-20; ver também Marcel Detienne, "En Grèce archaique: Géométrie Politique et Société", em Annales ESC 20, 1965, págs. 425-442.
50. Veleio Patérculo. Compendium of Roman History, Vol. II, trad. Frederick William Shipley, Londres, Heinemann, 1994, XX, CVII, págs. 2-5.
51. Frank E. Brown, Roman Architecture, pág. 14.
52. Yvon Thebert. "Private Life and Domestic Architecture in Roman Africa", em A History of Private Life, Vol. I: From Pagan Rome to Byzantium, ed. Paul Veyne, trad. Arthur Goldhammer, Cambridge, MA, Harvard University Press, 1990, pág. 363.
53. Ver Mark Girouard. Life in the English Country House: A Social and Architectural History, New Haven, Yale University Press, 1978.
54. Peter Brown. The Body and Society, pág. 21.
55. Plutarco. Praecepta conjugalia, 47.144f; citado por Peter Brown em The Body and Society, pág. 21.
56. Ambos os textos ed. por H. W. Garrod, em The Oxford Book of Latin Verse, Oxford, Oxford University Press, 1944; a versão em latim, pág. 349; a versão em inglês, pág. 500.

57. Reitero meus agradecimentos ao professor Bowersock por essa sugestão.
58. Marguerite Yourcenar. Memoirs of Hadrian, trad. Grace Frick, Nova York, Farrar, Straus & Giroux, 1954, págs. 319-320.
59. H. W. Garrod, em The Oxford Book of Latin Verse, estabelece essa conexão, na crença de que os versos de Pope foram inspirados em Adriano, o que me parece tênue. O poema foi impresso nas págs. 500-501.

## 4. Tempo no corpo

1. Orígenes. Contra Celsum, trad., rev. e ed. Henry Chadwick, Cambridge, Inglaterra, Cambridge University Press, 1965, pág. 152.
2. Ibid.
3. Ibid.
4. Ibid.
5. Arthur Darby Nock. Conversion, Oxford, Oxford University Press, 1969, pág. 227.
6. Sobre ambas as citações ver Nock, Conversion, 8. James refere-se a The Varieties of Religious Experience, pág. 209.
7. Ver Peter Brown, The Body and Society, especialmente págs. 5-32.
8. Os dois parágrafos seguintes foram adaptados e reescritos para o meu livro The Conscience of the Eye, Nova York, Norton, 1992; 1990, pág. 5-6.
9. Harvey Cox. The Secular City: Secularization and Urbanization in Theological Perspective, rev. ed., Nova York, Macmillan, 1966, pág. 49.
10. "Epistle to Diognatus", 7.5, trad. e citado por Jaroslav Pelikan em Jesus Through the Centuries, New Haven, Yale University Press, 1985, págs. 49-50. Eliminei a ênfase que Pelikan dá à última frase.

11. Agostinho. The City of God, XV.1, trad. Gerald B. Walsh et allii, Vol. II, Fathers of the Church Series, Vol. XIV, Washington, D.C., Catholic University of America Press, 1950, pág. 415.
12. Orígenes. Contra Celsum, pág. 313.
13. Ver Coríntios I, 11:2-16, 12:4-13.
14. João Crisóstomo. Homiliae in Mattaeum, 6.8:72; citado e discutido por Peter Brown, The Body and Society, págs. 315-317.
15. Peter Brown. The Body and Society, pág. 316.
16. Orígenes. Contra Celsum, pág. 381.
17. Ibid., pág. 382.
18. Regina Schwartz. "Rethinking Voyeurism and Patriarchy: The Case of Paradise Lost", Representations 34, 1991, pág. 87.
19. Díon Cássio. História de Roma, LIII.27.2; Dio's Roman History, Vol. VI, trad. Earnest Cary, Loeb Classical Library, Cambridge, MA, Harvard University Press, 1917, pág. 263; citado por MacDonald em The Pantheon, pág. 76. Carta de Percy Bysshe Shelley a Thomas Love Peacock, datada de 23 de março de 1819, em Letters of Percy Bysshe Shelley, ed. L. F. Jones, Vol. II, Oxford, Oxford University Press, 1964, págs. 87-88; citada por MacDonald em The Pantheon, pág. 92.
20. Coríntios I, 11:20 e 12-14.
21. L. Michael White. Building God's House in Roman World: Architectural Adaptation Among Pagans, Jews, and Christians, Baltimore, Johns Hopkins University Press, 1990, págs. 107, 109.
22. Gálatas 3:28.
23. Agostinho. Confessions, pág. 229. A Bíblia refere-se a Gálatas 5:17.
24. Agostinho, Confessions, pág. 235.
25. Coríntios I, 11:24-25.
26. Citado e trad. nesse contexto por Wayne A. Meeks, em The Moral World of the Forst Christians, Filadélfia, Westminster Press, 1986, pág. 113. A Bíblia refere-se a Colossenses 3:9-11 e Éfesios 4:22-24.
27. Sêneca. Epístolas Morais, I.VI.1-2; citado em Roman Civilizations, Vol. II: The Empire, 3ª ed., eds. Naphtali Lewis e Meyer Reynhold, Nova York, Columbia University Press, 1990, pág. 142.

28. Jerome Carcopino. Daily Life in Ancient Rome, trad. E. O. Lorimer, New Haven, Yale University Press, 1968, pág. 263. A versão em latim pode ser encontrada em Corpus Inscriptionum Latinarum, VI 15258.
29. Wayne A. Meeks. The First Urban Christians, New Haven, Yale University Press, 1983, pág. 153.
30. Jacob Neusner. A History of the Mishnaic Law of Purities, Studies in Judaism in Late Antiquity, 6.22; The Mishnaic System of Uncleanness, Leiden, Brill, 1977, págs. 83-87.
31. Romanos 6:3.
32. Colossenses 2:11-12.
33. Krautheimer. Early Christians and Byzantine Architecture, págs. 24-25.
34. Richard Krautheimer. Rome: Profile of a City, 312-1308, Princeton, Princeton University Press, 1983, pág. 24.
35. Krautheimer. Early Christians and Byzantine Architecture, pág. 40.
36. Ver White, Building God's House in Roman World, págs. 102-123.
37. Ibid.
38. Peter Brown. Augustine of Hippo, Berkeley, University of California Press, 1967, pág. 289.
39. Ibid., pág. 321.
40. Agostinho. The City of God, XIV.1; trad. Gerald G. Walsh, Vol. II, pág. 347.
41. Ver Friedrich Nietzsche, On the Genealogy of Morals, I.13, trad. Walter Kaufmann e R. J. Hollingdale, Nova York, Vintage Books, 1967, págs. 44-46.
42. Ibid., pág. 45.
43. Ibid. A ênfase é do original.
44. Ibid., pág. 46.
45. Ver Louis Dumont in Homo Hierarchicus: Essai sur les système des castes, Paris, Gallimard, 1967.

## 5. Comunidade

1. Georges Duby. The Age of Cathedrals: Art and Society, 980-1420, trad. Eleanor Livieux e Barbara Thompson, Chicago, University of Chicago Press, 1981, pág. 112; Paris, 1976.
2. Max Weber. The City, trad. Don Martingale e Gertrud Neuwirth, Nova York, Macmillan, 1958, págs. 212-213; Tubingen, 1921.
3. Walter Ullmann. The Individual and the Society in the Middle Ages, Baltimore, Johns Hopkins University Press, 1966, pág. 132.
4. João de Salisbury. Policraticus; citado por Le Goff, "Head or Heart? The Political Use of Body Metaphors in the Middle Ages", em Fragments for a History of the Human Body, Part Three, pág. 17.
5. Ullmann. The Individual and the Society in the Middle Ages, pág. 17.
6. Weber. The City, págs. 181-183.
7. Henri Pirenne. Medieval Cities, trad. Frank Halsey, Princeton, Princeton University Press, 1946, pág. 102; Paris, 1925.
8. Duby. The Age of Cathedrals, pág. 221. A ênfase é minha.
9. Robert Grinnell. "The Theoretical Attitude Toward Space in the Middle Ages", Speculum XXI.2, abril de 1946, pág. 148.
10. Jean Barthélemy. Le Livre de crainte amoureuse; citado por Johann Huizinga, em The Waning of the Middle Ages, trad. F. Hopman, Nova York, St. Martin's Press, 1954, pág. 199; Leiden, 1924.
11. Jacques Le Goff. Medieval Civilization, 400-1500, trad. Julia Burrows, Cambridge, MA, Basil Blackwell, 1988, pág. 158.
12. Vern Bullough. "Medieval Medical and Scientific Views of Women", Viator 4, 1973, pág. 486.
13. Galeno. Ars medica, prefácio, citado e trad. por Owsei Temkin, em Galenism: Rise and Decline of a Medical Philosophy, Ithaca, NY, Cornell University Press, 1973, pág. 102.
14. Galeno. Ars medica, 11; citado por Temkin, Galenism, pág. 103.
15. Meus agradecimentos ao Dr. Charles Malek por traduzir essa informação.

16. A fonte desse relato é o trabalho de Marie-Christine Poucelle, The Body and Surgery in the Middle Ages, trad. Rosemary Morris, New Brunswick, NJ, Rutgers University Press, 1990; Paris, 1983.
17. Ver também a descrição feita por de Mondeville, citada por Georges Duby, "The Emergence of the Individual; Solitude: Eleventh to Thirteenth Century", em History of Private Life, Vol. II: Revelations of the Medieval World, eds. Philippe Ariès e Georges Duby, trad. Arthur Goldhammer, Cambridge, MA, Harvard University Press, 1988, pág. 522.
18. Henri de Mondeville. Chirurgie [de E. Nicaise], pág. 243; e Barthelmey l'Anglais, Grand Propriétaire f.XXVJ; citados por Poucelle, em The Body and Surgery in the Middle Ages, pág. 115.
19. Ibid.
20. Ménagier de Paris, I; citado por Poucelle, em The Body and Surgery in the Middle Ages, pág. 116.
21. Duby. The Age of the Cathedrals, pág. 233.
22. João de Salisbury. Policraticus, IV.8, "De moderatiore justitiae et elementiae principis"; citado por Poucelle, em The Body and Surgery in the Middle Ages, pág. 203.
23. A imagem elaborada por de Mondeville, a respeito de uma cidade internamente permeável, é coerente com as últimas idéias italianas sobre a forma urbana; ver Françoise Choay, "La ville et le domaine bâti comme corps dans les textes des architectes-théoriciens de la première Renaissance italienne", Nouvelle Revue de Psychanalyse 9, 1974.
24. Ver Caroline Walker Bynum, Jesus as Mother: Studies in the Spirituality of the High Middle Ages, Berkeley, University of California Press, 1982, págs. 110-125.
25. Ver Caroline Walker Bynum, "The Female Body and Religious Practice in the Later Middle Ages", em Fragments for a History of the Human Body, Parte Um, págs. 176-188.
26. Anselmo, oração 10 para São Paulo, Opera omnia; citada por Bynum, Jesus as Mother, pág. 114. A Bíblia refere-se a Anselmo em Mateus 23:37.

27. Bynum. Jesus as Mother, pág. 115.
28. Citado por David Luscombe, "City and Politics Before the Coming of the Politics: Some Illustrations", em Church and City, 1000-1500: Essays in Honour of Christopher Brooke, eds. David Abulafia, Michel Franklin e Miri Rubin, Cambridge, Inglaterra, Cambridge University Press, 1992, pág. 47.
29. Ver Raymond Klibansky, "Melancholy in the System of the Four Temperaments", em Saturn and Melancholia, eds. Raymond Klibanky, Erwin Panofsky e Fritz Saxl, Nova York, Basic Books, 1964, págs. 97-123.
30. Duby. The Age of Cathedrals, pág. 228.
31. Philippe Ariès. Western Attitudes Toward Death: From the Middle Ages to the Present, trad. Patricia Ranum, Baltimore, Johns Hopkins University Press, 1974, pág. 15.
32. Ibid., pág. 12.
33. Ibid., págs. 12-13.
34. Moshe Barasch. Gesture of Despair in Medieval and Early Ranaissance Art, Nova York, New York University Press, 1976, pág. 58.
35. Otto von Simsson. The Gothic Cathedral, 3ª ed., Bollingen Series XLVIII, Princeton, Princeton University Press, 1988, pág. 138.
36. Achille Luchaire. Social France at the Time of Philip Augustus, trad. Edward Krehbiel, Londres, John Murray, 1912, pág. 145.
37. Allan Temko. Notre-Dame de Paris, Nova York, Viking Press, 1955, pág. 249.
38. Ibid., pág. 250.
39. Howard Saalman. Medieval Cities, Nova York, George Braziler, 1955, pág. 249.
40. Michel Mollat. The Poor in the Middle Ages, trad. Arthur Goldhammer, Nova York, Yale University Press, 1986, pág. 41.
41. Lester K. Little. Religious Poverty and the Profit Economy in Medieval Europe, Londres, Paul Elek, 1978, 199.

42. Humbert de Romans. Sermões, XL, págs. 475-476; citado por Bede Jarrett, em Social Theories of the Middle Ages, 1200-1250, Nova York, Frederick Ungar, 1966, pág. 222.
43. Little. Religious Poverty and the Profit Economy in Medieval Europe, pág. 67.
44. Ibid., pág. 173.
45. Duby. "The Emergence of Individual", pág. 509.
46. Marie Louise Gothein. A History of Garden Art, Vol. I, trad. M. Archer-Hind, Nova York, Hacker, 1966, pág. 188; Heidelberg, 1913.
47. Fiz uma revisão da Écloga X, em Virgil's Works, trad. J. W. Mackail, intr. Charles Durham, Nova York, Modern Library, 1934, pág. 291.
48. Saalman. Medieval Cities, pág. 119, nº 16.
49. Terry Comito. The Idea of the Gardem in the Renaissance, New Brunswick, NJ, Rutgers University Press, 1978, pág. 41.
50. Citado em ibid., pág. 43.
51. Bynum. Jesus as Mother, pág. 87.

## 6. "Cada homem é o seu próprio demônio"

1. Maurice Lombard. Citado por Jacques Le Goff, "Introdução", em Histoire de la France urbaine, Vol. II: La Ville Médievale, eds. André Chedeville, Jacques Le Goff e Jacques Rossiaud, Paris, Seuil, 1980, pág. 22. Tradução de R. S.
2. Le Goff. Medieval Civilization, 400-1500, pág. 207.
3. Ibid., pág. 215.
4. Jacques Heers. La Ville au Moyen Age, Paris, Fayard, 1990, pág. 189.
5. Philippe Contamine. "Peasant Heart to Papal Palace: The Fourteenth and Fifteenth Centuries", em History of Private Life, Vol. II: Revelations of the Medieval World, ed. Duby e Ariès, pág. 439.
6. Ibid.
7. Jean-Pierre Leguay, La Rue au Moyen Age, Rennes, France, Editions Ouest-France, 1984, págs. 156-157.

8. Leguay. La Rue au Moyen Age, pág. 155.
9. Ibid., pág. 198. Tradução de R. S.
10. Ver Virginia Wylie Egbert. On the Bridges of Medieval Paris: A Record of Fourteenth-Century Life, Princeton, Princeton University Press, 1974.
11. Ibid., pág. 26.
12. Robert S. Lopez. The Commercial Revolution of the Middle Ages, 930-1350, Englewood Cliffs, NJ, Prentice-Hall, 1971, pág. 88.
13. Ibid., pág. 89.
14. Humbert de Romans. Sermões, XCII, In Merchatis, pág. 562; citado por Jarrett, em Social Theories of the Middle Ages, pág. 164.
15. Ibid.
16. Lopez. The Commercial Revolution of the Middle Ages, pág. 127.
17. Summerfield Baldwin. Business in the Middle Ages, Nova York, Cooper Square Press, 1968, pág. 58.
18. Lopez. The Commercial Revolution of the Middle Ages, pág. 127.
19. Gerald Hodgett. A Social and Economic History of Medieval Europe, Londres, Methuen, 1972, pág. 58.
20. Gordon Left. Paris and Oxford Universities in the Thirteenth and Fourteenth Centuries: An Institutional and Intellectual History, Nova York, John Wiley & Sons, 1968, págs. 16-17.
21. Jarrett. Social Theories of the Middle Ages, pág. 95.
22. Jacques Le Goff. Your Money or Your Life: Economy and Religion in the Middle Ages, trad. Patricia Ranum, Nova York, Zone, 1988, pág. 67.
23. Ernst Kantorowscz. The King's Two Bodies: A Study in Medieval Political Theology, Princeton, Princeton University Press, 1981, pág. 316.
24. Leff. Paris and Oxford Universities in the Thirteenth and Fourteenth Centuries, pág. 8.
25. Guillaume d'Auxerre. Summa aurea, III, pág. 21; o original encontra-se na Biblioteca S. Croce, em Florença. A citação traduzida por R. S. deriva da transcrição de Jacques Le Goff, em

"Temps de l'Eglise et temps du marchand", Annales ESC 15, 1960, pág. 417.

26. Etienne de Bourbon. Tabula Exemplorum, trad. e ed. J. T. Welter, 1926, pág. 139.
27. Guillaume d'Auxerre. Summa aurea, "Temps de l'Eglise et temps du marchand", pág. 417.
28. Ver Norman Cohn, The Pursuit of the Millenium: Rovolutionary Millenarians and Mystical Anarchists of the Middle Ages, rev. ed., Nova York, Oxford University Press, 1972.
29. Le Goff. "Temps de l'Eglise et temps du marchand", págs. 424-425.
30. Ver David Landes, Revolution in Time: Clocks and the Making of the Modern World, Cambridge, MA, Belknap Press, 1983.
31. Citado por Marie-Dominique Chenu em La théologie au XIIème siècle, Paris, J. Vrin, 1957; 1976, pág. 66.
32. Albert Hirschmann. The Passions and the Interests: Political Arguments for Capitalism Before Its Triumph, Princeton, Princeton University Press, 1977, págs. 10-11.
33. William of Conches. Moralis philosophia, PL, 171.1034-1035; citado por Jean-Claude Schmitt, "The Ethics of Gesture", em Fragments for a History of the Human Body, Parte Dois, eds. Michel Feher, Ramona Naddaff e Nadia Tazi, Nova York, Zone Books, 1990, pág. 139.
34. Le Goff. Your Money or Your Life, pág. 73.
35. Wolgang Stechow. Breughel, Nova York, Abrams, 1990, pág. 80.
36. Marilyn Aronberg Lavin. Piero della Francesca: The Flagellation, Nova York, Viking Press, 1972, pág. 71.
37. Philip Guston. "Piero della Francesca: The Impossibility of Painting", Art News 64, 1965, pág. 39.
38. Citado por Stechow, Breughel, pág. 51.
39. W. H. Auden. "Musée des Beaux Arts", Collected Poems, ed. Edward Mendelson, Nova York, Random House, 1976, págs. 146-147.

## 7. O medo do contato

1. William Shakespeare. The Merchant of Venice, ed. W. Moelwyn Merchant, Londres, Penguin, 1967, III.3.26.
2. Ibid., IV.1.215-216.
3. Ibid., III.3.27-31.
4. Ver William H. McNeill. Venice, the Hinge of Europe, 1081-1797, Chicago, University of Chicago Press, 1974.
5. Frederick C. Lane. "Family Partnership and Joint Ventures in the Venetian Republic", Journal of Economic History IV, 1944, pág. 178.
6. Estampas de Ugo Tucci, "The Psychology of the Venetian Merchant in the Sixteenth Century", em Renaissance Venice, ed. John Hale, Totowa, NJ, Rowman & Littlefield, 1973, pág. 352.
7. Frederick Lane. Venice: A Maritime Republic, Baltimore, Johns Hopkins University Press, 1973, pág. 147.
8. Citado por Alberto Tenenti, "The Sense of Space and Time in the Venetian World", em Renaissance Venice, pág. 30.
9. Ibid., pág. 27.
10. Citado por Brian Pullan, em Rich and Poor in Renaissance Venice, Oxford, Basil Blackwell, 1971, pág. 484.
11. Felix Gilbert. "Venice in the Crisis of the League of Cambrai", em Renaissance Venice, pág. 277.
12. Anna Froa. "The New and the Old: The Spread of Syphilis, 1494-1530", em Sex and Gender in Historical Perspective, eds. Edward Muir e Guido Ruggiero, Baltimore, Johns Hopkins University Press, 1990, págs. 29-34.
13. Sigismundo de Contida Foligno. La Storie dei suoi tempi dal 1475 al 1510, Vol. II, Roma, 1883, págs. 271-272; citado por Foa, "The New and the Old", pág. 36.
14. Gilbert. "Venice in the Crisis of the League of Cambrai", em Renaissance Venice, pág. 279.

15. Robert Finlay. "The Foundation of the Ghetto: Venice, the Jews, and the War of the League of Cambrai", Proceedings of the American Philosophical Society 126.2, abril de 1982, pág. 144.
16. Ver Aristóteles, Politics, ed. Richard McKeon, trad. Benjamin Jowett, Nova York, Modern Library, 1947, Livro I, Cap. 9.
17. Benjamin N. Nelson. "The Usure and the Merchant Prince: Italian Businessmen and the Ecclesiastical Law of Restitution, 110-1500", Journal of Economic History, VII, 1947, pág. 108.
18. Thomas Dekker. The Seven Deadly Sins of London, Londres, 1606; citado por L. C. Knights, Drama and Society in the Age of Jonson, Londres, Chato & Windus, 1962, pág. 165.
19. Sir Thomas Overbury. "The Devilish Usurer", Characters, 1614; citado por Knights, Drama and Society in the Age of Jonson, pág. 165.
20. Sander L. Gilman. Sexuality, Nova York, John Wiley & Sons, 1989, pág. 31.
21. Le Geuerer, Scent, págs. 153 e 159.
22. Citado por Gilman, Sexuality, págs. 86, 87.
23. Ver Mary Douglas, Purity and Danger: An Analysis of Concepts of Pollution and Taboo, Londres, Routledge & Keagan Paul, 1978.
24. Marino Sanuto. I Diarii di Marino Sanuto, ed. Rinaldo Fulin et alii, Veneza, 1879-1903, Vol. XX, pág. 98; citado por Finlay, "The Foundation of the Ghetto", pág. 146.
25. Citado por Pullan, Rich and Poor in Renaissance Venice, pág. 495.
26. Ibid., pág. 486.
27. Shakespeare. The Merchant of Venice, III.1.76-77.
28. Hugh Honour. Venice, Londres, Collins, 1990, pág. 189.
29. Ver Douglas, Purity and Danger; o autor discorre, de forma ampla e convincente, sobre a possibilidade de o ascetismo "migrar" para a sensualidade, aos olhos daqueles que o sentem como uma ameaça.
30. Norbert Huse e Wolfgang Wolters. The Art of Renaissance Venice: Architecture, Sculpture, and Painting, 1460-1590, trad. Edmund Jephcott, Chicago, University of Chicago Press, 1990, pág. 8.

31. Zacaria Dolfin; citado por Benjamin Ravid, "The Religious Economic, and Social Background and Context of the Establishment of the Guetti of Venice", 1983; Gli Ebrei e Venezia, ed. Gaetano Cozzi, Milão, Edizioni di Communità, 1987, pág. 215.
32. Brian S. Pullan. The Jews of Europe and the Inquisition of Venice, 1550-1670, Totowa, NJ, Barnes & Noble, 1983, págs. 157-158.
33. Ibid., pág. 158.
34. Johann Buchard. Liber Notarum (Cita di Castelo, n.p.l., 1906). Com mínimas alterações, adotei a tradução de Georgina Masson em Courtesans of the Italian Renaissance, Nova York, St. Martin's Press, 1975, pág. 8.
35. Pietro Aretino. Ragionamenti; citado e trad. por Masson em Courtesans of the Italian Renaissance, pág. 24.
36. Ibid., pág. 152.
37. Guido Ruggiero. The Boundaries of Eros: Sex Crime and Sexuality in Renaissance Venice, Nova York, Oxford University Press, 1985, pág. 9.
38. Citado por Masson, Courtesans of the Italian Renaissance, pág. 152.
39. Diane Owen Hughes. "Earrings for Circumcison: Distinction and Purification in the Italian Renaissance City", em Persons in Groups, ed. Richard Trexler, (Binghamton, NY, Medieval and Renaissance Texts and Studies, 1985), pág. 157.
40. Ibid., págs. 163, 165.
41. Citado por Ravid, "The Religious, Economic and Social Background and Context of the Establishment of the Ghetti of Venice", pág. 215.
42. Carol H. Krinsky. Synagogues of Europe: Architecture, History, Meaning, Nova York, The Architectural History Foundation e MIT Press, 1985, pág. 18.
43. Thomas Coryat. Coryat's Crudities, Vol. I, Glasgow, 1905, págs. 372-373.

44. Kenneth S. Stow. "Sanctity and the Construction of Space: The Roman Ghetto as Sacred Space", em Jewish Assimilation, Acculturation and Accommodation; Past Traditions, Current Issues and Future Prospects, ed. Menachem Mor, Lanham, NE, University Pres of America, 1989, pág. 54.
45. Meus agradecimentos a Joseph Rykwert por ter assinalado esse aspecto.
46. Ver Elliott Horowitz. "Coffee, Coffeehouses, and the Nocturnal Rituals of Early Modern Jewry", Association for Jewish Studies 14, 1988, págs. 17-46.
47. Jacob Katz. Exclusiveness and Tolerance: Studies in Jewish-Gentile Relations in Medieval and Modern Times, Oxford, Oxford University Press, 1961, pág. 133.
48. Katz. Exclusiveness and Tolerance, pág. 138.
49. Howard Adelman. "Leon Modena: The Autobiography and the Man", em The Autobiography of a Seventeenth-Century Rabii: Leon Modena's "Life of Judah", ed. Mark R. Cohen, Princeton, Princeton University Press, 1988, pág. 28.
50. Ver Frank Manuel, The Broken Staff: Judaism Through Christian Eyes, Cambridge, MA, Harvard University Press, 1992.
51. Adelman, "Leon Modena", pág. 31.
52. Benjamin C. I. Ravid. "The First Charter of the Jewish Merchants of Venice, 1589", Association for Jewish Studies, I, 1976, pág. 207.
53. Natalie Z. Davis. "Fame and Secrecy: Leon Modena's Life as an Early Modern Autobiography", em The Autobiography of a Seventeenth-Century Venetian Rabii, pág. 68.
54. Gilman. Sexuality, pág. 41.
55. Leon Modena, "Life of Judah", em The Autobiography of a Seventeenth-Century Venetian Rabii, pág. 144.
56. Ibid.
57. Ibid., pág. 162.
58. Shakespeare. The Merchant of Venice, III.1.53-62.

## 8. Corpos em movimento

1. William Harvey. De motu cordis, Frankfurt, 1628, pág. 165; citado por Richard Toellner, "Logical and Psycological Aspects of the Discovery of the Circulation of the Blood", On Scientific Discovery, eds. Mirko Grmek, Robert Cohen e Guido Cimino, Boston, Reidel, 1980, pág. 245.
2. Citado por William Bynum, "The Anatomical Method, Natural Theology, and the Functions of the Brain", Isis 64, dezembro de 1973, pág. 453.
3. Tomas Willis. Two Discourses Concerning the Soul of Brutes, Londres, 1684, pág. 44; citado por Bynum, "The Anatomical Method, Natural Theology, and the Functions of the Brain", pág. 453.
4. Ver E. T. Carlson e Meribeth Simpson. "Models of Nervous System in Eighteenth-Century Neurophisiology and Medical Psycology", Bulletin of the History of the Medicine 44, 1969, págs. 101-115.
5. Barbara Maria Stafford. Body Criticism: Imagining the Unseen in Enlightenment Art and Medicine, Cambridge, MIT Press, 1991, pág. 409.
6. Harvey. De motu cordis, pág. 165; citado por Toellner, "Logical and Psycological Aspects of the Discovery of the Circulation of the Blood", pág. 245.
7. Dorinda Outram. The Body and the French Revolution: Sex, Class and Political Culture, New Haven, Yale University Press, 1989, pág. 48.
8. Alain Corbin. The Foul and the Fragrant: Odor and the French Social Imagination, Nova York, Berg, 1986, pág. 71; Paris, 1982.
9. Marie-France Morel. "Ville et campagne dans le discours medical sur la petite enfance au XVIIIème siècle", Annales ESC 32, 1977, pág. 1013. Trad. R. S.
10. Outram. The Body and the French Revolution, pág. 59.

11. Corbin. The Foul and the Fragrant, pág. 91.
12. John W. Raps. Monumental Washington, Princeton, Princeton University Press, 1967, pág. 21.
13. Citado por Elizabeth S. Kite em L'Enfant and Washington, Baltimore, Johns Hopkins University Press, 1929, pág. 48.
14. O memorando de L'Enfant é reproduzido por H. Paul Caemmerer, em The Life of Pierre Charles L´Enfant, Nova York, Da Capo, 1970, págs. 151-154; a citação é da pág. 153.
15. Mona Ouzof. Festivals of the French Revolution, trad. Alan Sheridan, Cambridge, MA, Harvard University Press, 1988, pág. 148; Paris, 1976.
16. Robert Harbison. Eccentric Spaces, Boston, Godine, 1988, pág. 5.
17. L'Enfant, "Memorandum", em Caemmerer, Life, pág. 151.
18. Ver, por exemplo, "Query VI: Productions Mineral, Vegetable and Animal", em Thomas Jefferson, Notes on the State of Virginia, ed. e intr. William Peden, Chapel Hill, University of North Caroline Press, 1955, págs. 26-72.
19. Ver Karl Polanyi, The Great Transformation: The Political and Economic Origins of Our Time, Boston, Beacon Hill Press, 1957.
20. Adam Smith. The Wealth of the Nations, Nova York, Everyman's Library, Knopf, 1991, pág. 4.
21. Ibid., pág. 15.
22. Ibid., pág. 12.
23. Ver Smith, "How Commerce of the Towns Contributed to the Improvement of the Country", ibid., págs. 362-374.
24. Johann Wolfgang Goethe. Italian Journey, trad. W. H. Auden e Elizabeth Mayer, Nova York, Pantheon, 1962, pág. 124.
25. Goethe. Diário da viagem de Karlsbad a Roma, 24 de setembro de 1786, citado por T. J. Redd em Goethe, Oxford, Oxford University Press, 1984, pág. 35.
26. Goethe. Italian Journey, pág. 58.
27. Ibid., pág. 202.

28. Ibid., pág. 124. Alterei a excelente tradução de Auden e Mayer para mostrar mais literalmente as palavras usadas por Goethe, no original.
29. Reed, em Goethe, pág. 35, chama a atenção para esse uso peculiar.
30. Goethe, Italian Journey, pág. 124.
31. Léon Cahen. "La population parisienne au milieu du XVIIIème. siècle", La Revue de Paris, 1919, págs. 146-170.
32. George Rudé. The Crowd in the French Revolution, Oxford, Oxford University Press, 1959, págs. 21-22.
33. Charles Tilly. The Contentious French, Cambridge, MA, Harvard University Press, 1986, pág. 222.
34. Joan Landes. Women and the Public Sphere in the Age of the French Revolution, Ithaca, NY, Cornell University Press, 1988, pág. 109.
35. Rudé. The Crowd in the French Revolution, págs. 75-76.
36. Maria Antonieta. Carta de 10 de outubro de 1789 a Mercy D'Argenteau, citada por Simon Schama, em Citizens, Nova York, Knopf, 1989, pág. 469.
37. Schama. Citizens, pág. 470.
38. Ver Lynn Hunt, The Family Romance of the French Revolution, Berkeley, University of California Press, 1992, especialmente os capítulos 1 e 2.

## 9. O corpo liberto

1. Anônimo. Les Révolutions de Paris, Vol. XVII, nº 215 (23 a 30 Brumário, ano 2, no calendário da revolução).
2. Gustave Le Bon. The Crowd, intr. Robert K. Mertin (trad. não relacionado), Nova York, Viking, 1960, pág. 33; Paris, 1895.
3. Ibid., pág. 30.
4. Ibid., pág. 32.
5. François Furet. Penser la Révolution Française, Paris, Gallimard, 1978, págs. 48-49. Trad. R. S.

6. Joan Landes. "The Performance of Citizenship: Democracy, Gender and Difference in the French Revolution". Documento não publicado, apresentado na Conferência para o Estudo do Pensamento Político, Yale University, abril de 1993, pág. 2.
7. Ver Joan Wallach Scott. "A Woman Who Has Only Paradoxes to Offer: Olympe de Gouges Claims Rights for Women", em Rebel Daughters: Women and the French Revolution, eds. Sara E. Melzer e Leslie W. Rabine, Nova York, Oxford University Press, 1992, págs. 102-120.
8. Jean-Jacques Rousseau. Emile, Paris, Pleiades, 1971, Livro V, pág. 247.
9. Peter Brooks. Body Works: Objects of Desire in Modern Narrative, Cambridge, MA, Harvard University Press, 1993, pág. 59.
10. Ver Michel Foucault e Richard Sennett, "Sexuality and Solitude", Humanities in Revue I.1, 1982, págs. 3-21.
11. Olwen Hufton. Women and the Limits of the Citizenship in the French Revolution, Toronto, University of Toronto Press, 1992, pág. 64.
12. Michel Vovelle. La Révolution Française: Images et Récits, Paris, Editions Messidor/Livre Club Diderot, 1986, Vol. II, pág. 139.
13. Edmond Sirel. "Les Lèvres de la nation", panfleto revolucionário, Paris 1792, pág. 6.
14. Ver Jean Starobinski. Jean-Jacques Rousseau, la transparence et l'obstacle: Suivi de sept essais sur Rousseau (Paris Gallimard, 1971).
15. Sobre o plano Wally, ver Vovelle, La Révolution Française: Images et Récits, vol. IV, pág. 164; sobre o plano Poyet, ver Ministère de la Culture et de la Communication, des Grands Travaux et du Bicentenaire, Les Architectes de la liberté, 1789–1799, Paris, Ecole Nationale Supérieure des Beaux Arts de Paris, 1789, pág. 216, fig. 154.
16. Citado por Helen Rosenau em Boullée and Visionary Architecture, Nova York, Harmony Books, 1976, pág. 8.

17. Etienne-Louis Boullée. Architecture: An Essay on Art, trad. Sheila de Valle (original MS Français, 9153, Bibliothèque Nationale, Paris); reimpresso por Rosenau em Boullée and Visionary Architecture.
18. Ibid.
19. Ibid., pág. 91.
20. Ibid., pág 82.
21. Anthony Vidler. The Architectural Uncanny: Essays in the Modern Unhomely, Cambridge, MA, MIT Press, 1992. Também estou em débito com o professor Vidler, por sua incisiva análise a respeito do trabalho de Boullée.
22. Emmet Kennedy. A Cultural History of the French Revolution, New Haven, Yale University Press, 1989, pág. 197.
23. Gravura anônima. "Machine proposée à la Assemblée Nationale pour le Supplice des Crimminelles, par M. Guillotin", Musée Carnavalet 10 – 63; reproduzida por Daniel Gerould em Guillotine: Its Legend and Lore, Nova York, Blast Books, 1992, pág. 14.
24. Georges Dauban. Madame Roland et son temps, Paris, 1864; 1819. Modernos historiadores, como Daniel Arasse, usam uma versão desse texto, depreciada por sucessivas adaptações; o original é um dos grandes documentos da Revolução.
25. Daniel Arasse. The Guillotine and the Terror, trad. Christopher Miller, Londres, Allen Lane, 1989, pág. 28.
26. J.-B. Bossuet. Oeuvres oratoires, ed. J. Lebourg, Lille e Paris, 1982, Vol. IV, pág. 256; citado por Kantorowicz em The King's Two Bodies: A Study in Medieval Political Theology, pág. 409, nº 319. Tradução de R. S.
27. Lynn Hunt. Politics, Culture, and Class in the French Revolution, Berkeley, University of California Press, 1984, pág. 32.
28. Outram. The Body in the French Revolution, pág. 115.
29. Ibid.
30. Ozouf. Festivals of the French Revolution, pág. 79.
31. Ibid., pág. 66.

32. David Lloyd Dowd. Pageant-Master of the Republic: Jacques-Louis David and the French Revolution (Lincoln, University of Nebraska Press, 1948), pág. 61.
33. Révolutions de Paris. Citada por Ozouf em Festivals of the French Revolution, pág. 67.
34. Annales Patriotiques 108, de 17 de abril de 1792, pág. 478. Dowd não fez uma tradução muito cuidadosa do texto, ao citá-lo em Pageant-Master of the Republic, pág. 61.
35. Edmond Constantin. Le Livre des Heureux, Paris, 1810, pág. 226.
36. Esse aspecto foi destacado pelo professor Scott.
37. "A Boy's Testimony Concerning an Illiterate Woman Signing the Petition at the Champ de Mars, 17 de julho de 1791"; citado em Women in Revolucionary Paris, 1789-1795, eds. Darlene Gay Levy et al., Chicago, University of Illinois Press, 1980, págs. 83-84.
38. Mary Jacobus. "Incorruptible Milk: Breast-feeding and the French Revolution", em Rebel Daughters. Women and the French Revolution, eds. Sara Melzer e Leslie Rabine, Nova York, Oxford University Press, 1992, pág. 65.
39. Esculpida por Helman, depois por Monet. La Fontaine de la Régénération; reproduzida por Vovelle em La Révolution Française: Images et Récits, Vol. IV, pág. 142.
40. Marie-Hélène Huet. Rehearsing the Revolution: The Staging of Marat's Death, 1793-1797, Berkeley, University of California Press, 1983, pág. 35.
41. Jacobus. "Incorruptible Milk", pág. 65; ver ainda Hunt, Politics, Culture, and Class in the French Revolution, págs. 94-98.
42. Hunt. The Family Romance of the French Revolution, pág. 80.
43. Anita Brookner. Jacques-Louis David, Londres, Thames & Hudson, 1980, pág. 114.
44. Charles Beaudelaire. Citado por Daniel e Guy Wildenstein, David: Documents supplémentaires au catalogue complèt de l'oeuvre, Paris, Fundação Wildenstein, 1973; reproduzido por Brookner in David, pág. 116. Tradução de R. S.

45. Ver Warren Roberts. "David's 'Bara' and the Burdens of the French Revolution", em Revolutionary Europe, 1750-1850, Tallahassee, FL, 1990.

## 10. Individualismo urbano

1. Raymond Williams. The Country and the City, Nova York, Oxford University Press, 1973, pág. 217.
2. Ibid., pág. 220.
3. E. M. Forster. Howards End, Nova York, Vintage Books, 1989, pág. 112; Londres, 1910.
4. Judith R. Walkowitz. City of Dreadful Delight: Narratives of Sexual Danger in Late-Victorian, Londres, Chicago, University of Chicago Press, 1992, pág. 25.
5. Housing of the Working Classes. Royal Comission Report 4402 (1884-85. xxx): 19-20; citado em Donald J. Olsen, Town Planning in London: The Eighteenth and Nineteenth Centuries, 2ª ed. (New Haven: Yale University Press, 1982), 208.
6. Ver quadro da distribuição do capital nacional derivado das estatísticas do imposto de transmissão, citado por Paul Thompson em The Edwardians: The Remaking of British Society, 2ª ed., Nova York, Routledge, 1992, pág. 286.
7. Alfred Kazin. "Howards End Revisited", Partisan Review LIX.1, 1992, págs. 30, 31.
8. Ver Alexis de Tocqueville, Democracy in America, trad. Henry Reeve, 4ª ed., Vol. II, Nova York, H. G. Langley, 1845.
9. Virginia Woolf. "The Novels of E. M. Forster", em The Death of the Moth and Other Essays, Nova York, Harcourt, Brace, 1970, pág. 170.
10. Bruno Fortier. "La Politique de l'espace parisien" em La Politique de l'espace parisien à la fin de l'Ancien Régime, ed. Fortier, Paris, Editions Fortier, 1975, pág. 59.
11. David Pinkney. Napoleon III and the Rebuilding of Paris, Princeton, Princeton University Press, 1958, pág. 25.

12. Ver G. E. Haussmann, Mémoires, Vol. III, Paris, 1883, págs. 478-483; citado por Pinkney em Napoleon III and the Rebuilding of Paris, pág. 78.
13. Pinkney. Napoleon III and the Rebuilding of Paris, pág. 93.
14. Donald Olsen. The City as a Work of Art: London, Paris, Vienna, New Haven. Yale University Press, 1986, pág. 92.
15. Walkowitz. City of Dreadful Delight, pág. 29.
16. Angelo Masso. Fatigue, trad. M. e W. B. Drummond, Londres, 1906, pág. 156; citado por Anson Rabinbach em The Human Motor: Energy, Fatigue, and Origins of Modernity, Nova York, Basic Books, 1990, pág. 136.
17. Roubo. Citado por Sigfried Giedion em Mechanization Takes Command, Nova York, Oxford University Press, 1948, pág. 313.
18. Giedion. Mechanization Takes Command, pág. 396.
19. Ibid., pág. 404.
20. Wolfgang Schivelbusch. The Railway Journey, Berkeley, University of California Press, 1986, pág. 75.
21. Ver Richard Sennett. The Fall of Public Man, Nova York, W. W. Norton, 1992, pág. 81; 1976.
22. Ibid., pág. 216.
23. Augustus J. C. Hare. Paris, Londres, Smith, Elder, 1887, pág. 5; citado por Olsen em The City as a Work of Art, pág. 217.
24. Ver Reyner Banham. The Well-Tempered Environment, 2ª ed., Chicago, University of Chicago Press, 1984, págs. 18-44.
25. Elizabeth Hawes. New York, New York: How the Apartment House Transformed the Life of the City, 1869-1930, Nova York, Knopf, 1993, pág. 231.
26. E. M. Forster. Two Cheers for Democracy, Londres, Edward Arnold, 1972, pág. 66.
27. Forster. Howards End, pág. 134.
28. E. M. Forster, Maurice, Nova York, W. W. Norton, 1993, pág. 250 ("nota final").

29. Anônimo. "The Glorified Spinster", Macmillan's Magazine 58, 1888, págs. 371, 374.
30. Forster. Howards End, págs. 209-210.
31. Ibid., pág. 210.
32. Ibid., pág. 350.
33. Ibid., págs. 353-354.
34. Ambas as observações foram citadas por Alistair M. Duckworth, em Howards End: E. M. Forster's House of Ficction, Nova York, Twayne/Macmillan, 1992, pág. 62.
35. Forster. Howards End, pág. 113.
36. Carta para Forrest Reid, datada de 13 de março de 1915, citada por P. N. Furbank, em E. M. Forster: A Life, Nova York, Harcourt Brace Jovanovich, 1978, Vol. II, pág. 14.
37. Martin Heidegger. "Building Dweling Thinking", em Poetry, Language, Thought, trad. e intr. Albert Hofstadter, Nova York, Harper & Row, 1975, pág. 160. A ênfase é do original. O texto, até então inédito, foi lido em Darmstadt, Alemanha, em 5 de agosto de 1951.
38. Kazin. "Howards End Revisited", pág. 32.

## Conclusão: Corpos cívicos

1. Ver Jane Jacobs. The Death and Life of Great American Cities, Nova York, Random House, 1963.
2. Estatísticas sobre desabrigados são tão mutantes quanto as pessoas às quais elas se referem; em anos recentes, havia cerca de 30 mil sem-teto em Manhattan no verão, esse número caía para 10 a 12 mil durante o inverno. A maioria dessas pessoas era solteira. Na periferia da cidade, os números de desabrigados eram menores e a percentagem de famílias, ou fragmentos de famílias, maiores.
3. Lewis Mumford. The City in the History, Nova York, Harcourt Brace Jovanovich, 1961, pág. 421.

4. Jean Gottmann. Megalopolis, Nova York, Twentieth Century Fund, 1961, pág. 736.
5. Citado por Robert Caro, em The Power Broker, Nova York, Knopf, 1974, pág. 318.
6. Ver Caro. The Power Broker.
7. Herbert Gans. The Levittowners, Nova York, Pantheon, 1967, pág. 220.
8. Ibid., pág. 32.
9. Para uma explanação sucinta a respeito dessas mudanças ver Melvin M. Webber, "Revolution in Urban Development", em Housing: Symbol, Structure, Site, ed. Lisa Taylor, Nova York, Rizzoli, 1982, págs. 64-65.
10. Ver, por exemplo, Roland Barthes, A Lover's Discourse, trad. Richard Howard, Nova York, Hill & Wang, 1978.
11. Ver Kevin Lynch. The Image of the City, Cambridge, MA, MIT Press, 1960; Erving Goffmann, Relations in Public: Microstudies of the Public Order, Nova York, Basic Books, 1971.
12. Alexis de Tocqueville. Democracy in America, trad. Edward Reeve, Nova York, Vintage Books, 1963, Vol. II, pág. 141.
13. Ver Robert Jay Lifton, The Protean Self: Human Resilience in an Age of Fragmentation, Nova York, Basic Books, 1993.
14. Sigmund Freud. Beyond the Pleasure Principle, trad. James Strachey, Nova York, W. W. Norton, 1961, pág. 1.
15. Ibid., pág. 21.
16. Ibid., pág. 4.
17. Ibid., pág. 5.
18. Elaine Scarry. The Body in Pain: The Making and the Unmaking of the World, Nova York, Oxford University Press, 1985, pág. 161.

ATENDIMENTO AO LEITOR E VENDAS DIRETAS

Você pode adquirir os títulos da BestBolso através do Marketing Direto do Grupo Editorial Record.

- Telefone: (21) 2585-2002
  (de segunda a sexta-feira, das 8h30 às 18h)
- E-mail: sac@record.com.br

Entre em contato conosco caso tenha alguma dúvida, precise de informações ou queira se cadastrar para receber nossos informativos de lançamentos e promoções.

Nossos sites:
www.edicoesbestbolso.com.br
www.record.com.br

EDIÇÕES BESTBOLSO

## Alguns títulos publicados

1. O diário de Anne Frank, Otto H. Frank e Mirjam Pressler
2. O jogo das contas de vidro, Hermann Hesse
3. Baudolino, Umberto Eco
4. O poderoso chefão, Mario Puzo
5. Ramsés – O filho da luz, Christian Jacq
6. Ramsés – O templo de milhões de anos, Christian Jacq
7. Ramsés – A batalha de Kadesh, Christian Jacq
8. A pérola, John Steinbeck
9. A queda, Albert Camus
10. O Gattopardo, Tomasi di Lampedusa
11. O amante de Lady Chatterley, D. H. Lawrence
12. O evangelho segundo o Filho, Norman Mailer
13. O negociador, Frederick Forsyth
14. Paula, Isabel Allende
15. O grande Gatsby, F. Scott Fitzgerald
16. A lista de Schindler, Thomas Keneally
17. Ragtime, E. L. Doctorow
18. Prelúdio de sangue, Jean Plaidy
19. O crepúsculo da águia, Jean Plaidy
20. Um estranho no ninho, Ken Kesey
21. O império do Sol, J. G. Ballard
22. O buraco da agulha, Ken Follett
23. O pianista, Władysław Szpilman
24. Doutor Jivago, Boris Pasternak
25. A casa das sete mulheres, Leticia Wierzchowski
26. Uma mente brilhante, Sylvia Nasar
27. Getúlio, Juremir Machado da Silva
28. Exodus, Leon Uris
29. Entre dois palácios, Nagib Mahfuz
30. Encrenca é o meu negócio, Raymond Chandler

EDIÇÕES BestBolso

Este livro foi composto na tipologia Minion, em corpo 10,5/13, e impresso em papel off-set 56 g/m² no Sistema Digital Instant Duplex da Divisão Gráfica da Distribuidora Record.